HAIYANG ZIRAN ZIYUAN KAIFA LIYONG HE BAOHU FALÜ ZHIDU YANJIU

海洋自然资源开发利用和保护法律制度研究

张丽娜 等 著

法律出版社
LAW PRESS · CHINA
北京

图书在版编目(CIP)数据

海洋自然资源开发利用和保护法律制度研究 / 张丽娜等著. -- 北京 : 法律出版社, 2024

ISBN 978-7-5197-8955-8

Ⅰ. ①海… Ⅱ. ①张… Ⅲ. ①海洋环境保护法－中国 Ⅳ. ①D922.68

中国国家版本馆 CIP 数据核字(2024)第 059465 号

海洋自然资源开发利用和保护法律制度研究
HAIYANG ZIRAN ZIYUAN KAIFA LIYONG HE BAOHU FALÜ ZHIDU YANJIU

张丽娜 等著

责任编辑 郑怡萍
装帧设计 贾丹丹

出版发行 法律出版社
编辑统筹 教育出版分社
责任校对 王 丰
责任印制 刘晓伟
经　　销 新华书店

开本 710 毫米×1000 毫米 1/16
印张 22　**字数** 349 千
版本 2024 年 4 月第 1 版
印次 2024 年 4 月第 1 次印刷
印刷 北京新生代彩印制版有限公司

地址:北京市丰台区莲花池西里 7 号(100073)
网址:www. lawpress. com. cn
投稿邮箱:info@ lawpress. com. cn
举报盗版邮箱:jbwq@ lawpress. com. cn
销售电话:010-83938349
客服电话:010-83938350
咨询电话:010-63939796

书号:ISBN 978-7-5197-8955-8　**定价**:68.00 元

凡购买本社图书,如有印装错误,我社负责退换。电话:010-83938349

前　言

海洋是生命的起源,是资源的宝库,是人类赖以生存和发展的空间。海洋及海洋资源的重要性,早已引起了世界各国特别是沿海国家的高度重视。

中国是世界上最早开发和利用海洋的国家之一。据《竹书纪年》记载,我国在夏朝时,夏帝王芒曾"命九夷,东狩于海,获大鱼。"说明早在四千多年前,我国古人就已经能够做舟织网,捕捉鱼虾,开发渔业资源了。〔1〕随着科学技术水平和生产力水平的提高,人类对海洋自然资源开发利用也不断向纵深发展。

党的十九大报告提出"坚持陆海统筹,加快建设海洋强国",从国家战略层面,为海洋强国建设和发展海洋经济指明了方向。党的二十大报告再次提出"发展海洋经济,保护海洋生态环境,加快建设海洋强国。"当前,中国经济已发展成为高度依赖海洋的外向型经济,对海洋资源、空间的依赖程度大幅提高,在管辖海域外的海洋权益也需要不断加以维护和拓展。这些都需要通过建设海洋强国加以保障。

海洋资源开发能力是建设海洋强国的基础。纵观我国海洋开发的历史进程,我国利用海洋、开发海洋虽然早于西方各国,但是由于历史的原因,我国由一个濒海大国迈向海洋强国的路还很长。

我国进行大规模海洋资源开发起步较晚,在开发过程中缺乏国家层面的总体统筹规划,无法为沿海各地制定海洋发展规划提供指导,导致我国海洋资源开发利用的规模有限,深度和广度不够。与此同时,海洋资源开发利用和保护方面的立法较为滞后,法制建设步伐较为缓慢,海洋资源开发利用和保护中的法治引领和保障作用没有充分发挥。基于此,本书立足于我国海洋资源开发利用和保护的实际情况,从法律制度的现状及存在的问题入

〔1〕参见嵇立平:《我国开发海洋资源已有四千年历史》,载中国科普网 2022 年 6 月 8 日,http://www.kePu.gov.cn/www/article/dtxw/b51d5eea7b944b818e1a720f42074499。

手,力求推进我国海洋资源开发利用和保护法律制度的完善。本书沿着海洋生物资源、海洋矿产资源、海洋可再生能源、海水资源和海洋空间资源开发利用和保护的路线进行篇章排序。各章的主要内容如下。

第一章是绪论,对海洋资源开发利用进行了概述。海洋自然资源涵盖范围十分广泛,不仅包括海洋生物资源、海洋矿产资源、海洋水体资源,还包括海岛和海岸带等空间资源。随着科学的发展和社会的进步,人类开发利用海洋自然资源的能力不断加强,与此同时,海洋资源开发的法治化进程也在不断推进。我国现行法律制度从海洋生物资源、海洋矿产资源、海洋可再生能源和海岛资源等方面对海洋资源开发利用和保护问题进行了规定。但由于缺乏海洋资源开发利用和保护的基本法,现行法律制度仍存在许多问题,如法律体系不健全,各类法律之间的衔接不畅等。另外,由于立法部门繁多、立法体系复杂和存在地区差异等原因,海洋资源开发利用和保护水平仍有待提升,我国未来海洋资源开发利用和保护的法律制度发展需要考虑陆海统筹、海洋资源可持续利用、海洋资源开发与环境保护等问题。

第二章是海洋渔业资源开发利用和保护法律制度。海洋已经成为世界各个沿海国家争相开发的“蓝色疆土”。海洋渔业资源是海洋资源的重要部分,既是维护海洋权益的战略性、资源性产业,也是国家实施海洋强国战略的关键内容。我国现已基本形成以《宪法》为核心,以《渔业法》《渔业法实施细则》《渔业捕捞许可管理规定》《远洋渔业管理规定》等法律、行政法规、部门规章等为基础的渔业法律体系,有利于加强渔业资源的保护、开发和合理利用,促进渔业生产的发展。但我国海洋渔业资源开发利用和保护的法律制度还面临海洋渔业资源法律体系不完善、海洋渔业资源权属分配不清晰、海洋渔业资源管理制度科学性有限、海洋渔业资源法律责任不严格和渔业从业人员权益保障不充分等问题。为促进海洋渔业资源的可持续开发利用与保护,需要通过完备海洋渔业资源法律体系、明确海洋渔业资源权属分配、提高海洋渔业资源管理制度科学性、强化海洋渔业资源法律责任和切实保障渔业从业人员合法权益等路径加以解决。

第三章是海洋微生物资源开发利用和保护法律制度。作为近年来国际国内社会广泛关注的新兴可利用资源,海洋微生物资源在促进我国海洋经济可持续发展和推进海洋强国建设中的地位凸显。《病原微生物实验室生物安全管理条例》《中国微生物菌种保藏管理条例》等行政法规、部门规章为我国海洋微生物资源的保藏、管理、开发和养护提供了法律依据。当前我国海洋微生物资源法律规制上还存在资源权属界定不清、获取与惠益分享制度不健全、海洋生态保护和管理制度体系不完备以及法律责任制度规定不明的问题。为此,我国应明确界定资源权属范围、制定获取与惠益分享法律法规、完善海洋环境监测规范标准体系、推进海洋环境监测资料共享机制和海洋保护区制度建设、建立健全海洋生态损害赔偿制度,严格规范相关法律责任制度,不断完善海洋微生物资源开发利用和保护的法律规范体系,从而为我国海洋微生物资源的可持续发展提供法治保障。

第四章是海洋油气资源开发利用和保护法律制度。海洋油气资源是重要的国有资源,在工业领域、能源领域以及金融领域的龙头地位决定了其在社会日常生活中的重要作用,因此我国一直注重有关海洋油气资源立法体系的建设与完善。我国现已基本形成以《宪法》为核心,以《矿产资源法》《资源税法》《海洋石油勘探开发环境保护管理条例》等法律、行政法规为基础的海洋油气资源规制体系。随着市场经济与海洋油气资源开发的不断推进,立法弊端凸显,致使现有法律法规不能完全适应我国市场经济与海洋强国建设的需要,存在矿业权体系转型不够彻底、海洋油气资源税设计不合理、海洋油气资源对外合作存在问题、监管机制运行不顺畅等。从法律法规上对其进行完善成为当务之急,根据我国的实际情况,应当从优化矿业权体系、重塑海洋油气资源税在行业发展中的调节作用,构建适合推进我国海洋油气资源对外合作的发展机制和理顺监管机制运行等方面加以改进。

第五章是海砂资源开发利用和保护法律制度。海砂资源有着自然属性和社会属性这两重属性其作为各类建筑材料有极高的经济价值。我国现行海砂资源相关法律规制主要围绕着海砂采矿、环境保护、海域使用以及船舶航行四个层面对海砂开采作业进行规制;具体规制可分为前置程序、监管制度以及惩戒机制三部分。我国海砂资源开采法律规制主要存在着监管制度冗杂低效、生态补偿机制不健全、非法采砂处罚力度不足等问题。为此,需要制定海砂开采整体规划,改革海砂资源勘探制度,并对海砂资源开采活动实行分层监管机制。另外,应设立生态补偿专项基金,在海砂资源开采活动全程加入生态效益评估,同时应加大非法采砂的处罚力度,加大行政处罚力度,降低海砂犯罪入刑门槛并针对收买非法所得海砂的行为进行处罚。

第六章是海洋可再生能源开发利用和保护法律制度。海洋可再生能源储量丰富且清洁可再生,是一种前景广阔的可再生能源。发展海洋可再生能源能够有效应对我国日益增长的能源需求,我国海洋可再生能源开发潜能巨大,但法律和政策的支持远远不够,成为制约我国海洋可再生能源发展的关键因素。我国现行的可再生能源法律与政策中,存在管理体制不顺畅、政府资金投入支持力度不足、缺乏多元化的投融资主体和渠道等问题,据此应当加强顶层设计规划和完善海洋可再生能源配套法律制度。我国应当从构建完整的海洋可再生能源法律体系、增加强制性海洋可再生能源电力制度、建立海洋可再生能源财政支持体系、完善海洋可再生能源行政管理体制等方面入手,在政府的有效管理下释放可再生能源发展的潜力,在市场机制下激发可再生能源发展的活力,从而实现我国海洋可再生能源产业发展壮大。

第七章是海水资源开发利用和保护法律制度。海水资源具有储存量大,被溶解性强和相对稳定性的特点。我国目前对海水资源的使用主要有海水淡化、海水直接利用、海水化学利用等形式。我国对海水资源开发利用和保护有相关法律、法规和规范性文件的规定,涉及海水资源的利用方式、海水资源的保护与评价、海水资源开发保护的财税激励措施。同时也存在海水资源开发利用和保护方面的法律不健全、海水资源权属制度不明确、海水资源利用管理标准体系不完善、市场准入制度未建立和海水资源开发利用和保护的评估制度不健全等问题。需要完善海水资源开发利用和保护的法律体系,明确海水资源权属制度,健全海水资源利用管理标准体系。明确海水资源开发利用和保护的市场准入制度。改进海水资源开发利用和保护的环境评估制度,加强国际协同合作。

第八章是无居民海岛资源开发利用和保护法律制度。作为一种具有重要政治、经济、生态以及战略价值的特殊自然资源,无居民海岛资源正越来越受到各国的重视。我国作为海洋大国,无居民海岛数量繁多,资源丰富。自2010年《海岛保护法》实行以来,我国已初步建立起了以《宪法》为核心,以《海岛保护法》《自然资源统一确权登记暂行办法》《无居民海岛开发利用审批办法》《无居民海岛使用金征收使用管理办法》等法律法规为基础的无居民海岛资源开发利用和保护法律制度体系。但在实践当中,无居民海岛资源的开发、利用、保护及其监督管理仍然存在明显的缺陷。当前,我国无居民海岛资源开发利用和保护法律制度仍然面临无居民海岛使用权性质及内涵不明、无居民海岛使用权出让模式存在瑕疵、无居民海岛分类利用制度缺失、违法用岛行为惩罚力度不足以及无居民海岛使用权流转制度不健全等问题。因此,我国应当继续推进无居民海岛相关立法,界定无居民海岛使用权性质及内涵，完善无居民海岛使用权出让模式，建立无居民海岛分类利用制度，加大对违法用岛行为的惩罚力度，建立无居民海岛使用权流转制度，以完善对无居民海岛资源开发利用和保护的法律规制，保障无居民海岛资源的有序利用。

第九章是海岸带资源开发利用和保护法律制度。海岸带是全球资源最为富饶的地区之一。我国海岸线长达1.84万千米，是世界上海岸线最长的国家之一，随着我国海洋强国国家战略的稳步推进，海岸带已成为我国重要的人口聚集区、经济引擎区、资源储备区和海运战略区。为保障海岸带开发利用与保护，我国逐步建立了以《宪法》为核心，以《民法典》《土地管理法》《海域使用管理法》等法律为基础的立法体系，山东省、海南省、福建省等省份还先后出台了具有本地特色的地方性法规，成为我国海岸带立法体系的重要组成部分。但是，随着海岸带资源开发利用力度的加大，我国现有的立法体系已然面临诸多挑战，现实中海岸带开发利用存在法源之间衔接不畅、陆海分离规划阻滞、执法部门权责不清等突出问题，亟须通过优化立法衔接机制、埋顺陆海规划体系、明晰执法部门权责等法治手段进行有针对性的完善与解决，以有效保障海岸带资源的可持续开发利用。

本书的具体分工如下：张丽娜撰写前言和第一章；江婷烨和张红宽撰写第二章；刘雨宵撰写第三章；何露撰写第四章；王彦睿和张丽娜撰写第五章；文穗撰写第六章；纪韶昱撰写第七章；蓝天尧撰写第八章；李永撰写第九章。

本书写作过程中参考和借鉴了同行专家学者的研究成果（见注释和参考文献），此处谨向同行专家学者表示感谢。另外，由于作者水平有限、写作时间仓促，错误和疏漏在所难免，敬请读者批评指正。

张丽娜

2024年2月于海口

目　　录

第一章 绪　　论

第一节　海洋自然资源概述

一、自然资源与海洋自然资源的概念

(一)自然资源的概念

《布莱克法律词典》将自然资源定义为“任何来自自然界的具有潜在经济价值或提供维持生命的物质,如木材、矿物、石油、水和野生动物”〔1〕。联合国环境规划署(UNEP)认为,自然资源是指一定时间、地点条件下能够产生经济价值,以提高人类当前和将来福利的自然环境因素和条件。所以自然资源是指在一定的技术经济条件下,现实或预见的将来能作为人类生产和生活所用的一切资料。〔2〕

我国立法尚未对自然资源的概念进行描述,但《中共中央关于全面深化改革若干重大问题的决定》辅导读本指出,“自然资源是指天然存在、有使用价值、可提高人类当前和未来福利的自然环境因素的总和”。

学术界对自然资源的界定存在争议,有学者认为,自然资源是一切能为人类提供生存、发展和享受的自然物质与自然条件,及其相互作用而形成的自然生态环境和人工环境。〔3〕也有学者认为,自然资源是由人类发现的在自然状态中有用途和价值的物质。〔4〕目前学术界广为接受的观点认为“人在其自然环境中发现的各种成分,只要它能以任何方式为人提供福利的都属于自然资源。从广义来说,自然资源包括全球范围内的一切要素,它

---

〔1〕 See Bryan A. Garner, *Black'Law Dictionary*, A Thomson Business, 2004, p. 1056.

〔2〕 参见崔旺来、钟海玥:《海洋资源管理》,中国海洋大学出版社 2017 年版,第 3 页。

〔3〕 参见刘文、王炎庠、张致富编著:《资源价格》,商务印书馆 1996 年版,第 4 页。

〔4〕 参见[美]阿兰·兰德尔:《资源经济学:从经济角度对自然资源和环境政策的探讨》,施以正译,商务印书馆 1989 年版,第 12 页。

既包括过去进化阶段中无生命的物理成分,如矿物,又包括地球演化过程中的产物,如植物、动物、景观要素、地形、水、空气、土壤和化石资源等"[1]。

对自然资源的几点共识:一是自然资源来自自然界,是天然生成物;二是国际社会普遍将自然物质资源和自然环境都看作自然资源;三是自然资源具有有用性,能够产生经济价值或给人类带来福利。总之,自然资源是基础性资源,是人类社会发展的物质基础,是人类实现可持续发展的首要条件。

(二)海洋自然资源的概念

海洋资源是自然资源的重要组成部分,因此,海洋自然资源与海洋资源是同义语。目前关于海洋资源尚无统一的定义,有学者认为,海洋资源是指海洋内外营力作用下形成并分布在海洋地理区域内的,在现在和可预见的将来可供人类开发利用并产生经济价值的,以提高人类当前和将来福利的物质、能量和空间等。[2] 也有学者认为,海洋资源是指在海洋内外地质营力作用下形成的,分布在海洋地理区域的,可供人们开发利用并且能够产生经济价值的物质、能量和空间等。[3] 还有学者认为,海洋资源是指海洋内外营力作用下,形成并分布在海洋地理区域内,现在和可预见的将来可供人类开发利用并产生经济价值和文化价值,以提高人类当前和将来福利的物质、能量、景观和空间等。[4]

通过以上定义可知,海洋自然资源应具有以下特征:其一,地理区域。就地理区域而言,海洋自然资源是处于海洋地理区域内的自然资源,是海洋所固有的。其二,空间区域。海洋自然资源的空间区域包括海洋水域、水下底土和海洋上空等立体纵向空间,而不仅仅是平面水域范围。其三,涵盖范围。海洋自然资源涵盖范围十分广泛,海底矿产资源、海洋能源资源、海水及海水化学资源以及海洋生物资源等均属于海洋自然资源。其四,形成要因。海洋自然资源是在海洋内外地质营力作用下形成。地质营力是指引起地质作用的自然力,它既发生于地表也发生于地球内部,能够使地球的物质组成、内部结构和地表形态发生变化。

---

[1] 曹明德、黄锡生主编:《环境资源法》,中信出版社 2004 年版,第 209 页。

[2] 参见全永波、陈莉莉等编著:《海洋管理通论》,海洋出版社 2018 年版,第 64 页。

[3] 参见崔凤、赵缇、沈彬:《治理与养护:实现海洋资源的可持续利用》,社会科学文献出版社 2017 年版,第 2 页。

[4] 参见鹿守本:《海洋管理通论》,海洋出版社 1997 年版,第 120 页。

二、海洋自然资源的种类

有学者认为，根据海洋自然资源定义，可将其划分为海洋物质资源、海洋能量资源、海洋空间资源三大类，并且可根据其自然本质属性将每一大类做进一步细分，如表 1-1 所示。[1]

表 1-1　根据海洋资源定义的分类

<table>
<tr><th>总类</th><th>大类</th><th colspan="3">类别</th></tr>
<tr><td rowspan="17">海洋自然资源</td><td rowspan="8">海洋物质资源</td><td>海洋非生物资源</td><td>海水资源</td><td>海水本身资源
海水中溶解物质资源</td></tr>
<tr><td rowspan="7">海洋生物资源</td><td rowspan="4">海洋矿产资源</td><td>海底石油</td></tr>
<tr><td>滨海砂矿</td></tr>
<tr><td>海底煤矿</td></tr>
<tr><td>大洋多金属结核和海底热液矿床</td></tr>
<tr><td colspan="2">海洋植物资源</td></tr>
<tr><td colspan="2">海洋无脊椎动物资源</td></tr>
<tr><td colspan="2">海洋脊椎动物资源</td></tr>
<tr><td rowspan="5">海洋能量资源</td><td colspan="3">海洋潮汐能</td></tr>
<tr><td colspan="3">海洋波浪能</td></tr>
<tr><td colspan="3">潮流/海流能</td></tr>
<tr><td colspan="3">海水温差能</td></tr>
<tr><td colspan="3">海水盐度差能</td></tr>
<tr><td rowspan="4">海洋空间资源</td><td colspan="3">海岸与海岛空间资源</td></tr>
<tr><td colspan="3">海面/洋面空间资源</td></tr>
<tr><td colspan="3">海洋水层空间资源</td></tr>
<tr><td colspan="3">海底空间资源</td></tr>
</table>

也有学者认为，根据海洋资源的自然属性，可以将海洋资源做如下分类，如表 1-2 所示。[2]

---

〔1〕参见崔凤、唐国建：《海洋与社会协调发展战略》，海洋出版社 2014 年版，第 12 页。

〔2〕参见邓锋：《自然资源分类及经济特征研究》，中国地质大学（北京）2019 年博士学位论文，第 74 页。

表 1-2　根据海洋资源自然属性的分类

总类	大类	类别
海洋自然资源	海洋矿产资源	海洋油气资源
		海底固体矿产(煤铁等)
		海滨砂矿
		多金属结核和富钴锰结壳
		热液矿藏
		可燃冰
	海水化学资源	淡水资源(海水淡化)
		海盐
		海水微量元素
		海水化合物
		其他海水化学资源
	海洋生物资源	鱼类资源
		软体动物资源
		甲壳动物资源
		哺乳类动物资源
		海洋植物资源
	海洋动力资源	潮汐能
		海流能
		波浪能
		温差能
		其他海洋动力资源

也有学者根据海洋资源属性和用途,将海洋资源分为海水及海水化学资源、海洋生物资源、海洋固体矿产资源、海洋油气资源、海洋能资源、海洋空间资源、海洋旅游资源七大类。每一大类可根据属性和用途进一步细分类别,具体如表 1-3 所示。[1]

[1] 参见辛仁臣、刘豪等编著:《海洋资源》,化学工业出版社 2013 年版,第 9 页。

表 1–3 根据海洋资源属性和用途的分类

总类	大类	类别	属性	用途
海洋资源	海水及水化学资源	海水水资源	海水具有水的属性 海水可脱盐淡化、提取淡水	人类引用
				工业
				农业
				畜牧业、养殖业
		海水水化学资源	海水中的各化学元素	工业
	海洋生物资源	渔业生物资源	天然海洋生物	海洋渔业
		养殖业生物资源	人工养殖海洋生物	海水养殖业
		药用生物资源	药用价值的生物	生物制药
	海洋固体矿产资源	滨海砂矿	滨岸带砂及砂矿	建筑业、工业
		海底热液矿床	半深海、深海热液矿床（如硫化物）	工业
		海底结核	半深海、深海（如锰）结核	工业
		海底结壳	半深海、深海（如钴）结壳	工业
		海底磷矿	海域中以磷为主的矿床	工业
	海洋油气资源	海底石油资源	海底地下石油资源	石油工业
		海底天然气资源	海底天然气资源	天然气工业
		海底可燃冰资源	近海底天然气气体水合物	天然气工业
	海洋能资源	波浪能资源	海洋中波浪运动的动能	电力工业和动力工业
		潮汐能资源	海洋中潮汐运动的动能	
		海流能资源	海洋中潮汐运动的动能	
		潮流能资源	海洋中潮流运动的动能	
		温差能资源	海洋中温差产生的动能	
		盐度能资源	海洋中盐度差产生的动能	
	海洋空间资源	海底空间资源	海底底床附近空间	海底建筑
		海面空间资源	海平面附近的空间	海面建筑
		海水空间资源	海底与海平面间的海水水体空间	军事、海运

续表

总类	大类	类别	属性	用途
海洋资源	海洋旅游资源	海水运动景观	由海水运动产生的特殊景观	旅游业
		海洋地貌景观	海岸带、海岛及海面的景观	
		海洋生物景观	海洋生物的观赏性	
		海洋人文景观	人类在海洋中各种活动的遗迹	

从不同的角度，可以对海洋自然资源进行不同的分类。从海洋自然资源开发利用和保护的法律规制视角，可以将其分为国家管辖范围内的海洋自然资源和国家管辖范围外的海洋自然资源两大类，如表 1-4 所示。

表 1-4　根据海洋资源法律规制的分类

总类	法律归属	海域	类别
海洋自然资源	国家管辖范围内海洋自然资源	内水	海洋生物资源 海洋矿产资源 海洋可再生资源 海岛资源 海岸带资源
		领海、毗连区	
		专属经济区	
		大陆架	
	国家管辖范围外海洋自然资源	国际海底区域	海洋矿产资源
		公海	海洋生物资源

三、海洋自然资源概况

（一）海洋水体资源

海洋水体是海洋的主体，也是人们通常所说的海水，它构成了浩瀚的海洋。海洋水体总量庞大，据测算，全球海洋水体面积为 36,200 万平方千米，体积为 137,000 万立方千米。海水面积占地球总面积的 71%，海洋水体占地球总水量的 96.53%。海水不仅是陆地淡水的主要来源，同时它还具有调节地球的功能；海洋水体是一种浑然天成的交通介质，它有将世界大多数国家和地区连结在一起的功能，海洋航道是天赐的全球通道，在经济全球化愈演愈烈的今天,具有不可替代的作用。据统计,全世界70%的货物运输方式是海运,而且重要的大宗战略物资是海洋货物运输量的第一位。[1]

海水作为一个巨大的资源宝库,含有大量的化学元素,目前已知的100多种化学元素中,在海水中就有80多种,可以被提取或用于生产多种多样的化工原料,如钠、钾、钙、镁、锶、氟、氯、溴等。据估计,海水中含有的黄金可达550万吨,还有银5500万吨、钡27亿吨、铀40亿吨、钼137亿吨、锂2470亿吨、钙560万吨、镁1767万亿吨,等等。这些化学元素在工农业生产以及医药健康领域具有广泛的用途前景。[2]

(二)海洋生物资源

海洋生物资源是一类能自行增殖、更新的海洋资源,它是海洋资源的重要组成部分。海洋里生活着种类繁多的海洋生物,据不完全统计,海洋生物物种的数量有20多万种,其中海洋植物约10万种,蕴藏着数十亿吨的鱼类和其他生物资源。[3] 这些生物分布在海洋的各个角落,为人类生活提供了丰富的物质资料来源。

1. 鱼类资源

鱼类资源是海洋生物资源的主体,是人类直接食用的动物蛋白质的重要来源之一。海洋鱼类从两极到赤道海域,从海脊到大洋,从表层到万米左右的深渊都有分布,主要品种有狭鳕、大西洋鳕鱼、秘鲁鲤鱼、大西洋鲱鱼、鲐鱼、毛鳞鱼、远东拟沙丁鱼、沙瑙鱼、智利竹荚鱼、沙丁鱼、鲣、黄鳍金枪鱼等,这些鱼的渔获量占世界渔获量的1/3。世界渔场主要分布在太平洋西北部、东北部、中东部、中西部、西南部、东南部,大西洋西北部、东北部、中东部、中西部、地中海、黑海,大西洋西南部和东南部,印度洋东部和西部。

2. 海洋无脊椎动物资源

海洋无脊椎动物门类众多,据统计大约有16万种,目前已经被人类利用的有130多种,主要有软体动物头足纲中的乌贼、章鱼、鱿鱼等,瓣鳃纲的贻贝、牡蛎、扇贝等,腹足纲的鲍、红螺等,节肢动物的甲壳纲中的对虾、龙虾、蟹等,棘皮动物海参纲中的海参等,腔肠动物钵水母纲的海蜇等。大西

---

[1] 参见徐冰:《我国海洋资源开发存在的主要问题及对策研究》,中国太平洋学会海洋维权与执法研究分会2016年学术研讨会论文。

[2] 参见吴兴南:《走向海洋——海洋资源的开发利用与保护》,社会科学文献出版社2017年版,第12页。

[3] 参见侯国祥、王志鹏编:《海洋资源与环境》,华中科技大学出版社2013年版,第99页。

洋西北部是世界上捕捞头足类的中心，大西洋中东部是世界上头足类捕捞的第二渔场。虾场主要分布在南美、中美、欧洲南部、中国、朝鲜和日本南部外海。

3. 海洋脊椎动物资源

海洋脊椎动物主要有海龟、海鸟和海洋哺乳动物。全世界海龟有 7 种，生活在热带海洋中，目前是重点保护对象。海鸟种类约 350 种，海鸟终日生活在海洋上，它们对渔业有一定的危害，但是鸟粪是极好的天然肥料。海洋哺乳动物主要是海兽，包括鲸目、鳍脚目、海牛目和食肉目中的海獭。南极海域是鲸等海兽最多的地方，也是世界上最主要的捕鲸场。海象是北极特产，海狮类主要分布在北太平洋和南极海域。

4. 海藻资源

全世界有 70 多种海藻可供人类食用，海藻也可作为饲料和肥料，同时在医药方面可以作为药材，有些可用作工业原料。全世界海洋中海藻每年的产量巨大，人类所利用的只是其中很少的一部分。在约 4500 种定生的海藻中，目前只有 50 种左右被人类利用，其资源潜力巨大。

（三）海洋矿产资源

1. 海洋石油和天然气

海洋石油和天然气是存在于海底以下的沉积岩中的或与沉积岩系相邻岩石中的矿产，是宝贵的燃料和化工原料。石油是指储存在地下岩石孔隙介质中的可燃有机矿产，其相态有气态、液态、固态及其混合物。世界范围内海洋油气资源勘探程度不断提高并取得了重大发现，世界范围内的大陆架几乎都发现了油气资源。20 世纪八九十年代以来，海洋油气勘探的发现主要在中东地区波斯湾、西欧北海、北极地区的波弗特海、加拿大纽芬兰岛海域、美洲墨西哥湾、加利福尼亚湾、南中国海、地中海和西非近海等。最有远景的海区是暹罗湾-马来盆地、阿根廷南部近海、委内瑞拉湾盆地、拉布拉多-格兰德滩海、西非近海和南中国海。目前，世界大陆架海域已经有 3/4 进行了不同程度的勘探和开发，今后发现海洋油气新储量的最大场所将是大陆边缘的半深海区和深海区。与陆地油气相比，海洋油气资源的勘探和开发程度还相当低，但目前海洋石油的产量已占世界石油总产量的 1/3，天然气的产量占世界天然气总产量的 1/4，由此可见，海洋油气资源量非常丰富，海洋将成为人类最重要的能源资源基地。

2. 海底天然气水合物

天然气水合物是由天然气与水所组成,呈固体状态,其外貌像冰雪或固体酒精,点火即可燃烧,所以也称“可燃冰”、“气冰”、“固体瓦斯”或“甲烷水合物”。其资源量是世界上已知石油、天然气和煤总储量(包括已开采的数量)的2倍。天然水合物被科学家誉为“未来能源”“21世纪能源”,并已成为许多国家海洋地质调查的重点。天然气水合物最初多发现于大陆的永冻带,其中最早的是1965年发现于苏联西伯利亚西北部克拉斯诺亚尔斯克边区的麦索亚哈地区,之后又相继在美国阿拉斯加北部的普鲁德霍湾和库帕勒克河地区、加拿大马更些三角洲和北极岛、俄罗斯堪察加半岛等地取得了重要发现。目前来看,绝大多数天然气水合物分布于各大洋中。其中,太平洋占25处、大西洋15处、北极海域5处、南极洲附近3处、印度洋3处、黑海和贝加尔湖各1处、里海2处,位于大陆冻土带的共有5处。随着勘查工作的深入,气水合物在印度洋北部、太平洋西南部、南中国海、东海、日本海西南部、地中海东部、北海、挪威海、巴伦支海等地都有新的发现。

3. 滨海砂矿

滨海砂矿主要来自陆地上的岩矿碎屑,经河流、海水、冰川和风的搬运与分选,最后在海滨或大陆架区的最宜地段沉积富集而成,如砂金、砂铂、金刚石、砂锡与砂铁矿,以及钛铁石与锆石、金红石与独居石等共生复合型砂矿。滨海砂矿在浅海矿产资源中,其价值仅次于石油天然气,居第二位。海滨砂矿用途很广,如从金红石和钛铁矿中提取的钛,具有比重小、强度大、耐腐蚀、抗高温等特点,在导弹、火箭和航空工业上广泛应用。锆石具有耐高温、耐腐蚀和热中子难穿透的特点,在铸造工业、核反应堆、核潜艇等方面用途很广。独居石中含有的稀有元素,像铌可用于飞机、火箭外壳,钽可用于核反应堆和微型电镀材料上。[1]

（四）海洋可再生能源

海洋可再生能源通常是指海洋中所特有的依附于海水的可再生能源,包括潮汐能、海流能、波浪能、海水温差能和盐度差能等。海洋可再生能源在一定条件下可以转化为电能和机械能,具有开发价值。海洋可再生能源分布广,蕴藏量十分可观,是受到广泛重视的新能源之一。

海洋可再生能源按照储存方式可分为机械能、热能和化学能。机械能

---

〔1〕 参见朱坚真主编:《海洋经济学》,中国农业出版社2019年版,第108页。

是指潮汐、潮流、海流和波浪运动所具有的能量。海洋热能是指由太阳辐射产生的表层和深层海水之间的温差所蕴藏的能量。海水化学能是指流入海洋的江河淡水与海水之间的盐度差所蕴藏的能量。

(五)海岛资源

海岛是地球表面具有特殊形态的地貌体,是一个集合概念,包括了所有有人居住的和无人居住的岛屿和礁石。自然意义上的海岛,是指位于海洋中的岛屿。在地学上对岛屿无统一的定义,《现代地理科学词典》将岛屿定义为“海洋、湖泊或河流中,四面被水包围并在高潮时仍露出水面的、比陆地小得多的陆地”。《辞海》将岛屿界定为“散处在海洋、河流或湖泊中的小块陆地”。2000年中国国家推荐标准将“海岛”作为海洋地质学的基本术语之一,释义为“散布于海洋中面积不小于500平方米的小块陆地”。1982年《联合国海洋法公约》将岛屿定义为“四面环水并在高潮时高于水面的自然形成的陆地区域”。从自然条件看,海岛具有位置固定、面积有限、相对封闭、生态脆弱和不可替代等性质。

根据不同标准,海岛有不同种类。按照成因,海岛可以分为大陆岛、海洋岛和冲积岛。按照面积大小,岛屿可分为特大岛、大岛、中岛、小岛和微型岛。按照社会属性,岛屿可以分为有居民岛和无居民岛。在我国,有居民岛按照行政区划可分为省级岛(如台湾岛、海南岛)、地级市岛(如舟山群岛)、县级岛、乡级岛、村级岛和自然岛。[1]

海岛的价值对于一个国家来讲可能涉及核心利益。在国际上,海岛不仅具有经济利益和生态利益,更具有权益价值。根据《联合国海洋法公约》的规定,一个小小的海岛也可能拥有1500多平方千米的领海海域,以及4600多平方千米的毗连区,甚至还可以拥有43万平方千米的专属经济区。海岛不仅具有资源价值和生态价值,还具有国防价值。有的海岛担负着国防屏障的作用,控制着海上的战略通道,成为大陆的屏障、国防的前哨,在维护国家主权和战略利益方面发挥着不可替代的作用。[2]

(六)海洋空间资源[3]

海洋空间资源是指可供人类利用的海洋三维空间,由一个巨大的连续

---

〔1〕 参见周学锋:《中国海岛法律制度》,海洋出版社2018年版,第2页。
〔2〕 参见全永波:《海岛资源开发利用法律问题研究》,海洋出版社2016年版,第7页。
〔3〕 参见辛仁臣、刘豪等编著:《海洋资源》,化学工业出版社2013年版,第186页。

水体及其上覆大气圈空间和下伏海底空间三大部分组成。海洋空间资源可具体分为海岸空间资源、海面空间资源、海洋水层空间资源和海底空间资源。海岸空间资源主要包括港口、海滩、潮滩、湿地等,可用于运输、工业、农业、城镇、旅游、科教、海洋公园等许多方面;海面空间资源主要是国际、国内海运通道,可建设海上人工岛、海上机场、工厂和城市,提供广阔的军事试验演习场所,海底旅游和体育运动等;海洋水层空间资源是潜艇和其他民用水下通道交通工具运行空间,可用于水层观光旅游、体育运动、人工渔场等;海底空间资源可用于海底隧道、海底居住和观光,是海底通信枢纽、海底运转管道、海底倾废、海底列车、海底城市等的重要场所。

海洋空间开发近期主要集中在海岸和距离海岸不远的近海区域,随着海洋开发技术和交通系统的发展,海洋空间开发将扩展到海水、海中乃至海底,开发的规模和内容也将日趋扩大和复杂。

第二节 海洋自然资源开发利用和保护概览

一、海洋生物资源开发利用和保护情况

(一)世界海洋生物资源开发利用和保护情况

海洋生物资源数量相当可观,海洋每年约生产 1350 亿吨有机碳,在不破坏生态平衡的情况下,每年可提供 30 亿吨水产品。作为经济资源,海洋生物资源的开发和利用,主要是通过海产品的捕捞、海水养殖、海洋生物医药的提取利用等途径实现的,其中开发利用最多的是直接捕捞海洋的鱼、虾、贝类等资源,海洋捕捞业是一项悠久的产业。依据渔场的形成条件,渔场大体分为五种类型,大陆架区域的浅海(如北海、白令海等)渔场、寒暖流潮境渔场(如大西洋西北部渔场等)、上升流域(如朝鲜寒流流域、秘鲁流域等)渔场、干满潮线(如墨西哥湾、加利福尼亚湾等)渔场和堆礁海岭(如南北太平洋、印度洋海洋等)渔场。世界上最主要的渔业生产国有中国、印度尼西亚、美国、秘鲁、俄罗斯、日本、印度、智利、越南、缅甸、挪威、菲律宾、韩国、泰国、马来西亚、墨西哥、冰岛、摩洛哥等。从 20 世纪中期开始,大规模、工业化的海洋渔业捕捞行为使许多海洋生物资源出现了严重的过度捕捞现象。在世界 15 个最主要的渔区中,有 11 个渔区的捕捞量下降,主要鱼类

资源的60%已被充分或过量捕捞。[1]

海洋生物医药的开发和利用是海洋生物资源开发利用的全新领域，是一个战略性的新兴产业。现代海洋生物药物的研究自20世纪60年代兴起，目前是世界各国医药界关注的焦点。20世纪90年代以来，许多沿海国家都加紧开发海洋，把利用海洋资源作为基本国策。美、日、英、法等国家分别推出包括开发海洋微生物药物在内的"海洋生物技术计划""海洋蓝宝石计划"等，投入巨资发展海洋药物及海洋生物技术，实现产业化。欧盟是最早研究海洋生物医药的组织之一，早在20世纪80年代末，欧盟制定了海洋科学和技术计划，欧盟各国根据本国实际，为海洋生物产业制定了各种规划与保障措施，欧盟各国的海洋生物医药产业发展迅速，成绩斐然。[2]

（二）我国海洋生物资源开发利用和保护情况

我国拥有海洋生物2万多种，其中海洋鱼类3000多种。我国近海分布的渔场有石岛渔场、大沙渔场、吕四渔场、舟山渔场、闽东渔场、闽南-台湾渔场、珠江口渔场、北部湾北部渔场、西沙群岛渔场、南沙群岛渔场等。自1990年起，我国就成为世界第一渔业大国、第一水产养殖大国，海水养殖产量占全球60%以上。我国渔场曾经走过辉煌的发展历程，如今，近海渔场渔业资源量已日益减少，渔业发展的出路在于远洋捕捞和人工养殖。

1978年在全国科技大会上，有学者提出"向海洋要药"提案，并在后来提出"开发海洋湖沼资源，创建中国蓝色药业"的战略设想。其后，海洋医药研究被正式纳入国家科学技术发展规划。"九五"期间，我国海洋医药发展较快，1996年，我国正式启动"863"计划，将海洋生物技术和海洋药物的研究开发列入重点课题。进入21世纪，我国海洋生物医药研发力量不断增强，一大批科研成果获得了国内和国际专利。我国已开发的海洋生物药有1000多种，分离得到天然产物数百种，制成单方药物十余种，复方中成药近2000种。[3]

---

[1] 参见辛仁臣、刘豪等编著：《海洋资源》，化学工业出版社2013年版，第39页。

[2] 参见吴兴南：《走向海洋——海洋资源的开发利用与保护》，社会科学文献出版社2017年版，第27页。

[3] 参见吴兴南：《走向海洋——海洋资源的开发利用与保护》，社会科学文献出版社2017年版，第28页。

二、海洋矿产资源开发利用情况

(一)世界海洋矿产资源开发利用情况

海洋油气是主要的海洋矿产资源。1887 年,世界上第一口海上探井在美国加利福尼亚海岸钻探成功,拉开了海洋油气资源开发的序幕。其发展经历了由近海到远海、由浅海到深海的发展过程。1920 年,美国开始对其沿海的油气田进行商业性开采。1947 年,在墨西哥湾钻出来世界上第一口海上商业性的油井。1965 年,水深达 193 米的深水井钻探成功,标志着海洋油气勘探进入深海。〔1〕 随着全球海洋油气资源勘探开发规模的不断扩大,各类海洋作业(如钻井、铺管等)任务量均得到了提升。海洋油气资源勘探开发形成了“三湾”“两海”“两湖”格局。“三湾”指波斯湾、墨西哥湾、几内亚湾;“两海”指北海和南海;“两湖”指里海和马拉开波湖。世界上主要的海洋油气资源开发国有波斯湾的沙特阿拉伯、卡塔尔和阿拉伯联合酋长国,北海沿岸的英国和挪威,里海沿岸的哈萨克斯坦、阿塞拜疆和伊朗,墨西哥湾的美国和墨西哥,几内亚湾的尼日利亚等。〔2〕

滨海砂矿是指位于现今海岸低潮线以上分布、具有工业价值的各种有用矿物。滨海砂矿具有分布广、矿种多、储量大、工业品位要求低、开采方便、选矿简易、投资小等优点,在海底矿产资源的开发中,产值仅次于海底石油。世界上许多国家的土木工程施工建设项目都曾使用海砂,如英国、荷兰、日本、韩国等。荷兰是欧洲国家海砂需求量最高、开采量最大的国家之一,也是世界上最早系统性开展海砂资源调查、评价和应用的国家之一。日本是亚洲国家中使用海砂历史最长的国家之一,其使用海砂混凝土可追溯到明治初期。特别是“二战”后,随着日本混凝土工程的增多,河砂较少的地区就开始采掘海砂。除了建筑用砂外,滨海砂矿中主要有金刚石、金、铂、锡等数十种矿物。合理地开发利用滨海砂矿可以服务经济建设,促进海洋经济的发展,但盲目地、非科学地开采会导致资源的枯竭,破坏生态环境,影响整个海洋资源的可持续利用。

(二)我国海洋矿产资源开发利用情况

官方资料显示,我国海洋石油和天然气资源量分别约为 240 万亿吨和

---

〔1〕 参见赵政璋等:《国外海洋深水油气勘探发展趋势及启示》,载《中国石油勘探》2005 年第 6 期。

〔2〕 参见周秋麟、周通:《国外海洋经济研究进展》,载《海洋经济》2011 年第 1 期。

16万亿立方米,[1]主要分布在渤海海域、东海海域、南海东部海域、南海西部海域等近海区域。主要油气田有渤海海域的埕北油田、秦皇岛32-6油田、绥中36-1油田、锦州9-3油田、锦州20-2凝析油气田、渤中34-2/4油田、渤西油田群,南海东部海域的陆丰22-1油田、陆丰13-1油田、西江24-3油田、西江30-2油田、流花11-1油田和惠州油田,南海西部海域的崖城13-1气田、涠西南油田群、文昌13-1/2油田和东方1-1气田。我国海洋油气资源开发呈上升趋势,中海油公司2009年在产油气田有71个,5年里增加了近50%,仅2014年,中海油公司便有13个新项目投入生产;2009年中海油公司海上生产平台有146座,到2014年增至200座。[2]

目前我国已经开采的滨海砂矿有30多处,均属于小规模开采。开采者既有国家,也有集体和个人。在开采中,普遍存在采富不采贫(开采富集度高的矿床,摈弃品位低的贫矿)的现象,采矿过程多处于粗放型阶段,采矿、选矿技术水平普遍不高。采矿过程中只能采选其中一种或某几种矿物,而其他的一些有用矿物多被废弃,导致这些矿砂不能尽其所用,造成国家资源的巨大浪费。[3]

三、海洋可再生能源开发利用

(一)世界海洋可再生能源开发利用情况

在海洋可再生能源开发利用方面,欧洲走在了世界的前列,全球90%的海上风电集中在欧洲北部的北海、波罗的海、爱尔兰海域和英吉利海峡。2019年,欧洲海上风电新增并网容量3623兆瓦,增加502台海上风电机组,涉及10个风电场。截至2019年年底,欧洲海上风电累计装机容量为22072兆瓦,共有5047台风电机组并网,分布于12个国家。2019年,英国海上风电新增装机容量创下新纪录,达到1764兆瓦,占欧洲海上风电新增并网容量近一半(48.5%)。[4] 2020年无疑是全球海上风电开发最为活跃的一年。经过多年积淀,欧洲地区继续领跑全球,而亚太地区和美国市场正在加快发展,有望成为未来十年全球海上风电装机增长的助推器。2020年,是

---

[1] 参见《全国海洋主体功能区规划》。

[2] 参见廖谟圣、曹丽平:《我国海洋石油工业的进展及与国外差距和建议》,载《石油矿场机械》2005年第2期。

[3] 参见辛仁臣、刘豪等编著:《海洋资源》,化学工业出版社2013年版,第94页。

[4] 参见孙一琳:《2019年欧洲海上风电发展概况》,载《风能》2020年第2期。

美国海上风电正式迈开步伐的一年。美国从联邦政府到各州主管部门,各自在权限范围内开展海上风电政策制定、行业监管、文件审批等工作。截至目前,仅在美国东海岸地区,各州政府设定了明确的海上风电发展目标:到2030年装机容量达到12吉瓦,到2035年装机容量达到29.1吉瓦。这将吸引550亿~870亿美元(约合人民币3589.9亿~5678.5亿元)的投资进入美国海上风电市场,并支持当地重要的风电供应链产业实现业务增长。可以预见,海上风电开发所产生的经济效益有望极大推动美国后疫情时代的经济绿色复苏。[1]

(二)我国海洋可再生能源开发利用情况

我国海岸线悠长,具备丰富的海上风能资源条件,只东部沿海的海上可开发风能资源就约达7.5亿千瓦。2004年,广东南澳县总投资2.4亿元的海上2万千瓦风电场项目,是我国首个海上风电场建设项目。第一个大型海上风力发电厂是2005年国华能源投资有限公司与河北省沧州市黄骅港开发区管委会签署协议合作建设的总装机容量约100万千瓦的风电场。随后,上海、香港分别投产了当时亚洲规模最大的海上风力发电厂和全球最大的海上风力发电厂。而后在"十二五""十三五"期间海上风电的版图不断扩展。2019年,国内海上风电项目总招标容量为10.7吉瓦,招标金额约148亿元。海上风电已核准项目大部分集中在江苏和广东,江苏一半的风电项目在南通如东,已核准项目投资规模近千亿元。如东是国内最大的海上风电产业基地之一,产业链完整。经过这些年的发展,我国海上风电设计和建设经验逐步积累,投资成本逐步下降,目前基本能控制在每千瓦19,000元以内。预计"十四五"时期,工程投资造价还能下降10%以上,平均投资下降至每千瓦15,000元右。[2]

四、海岛资源开发利用

(一)世界海岛资源开发利用情况

海岛资源的开发主要有海洋渔业、港口建设、发展旅游。海洋渔业是海岛资源开发的传统模式,包括海洋捕捞和用海人工养殖。

港口建设是海岛资源开发利用的重要方式。日本在实施了《第9批港

---

[1] 参见王芳:《2020年,美国海上风电迈开步伐》,载《风能》2020年第12期。

[2] 参见陈玲娜:《海上风电的发展现状和前景分析》,载《中国高新科技》2020年第13期。

口建设7年计划》(1996—2002)的基础上,又制定实施了《21世纪港口构想》,提出了港口可持续发展的重要指标,新世纪港口应是高度信息化、智能化港口、全天候港口、一座水上城市及海洋生态环境优美的港口、多用途可移动港口、海洋资源开发的港口。加拿大爱德华王子岛位于大西洋圣劳伦斯湾南部,岛上有大小港口48个,为水产、旅游、客货运提供服务。韩国济州岛在发展经济中,曾提出开发济州外港,以提高济州港的吞吐能力。斯里兰卡科伦坡港,是世界上最大的人工港口之一,也是欧亚、太平洋、印度洋地区的世界航线的重要中途港口之一。

海岛是重要的旅游资源,其拥有得天独厚的阳光、沙滩以及海鲜美味,深受游客青睐。2015年由香港理工大学牵头撰写的《世界海岛旅游发展报告(2015)》显示,全球共有超过50个国家、70个成熟的海岛旅游目的地;全球海岛旅游游客的年均增长率超过20%。夏威夷群岛、巴厘岛、马尔代夫群岛、普吉岛、圣托里尼岛、苏梅岛、毛里求斯岛、济州岛、大溪地、塞舌尔群岛是世界上著名的海岛旅游目的地。[1]

(二)我国海岛资源开发利用情况

我国实施改革开放以后,综合国力和人民生活水平显著提高。在全国海岛资源调查的基础上沿海各省市纷纷出台政策、措施,开发利用海岛,发展海岛经济。目前,我国海岛资源开发利用主要体现在以下方面:一是发展海岛经济,具体包括海水养殖业、港口建设、旅游业等。二是建设基础设施,包括海岛交通、海岛通信、海水淡化、海岛供电等。三是兴建社会事业,包括兴建学校、医院、文体设施等。但由于各海岛地区资源条件、地区经济发展水平和需求等有所差异,海岛资源开发类型不尽相同。有些海岛面积较大,海洋资源种类多、数量大、质量高,开发历史悠久。

对于无居民海岛,我国实行的是有偿使用制度。根据《海岛保护法》的规定,无居民海岛属于国家所有,国务院代表国家行使所有权,无居民海岛的利用,必须在规划确定可以利用的前提下有偿使用。我国有6000余个无居民海岛,它们是保护海洋环境、维护海洋生态平衡的基础平台,也是壮大海洋经济、拓宽发展空间的重要依托。2011年,原国家海洋局公布了我国第一批176个可开发无居民海岛名录,各岛用途涉及旅游娱乐、交通运输、

---

〔1〕 参见严瑜:《国际海岛旅游掀起新浪潮》,载《人民日报(海外版)》,2015年10月17日,第3版。

渔业、工业、农林牧业、仓储、可再生能源建设、公共服务、城乡建设等多个领域,无居民海岛迎来开发热潮。

第三节　海洋自然资源开发利用和保护法律制度概要

一、我国海洋自然资源开发利用和保护法律制度渊源

(一)宪法

《宪法》第9条规定,矿藏、水流、森林、山岭、草原、荒地、滩涂等自然资源,都属于国家所有,即全民所有;由法律规定属于集体所有的森林和山岭、草原、荒地、滩涂除外。国家保障自然资源的合理利用,保护珍贵的动物和植物。禁止任何组织或者个人用任何手段侵占或者破坏自然资源。

《宪法》对自然资源开发利用和保护进行了原则性规定,也是海洋自然资源开发利用和保护的根本性依据。

(二)法律

1.《领海及毗连区法》《专属经济区和大陆架法》

《领海及毗连区法》和《专属经济区和大陆架法》是我国海洋自然资源开发利用和保护的基础性法律依据,规定了我国在不同海域开发利用和保护海洋自然资源的权利和义务。具体内容包括:(1)我国对领海享有主权,其范围及于领海上空、领海的海床及底土。(2)我国在专属经济区为勘查、开发、养护和管理海床上覆水域、海床及其底土的自然资源,以及进行其他经济性开发和勘查,如利用海水、海流和风力生产能等活动,对专属经济区行使主权权利。专属经济区的自然资源,包括生物资源和非生物资源。(3)我国为勘查大陆架和开发大陆架的自然资源,对大陆架行使主权权利。大陆架的自然资源,包括海床和底土的矿物和其他非生物资源,以及属于定居种的生物,即可捕捞阶段在海床上、海床上不能移动、其躯体须与海床或者底土保持接触才能移动的生物。

2.《渔业法》《海岛保护法》《深海海底区域资源勘探开发法》

《渔业法》《海岛保护法》《深海海底区域资源勘探开发法》是规定海洋资源开发利用和保护的专门法律。其内容包括:(1)加强渔业资源的保护、增殖、开发和合理利用,发展人工养殖,保障渔业生产者的合法权益,促进渔

业生产的发展,适应社会主义建设和人民生活的需要。(2)保护海岛及其周边海域生态系统、合理开发利用海岛自然资源、维护国家海洋权益、促进经济社会可持续发展。(3)规范深海海底区域资源勘探、开发活动,推进深海科学技术研究、资源调查,保护海洋环境,促进深海海底区域资源可持续利用,维护人类共同利益。

3.《矿产资源法》《野生动物保护法》《可再生能源法》

《矿产资源法》《野生动物保护法》《可再生能源法》是调整中华人民共和国领域及管辖海域矿产资源开发利用、野生动物保护和可再生能源开发利用的法律,虽然这些法律不是专门性的海洋资源法,但其内容包括海洋资源开发利用和保护的规定。《矿产资源法》规定了海洋矿产资源勘探、开采及法律责任等内容。《野生动物保护法》规定了水生野生动物及其栖息地保护、水生野生动物管理、法律责任等内容。《可再生能源法》规定了海洋能等非化石能源资源调查与发展规划、产业指导与技术支持、推广与应用、价格管理与费用分摊、经济激励与监督措施、法律责任等内容。

(三)行政法规、部门规章和规范性文件

海洋资源开发利用和保护方面行政法规、部门规章和规范性文件主要有《渔业法实施细则》《渔业捕捞许可管理规定》《野生动物保护法》《矿产资源法实施细则》《对外合作开采海洋石油资源条例》《国土资源部关于加强海砂开采管理的通知》《无居民海岛开发利用审批办法》等。

上述行政法规、部门规章和规范性文件在海洋生物资源、海洋矿产资源、海洋可再生能源以及海岛资源开发利用和保护方面提供了重要保障,其与宪法和法律构成了我国海洋资源开发利用和保护的主要法源。

(四)地方性法规、地方政府规章和地方规范性文件

海洋生物资源开发利用和保护方面,许多省、自治区和直辖市制定了地方性法规和地方规范性文件,规定本地区生物资源开发利用和保护的实施办法。如《辽宁省渔业管理条例》《浙江省渔业管理条例》《广西壮族自治区红树林资源保护条例》《海南省红树林保护规定》《海南省珊瑚礁和砗磲保护规定》《海南省实施〈中华人民共和国野生动物保护法〉办法》《江苏省野生动物保护条例》《广东省野生动物保护管理条例》《海南省休闲渔业管理办法(试行)》等。

海洋矿产资源开发利用保护方面,有些省或市制定了地方政府规章和地方规范性文件,根据授权,管理本地区海洋矿产资源开发利用和保护活

动。如《广东省洗砂管理办法》《厦门市海砂资源管理规定》《海口市海砂河砂管理暂行办法》等。

海岛资源开发利用和保护方面,有些省份或市制定了地方性法规、地方政府规章和地方规范性文件,对海岛或无居民海岛进行管理和保护。如《海南省无居民海岛开发利用审批办法》《广西壮族自治区无居民海岛保护条例》《浙江省无居民海岛开发利用管理办法》《连云港市海岛保护条例》《宁波市无居民海岛管理条例》等。

沿海地区结合地方需求,制定的海洋资源开发利用和保护的法律制度对上位法的实施和地方海洋经济发展起到了重要的支撑作用。

二、我国海洋自然资源开发利用和保护法律制度应注意的问题

从我国现行的海洋自然资源开发利用和保护的法律渊源看,基本的法律框架已经形成,不同层次的立法从海洋生物资源、海洋矿产资源、海洋可再生能源和海岛资源等方面对海洋资源开发利用和保护问题进行了规定。但由于缺乏海洋资源开发利用和保护的基本法,现行法律制度仍存在许多问题,如法律体系不健全,各类法律之间的衔接不畅等。另外,由于立法部门繁多、立法体系复杂和存在地区差异等原因,海洋资源开发利用和保护水平仍有待提升,我国未来海洋资源开发利用和保护的法律制度完善需要考虑以下问题。

(一)陆海统筹问题

1996 年,中国制定了《中国海洋 21 世纪议程》,提出“要根据海陆一体化的战略,统筹沿海陆地区域和海洋区域的国土开发规划,坚持区域经济协调发展的方针,逐步形成不同类型的海岸带国土开发区”。2011 年 3 月,《国民经济和社会发展第十二个五年规划纲要》指出,“坚持陆海统筹,制定和实施海洋发展战略,提高海洋开发、控制、综合管理能力”。同时明确规定了优化海洋产业结构,加强海洋综合管理的具体举措。[1]

2013 年 7 月 30 日,习近平总书记在中共中央政治局以建设海洋强国研究进行第八次集体学习中指出,“我们要着眼于中国特色社会主义事业发展全局,统筹国内国际两个大局,坚持陆海统筹,坚持走依海富国、以海强

---

〔1〕《国民经济和社会发展第十二个五年规划纲》第十四章,载中国政府网,https://www.gov.cn/zhuanti/2011-03/16/content_2623428_2.htm。

国、人海和谐、合作共赢的发展道路，通过和平、发展、合作、共赢方式，扎实推进海洋强国建设"[1]。

坚持陆海统筹，就是在国家发展战略中，破除长久以来的"重陆轻海"的传统观念，强化海洋意识、树立"蓝色国土"意识，将海洋和陆地看作一个有机整体，加强陆海之间的有机联系、相互促进和相互支援，促进海陆资源互补，力求陆海并举，实现陆海一体化发展。[2]

"陆海统筹"可以成为对管理陆海的各项法律规则甚至整个实在法的效力进行实质评判的标准，可以成为说明政府开发、利用陆海自然资源以及保护陆海生态环境的行为规则是否正确、是否以一种系统整体的方法实施、是否有效的理由。涉及近海陆域和海域自然资源开发利用、生态环境保护的法律均应反映"陆海统筹"这一具体制度要求。[3] 因此，海洋资源开发利用和保护法律制度应充分考虑陆海统筹问题。

（二）可持续利用问题

海洋资源可持续利用是可持续发展思想应用于海洋科学而产生的新名词。[4] 1987 年，联合国世界环境与发展委员会在《我们共同的未来》报告中第一次阐述了"可持续发展"的概念，并成为国际社会的广泛共识。可持续发展是一种注重长远发展的经济增长模式，是发展与可持续的统一，两者相辅相成，互为因果。发展是前提，是基础，可持续是关键；放弃发展，则无可持续可言，只顾发展而不考虑可持续，长远发展将丧失根基。[5]

2015 年，联合国宣布世界达成了千年发展目标，并开始追求下一个 15 年的联合国可持续发展目标（SDGs），即《2030 年可持续发展议程》。SDGs 首次包括了海洋可持续发展目标，即目标 14 及其 10 项具体目标："保护和可持续利用海洋和海洋资源以促进可持续发展"。2017 年 6 月，联合国在以海洋为主题的高级别会议"可持续发展目标 14：保护和可持续利用海洋和海洋资源以促进可持续发展"中，呼吁各国实施全面海洋综合管理以确

[1] 《习近平：进一步关心海洋认识海洋经略海洋　推动海洋强国建设不断取得新成就》，载《人民日报》2013 年 8 月 1 日，第 1 版。

[2] 参见刘明：《陆海统筹与中国特色海洋强国之路》，中央党校 2014 年博士学位论文，第 28 页。

[3] 参见李挚萍、程晓娅：《"陆海统筹"的法律内涵及法律实现路径》，载《华南师范大学学报（社会科学版）》2021 年第 4 期。

[4] 参见崔旺来、钟海玥：《海洋资源管理》，中国海洋大学出版社 2017 年版，第 223 页。

[5] 参见朱坚真主编：《海洋经济学》，中国农业出版社 2019 年版，第 38 页。

保海洋的可持续发展。[1]

中国作为22个就落实2030年可持续发展议程情况进行国别自愿陈述的国家之一,应全面贯彻落实可持续发展理念。就海洋领域而言,我国海域广袤,海域地形和海域温度带的多样性使我国海洋资源具有多样性特征,海洋经济的发展在很大程度上依赖对海洋资源的开发利用。然而,任何资源,在毫无节制的开发过程中,都会枯竭,即使可再生资源也是如此。所以,海洋资源可持续利用是指以可持续的方式利用海洋资源。对于可再生海洋资源,可持续利用指的是在保持海洋资源的最佳再生能力前提下的利用;对于不可再生海洋资源,可持续利用指的是保存和不以使海洋资源耗尽的方式对其加以利用,而且既要保证当代人的需求,也要照顾到子孙后代的利益。海洋资源开发过程中,需重视海洋资源开发与利用的可持续性,其直接关乎我国的经济社会发展,可持续利用原则为实施海洋资源开发利用制度确定了具体运行的基本方向。[2]

(三)海洋资源开发与海洋环境保护问题

海洋资源开发利用活动会对海洋生态环境造成影响,海水养殖大多是采用人工饵料,残饵产生的氮、磷等营养物质是邻近浅海的主要污染源,加剧了海水的富营养化。海洋石油开发活动产生的各类废弃物、原油泄漏等会给海洋生态环境造成威胁。渔业捕捞生产会极大地损害海洋生物多样性,影响海洋生态系统结构和功能的实现。滨海采砂会改变海区地貌,改变海流的流速和流向,造成海岸侵蚀。盐田的建设会使滩涂湿地的部分生境丧失。[3]

海洋环境是一个复杂的系统,海洋环境保护也因此是一个复杂的系统过程。既包括生活劳动过程和生产过程的控制,又包括海洋污染过程和陆地污染过程的控制;既包括工程前、工程中和工程后的控制,又包括工艺、技术、方法、计量等方面的控制。[4]

---

[1] 国家海洋局国际合作司:《联合国海洋大会筹备会议:我们的海洋,我们的未来——携手落实可持续发展目标14》,载《太平洋学报》2017年第6期。

[2] 参见吴好婷、白佳玉:《基于可持续发展目标的海洋资源综合立法》,载《资源科学》2022年第2期。

[3] 参见陈燕、黄海、马军:《海洋资源与生态环境理论及其问题研究》,中国海洋大学出版社2019年版,第130页。

[4] 参见王平、徐功娣:《海洋环境保护与资源开发》,九州出版社2019年版,第29页。

一方面,海洋资源对海洋环境具有严重的依赖性;另一方面,海洋资源开发利用又会对海洋环境带来许多不利影响。如何在海洋资源开发利用的同时,保护海洋环境,促进两者的平衡和协调是十分重要的。因此,在海洋资源开发利用的同时,必须运用法律制度纠正和控制人类活动给海洋环境带来的不良影响及其危害,在享受海洋恩泽的同时,把海洋环境污染限制在最低的水平。[1] 海洋资源与海洋环境的相互依存关系要求海洋资源开发利用和保护的法律制度需要将环境保护放到重要地位。

---

〔1〕 参见吴兴南:《走向海洋——海洋资源的开发利用与保护》,社会科学文献出版社 2017 年版,第 231 页。

第二章　海洋渔业资源开发利用和保护法律制度

第一节　海洋渔业资源概述

一、海洋渔业资源的概念和特点

（一）海洋渔业资源的概念

关于海洋渔业资源的含义，我国在《渔业法》中并没有明确的定义。从海洋渔业资源学的角度来分析，我国是世界上海洋渔业资源最丰富的国家之一。海洋资源可以分为海水化学、海洋生物、海底矿产、海洋能源等。〔1〕王文革教授认为："海洋渔业资源属于其中的海洋生物资源，海洋生物资源是指生活在海洋中，有一定经济基础条件下，可供人民开发、利用的生物资源，主要包括海洋动物资源和海洋生物资源。"〔2〕从渔业资源学的角度来看，按一般说法："渔业是指从事水生动植物养殖或者捕捞的生产经营活动，而渔业资源则是指水域中可以作为渔业生产经营的对象以及具有科学研究价值的水生生物的总称。渔业资源按水域划分可以划分为内陆水域渔业资源和海洋渔业资源两大类。"〔3〕

从上述海洋资源、渔业、渔业资源的概念及分类可得，海洋渔业资源是指海域中可以作为渔业生产对象或者具有科学研究价值的，可供人们开发、利用的生物资源。根据海洋中渔业资源属性的不同，大致可以分为鱼、虾蟹、贝、海藻、淡水食用水生植物类及其他渔业资源六大类。随着海洋渔业资源的发展，人工海洋养殖技术的逐渐提升，海洋渔业资源不仅限于海域中

---

〔1〕参见霍明远、张曾顺主编：《中国的自然资源》，高等教育出版社2001年版，第335页。
〔2〕王文革主编：《自然资源法——理论·实务·案例》，法律出版社2015年版，第267页。
〔3〕王文革主编：《自然资源法——理论·实务·案例》，法律出版社2015年版，第268页。

野生的具有经济价值的动、植物,人工培育产出的海产品也属于海洋渔业资源的范畴。海洋渔业除了提供海产品供人类消费外,同时也为从事水产品捕捞、加工和贸易活动的人们提供就业、生计和收入机会,从而为经济增长和粮食营养安全做出贡献。[1] 海洋渔业资源是海洋生物链的重要组成部分,其开发利用会影响海洋资源的整个生物链,进而对海洋生态带来影响,对人类的生产生活也会带来不同的影响,因此,加强对海洋渔业资源的开发利用和保护显得尤为重要。

(二)海洋渔业资源的特点

渔业资源的种类多种多样,依据类别区分,具体有软体类、头足类、甲壳类、鱼类和哺乳类等,各类别种群数量相差很大。渔业资源中数量最大的类别种群,当属鱼类。海洋渔业资源是自然资源的重要组成部分。鱼类是动物蛋白的重要来源之一,其富含人体必需氨基酸、维生素和矿物质等宝贵营养素,近年来鱼类在营养和粮食安全中发挥的作用在国际上也受到越来越多的重视。海洋渔业资源具有系统性、地域性、可再生性、洄游性、波动性、共有性等特点,对海洋渔业资源的开发利用既要满足其经济性,又要不改变其特点而使其维持生态平衡。具体而言,海洋渔业资源的特点可以分为自然资源、生物资源和经济资源三种类型。

1. 海洋渔业资源作为自然资源的特点

(1)系统性。渔业自然资源是多因素、多层次、多结构、多功能结合的自然综合体,是一个由多元系统组合的自然生态系统。组成渔业自然资源的各要素、各子系统是相互依存和相互制约的整体。各水域的生物不是特有的,它们之间存在一定的共性,在海洋水域中存在一个完整的生态系统,在进行渔业生产时,考虑到生态系统本身的特性,因地制宜,保持生态系统的平衡。

(2)地域性。海洋渔业渔区内的资源产品不是固定的,它们可以随着洋流的流向改变栖息地的位置。各种渔业自然资源的分布和组合都具有地域性,从而形成多种资源生态环境,使各种资源的性质、数量及其组合特征都具有明显的地域差异。在我国近海,海洋渔业资源种类繁多,总量丰富,从渤海、黄海、东海至南海,渔业资源种类和总量依次递增。渔业资源按所

---

[1] 参见陈新军、丁琪:《全球海洋渔业资源——可持续利用及脆弱性评价》,科学出版社2018年版,第16页。

在水层的不同,具体还可区分为岩礁种类、底栖种类、沿岸中上层种类和大洋性中表层鱼类等。

(3)平衡性。海洋生态系统内各个成分都处于动态变化中,各生物成分之间、生物成分与非生物成分之间总是在不断进行着物质循环与能量流动,使海洋生态系统的结构与功能均处于相互协调的动态过程中。即使在外界一定强度压力下,也可以通过生态系统的自我调节能力恢复到相对稳定的状态。当海洋渔业资源的开发利用量大于海洋生物的自我生产能力,或人类活动对海洋生态环境的影响超过了海洋生态环境的自我修复能力时,这种平衡性容易被破坏。

(4)易腐性。与其他产品相比,海洋渔业产品对生产技术、储存和物流管理都提出了特殊要求,从原料、渔获到消费者终端整个产业链的每一环节都需要采用必要的保鲜、保活或冷冻冷藏等技术措施。渔业资源的易腐性也会影响水产品的销售方式。随着冷冻技术及超低温技术的发展,为渔业的生产和发展,以及产业链的延伸创造了良好条件,也促进了外海和远洋渔业资源的规模性开发和利用。

2. 海洋渔业资源作为生物资源的特点

(1)可再生性。渔业资源作为生物的一种,具有自行繁殖、发育和生长的特性,这种特性使生物种群本身得到不断更新,种群数量得到不断补充,以此种群数量保持一定的平衡。如果有适宜的海洋环境条件,人类合理地开发利用,渔业资源就能够世代繁衍,持续为人类提供高质量的动植物蛋白质。鱼类属于临界带可再生资源,虽然其具有一定的再生能力,但是当渔业捕捞行为超过一定界限,渔业资源的可再生性也会发生不可逆转的变化。

(2)洄游性。因遗传、生理要求、外界自然环境因素等综合影响,鱼类出现种群周期性定向往返移动现象。目前发现的绝大多数渔业资源都具有洄游天性,这也成为渔业种群区别于生活在草原、森林等环境下的其他生物种群重要特性之一。同一种渔业资源在洄游路径上有可能途经多个国家或地区,难以将渔业资源固定在某一特定区域内管理并利用。这一流动性也导致自然产权的难以界定,是产生过度捕捞的主要原因之一。比如,甲壳类等的移动范围较小,鱼类和哺乳类的移动范围较大,特别是溯河产卵的大麻哈鱼和金枪鱼等大洋性鱼类,许多种类产卵时洄游到近岸海区,产卵后游向外海。

(3)波动性。因为生物在自身繁殖和进化的过程中,其所处的生态系统等各种因素的相互影响和不稳定性会造成种类数量上的波动。如鱼类等渔业资源的生长、死亡等除了受到人为捕捞因素的作用外,还极易受到气候条件、水文环境等自然因素的影响,水温、海流等因素的异常对渔业资源数量造成很大的影响,厄尔尼诺现象就曾造成秘鲁鳀鱼产量的剧降。这种海洋渔业资源的波动性,使水产养殖和捕捞等渔业活动存在很大的不确定性和风险性。此外,外来物种入侵也会对渔业资源产生重大影响。外来物种入侵以后,由于其缺少天敌,会在海域中快速的繁殖,并开始与原本海域中的生物争夺生存空间、食物等,威胁原本海域中生物的生存。

3. 海洋渔业资源作为经济资源的特点

(1)外部性。海洋渔业资源的流动性使产权的界定更加困难,进一步加剧渔业资源所有权与使用权之间的矛盾,产生海洋渔业资源的外部效应。对海洋水域进行开发和利用的时候,本区域的生态系统和经济效益会受到影响,相邻的水域的生态系统的生态环境和经济效益也会受到一定的影响。

(2)共有性。在我国,海洋资源为全民所有,即国家所有。渔业权是海洋渔业资源中的重要权利,包括养殖权和捕捞权,是指自然人、法人或其他组织依法在一定水域从事养殖或者捕捞水生动植物的权利。虽然法律意义上将海洋资源的私有权排除,但是其并未排除个人的海洋资源使用权。而海洋渔业资源作为一种流动性资源,其本身的自然特征决定了其作为公共资源的实际无主性,导致对该资源难以确定其归属和所有权,容易出现"谁捕捞谁获得""占有就是所有"的情况。从经济学上分析,海洋渔业资源通常具有可利用和消费无排他性,这些也使渔业资源管理具有特殊性,加大管理成本难度。

(3)稀缺性。海洋渔业资源与人类生活息息相关,国际社会对海洋渔业资源的态度由最初的"取之不尽,用之不竭"的盲目乐观开始转变为担忧资源枯竭。随着科学技术的提高和市场需求的扩张,我国海洋渔业资源在过去60年间得以快速发展,但过度捕捞又使许多鱼类种群处于衰退状态,致使海洋生态环境面临严峻的考验。海洋生物系统中价值高、个体大的种类被过度捕捞后,渔民的捕捞目标就会转向一些价值较低的物种,以此规律,逐渐循环,最终会导致整个海洋生态系统呈现出系列性退化的现象。

二、我国海洋渔业资源概况

我国沿岸近海海岸线漫长、渔业资源分布具有季节和区域上的不均衡性,各区域枯竭程度也各有差异,资源保护力度与恢复周期也各不相同。我国渤海渔场、吕泗渔场、舟山渔场、北海渔场四大渔场,多年来以盛产黄鱼、墨鱼、带鱼而著称。[1] 环绕我国陆地东侧和南部的是渤海、黄海、东海和南海四大海区。我国大陆棚的渔场面积为1,500,280平方千米,占世界大陆棚面积的23.7%,是世界重要渔场之一。我国沿海有岛屿6500多个,岛屿岸线长14,000多千米,陆地和岛屿岸线蜿蜒曲折,形成许多优良港湾,也形成各自不同的海洋环境。海洋渔业资源种类繁多,有鱼类、甲壳动物类、软体动物类、海兽类、藻类等。其中鱼类是海洋渔业资源中数量最大的类群,其中我国鱼类种类有3000种,约占海洋鱼类的2/3。[2]

(一)我国海洋渔业资源种类概况

1. 鱼类

鱼是生活栖息于水体中的脊椎动物,鱼类资源是地球上丰富的生物资源,其中海洋鱼类有12,000余种。海洋鱼类种类繁多,但捕捞价值高的鱼类并不多,在这12,000余种海洋鱼类中,约有200种经济鱼类,其合计渔获量约占世界海洋鱼类渔获量的70%。[3] 在我国近海海洋渔业资源中,缺乏具有广布性和生物量大的鱼种,特别是我国沿海海域跨热带、亚热带和温带三个气候带,适合冷温性、暖温性和暖水性海洋生物生存,因此,我国海洋生物种类组成复杂多样。据统计,主要的经济鱼类有哈那鲨、真鲨、白斑星鲨、孔鳐、中国魟、蝠鲼等软骨鱼类;硬骨鱼类鲈形目有大黄鱼、小黄鱼、白姑鱼、带鱼、鮸鱼、真鲷、鲻鱼、黑鲷、红笛鲷、石斑鱼、鲳鱼、圆鲹、鲐鱼、鲅鱼等;鲱形目有鳓鱼、斑鰶、鳀鱼等;金枪鱼目有金枪鱼、旗鱼、鲣等;鳗鲡目有海鳗、星鳗;鳕形目有鳕鱼;鲽形目有高眼鲽、虫鲽、牙鲆、舌鳎等;鲀形目有虫纹东方鲀、星点东方鲀、弓斑东方鲀等。[4]

海洋渔业资源在数量上也有明显的区域性差异,随着纬度的降低,海洋渔业资源品种逐渐递增,而资源密度在逐渐递减。从鱼类适温性来看,中纬度区的温暖性鱼类居主要地位,约占70%,高纬度区冷水性种类有鳕鱼、牙

---

[1] 参见田其云、马英杰等:《海洋渔业资源恢复法律制度研究》,海洋出版社2010年版,第2页。

[2] 参见陈新军主编:《现代渔业发展概论》,科学出版社2020年版,第4页。

[3] 参见陈新军主编:《现代渔业发展概论》,科学出版社2020年版,第18页。

[4] 参见武云飞主编:《话说中国海洋渔业》,广东经济出版社2014年版,第2页。

鲆等,也有低纬度区热带、亚热带的暖水鱼类如金枪鱼、鲣鱼等。[1] 例如,在我国北方海域的鱼类种类少,但单一鱼种资源生物量较大,南方海域的鱼类物种多,而且色彩斑斓、体形奇异,具有较高的观赏价值。

2. 甲壳类

甲壳类分为虾类和蟹类两种,其中虾类大约有3000种,蟹类有4500种,虾和蟹是经济价值比较高的水产动物。我国近海和沿海捕捞的主要海洋虾类有毛虾、对虾、鹰爪虾和虾蛄,主要捕捞的蟹类有梭子蟹和青蟹等。

3. 软体动物类

海洋中的软体动物是海洋动物中的最大门类,大约有10万种,分布广泛,也是洄游范围较小的水产经济动物。经济软体动物类主要有头足类和贝类,头足类包括柔鱼类、枪乌贼类、乌贼类和章鱼类,如鱿鱼、乌贼、章鱼等,我国重要的海水养殖经济贝类有牡蛎、蛤、贻贝、扇贝等。

4. 藻类

藻类是海洋植物,通常是定居性生物。我国藻类资源丰富,藻类产量居世界前列。我国养殖的主要经济性藻类有海带、裙带菜、紫菜和江蓠,江苏省和福建省是我国紫菜的主要养殖区域。海藻含有丰富的微量元素和维生素,具有较好的保健和药用价值。

(二)我国海洋渔场分布概况

1. 渤海渔场

我国渤海海域水深较浅,平均深度为18米,水文条件受气候及沿岸河流径流量影响较大,底质为细砂,中央盆地颗粒变粗,地处温带,大陆架面积为7.7万平方千米。其包括辽东、渤海、莱州3个湾,也有不少江河流入湾内。除盐度低,水质肥沃,营养丰富以外,该海域风平浪静,水温季节性变化大,是小黄鱼、带鱼、鲷鱼、鲅鱼、梭鱼、对虾、毛虾、梭子蟹等多种经济鱼虾类的产卵场,有梭鱼、虾繁育摇篮之称。

2. 黄海渔场

黄海面积约为38万平方千米,平均水深40米,最大水深106米,大陆架面积为38万平方千米。黄海环流主要由黄海暖流、黄海沿岸流组成,底质为泥质粉砂沉积物覆盖,苏北沿海为潮流沙集,底质以细砂为主。黄海沿岸海域有带鱼、大黄鱼、小黄鱼、鲳鱼、鳕鱼、高眼鲽、牙鲆、红娘鱼、鲐鱼、太

---

[1] 参见武云飞主编:《话说中国海洋渔业》,广东经济出版社2014年版,第3页。

平洋鲱、鲅鱼、对虾、鹰爪虾、乌贼、毛虾等。

3. 东海渔场

东海海域面积约77万平方千米，大部分为陆架区，大陆架面积为57万平方千米，平均水深350米，冲绳海槽最大水深2719米。东海沿岸流和台湾暖流是东海浅水区域两支主要海流，受黑潮分支和沿岸海流影响，有多种鱼虾类，是大黄鱼、小黄鱼、带鱼、乌贼、鲳鱼、虾、蟹类的产卵场和幼体育肥区。

4. 南海渔场

南海海域地处热带、亚热带，属于西太平洋的一个半封闭型边缘海，面积约350万平方千米，南北为大陆架，中央有面积约占30%的深海，平均水深1212米，最大深度5377米。其中北部湾最大水深80米，大陆架面积为37万平方千米，除岛礁以珊瑚礁为主，其他的以泥沙为主。南海沿岸是斑鰶、蛇鲻、鲷鱼、石斑鱼、红娘鱼、江珧等鱼类的产卵场和索饵、育肥区。

三、我国海洋渔业资源开发利用和保护审视

党的十九届四中全会公报指出："必须践行绿水青山就是金山银山的理念，坚持节约资源和保护环境的基本国策，坚持节约优先、保护优先、自然恢复为主的方针，坚定走生产发展、生活富裕、生态良好的文明发展道路，建设美丽中国。"作为国民经济基础产业与海洋经济传统产业，海洋渔业在为我国人民持续供给食物、促进海洋经济发展等方面意义重大。良好的海洋生态环境是我国海洋渔业资源可持续发展的关键，在充分利用海洋渔业资源的同时，也应注重对海洋生态环境的保护，维持海洋渔业资源的生态环境。

（一）我国海洋渔业资源的开发利用

我国拥有1.84万千米的海岸线，领海面积超过300万平方千米，包括渤海、黄海、东海、南海四大海域。得天独厚的区位条件使得我国自古以来就是天然的海洋大国与渔业大国。我国最早对海洋渔业资源的利用可以追溯到公元前的商朝，但新中国成立以后，我国才开始逐渐重视对海洋渔业资源的开发利用。这一阶段重在围绕渔业资源保护进行基本立法建设，实现海洋渔业法律从无到有。改革开放后至21世纪初，我国经历了渔业资源快速发展的阶段。《2021年全国渔业经济统计公报》显示，我国渔业产值中海洋捕捞产值为2303.72亿元，海水养殖产值为4301.70亿元，淡水捕捞产值

为336.56亿元,淡水养殖产值为7473.75亿元,水产苗种产值为742.90亿元,[1]我国海洋渔业资源的开发与利用对海洋渔业产业与海洋渔业经济的发展具有较大的促进作用。

1. 海洋渔业捕捞业

中国的海洋渔业捕捞生产由群众渔业和国有渔业两个部分组成。就从业人口、船数和产量来说,群众渔业居主体地位,国有捕捞企业是生产开拓的骨干力量。新中国成立起从当时的捕捞业生产实际情况出发,根据以恢复为主,先恢复后发展的指导方针,积极建设国营捕捞企业,使其发挥在各种经济成分中的领导作用,大力扶植个体渔民生产等;国家在沿海新建和扩建渔港、避风港、航标灯塔及气象站等设施,保障渔民生产安全。目前我国捕捞渔业已经历过结构调整,人员改行转业而从事环境与资源保护或水产养殖业。当今的淡水捕捞仅局限于大型湖泊或水库经济水产动植物增殖养殖的采收,对野生动植物的猎捕和采集受到严格管控。近海捕捞渔业多已转入深海和远洋渔业,部分转为海水养殖或海洋资源养护。我国捕捞渔业已经从单纯资源开发迈上了养护与合理利用并重的台阶。

2. 渔业产品养殖业

我国渔业生产连续多年位居世界第一,渔业产业结构实现重大转变,渔业养殖产量占总产量的70%以上,而在世界渔业总产量中,水产养殖产量仅占40%左右。特别是在全球渔业资源衰退的形势下,我国及时调整渔业产业结构,转变对自然资源的利用方式,对渔业进行“以养为主”的重大政策调整,使我国的水产养殖产量超过捕捞产量,率先完成渔业由捕捞业为主向养殖业为主的转变。近年来,我国开发的人工驯化、培育、催产和孵化技术等方面取得许多重大成果,不仅丰富了海水养殖种类,又进一步促进了产量的增加。新开发的养殖种类达20余种,如波纹唇鱼、龙胆石斑鱼、斜带石斑鱼、鲹鲳、星鲽、江鲽、西施蛇蛤、中国紫蛤、日月贝、金乌贼、鹿角海萝、鼠尾藻等。随着对这些新品种繁殖和人工育苗技术与方法的熟悉掌握与推广,我国海水养殖业发展的前景远大。[2]

3. 渔业产品加工利用业

我国鱼类水产品加工技术水平不断提高,已形成冷藏、干腌制、熏制、罐

[1] 参见《2021年全国渔业经济统计公报》。

[2] 参见武云飞主编:《话说中国海洋渔业》,广东经济出版社2014年版,第77页。

制、调味品、鱼糜制品、鱼油、鱼粉与饲料等十几个专业门类的庞大产业，构成了较为完善的鱼类产品加工体系。水产调味料作为一种日常佐料食品，在我国传统的调味料中占有重要比例和地位，含有丰富的氨基酸、多肽、糖、有机酸、核苷酸等呈鲜物质和牛磺酸等保健成分。水产品来源丰富、调味料市场巨大及调味料工业发展迅速，未来水产调味料的发展将成为海洋经济新的增长点，更加注重调味料的功能性和生理活性，更加方便化、多样化、安全化。水产调味料的独特风味和营养价值正被逐渐重视，具有较好的市场开发前景。

4. 海洋生物活性物质

海洋生物活性物质是指海洋生物体内所含有的对人体健康有一定影响的微量或少量物质。主要包括海洋药用物质、生物活性物质、海洋生物毒素等海洋生物体内具有特定功能的天然产物，如活性多肽、活性多糖、活性脂质与脂肪酸类、生物碱、萜类、糖苷类、内酯、皂苷、多酚和聚醚类等。目前国内外利用海洋生物活性成分开发研制的产品主要有海藻功能食品、牡蛎功能食品、鱼类功能食品、浓缩水解鱼蛋白等。近年来，各国都在研究从海洋生物中分离提取抗菌肽、生物毒素、抗肿瘤因子、抗氧化因子、心血管活性肽、海洋生物活性多糖等，具有较好的开发利用价值。

5. 海藻化工产业

海藻分为十大门，主要经济藻类分为褐藻、红藻、绿藻和蓝藻四大类。人们对海藻的利用已有三千多年的历史，主要是食用。近百年来，人们发现可从许多种海藻中提取褐藻胶、甘露醇、琼胶、卡拉胶、海藻多糖、碘、钾等成分。随着科学技术的进步和发展，海藻的新用途不断被发现，海藻的综合利用已引起人们的广泛重视。海藻综合利用是指除加工成海藻食品以外的加工利用，目前主要有褐藻胶、甘露醇、碘、卡拉胶、琼胶、海藻肥、海藻面膜、海藻护肤用品、海藻止血胶带等产品，主要用于食品工业、纺织工业、生物技术、医药工业等。

（二）我国海洋渔业资源的保护

我国近年来渔业捕捞和海水养殖业都发展十分迅速，但是我国过度利用海洋生态环境也威胁到海水养殖业的可持续发展。对海洋渔业资源的保护是保证海水养殖业健康发展的前提，有助于渔业产业化的发展，还有助于保障人类健康的需求。21 世纪以来，我国海洋渔业资源出现了严重的衰退，随着可持续发展战略的提出，我国开始对海洋渔业资源的开发进行限制，通过实施海洋捕捞“零增长”等措施控制海洋渔业资源的盲目发展。

1. 优化捕捞空间布局，严格控制捕捞强度

我国通过优化海洋捕捞作业结构，逐步减少“双船底拖网、帆张网、三角虎网”等对渔业资源和环境破坏性大的作业类型。积极推进长江、淮河等干流、重要支流、部分通江湖泊捕捞渔民退捕上岸，切实加大捕捞渔民减船转产力度。执行海洋渔船“双控”制度，严厉打击涉渔“三无”船舶，逐步压减海洋捕捞渔船数量和功率总量。我国还对渔船管理机制进行创新，加强渔船分类分级分区管理，进一步完善捕捞作业分区管理制度，并积极推动渔具准用目录的制定，严厉打击“绝户网”等违法违规渔具。

2. 完善养殖水域滩涂规划，转变养殖发展方式

完善养殖水域滩涂规划包括科学划定养殖区域，明确限养区和禁养区，合理布局海水养殖，调整优化淡水养殖，稳定基本养殖水域，科学确定养殖容量和品种等途径。在转变养殖发展方式上，包括压减低效、高污染产能，大力发展节水减排、集约高效、种养结合、立体生态等标准化健康养殖；引导和鼓励养殖业节水减排改造，制定养殖生产环境卫生条件和清洁生产操作规程，逐步淘汰废水超标排放的养殖方式等。深入开展健康养殖示范场、示范县创建活动。随着渔业资源过度捕捞问题日益严峻，管理部门意识到不能仅控制捕捞量，也应该从投入角度出发，增殖放流制度由此产生。我国制定了增殖渔业发展规划，科学确定适用于渔业资源增殖的水域滩涂。加大增殖放流力度，加强增殖放流苗种管理，开展增殖放流效果评估，强化监管，确保增殖放流效果。此外，还积极推进以海洋牧场建设为主要形式的区域性综合开发，建立以人工鱼礁为载体，以底播增殖为手段，以增殖放流为补充的海洋牧场示范区。

3. 强化资源保护和生态修复，加强水生生物保护

我国建立并实施海洋渔业资源总量管理制度，开展限额捕捞试点，严格执行海洋伏季休渔、长江禁渔、珠江禁渔等制度。加强渔业水域生态环境监测网络建设，建立健全渔业资源生态补偿机制，监督落实补救措施。积极推进水生生物自然保护区和水产种质资源保护区建设，强化和规范保护区管理，切实保护产卵场、索饵场、越冬场和洄游通道等重要渔业水域。实施中华鲟、江豚拯救行动计划，修复中华鲟、江豚的关键栖息地与洄游通道，建立迁地保护基地和遗传资源基因库。强化水生野生动植物栖息地保护，科学开展繁殖增殖，规范合理利用，严厉打击破坏水生野生动植物资源的行为。

4. 优化远洋渔业产业布局，开展渔业保护国际合作

农业农村部于2020年发布的《中国远洋渔业履约白皮书（2020）》显示，至2019年年底，中国拥有合法远洋渔业企业178家，批准作业的远洋渔船2701艘，其中公海作业渔船1589艘，作业区域分布于太平洋、印度洋、大西洋公海和南极海域，以及其他合作国家管辖海域。中国远洋渔业始终坚持走绿色可持续发展道路，致力于科学养护和可持续利用渔业资源，促进全球渔业的可持续发展。通过严格控制船队规模，强化规范管理，打击非法捕捞，提高质量效益，努力建设布局合理、装备优良、配套完善、管理规范、负责任和可持续的远洋渔业产业。[1] 在对远洋渔业资源的保护上，坚持在捕捞目标鱼种的同时，兼顾生态相关种类资源的可持续问题，注重评估和管理兼捕种类资源状态，特别是鲨鱼、海龟、海鸟和哺乳动物，鼓励并参与有关的信息采集和科学研究。此外，我国加大了国际社会合作力度，陆续与十多个国家签署了渔业合作协议。这种内外兼修的渔业体系完善之路对维护我国海洋生物权益、开拓国际纠纷解决渠道、促进国内渔业发展、增强产业竞争力具有深远意义。[2]

（三）我国海洋渔业资源开发利用与保护评析

虽然近年来，海洋牧场建设、增殖放流行动和渔业资源总量管理制度等得到大力推进或试点，但我国近海捕捞产量仍持续增长，远远超过资源可捕量，渔获物“低值化、幼小化”等资源持续衰退势头仍有增无减。在利益的驱动下，人类不断攫取海洋渔业资源，海洋渔业资源一直处于被过度开发的状态。当前我国近海的海洋生态环境因为海域的环境污染、海洋资源的过度利用而恶化严重。赖以生存的环境得不到保障，海洋渔业资源必然大量减少，进而不利于海洋渔业资源的可持续发展。尤其是传统海洋渔业资源的开发利用，只注重短期的经济效益，缺少长远的考虑，对海洋生态系统造成了比较严重的破坏。我国对于海洋渔业资源保护的法律体系已初步形成，其中涉及了水产养殖、水产品质量安全和水域环境保护等诸多方面，但是缺乏远瞩性，规划和管理不明确，系统协调性不强，缺乏切实可执行的实际操作。虽然我国渔业法律体系基本完成了“依法治渔”的历史任务，但对

---

[1] 参见《中国远洋渔业履约白皮书（2020）》。

[2] 参见阎二鹏、王霖：《我国海洋渔业资源法律保护机制研究》，载《新东方》2020年第2期。

实现“依法兴渔”“依法护渔”的目标还有一定差距。

目前中国的近海渔业资源养护政策仍为集权式,缺乏相关主体参与资源维护与降低捕捞产量的激励机制,渔民和市场、社区、社会组织等作用微乎其微。[1] 作为国民经济基础产业与海洋经济传统产业,海洋渔业在为我国人民持续供给食物、促进海洋经济发展等方面意义重大。我国《国民经济和社会发展第十四个五年规划和2035年远景目标纲要》中明确提出,要建设智慧农业,优化近海绿色养殖布局,建设海洋牧场,发展可持续远洋渔业。在资源与环境的现实约束下,降低海洋渔业资源利用强度,减轻渔业用海压力,减少海洋污染,既是海洋渔业资源可持续利用的现实需要,也是海洋高质量发展的必然趋势。[2] 加强近海渔业资源养护是中国未来生态资源环境保护、绿色发展、海洋强国战略、乡村振兴战略的重要举措。政府应对当前尚未破坏的海域进行管理以预防污染的发生,对已经被破坏的海域,要进行科学化治理,逐渐修复海域的生态环境。在对海洋渔业资源进行利用时,不仅要对具有经济价值高的渔业资源的捕捞进行适度的限制,还应当注意保护其他生物,在捕捞过程中应尽量避免对其他生物对其生活的环境造成损害。

第二节 我国海洋渔业资源开发利用和保护法律制度现状

1979年颁布的《水产资源繁殖保护条例》、《渔业许可证若干问题的暂行规定》、《渔政管理工作暂行条例》和《渔政船管理暂行办法》(已失效)等是我国有关渔业资源立法最早的相关法律规定,随后我国又陆续颁布《海洋环境保护法》、《水污染防治法》、《渔业法》和《海域使用管理法》等法律。通过多个阶段的发展,我国现已基本形成以《渔业法》为主,以《渔业法实施细则》《渔业捕捞许可管理规定》《远洋渔业管理规定》《渔业行政处罚规定》等行政法规、部门规章为配套性立法的渔业法律体系。渔业法律体系

[1] 参见刘子飞、孙慧武等:《中国新时代近海捕捞渔业资源养护政策研究》,载《中国农业科技导报》2018年第12期。

[2] 参见戴桂林、郭恩秀:《中国海洋渔业资源利用强度时空演化与因素分解研究》,载《中国渔业经济》2022年第3期。

作为渔业法律保护机制中的核心要素，成为渔业权益主体、保护主体、执法主体的联结纽带，并以此形成体系化的法律保护机制。

一、我国海洋渔业资源开发利用和保护法律制度梳理

(一)宪法

《宪法》中有关渔业的规定主要涉及渔业资源及其利用的基本原则。例如，《宪法》第9条规定，“矿藏、水流、森林、山岭、草原、荒地、滩涂等自然资源，都属于国家所有，即全民所有；由法律规定属于集体所有的森林和山岭、草原、荒地、滩涂除外。国家保障自然资源的合理利用，保护珍贵的动物和植物。禁止任何组织或者个人用任何手段侵占或者破坏自然资源”。《宪法》中有关渔业的内容是我国渔业法律法规的重要渊源，也是其他渔业立法的基本依据。

(二)法律

我国专门针对渔业制定的法律是《渔业法》，涉及渔业的相关法律主要包括《海洋环境保护法》、《海域使用管理法》、《水污染防治法》、《固体废物污染环境防治法》、《农产品质量安全法》和《野生动物保护法》等。

我国《渔业法》自1986年通过后，分别于2000年、2004年、2009年、2013年进行了四次修正。现行《渔业法》共计六章50条，包括养殖业、捕捞业、渔业资源的增殖和保护及法律责任等规定，是我国渔业法规中的基本法。其立法目的在于加强渔业资源的保护，发展人工养殖，保障渔业生产者的合法权益和促进渔业生产的发展。该法在遵从《宪法》关于自然资源保护原则的基础上，进一步细化了渔业发展的基本方向、明确了渔业权益保护的基本路径，在为“依法治渔”提供依据的同时，也为我国海洋渔业权益维护提供重要依据。我国正逐渐完善以《渔业法》为基础的具有中国特色的渔业法律制度体系，在渔业生产管理、水生野生动植物和渔业水域环境保护及渔业经济活动等方面，基本上做到了有法可依、有章可循。

除《渔业法》对海洋渔业资源开发利用与保护问题进行规制外，《环境保护法》、《海域使用管理法》等法律虽然以环境保护和海域使用管理为主要规制内容，但其同样能够对部分海洋渔业资源开发利用行为进行限制。《环境保护法》第30条提到，开发利用自然资源，应当合理开发，保护生物多样性，保障生态安全，第34条指出，国务院和沿海地方各级人民政府应当加强对海洋环境的保护。渔业的发展与海洋环境保护密切相关，海洋环境

的恶化对渔业生产造成严重的危害，而渔业生产受到损害又加重海洋环境恶化的程度，渔业已在海洋环境保护中具有重要地位。《海域使用管理法》涉及海域的所有权、使用权、管理权，对海洋功能区划的编制，海域使用的申请和审批以及海域使用金等内容，当中也对养殖海域的使用权期限、使用金的缴纳及相关法律责任等渔业相关内容作出规定。[1] 自《海域使用管理法》施行以后，养殖权应当被归入海域使用权的类型之一，作为海域使用权体系的一个权利层次而存在。

（三）行政法规

现行有效的有关渔业发展的行政法规共有 5 个，分别是《水产资源繁殖保护条例》《渔业资源增殖保护费征收使用办法》《渔港水域交通安全管理条例》《渔业船舶检验条例》《渔业法实施细则》。

《水产资源繁殖保护条例》于 1979 年 2 月由国务院颁布施行，共计八章 20 条。第 4 条规定对下列重要或名贵的水生动物和植物应当重点加以保护，包括鱼类、虾蟹类、贝类、海藻类、淡水食用水生植物类以及其他类。《水产资源繁殖保护条例》第三、四、五章分别规定了禁渔区和禁渔期、渔具和渔法以及水域环境的维护等内容。

《渔业资源增殖保护费征收使用办法》于 1988 年 10 月发布，在第 2 条中对征收渔业资源费的适用范围作出规定，凡在中华人民共和国的内水、滩涂、领海以及中华人民共和国管辖的其他海域采捕天然生长和人工增殖水生动植物的单位和个人，必须依照本办法缴纳渔业资源增殖保护费。该使用办法规定了渔业资源费的征收和使用需坚持取之于渔、用之于渔的原则，并将渔业资源费分为海洋渔业资源费和内陆水域渔业资源费两大类，对调整海洋渔业产业结构具有重要意义，能够有效促进渔业资源保护和可持续利用。

《渔港水域交通安全管理条例》于 1989 年 7 月公布，并于 2011 年、2017 年和 2019 年进行了 3 次修订。该管理条例第 2 条明确规定其适用于在中华人民共和国沿海以渔业为主的渔港和渔港水域航行、停泊、作业的船舶、设施和人员以及船舶、设施的所有者、经营者。

《渔业船舶检验条例》于 2003 年通过，全文包括总则、初次检验、营运检验、临时检验、监督管理、法律责任、附则共计七章 40 条，有助于规范渔业

---

[1] 参见《海域使用管理法》第 15 条、第 25 条、第 36 条。

船舶的检验,保证渔业船舶具备安全航行和作业的条件,保障渔业船舶和渔民生命财产的安全。

《渔业法实施细则》在1987年经国务院批准并于2020年进行修订,最新的《渔业法实施细则》全文包括总则、渔业的监督管理、养殖业、捕捞业、渔业资源的增殖和保护、罚则、附则共计七章42条。《渔业法实施细则》相较于《渔业法》而言,其中增加了关于捕捞许可制度及渔业捕捞许可证方面的规定,但仍未过多提及远洋渔业捕捞的相关内容。

(四)国务院部门规章

国务院部门规章包括《渔业船员管理办法》、《管辖海域外国人、外国船舶渔业活动管理暂行规定》、《渔业行政处罚规定》、《渔业捕捞许可管理规定》、《渔业船舶检验管理规定》和《远洋渔业管理规定》等。

《渔业船员管理办法》适用于在中华人民共和国国籍渔业船舶上工作的渔业船员的管理,内容包括渔业船员的任职和发证、渔业船员配员和职责、渔业船员培训和服务、渔业船员职业管理与保障、监督管理和罚则等,其目的在于加强渔业船员管理,维护渔业船员合法权益,保障渔业船舶及船上人员的生命和财产安全。

《管辖海域外国人、外国船舶渔业活动管理暂行规定》适用于外国人、外国船舶在中华人民共和国管辖海域内从事渔业生产、生物资源调查等涉及渔业的有关活动。[1] 任何外国人、外国船舶在中华人民共和国管辖海域内从事渔业生产、生物资源调查等活动的,都必须经过中华人民共和国渔政渔港监督管理局的批准。[2] 对超过核定捕捞限额的行为,可处以没收渔获物、没收渔具和30万元以下罚款的处罚。[3]

《渔业行政处罚规定》在2022年进行了修订,其制定目的在于严格执行渔业法律法规,规范渔业行政处罚,保障渔业生产者的合法权益。该规定将渔业违法的行政处罚主要分为罚款,没收渔获物、违法所得、渔具,暂扣、吊销捕捞许可证等渔业证照和法律法规规定的其他处罚,并规定了从重处罚的5种情形,分别是一年内渔业违法3次以上,对渔业资源破坏程度较重,渔业违法影响较大,同一个违法行为违反两项以上规定和逃避、抗拒

[1] 参见《管辖海域外国人、外国船舶渔业活动管理暂行规定》第2条。
[2] 参见《管辖海域外国人、外国船舶渔业活动管理暂行规定》第3条。
[3] 参见《管辖海域外国人、外国船舶渔业活动管理暂行规定》第14条。

检查。

《渔业捕捞许可管理规定》于2018年12月公布,并于2020年、2022年进行了修订,中华人民共和国公民、法人和其他组织的渔业捕捞活动和外国人、外国渔业船舶在中华人民共和国领域及管辖的其他水域从事渔业捕捞活动的行为均受到该规定的约束。《渔业捕捞许可管理规定》对船网工具指标、渔业捕捞许可证及监督管理等内容作出了明确的安排,有利于保护、合理利用渔业资源,控制捕捞强度,维护渔业生产秩序。

《渔业船舶检验管理规定》于2020年1月开始施行,其目的在于加强渔业船舶检验管理,规范渔业船舶检验行为和保障渔业船舶检验质量,该规定将渔业船舶检验机构分为A、B、C、D四类,分别对应不同的检验业务范围。

为加强远洋渔业管理,维护国家和远洋渔业企业及从业人员的合法权益,养护和可持续利用海洋渔业资源,促进远洋渔业的持续和健康发展,2020年农业农村部进一步修订《远洋渔业管理规定》,该规定包含远洋渔业项目申请的审批、远洋渔业企业资格认定和年审、远洋渔业船舶和船员、安全生产、监督管理和罚则等,并规定了生产情况报告制度、标准化渔捞日志制度、远洋渔船船位检测制度、远洋渔业国家观察员制度、合法捕捞证明制度和远洋渔业履约评估制度等内容,与原有规定相比,新修订的内容能够更加接轨国际管理规则、强化涉外安全管理,促进远洋渔业规范有序高质量发展。[1]

(五)地方性法规、地方政府规章和地方规范性文件

为促进海洋渔业产业经济的发展与海洋渔业资源的养护,结合《宪法》和《渔业法》等法律,我国各省市积极出台了与海洋渔业资源开发利用和保护相关的地方性渔业法规、地方政府规章和地方规范性文件,如《浙江省渔业管理条例》《江苏省渔业管理条例》《海南省海洋捕捞渔船审批管理办法(暂行)》《广东省渔业捕捞许可管理办法》等。

其中,《浙江省渔业管理条例》于2020年进行了修正,主要内容包括养殖业、捕捞业、渔业环境保护、水产品质量安全、渔业资源增殖保护和法律责任等,要求县级以上人民政府应当把渔业发展纳入国民经济和社会发展规

---

〔1〕 参见《农业农村部渔业渔政管理局张显良局长就〈远洋渔业管理规定〉修订答记者问》,载农业农村部官网,http://www.yyj.moa.gov.cn/gzdt/202003/t20200325_6339878.htm。

划，加强水域的统一规划和综合利用，增加资金投入，提高渔业科技水平，保护水域生态环境，加强水产品质量监督管理和渔业资源的增殖保护。[1]

《江苏省渔业管理条例》于2002年通过后经过了6次修正，主要内容包括苗种生产、水域和滩涂养殖、渔业资源保护、水产品质量安全、安全生产和法律责任等。在海洋渔业资源的养护规定上提到，对非专业从事海洋捕捞的单位和个人，不得发给海洋捕捞许可证。[2] 此外，其还明确规定，平山、达山和车牛山3个岛屿周围4海里范围为海珍品保护区，未经省人民政府渔业行政主管部门批准，任何单位和个人均不得进入该水域从事养殖和采捕。[3]

《海南省海洋捕捞渔船审批管理办法（暂行）》于2022年5月起实施，有效期3年，对海洋捕捞渔船审批的权限、办理程序、申报材料、证书证件办理、档案管理和监督管理等内容进行了规定。按照船长大小分配不同的审批权限，船长大于或者等于12米的大、中型渔船，由船籍港所在地市、县、自治县渔业主管部门审核，省级渔业主管部门审批；船长小于12米的小型渔船，由船籍港所在地市、县、自治县渔业主管部门审批。[4]

地方性渔业法规和地方政府规章能够针对该地区海洋渔业资源养护的具体情况进行专门性规定，有利于促进海洋渔业资源的养护和可持续发展，同时也能够更好地维护当地渔民的合法权益。

二、我国海洋渔业资源开发利用和保护法律制度的主要内容

我国海洋渔业资源开发利用和保护法律制度的主要内容可以分为投入控制制度、产出控制制度、技术管理制度和经济手段调控制度四大类。其中，投入控制制度包括捕捞许可制度、捕捞渔民转产转业制度、捕捞渔船报废制度，产出控制制度包括捕捞限额制度、海洋捕捞产量零增长制度、伏季休渔制度，技术管理制度包括渔具和捕捞方法限制制度、渔业资源保护区制度、渔业资源增殖制度，经济手段调控制度主要是指渔业资源增殖保护费制度。下面选取部分制度进行论述。

---

[1] 参见《浙江省渔业管理条例》第3条。
[2] 参见《江苏省渔业管理条例》第21条。
[3] 参见《江苏省渔业管理条例》第24条。
[4] 参见《海南省海洋捕捞渔船审批管理办法》第5条。

(一)捕捞许可制度

渔业许可是指国家根据水产资源的状况和渔业生产的实际情况,对从事渔业活动的人员及这些人员在渔业活动过程中所采用的方法、使用的船舶、涉及的水域、捕捞对象和作业时间的许可或批准。渔业许可制度一般通过一些法律凭证,如渔业捕捞许可证、渔船许可证、养殖使用证的核发和管理来实现。渔业许可制度是国家为了对渔业生产进行有效的科学管理,维护正常的生产秩序,促进渔业生产持续稳定发展而采取的一种渔业管理制度。

目前,我国的渔业许可制度主要包括渔业船舶许可、渔业捕捞许可和渔业养殖许可。渔业捕捞许可根据许可的具体内容,可以分为捕捞水域许可、捕捞时间许可、渔具渔法许可和捕捞对象许可。渔业捕捞许可是通过渔业捕捞许可证的核发和管理来实现的。《渔业法》第23条规定,国家对捕捞业实行捕捞许可证制度。捕捞许可制度对捕捞许可证的买卖、出租、转让、取得条件等内容作出了具体规定。海洋渔业捕捞活动实行捕捞许可证制度,渔业经营者获得并享有捕捞权,是其在各海域从事海洋渔业资源捕捞作业活动并获得渔获物所有权的国内法依据。[1] 渔业捕捞许可证的种类包括海洋渔业捕捞许可证、公海渔业捕捞许可证、内陆渔业捕捞许可证、专项(特许)渔业捕捞许可证、临时渔业捕捞许可证、外国渔船捕捞许可证和捕捞辅助船许可证,不同的渔业捕捞许可证对应不同的许可内容和作业限制。

捕捞水域许可指国家对渔船或作业单位的捕捞水域范围作出具体的规定。我国的捕捞水域许可所核定的作业范围有内陆水域、沿岸水域、近海海域、外海海域和远洋海域,由农业农村部,省级人民政府渔业行政主管部门,市、县级人民政府渔业行政主管部门享有渔业捕捞许可证的作业场所核定权限。对于到中华人民共和国与有关国家缔结的协定确定的共同管理的渔区或者公海从事捕捞作业的捕捞许可证,由国务院渔业行政主管部门批准发放。[2]

捕捞时间许可是指国家根据水产资源的生态规律,对不同的渔场,不同的作业方法规定不同的捕捞时间,以达到合理利用水产资源的目的。专项(特许)渔业捕捞许可证就适用于许可在特定水域、特定时间或对特定品种的捕捞作业。

---

〔1〕 参见崔建远:《物权法》(第3版),中国人民大学出版社2014年版,第496页。

〔2〕 参见《渔业法》第23条。

渔具渔法许可是国家为保护水产资源,维护渔业生产秩序,对捕捞渔船或作业单位所采用的渔具和作业方法作出规定和限制的措施。在我国,渔具渔法许可既包括对捕捞渔船或作业单位所采用作业方法的许可,也包括对允许使用的渔具数量和渔具规格的许可。《渔业法》第 30 条规定,禁止使用炸鱼、毒鱼、电鱼等破坏渔业资源的方法进行捕捞。禁止制造、销售、使用禁用的渔具。为了保护渔业资源的幼体,本条还规定禁止使用小于最小网目尺寸的网具进行捕捞,捕捞的渔获物中幼鱼不得超过规定的比例。在捕捞船舶的限制上,要求制造、更新改造、购置、进口的从事捕捞作业的船舶,必须在经过渔业船舶检验部门检验合格后,才能下水作业。这些规定对海洋渔业资源的养护起到了重要作用。

捕捞对象许可是指国家根据水产资源的状况和利用情况,对捕捞渔船或作业单位的捕捞种类、可捕规格、数量及幼体比例进行许可和限制。在我国,除了特定的单一渔业和珍稀的水生动物有明确规定外,对于其他捕捞对象,是根据其资源的实际状况,由国家或地方规定必要的限制。

通过渔业许可制度将捕捞业置于法律和行政体制的管辖和控制之下,能够确保渔业资源的长期养护和可持续性利用,防止非法捕捞。进入和退出渔场及捕捞的投入、产出和相关行为,必须依法获得国家渔业行政管理部门的许可,并依照规定以负责任的方式从事海洋渔业捕捞活动。

(二)捕捞限额制度

《渔业法》第 22 条规定,国家根据捕捞量低于渔业资源增长量的原则,确定渔业资源的总可捕捞量,实行捕捞限额制度。捕捞限额制度是《渔业法》明确规定的一项重要管理制度,科学规范地贯彻落实渔业法律法规关于限额捕捞的规定是依法治渔的重要举措。实施捕捞限额制度,首先应当明确总可捕捞量的概念并尽可能地统计出科学的总可捕捞量数值。总可捕捞量(TAC)是指在一定的期间,特定的区域内,对特定的渔业资源种类设定允许的渔获量最大值,将总可捕捞量限定在渔业资源增长量之内,有利于渔业资源的可持续利用和发展。现阶段我国近海捕捞渔业实施的限额捕捞试点工作中,捕捞限额规模的确定主要是依据历史生产统计数据,辅以渔业资源调查评估资料。[1] 但由于我国近海渔业所具有的捕捞渔业生产主体

---

〔1〕 参见岳冬冬、刘勤等:《我国近海捕捞渔船管理组织化与实施限额捕捞制度探析》,载《渔业研究》2021 年第 5 期。

数量和类型多、渔船数量多以及渔业资源种类复杂等特征,要精准确定海洋渔业资源的总可捕捞量还存在较大的难度。

捕捞限额制度包括以下三个方面内容:一是捕捞限额总量的确定。我国管辖海域的捕捞限额总量,由国务院渔业行政主管部门经过对渔业资源的调查和评估后进行确定,并报国务院批准后逐级分解下达。国家确定的重要江河、湖泊的捕捞限额总量由有关省、自治区、直辖市人民政府确定或者协商确定,逐级分解下达。二是对捕捞限额总量的分配和管理。在捕捞限额总量的分配上应当体现公平、公正的原则,由国务院渔业行政主管部门和省、自治区、直辖市人民政府渔业行政主管部门对捕捞限额制度的实施情况进行监督检查。从事捕捞作业的单位和个人,必须按照捕捞许可证关于作业类型、场所、时限、渔具数量和捕捞限额的规定进行作业,并遵守国家有关保护渔业资源的规定。对已实行捕捞限额管理的品种或水域,应当按照规定的捕捞限额作业。三是对渔业行政主管部门及其所属的渔政监督管理机构及其工作人员违反《渔业法》规定分配捕捞限额总量的行为设置了法律责任。

(三)伏季休渔制度

《渔业法》第30条规定,禁止在禁渔区、禁渔期进行捕捞,为我国海洋伏季休渔制度的建立提供法律依据。目前我国普遍实施的禁(休)渔期及禁渔区主要有海洋机动渔船底拖网禁渔区和海洋伏季休渔制度。伏季休渔是指在一定时间范围内,禁止在渔业资源繁殖期、繁殖区域进行渔业捕捞工作,为渔业资源的繁殖留出时间,确保渔业资源顺利繁衍的一种重要手段。2023年3月,《农业农村部关于调整海洋伏季休渔制度的通告》的印发,进一步调整完善海洋伏季休渔制度,将渤海、黄海、东海及北纬12度以北的南海(含北部湾)海域作为休渔海域,休渔作业类型为除钓具外的所有作业类型,以及为捕捞渔船配套服务的捕捞辅助船,并根据不同的海域设定了不同的休渔时间。[1] 此次调整将4种作业类型渔船休渔时间延长一个半月,有利于促进海洋渔业资源休养生息,加大资源保护力度,促进生态文明建设。

伏季休渔期间在特定区域,对特定品种、特定作业类型开展的专项捕捞

---

[1] 参见《农业农村部关于调整海洋伏季休渔制度的通告》,载中国政府网,www.gov.cn/zhengce/zhengceku/2023-03/15/content_5746783.htm。

已成为海洋伏季休渔制度的重要补充。2023年伏季休渔期间许可北纬35度至北纬26度30分之间的黄海和东海海域桁杆拖虾、笼壶类、刺网和灯光围(敷)网4种作业类型渔船开展虾蟹类、中上层鱼类等资源专项捕捞,同时还规定了伏季休渔期间专项捕捞的管理要求,包括渔船标识管理、渔船进出港报告、渔获物定点上岸、渔获产量统计、科学观察员制度、渔船船位动态监控等,对渔船、渔港、渔获物等实施精细化管理,有利于创新管理措施。

目前,海洋伏季休渔制度已覆盖我国管辖的渤海、黄海、东海、南海4大海域,每年5月1日开始休渔,休渔时间为3~5个月不等,休渔渔船10万余艘,休渔渔民上百万人。海洋伏季休渔制度实施20余年来,制度设计不断优化,执法监管不断强化,对控制海洋捕捞强度、保护海洋渔业资源和促进渔业可持续发展发挥了重要作用,取得了较好的生态、经济和社会效益。

(四)渔业资源保护区制度

海洋保护区是实施生态系统方法的各项原则、促进养护和可持续利用海洋和沿海环境的资源的重要工具,也是一项预防性措施。海洋保护区有助于保护海洋生物多样性,使退化的资源得到恢复。《渔业法》第29条规定,国家保护水产种质资源及其生存环境,并在具有较高经济价值和遗传育种价值的水产种质资源的主要生长繁育区域建立水产种质资源保护区。未经国务院渔业行政主管部门批准,任何单位或者个人不得在水产种质资源保护区内从事捕捞活动。目前我国已建有水产种质资源保护区、水生野生动植物自然保护区、海洋保护区等。在水产种质资源保护区的管理上,农业农村部提到,要进一步完善保护区具体管理制度,加强水产种质资源保护的宣传教育,提高公众保护意识;要开展水生生物资源及其生存环境的调查监测、资源养护和生态修复等工作;要加强对涉及保护区开发建设活动的监督管理。

我国多个省市已结合省市需要建立了多种海洋渔业资源保护区,如浙江省在近岸海域设立大戢洋产卵场保护区等10个产卵场保护区,主要管护措施包括严格禁渔制度,保护区每年4月1日12时至8月16日12时禁止除钓具以外的其他捕捞作业生产。同时加强对保护区的巡查管护,严厉打击各类违法违规作业行为,组织开展生境修复,强化保护区资源调查监测和效果评价工作。舟山海洋特别保护区在全国海洋保护区建设中占有重要地位,其占舟山海域总面积的11%以上,以岛礁生态和渔业资源为主要保护对象。《舟山市国家级海洋特别保护区管理条例》是我国第一部国家级海洋特别保护区地方性法规,也是全国第一个创设海钓许可制及实行贝藻类捕捞许可的地方性法规。

(五)渔业资源增殖保护费制度

保护和增殖渔业资源,防止渔业资源衰退和枯竭,是渔业生产得以可持续发展的根本保障。《渔业法》第28条规定,县级以上人民政府渔业行政主管部门可以向受益的单位和个人征收渔业资源增殖保护费,专门用于增殖和保护渔业资源。渔业资源增殖保护费的征收办法由国务院渔业行政主管部门会同财政部门制定,报国务院批准后施行。渔业资源增殖保护费制度向捕捞者收取渔业资源增殖保护费,用来支付渔业资源增殖放流和渔业执法的成本,同时增加了捕捞成本,在一定程度上抑制了捕捞量的盲目增长。[1]

具体而言,海洋渔业资源增殖保护费制度主要包括以下三个方面内容。一是渔业资源增殖保护费的征收主体和对象。渔业资源费由县级以上人民政府渔业行政主管部门及其授权单位依照批准发放捕捞许可证的权限征收。由国务院渔业行政主管部门批准发放捕捞许可证的,渔业资源费由国务院渔业行政主管部门所属的海区渔政监督管理机构征收。渔业资源增殖保护费的征收对象包括单位和个人。二是海洋渔业资源增殖保护费征收的标准。对于海洋渔业资源费的年征收金额,由沿海省级人民政府渔业行政主管部门或者海区渔政监督管理机构,在其批准发放捕捞许可证的渔船前3年采捕水产品的平均年总产值(不含专项采捕经济价值较高的渔业资源品种产值)1%~3%的幅度内确定。三是海洋渔业资源增殖保护费的用途。其用途包括三类,分别是增殖渔业资源、保护渔业资源和渔业资源增殖保护费的调拨。

三、我国海洋渔业资源开发利用和保护法律制度的特点

渔业法律秩序是实现可持续渔业的保障。它是由《渔业法》建立和维护的,以渔业行为主体的权利和义务为基本内容的,具有确定性和强制力的一种法律秩序。它是以法律的形式存在的负责任的渔业行为规则,能够为渔业行为提供依循的界限,可使渔业生产经营者获得安全稳定的从业环境,

---

〔1〕 参见唐议、邹伟红:《中国渔业资源养护与管理的法律制度评析》,载《资源科学》2010年第1期。

也能够使国家渔业管理机构的权力充分畅通地行使。[1] 作为渔业法律秩序的重要部分,海洋渔业资源开发利用和保护法律制度具有调整范围广泛、可具有域外适用效力、与科学技术关系密切和制定内容受自然生态规律限制等特点。

(一)渔业法规调整的范围较为广泛

渔业法规调整的内容十分广泛。根据渔业法规的内容或调整对象,渔业法规可以分为渔业基本法、关于渔业资源保护和合理利用的法规、关于渔业水域环境保护的法规、关于渔业生产管理的法规、关于渔业组织的法规、关于渔业经营流通的法规、关于渔船的法规、关于渔船管理的法规、关于渔港的法规、关于渔业监督管理的法规、关于渔业无线电管理的法规、关于渔业保险的法规等 12 种类型,[2] 涉及渔业资源的繁殖保护和开发利用、海洋渔业水域生态环境的监测和保护、渔船检验规范的技术标准、渔港的等级划分等多项内容。由于我国海洋渔业法律规范主要从其他法律规范中整合而成,具有拼合性的特点而缺乏体系性,导致海洋渔业法律规范地位的特殊性难以得到体现,[3] 我国缺乏一部对海洋渔业资源进行管理和保护的专门性立法。

(二)渔业法规可具有域外适用效力

不同于与大多数农业法律,渔业活动的特殊性体现在并不局限于国土范围之内,在实践中也存在《渔业法》的多个条款适用于域外渔业活动的情况,立法是否应当明确《渔业法》的全面域外适用或具体条款的域外适用等问题还具有争议。一方面,有学者认为,《渔业法》效力适用的地域范围仅包括中华人民共和国的内水、滩涂、领海、专属经济区以及中华人民共和国管辖的一切其他海域。[4] 另一方面,也有学者认为,船旗国的国内渔业法必须对船旗国国民的域外捕捞行为产生拘束力,应当具有完全的域外效力,以树立负责任的远洋渔业国家的形象。[5] 就现有我国远洋渔业发展情况

---

[1] 参见华敬炘:《渔业法学通论》,中国海洋大学出版社 2017 年版,第 37 页。

[2] 参见黄硕琳、唐议主编:《渔业法规与渔政管理》,中国农业出版社 2010 年版,第 22 页。

[3] 参见阎二鹏、王霖:《我国海洋渔业资源法律保护机制研究》,载《新东方》2020 年第 2 期。

[4] 参见戴瑛、裴兆斌编著:《渔业法新论》,东南大学出版社 2017 年版,第 25 页。

[5] 参见薛桂芳、房旭:《我国〈渔业法〉域外效力的强化——兼论负责任远洋渔业国家形象的维护》,载《太平洋学报》2018 年第 2 期。

而言，应当扩大《渔业法》的域外适用效力，对我国公民在国家管辖范围外海域的捕捞行为进行规制，维护远洋渔业秩序。由于渔业法规可具有域外适用效力，渔业法规还应当注重与国际海洋制度的衔接。

（三）渔业法规与科学技术关系密切

渔业法规与科学技术具有较为密切的关系，一方面，体现在渔业法规的制定必须以相关学科的科学和技术成果为基础。例如，有关捕捞业管理的法规，必须以捕捞技术、生物科学为基础支撑；有关渔业水域环境管理的法规，必须建立在水化学、物理学或水文地理学等方面的科学基础上，还涉及生物学、生态学等方面的科学基础。此外，对海洋渔业相关行为的监管也需要依靠先进的科学技术和信息监测系统。科学技术的进步对渔业产生经济的发展起到推动作用，也在间接地推动着渔业法规的适时更新。另一方面，渔业法规也对科学技术的发展有所推动。我国高度重视渔业科学技术的发展，《渔业法》第 4 条已提到，国家鼓励渔业科学技术研究，推广先进技术，提高渔业科学技术水平。对于在渔业科学技术研究等方面成绩显著的单位和个人，由各级人民政府给予精神的或者物质的奖励。

（四）渔业法规的制定受生态规律限制

渔业资源的管理在很大程度上受到自然规律的制约，海洋渔业资源的养护需结合自然生态规律的发展，海洋渔业资源所具有的平衡性与波动性也体现出采用渔业生态系统方法进行海洋渔业管理的必要性。渔业生态系统方法的宗旨在于，在不损害未来世世代代从水生生态系统提供的整体产品和服务中获取收益的可能性基础之上，对渔业进行规划、开发和管理。渔业生态系统方法要求渔业法规的制定应当最大限度地降低渔业对生态系统的影响，应考虑到某一渔业活动所针对和捕捞的渔业资源与依赖这些资源并与这些资源相关的物种之间的生态关系。渔业法规在多处也体现出尊重生态规律的重要性，在实施捕捞限额制度时，需要先对渔业资源进行调查和评估。《渔业法》第 31 条还规定，因养殖或者其他特殊需要，捕捞有重要经济价值的苗种或者禁捕的怀卵亲体的，必须经国务院渔业行政主管部门或者省、自治区、直辖市人民政府渔业行政主管部门批准，在指定的区域和时间内，按照限额捕捞。

第三节 我国海洋渔业资源开发利用和保护法律制度存在的问题

海洋渔业资源具有较大的经济利益，我国海洋渔业资源的发展与全球海产品贸易、粮食安全息息相关。海洋渔业资源的可持续开发利用与有效保护离不开法律保障的作用。现行与海洋渔业资源开发利用与保护相关的法律、行政法规、部门规章等法律文件为我国海洋渔业资源的开发利用与保护提供了必要的法律基础，能够在一定程度上加强我国对海洋渔业资源的管理，促进海洋渔业资源的可持续发展。但同样面临一些制度困境，包括海洋渔业资源法律体系不完善、海洋渔业资源权属分配不清晰、海洋渔业资源管理制度的科学性有限、海洋渔业资源法律监督责任不严格和渔业从业人员权益保障不充分等问题，需要得到进一步解决。

一、海洋渔业资源法律体系不完善

我国海洋渔业资源法律体系由《渔业法》、《渔业法实施细则》、《远洋渔业管理规定》和《渔业资源增殖保护费征收使用办法》等在内的一系列法律、行政法规和部门规章组成，对渔业资源的保护、增殖、开发和合理利用问题作出了具体的规定。但现有海洋渔业资源法律体系在海洋渔业行政许可体系建设、海洋渔业资源管理经济手段使用、远洋渔业资源开发利用规定等方面还不够完善。

（一）海洋渔业行政许可体系不完备

我国渔业行政许可类型包括 3 种，分别是渔业捕捞行政许可、水产养殖行政许可和水产苗种生产经营活动行政许可。虽然这些行政许可已构成我国渔业行政许可制度的基本轮廓，但其内部规制内容并不平衡，体现在渔业捕捞的行政许可规制多且较为详细，养殖许可、船舶等渔业行政许可规定少且较为笼统，影响了渔业行政许可制度的整体发展。在捕捞许可的条件上，仅要求具备渔业船舶检验证书和渔业船舶登记证书，规定较为简单，缺乏对渔船、渔具、捕捞方法等明确的限制性要求，还缺少对渔船的登记管理和报度的监管措施,对于船员资质也未作强制性的要求。[1]

(二)海洋渔业资源经济管理手段较少

现有与海洋渔业资源管理相关的经济手段只有渔业资源增殖保护费制度,我国通过实行渔业资源"有偿使用"的方式对渔业生产者施加义务,再将征收的渔业资源增殖保护费用于渔业资源的增殖与保护,实际上是从间接方面对渔业生产者的权益进行了保护,有助于实现渔业生产者权利与义务的统一。渔业资源增殖保护费制度是我国渔业资源增殖保护的主要制度,但基于渔业行为的特殊性与渔业产业发展的重要性,仅通过渔业资源增殖保护费制度这一经济手段对海洋渔业资源养护进行管理是远远不够的。目前我国渔业保险、海洋生态补偿、财政补贴、海洋渔业资源资产核算、海洋渔业资源资产审计和考核等制度尚未建立完全。以渔业保险制度为例,渔业保险是一种具有正外部性的准公共产品,对于维护国家海洋权益具有重要意义。国家对渔业互保采取保费补贴等政策扶持措施,也涉及一些财政和税收法律问题,但我国目前相关的法律规定并不完善。我国渔业保险实现财政法治还面临法律效力层级低、政策所占比重过大、财政转移支付缺乏具体规则和扶植形式较为单一等问题。[2] 另外,现有经济手段主要为惩罚性措施,激励性措施还较为缺乏,惩罚性措施在实施过程中容易引发渔民等捕捞行为主体的不满情绪,阻碍渔业管理工作的开展。

(三)对远洋渔业资源开发利用与保护的规定不足

远洋渔业于1989年3月被国务院列为我国重点扶持发展产业,并在20世纪90年代得到迅猛发展,我国的渔船已被允许进入多个国家的专属经济区内开展渔业活动。通过立法规制远洋违法捕捞行为已成为船旗国履行养护海洋渔业资源的核心义务。发展远洋渔业不仅可以合理而有效地利用海洋生物资源,增加渔业产量,以弥补人类对蛋白质需要量的不足,而且也可以带动渔船、渔机、渔具、助渔导航仪器和鱼品加工等工业的进一步发展。因我国近海资源捕捞过度及外海捕捞不足,《渔业法》提出,国家需在财政、信贷和税收等方面采取措施,鼓励、扶持远洋捕捞业的发展。我国拥有世界

---

〔1〕 参见刘好:《美国海洋渔业管理及处罚制度对中国渔业立法的启示》,载《渔业信息与战略》2020年第4期。

〔2〕 参见徐仲建、陈海波:《政策性渔业互保法律问题研究》,浙江大学出版社2017年版,第41页。

上最大的远洋渔船舰队，但《渔业法》中并未对远洋渔业的内容进行明确规定，许多远洋违法捕捞行为仍"游离于"《渔业法》的规制之外，不利于远洋渔业的可持续发展。仅由《远洋渔业管理规定》对公海及他国管辖海域从事海洋捕捞的渔业活动进行规制，约束力不足。远洋渔业的蓬勃发展也引发了《渔业法》的适用范围界定问题，该问题在海洋渔业资源开发利用和保护法律制度的特点当中已进行了讨论。此外，远洋渔业与近海渔业管理的关键性制度并不一致，如远洋渔业当中的船位监测制度、观察员制度等关键性制度并未在近海渔业管理中得到落实，仅通过规章或规范性文件要求而未设定处罚后果，难以起到对远洋渔业活动进行监管的效果。

二、海洋渔业资源权属分配不清晰

我国渔业资源存在过度捕捞问题的原因在于渔业资源产权不够明确，[1]渔业资源所有权、使用权、养护权和收益权的分配较为混乱，在权利主体的划分与权利内容的规定上也不够清晰。

1. 在渔民享有的渔业权方面，未明晰渔民对渔业资源、渔业水域的使用权利和渔场的分配。渔业权一般是指依法在特定水域上设定的从事渔业生产经营活动的权利，这种活动主要指利用水域从事养殖或捕捞水生动植物资源的行为。日本、韩国的渔业法将渔业权分为定置渔业权、区划渔业权和共同渔业权。渔民不但在经济上属于弱势群体，在法律上也较为弱势。造成渔民权利屡受侵害而无法得到救济的根本原因有两点，一是法律制度保障的缺失，二是现行法律对渔业权的定位缺乏科学性。在现行法律制度中，渔业权被定位为附属于行政权力的"准物权"或是"从属物权"，使渔民无法获得与其他权利主体一样的法律地位。[2] 渔业权的财产权属性仅体现为渔业经营者经由许可所获得的一种经营资格，这种资格尚未脱离产生它的原因行为而不能成为独立的实体权利。在这一情况下，渔民的渔业权也极易受到政府机关权力的侵害。渔民的捕捞权由于权利构造不完整、主客体不明确及其他多方面原因，相关制度尚未得到有效构建。就规定渔业权的行政法规而言，其在渔业权的证照管理制度、行使期限规定上也存在较多的矛盾与漏洞。另外，现有渔业权仅通过《渔业法》等经济行政法律法规进行

[1] 参见陈青：《我国渔业资源管理政策研究》，载《海洋开发与管理》2022年第9期。
[2] 参见孙宪忠主编：《中国渔业权研究》，法律出版社2006年版，第3页。

规定,尚缺乏民法上的根据,尤其是渔业养殖使用制度虽然已在我国实行多年,但其作为一项重要的民事权利却并未在民法当中进行明确规定。

2. 在海洋渔业资源资产管理方面较为混乱。海洋渔业资源资产同时具有资源和资产的双重属性,能够在当前和未来给我国带来经济收益。国家作为全民所有自然资源资产的所有者,应当充分发挥海洋渔业资源资产所具有的生态效益、社会效益和经济效益,但目前我国在海洋渔业资源资产管理方面还显得较为混乱,存在海洋渔业资源资产底数不清、所有者权责利难落实和监管制度不健全等问题。[1] 海洋渔业资源资产底数的统计是国家对海洋渔业资源资产进行管理的基础,科学高效的管理手段的施行也应当建立在完备的海洋渔业资源资产数据之上。海洋渔业资源资产底数不清会对所有者和管理者的权利、义务和责任分配产生影响,从而进一步削弱监管效力。海洋渔业资源资产统计需要匹配相应的管理制度、配套政策和保护规划,但在这方面的法律保障仍较为欠缺。

三、海洋渔业资源管理制度科学性有限

海洋渔业资源管理制度的科学性有限主要体现在捕捞许可证制度不周延、捕捞限额具有不确定性、伏季休渔制度不够合理和海洋渔业资源保护区管理不协调四个方面。

(一)捕捞许可证制度不周延

捕捞许可证制度是海洋渔业监管制度的核心制度,进行捕捞许可既是行政机关拥有的行政权力,也是行政机关需要行使的一项重要行政职能。同时还是一种关系到公民、法人或者其他组织权益的重要具体行政行为。捕捞许可证制度是保护渔业资源和保障渔业生产者合法权益的关键手段,但在制度设计上的周延性还有所缺失。一是捕捞许可证规定较为简单,取得条件未通过法律予以确认。现有捕捞许可证和养殖使用证的审批要求较模糊,未与资源管理目的挂钩。[2] 二是对作为捕捞许可证重要载体的渔船监管不足。捕捞渔船类型和作业场所是渔业捕捞许可的重要内容,但以渔船数量控制和船舶功率控制为核心的“双控”制度在法律层面并未得到

---

[1] 参见王涛、辛冰、殷悦:《全民所有自然资源资产管理体制研究》,载《海洋经济》2023年第1期。

[2] 参见郭云峰:《我国〈渔业法〉修订进程与关键性问题评析》,载《广西社会科学》2023年第2期。

有效落实。三是捕捞许可证在制度灵活性上还有所欠缺。现行政策规定，捕捞许可证不得买卖、出租或以其他形式转让，虽然从保护海洋渔业资源和控制捕捞强度的角度来看，禁止捕捞许可证的流转具有积极作用，但是不区分海洋捕捞作业场所，只是一律禁止捕捞许可证转让也造成一定的海洋渔业资源浪费。[1]

（二）捕捞限额具有不确定性

海洋渔业资源的潜力是海洋捕捞业发展的基础，渔业资源衰退势必影响海洋捕捞业，进而影响海洋渔业经济和社会的进步与发展。为了实现海洋渔业资源的可持续开发，我国通过《渔业法》第22条规定建立了捕捞限额制度，要求捕捞量应低于渔业资源增长量，在渔业资源的开发数量与渔业生态的承载能力之间进行平衡。虽然捕捞限额制度的构建标志着我国渔业产业控制正在步入正轨，但捕捞限额制度在实施过程中仍存在较大问题。

捕捞量的控制包括投入限制措施和产出限制措施两个方面，投入限制措施主要指渔业捕捞许可制度，产出限制措施则以渔获量限制为主。为了确保辖区海洋渔业资源开发不超过总可捕捞量限额、不触及资源承载红线，需要设定一个生态缓冲预留值，但总捕捞量的阈值和生态缓冲预留值在实践中难以得到确定。已有经验和模拟分析表明，即使有成本高昂的检测设备，评估方法有时也可能产生50%以上的错误概率，调查研究中得到的大量数据无法使用。捕捞限额制度在总可捕捞量所依据的种群评估、对捕捞量的控制和限额分配与执行上均具有不确定性。[2] 此外，地方政府出于对本地利益的现实考量，未能认真且严格地对捕捞量进行分配，造成捕捞限额制度的作用无法得到有效发挥。

科学确定总捕捞量是管理渔业产量的前提，但我国在海洋渔业资源的评估和管理方面还不够全面与系统，缺乏全面可靠的高质量渔业数据的支撑。[3] 尤其是我国对于特定鱼种的连续性调查有所缺失，评估特定鱼种资源量开展的调查、监测等工作开展得较为缓慢，难以为捕捞限额的设定提

---

[1] 参见董文静、王昌森、韩立民：《中国海洋渔业资源养护政策体系优化研究》，载《经济研究参考》2017年第70期。

[2] 参见卢锟、王小军：《我国海洋渔业法律制度的困境与破解》，载《中国海洋大学学报(社会科学版)》2018年第2期。

[3] 参见李杰：《1949年以来我国海洋渔业管理的实践》，载《特区经济》2022年第8期。

供依据。[1] 这些因素在一定程度上阻碍了捕捞限额制度的实施。

(三)伏季休渔制度不够合理

伏季休渔制度在1995年被正式确定为一项国家制度,并在政府层面构建了由国家相关部委与省级渔业行政主管部门共同负责的禁渔措施。虽然伏季休渔制度被认为是渔业资源管理政策中最有效的政策之一,但其并不能从本质上解决过度捕捞的问题,伏季休渔制度的合理性受到质疑。目前伏季休渔期制度的推行存在刚性过强而灵活性不足的弊端。例如,现有的伏季休渔制度根据不同的海域进行了差别化设定,渤海、黄海、东海以及南海海域的伏季休渔期各不相同,但由于我国近海海洋渔业资源种类繁杂,不同的鱼类产卵期不同,特定海域"一刀切"的期限设定与不同鱼种分类保护的目标之间还存在差距。对黄、渤海渔村的渔民就伏季休渔政策的满意度进行问卷调查,结果显示仅有77.4%的受访渔民对伏季休渔政策持有满意态度。[2] 可见仍有不少渔民对伏季休渔制度持保留态度,尤其是对身体健康状况不佳的渔民而言,由于其无法进行一些收入高但是环境艰苦的渔业生产工作,伏季休渔期无法捕鱼也使经济来源受到重大影响。

伏季休渔期设置的目的在于通过保护渔业资源种群的繁殖和生长发育来保护渔业资源的再生能力,但在未对现有渔业捕捞能力进行合理削减的情况下,伏季休渔期的严格执行也只能是暂时缓解渔业资源恶化的态势。而待伏季休渔期过后,又会出现渔业捕捞产量暴涨的情况,背离了伏季休渔区的初始设定目的。全国海洋捕捞动态采集网络的监测数据结果显示,2015年伏季休渔期结束后,同年9月全国海洋捕捞总产量为近5年同期最高,同比增长15.86%。伏季休渔制度产生的积极效果在休渔期结束后不长的时间内迅速消耗殆尽。[3] 如何优化既有的伏季休渔制度并构建合理的配套机制已成为关键性问题。

(四)海洋渔业资源保护区管理不协调

不同类型的海洋渔业资源保护区如水产种质资源保护区、海洋自然保

---

〔1〕 参见唐议、赵丽华:《我国海洋渔业捕捞限额制度实施试点评析与完善建议》,载《水产学报》2021年第4期。

〔2〕 参见孙康、冯志鹏:《渔民对伏季休渔政策的满意度研究——基于黄、渤海渔村问卷调查的分析》,载《海洋开发与管理》2023年第1期。

〔3〕 参见农业部渔业渔政管理局主编:《2016中国渔业统计年鉴》,中国农业出版社2016年版,第52页。

护区等具有不同的管理主体。各个海洋渔业资源保护区在利益维护、管理目标、管理能力和人员及经费支持等方面存在较大差异。[1] 保护区之间也缺乏必要的协调与合作机制，难以形成治理合力，海洋渔业资源保护区的管理并未达到预期效果。由于保护区的科学划定、后续监管和效果评估都需要先进科技、行业知识的支撑，海洋渔业资源保护区管理的效果好坏也会受到海洋渔业资源保护区制度配套措施是否完备的影响。此外，在海洋渔业资源保护区的建设过程中，也缺乏利益相关主体的参与。

四、海洋渔业资源法律责任不严格

法律责任是运用惩罚的手段规制渔民、企业以及行政执法人员的行为，设置法律责任的最终目的是引导海洋开发者和管理者促进海洋渔业可持续发展。但是当前我国相关法律责任的规定已不再适应渔业管理的现实需求，主要体现在三个方面。

（一）《渔业法》对部分违反渔业管理的行为未规定法律责任

1.《渔业法》未规定与违反捕捞限额管理相关的法律责任。捕捞限额管理是保护海洋渔业资源发展和可持续利用的重要措施，从事捕捞作业的单位和个人都必须按照许可证上规定的捕捞限额进行作业，但《渔业法》仅规定了违反捕捞许可证关于作业类型、场所、时限和渔具数量的规定进行捕捞的法律责任。

2.《渔业法》对未按规定填写捕捞日志或捕捞日志记录不真实、不完整的行为没有设定相应的处罚措施。虽然《远洋渔业管理规定》当中提到远洋渔船应当按照规定填写捕捞日志，并且农业农村部可以视情节轻重和影响大小，暂停或取消其远洋渔业企业资格，但该管理规定只具有部门规章的效力，法律位阶较低，不利于管理措施的推行。

3.《渔业法》对于违反捕捞许可规定到共同管理渔区作业的法律责任也未有明确界定。严格的捕捞许可制度能够使渔业资源得到有效保护，有利于渔业经济效益的最大化。但是在捕捞实践过程中，有不少渔民会违反规定到共同管理渔区进行捕捞，并且在捕捞过程中使用禁用的渔具，在违反捕捞许可制度规定的同时，也给共同管理渔区的生物资源平衡与可持续利

---

〔1〕 参见李泽善、刘依阳：《新时代海洋渔业资源治理的理论探讨与实践》，载《海洋经济》2022年第2期。

用和生物资源的发展造成不利影响。虽然《渔业法修订草案(征求意见稿)》中对违反捕捞许可规定到共同管理渔区进行作业的行为有所规定,[1]但该规定存在一定责任类型不明确、责任承担范围不具体等问题,[2]难以真正厘清不同违法主体的法律责任,并给予相应的行政、民事和刑事处罚。

4.现有法律责任的规定缺少对远洋渔业和近海渔业的区分。远洋渔业在活动规模、违法行为后果严重性、经济利益的获取上都与近海渔业有较大差异,但《渔业法》仍将两者的法律责任进行统一规定,难以体现远洋渔业的活动特殊性,在违法活动的处罚手段和处罚力度上与实际需求相脱节。[3] 还需要注意的是,《远洋渔业管理规定》中未考虑到远洋违法捕捞行为在域外受罚的实际情况,若在此种情况下依然按照国内法的规定对远洋违法捕捞行为进行处罚,对违法行为人来说也是不公平的。

(二)海洋渔业资源法律责任规定的处罚力度过低

法律责任的严厉程度没有跟渔业资源与生态环境保护的严格化趋势进行调适,以《渔业法》对罚款数额的规定为例。在《渔业法》中提到,对使用炸鱼、毒鱼、电鱼等破坏渔业资源方法进行捕捞的,违反关于禁渔区、禁渔期规定进行捕捞的,处以5万元以下的罚款;对于制造、销售禁用渔具的,处以1万元以下的罚款;对于未依法取得捕捞许可证擅自进行捕捞的,处以10万元以下的罚款。《渔业法》在第五章法律责任部分对本国公民的罚款额度限定在1万元至10万元,与非法捕捞者通过违法行为所获得的捕捞利益相比,处罚力度较低。非法捕捞者在对因违反规定接受处罚和因违反规定而获得经济利益两方面进行衡量时,由于违法成本较低且存在侥幸心理,易选择通过违反法律规定而获取非法利益,法律的威慑力难以得到有效发挥。

(三)《渔业法》在法律责任的规定上存在缺陷

1.《渔业法》缺乏对民事责任的规定。《渔业法》第五章法律责任部分对违法者的行政责任和刑事责任进行了规定。行政责任与刑事责任承担主

[1] 参见《渔业法修订草案(征求意见稿)》第31条。

[2] 参见洪洁、裴兆斌:《论渔业法之违反捕捞许可规定到共同管理渔区作业行为的法律责任》,载《海洋开发与管理》2022年第1期。

[3] 参见郭云峰:《我国〈渔业法〉修订进程与关键性问题评析》,载《广西社会科学》2023年第2期。

体均分为两类，一是非法捕捞行为人，二是渔业行政主管部门和其所属的渔政监督管理机构及其工作人员。对于非法捕捞行为人，按照不同的违法情节，其需要承担的行政责任包括没收渔获物和违法所得、没收渔具、吊销捕捞许可证、没收渔船、没收非法制造、销售的渔具、吊销养殖证等；对于渔业行政主管部门和其所属的渔政监督管理机构及其工作人员的违法行为可以给予行政处分。两者在刑事责任的承担上都有相同的规定，构成犯罪的交由《刑法》追究法律责任。虽然在司法实践中，对于非法捕捞野生鱼类，破坏生态环境等行为，法官在判决依法承担刑事责任的同时还会再要求违法行为人承担民事责任，[1]但是《渔业法》对于违法情节需要承担的民事责任如海洋环境修复责任、海洋生态补偿责任等却并未明确规定，既不利于海洋渔业资源的可持续利用，也不利于渔业领域司法实践的发展。

2. 不同责任之间的衔接性较低，主要有以下两个方面表现：一方面，与渔业违法相关的刑事罪名较少，难以满足当前渔业资源管理和养护的需要。专门针对渔业违法的刑事罪名包括非法捕捞水产品罪，非法猎捕、杀害珍贵、濒危野生动物罪等，可以看出，《刑法》在与渔业相关的专有刑事罪名的设置上十分有限，导致大量的渔业违法行为只能适用一般刑事罪名，而以一般刑事罪名对违法人员进行处罚，难以达到预期的处罚效果，也无法产生较大的社会威慑力。另一方面，《渔业法》与《刑法》的相关条文在法律责任的适用上会产生冲突，冲突类型包括两法交叉重合，部分规范之间无明确界限；法条部分规范用语相同，相关行为无法界定和对于同一行为的界定出现了不确定的甚至是冲突的法律指引等。[2]

五、渔业从业人员权益保障不充分

渔业从业人员是渔业产业发展、渔业资源开发和保护的关键性主体，包括渔民、渔业企业的员工和渔业组织成员等，但现有法律制度对渔业从业人员的合法权益保障还不够充分，主要体现在以下三个方面。

（一）渔业从业人员的法律地位尚未明确

我国法律未对渔民及渔民权益作出专门而明确的规定。已有的近海捕

[1] 参见(2021)苏0981刑初723号、(2023)湘0981刑初8号、(2022)粤0117刑初615号等案件。

[2] 参见李田田、裴兆斌：《我国渔业法与刑法的法条衔接问题研究》，载《沈阳农业大学学报(社会科学版)》2020年第1期。

捞渔业政策主要由渔业行政主管部门制定、推行和实施,作为对区域捕捞业工作最为熟悉的渔民却只能成为被管理者。虽然我国各级渔业协会在渔业管理中发挥着重要作用,但《渔业法》中并未明确规定渔民自治团体的有关内容,也没有赋予自律组织相应的权利。[1]

(二)海洋渔业资源治理公众参与制度仍待建立

现代渔业管理无法保证渔业可持续发展的原因,既包括科学信息不足和政治决策失利,也包括渔民对法律法规响应不够。政府在政策宣传上还有较大提升空间,已有研究表明,只有45.8%的渔民是从政府渠道中了解到政策信息,绝大多数渔民获取政策信息的渠道都不是直接来源于政府。海洋渔业资源治理公众参与制度的建立有利于提高海洋渔业资源治理的民主性与科学性,提高海洋渔业资源治理政策的正当性,形成政府、企业、渔民等相关多元利益主体协同治理海洋渔业资源的治理格局。但现有海洋渔业资源治理公众参与制度并未构建完全,在海洋渔业资源治理信息获取、海洋渔业资源治理政策反馈、海洋渔业资源利益维护等方面缺少必要途径。企业、社会组织和公众在海洋渔业资源治理体系中的治理主体作用显得较为微弱。[2] 此外,海洋渔业资源的保护不仅涉及渔业与捕捞业,还与农业、采矿业和航运业等行业部门具有紧密联系,但同样缺少跨行业与跨部门的公众参与及协同治理平台就海洋渔业资源的保护与治理进行协商与合作。海洋渔业资源治理公众参与制度的缺失使不同主体间存在的利益冲突难以得到有效缓解。

(三)现有的渔业管理制度未将民间渔业主体纳入考虑

新时代海洋渔业资源治理方式已从政府单向主导和政府绝对管制逐步转向了政府、企业、社会之间的多方互动。但立法者与管理者无法充分体会民间渔业从业人员在渔业从业实践中面临的困境,在一定程度上也未能有效对其合法权益进行保护。[3] 政府在其中扮演的仍是绝对的管理者角色,渔业从业人员处于被管理地位,一旦觉得政府管理手段不当或损害了他

---

〔1〕 参见黄荣华、裴兆斌:《完善渔业行政许可法律体系与督查机制研究》,载《沈阳农业大学学报(社会科学版)》2020年第3期。

〔2〕 参见李泽善、刘依阳:《新时代海洋渔业资源治理的理论探讨与实践》,载《海洋经济》2022年第2期。

〔3〕 参见阎二鹏、王霖:《我国海洋渔业资源法律保护机制研究》,载《新东方》2020年第2期。

们的原有利益,就会采取一定的反抗措施,与政府形成紧张的对抗关系。例如,虽然政府规定了捕捞限额,但渔民出于获取更多经济利益的考虑,采用新的技术或工具规避监管,最大限度地提高捕捞量。这也在一定程度上弱化了民间渔业从业人员遵守相关渔业法律规范的自发性与积极性,不利于海洋渔业资源的进一步发展与合理利用。此外,在渔业管理实践中,尽管在广东省、辽宁省等试点地区的渔业专业合作社、渔民协会等基层渔民组织参与了渔业管理,但由于其被授权的管理职能有限和内部管理机制不完善,基层渔民组织的作用发挥较为有限。〔1〕

第四节　完善我国海洋渔业资源开发利用和保护法律制度的建议

海洋渔业权益是我国海洋权益的重要组成部分。保持海洋生态系统完整,维持海洋生态系统的平衡,保障海洋生态系统良性循环是人类开发利用海洋各类资源的前提。海洋渔业资源是对人类最有利用价值的海洋资源,在面临海洋渔业资源逐渐衰退的现状之下,我国必须着力于加强海洋渔业资源的制度建设,通过法律制度规范人类利用海洋资源的行为,保障海洋渔业资源可持续发展。我国海洋渔业资源开发利用和保护法律制度可从完备海洋渔业资源法律体系、明确海洋渔业资源权属分配、提高海洋渔业资源管理制度的科学性、强化海洋渔业资源法律监督责任和切实保障渔业从业人员合法权益等方面进行完善。

一、完备海洋渔业资源法律体系

(一)完善渔业行政许可体系建设

可以按照不同的渔业类别对海洋渔业进行管理,使渔业行政许可能够针对不同类别的渔业作出区别规定。对于商业性渔业和传统渔业采用不同的管理方式,提高渔业行政许可的适用性与实用性。对于养殖渔业许可,可以针对不同渔业的类型、水域、工具和苗种使用等进行详细分类。应当更大

〔1〕 参见唐议、赵丽华:《我国海洋渔业捕捞限额制度实施试点评析与完善建议》,载《水产学报》2021年第4期。

化地发挥专项捕捞许可制度在渔业行政许可管理体系中的作用，通过专项捕捞许可证对可捕捞作业水域范围、可捕鱼种、许可证发放对象和发放数量、捕捞限额等内容进行针对性限制。同时，加强渔船和捕捞许可管理信息系统建设，建立健全渔船动态管理数据库，加强对渔船的登记管理和渔船报废的监管，通过提高渔船组织化程度加强对渔船各环节的管理，确保渔船证书与船舶实际情况相一致。还需要加快推进捕捞辅助船、休闲渔船、渔捞日志等相关管理措施出台。若时机成熟，可以选择建立海洋渔业资源保护的专门性立法，在专门性立法中对渔业行政许可体系进行系统性完善，从海洋渔业资源投入控制与产出控制两方面入手，有效推动海洋渔业产业的升级与海洋渔业资源的保护。[1]

（二）采用海洋渔业资源管理的多种经济手段

常见的经济手段主要有：首先，可以对捕捞权收益征收一定比例的海洋渔业资源使用费，用于海洋渔业资源养护与补偿，具体可以通过转移支付或政府购买第三方服务实施养护与补偿工作。[2] 其次，基于合作社方式或并购方式获得集约化捕捞的集团公司，除了要按照相关法律法规守法经营外，还需要上缴一定比例的资源补偿费和经营税。资源补偿费将主要用于渔业资源恢复与养护，经营税收则是企业正常纳税。最后，需对渔业保险制度、财政补贴制度、海洋生态补偿制度等进行完善。在渔业保险制度方面，应创新渔业保险品种，深化国家商业保险机构多方参与、风险共担、多层分散的风险体系，不断提高渔业保险的服务能力。渔业保险制度还可以与财政补贴制度相结合，渔业保险财政补贴的法律形式包括保险费补贴、保险机构经营管理费用补贴、提供再保险服务或再保险补贴等，目前我国仍以保险费补贴的方式对渔业保险进行财政扶持，应当在法律中明确规定除保险费补贴外的其他措施扶持渔业保险。通过对渔业保险实施相应的财政、税收优惠政策，减轻渔业生产者在保险方面的经济负担。海洋生态补偿制度作为一种调整海洋生态保护建设和海洋资源开发利用相关各方之间利益关系的环境经济政策和规制手段，已成为我国生态文明体系的重要建设内容，应当通过修订或修改进一步完善和细化海洋生态保护补偿制度的规定，同

---

〔1〕 参见阎二鹏、王霖：《我国海洋渔业资源法律保护机制研究》，载《新东方》2020年第2期。

〔2〕 参见张效莉、刘依阳等：《我国沿岸近海海洋渔业资源产权制度改革的方向、路径与措施研究》，载《海洋经济》2020年第3期。

时加快制定和完善综合性海洋生态补偿制度办法。〔1〕

(三)补充远洋渔业资源开发利用的管理规定

为了进一步推动经济转型、完善能源结构、提升国防安全以及保护海洋生态,从近海走向深蓝已成为我国未来海洋政策制定与行动部署的基本趋势。在近海渔业资源逐渐萎缩的情况下,部分渔民出于经济利益的考虑会转而从事远洋渔业捕捞,应该控制近海渔业和远洋渔业的规模,合理规划和利用渔业资源,保护好海洋生态环境。〔2〕而随着全球范围内渔业资源衰退趋势加剧,国际渔业资源争夺和渔业利益冲突也会更加激烈,在此种情况之下,我国应当及时对《渔业法》内容进行修改,妥善处理履行国际公约与维护国家渔业权益之间的关系,并为我国深度参与国际渔业执法提供国内法支撑。具体而言,《渔业法》修改应为推广国际先进渔业技术,推进渔船、渔机和渔具标准化建设,优化基础捕捞数据的统计和收集,全面提升渔业科学技术水平提供制度保障,建立一个集合政府、民间力量的动态立体护渔机制以解决涉外渔事纠纷。同时,还应当完善有关渔业安全生产、海难事故预防、应急处理的法律规范,保障我国渔民海外作业的人船安全。〔3〕

二、明确海洋渔业资源权属分配

(一)明确渔民享有的渔业权利与义务承担的范围

渔民权益保障的核心是渔业权的实现,需要重新界定渔业权的属性和地位。明确渔业权是渔民固有的生存权,国家机关非正当原因,不得将渔业权随意剥夺或在确认权利时设置障碍,同时必须将渔业权视为独立的物权类型。〔4〕渔民享有的权利范围应包括渔民捕捞权、渔民养殖权、渔业资源使用权和渔村治理权等。渔业捕捞权是渔民赖以生存的基本权利,任何单位和个人不得以任何理由损害捕捞渔民根据渔业捕捞权所享有的合法收益。要将渔民的渔业权纳入相关法律保护框架内,并将渔业权界定为渔民

〔1〕参见姜玉环、张继伟等:《我国海洋生态补偿机制的现实进展与发展进路》,载《海洋开发与管理》2022 年第 11 期。

〔2〕参见陈晔、蔡元菁:《海洋渔业治理能力国际比较——基于 OECD 数据库》,载《海洋开发与管理》2023 年第 3 期。

〔3〕参见郑志华:《修法落点:促进公正、合理的国际渔业秩序》,载《检察风云》2020 年第 3 期。

〔4〕参见孙宪忠主编:《中国渔业权研究》,法律出版社 2006 年版,第 6 页。

这一特定主体所享有的捕捞水生动植物并获得所有权的法定物权。具体而言,渔业权人的主要权利应当包括对特定水域加以排他支配利用的权利;养殖或者捕捞水生动植物并取得所有权的权利和排除他人(包括行政机关)非法干涉的权利。渔业权人在享有渔业权利的同时,也应当履行合理利用水域、支付水域使用费等费用的义务。此外,就渔业实践活动而言,渔业权外在表现为一种由主管机关依法通过行政许可设定的在公共水域之上的权利,因此,渔业权享有主体还应该承担有关行政法上的义务,包括接受渔业主管机关的监督检查、依法缴纳税款等。

(二)明确海洋渔业资源资产的所有权和管理权分配

1. 应明确海洋渔业资源所属海域的所有权和管理权,通过在管理层级上建立分级行使所有权体制,以进一步明确中央和地方政府行使的权利、义务和责任。党的十九届三中全会通过了《深化党和国家机构改革方案》,设立自然资源部以统一行使全民所有自然资源资产所有者职责。按照自然资源等部门关于《自然资源统一确权登记暂行办法》中指出的,海域将依据沿海县市行政管辖界线,自海岸线起至领海外部界线划定登记单元进行确权登记。由此,海域确权将细化到县市,沿岸、近海,海洋渔业资源连同海域都属于国有或确权的县市集体所有。确权县市行政区拥有对确权海域渔业资源的所有权、处置权和管理权。

2. 应明确海洋渔业资源资产所有者和管理者的权利与义务。通过构建海洋渔业资源资产权责清单,明确中央直接行使海洋资源资产权责利的内容和委托地方代理行使海洋资源资产权责利的内容,其中中央直接行使的海洋资源资产权利应当包括统计清查海洋渔业资源的数量、质量、分布、权属、保护和开发状况等,并据此编制海洋渔业资源资产负债表,制定海洋资源资产权利金标准等。同时,中央还应当履行制止破坏海洋渔业资源资产行为、保护海洋生态环境和海洋渔业资源可持续发展的义务。此外,构建海洋渔业资源资产产权法治保障体系、创新海洋渔业资源资产委托代理制度和整合衔接所有者权利与监管者权力管理等事项也需要作为海洋渔业资源资产管理的重点工作进行开展。[1]

---

[1] 参见王涛、辛冰、殷悦:《全民所有自然资源资产管理体制研究》,载《海洋经济》2023年第1期。

三、提高海洋渔业资源管理制度科学性

(一)加强捕捞许可证制度的周延性

渔业法通过捕捞许可证和有关规章制度,规定了渔民的作业水域、作业期限和作业渔具的种类,能够避免使用不同渔具的渔民之间的冲突,在渔业生产正常秩序的维护、渔业资源的可持续利用与保护、渔业水域生态环境的保护等方面发挥重要作用。应当进一步加强捕捞许可证制度的周延性,使渔业许可证制度在渔业管理工作中更具成效。应形成以船网工具指标,船舶检验,捕捞许可证发放、变更、处置为主要内容的监管链条,并明确捕捞许可证与渔业船舶流转、继承等相关规定。[1] 在捕捞许可证的买卖、出租或以其他形式转让上,应当区分不同的海洋捕捞作业场所进行专门规定,对于《渔业捕捞许可管理规定》中的D类渔区即公海,应当许可公海渔业捕捞许可证的自由流转,以发挥市场机制在海洋渔业资源配置中的作用,推动远洋渔业的发展,对于A类渔区即黄海、渤海、东海和南海等海域机动渔船底拖网禁渔区线向陆地一侧海域,应当严格限制其在市场中的流转,以有效保护近海渔业资源。[2]

(二)以多种方式提高捕捞限额确定性

1. 对不同的渔业产业类型和渔业种类设定不同的捕捞量。在不同渔业产业类型的捕捞量确定上,对于沿岸休闲渔业捕捞量的确定,可以通过渔业资源评估小组动态评估沿岸海域休闲渔业资源总可捕捞量。对于工商渔业捕捞量的确定,可以采取渔业合作社的社区管理模式。由渔业资源评估专家组对辖区内总可捕捞量进行评估,将评估的捕捞额度按份额划分若干等份,分别分配给渔民合作社和社会捕捞企业,渔民合作社再按照等份份额将权益分配给有户籍的渔民。[3] 在不同的渔业种类的捕捞量确定上,应根据实际渔业特点分类设置捕捞限额管理机制。对于单鱼种渔业,可以直接设定该渔业捕捞对象在一定区域内的捕捞限额。对于多鱼种渔业的捕捞量

---

[1] 参见郭云峰:《我国〈渔业法〉修订进程与关键性问题评析》,载《广西社会科学》2023年第2期。

[2] 参见董文静、王昌森、韩立民:《中国海洋渔业资源养护政策体系优化研究》,载《经济研究参考》2017年第70期。

[3] 参见张效莉、刘依阳等:《我国沿岸近海海洋渔业资源产权制度改革的方向、路径与措施研究》,载《海洋经济》2020年第3期。

的确定较为复杂,可以考虑在短期内按照区域对区域中的全部渔业资源种类设置整体性的捕捞限额,对于其中较为重要的经济鱼种则可以设置比例性的限额。

2. 加强对海洋渔业资源的监测与评估,获取完整、准确、可靠的渔业数据。完整、准确和可靠的渔业数据是制定科学总捕捞量的前提和基础,设定和分配捕捞额不仅需要渔业资源生物学调查、监测数据,捕捞生产监测数据也必不可少,其具体又可再划分为分种类的渔获量数据、捕捞努力量数据、渔船数量数据及其捕捞能力数据等。[1] 加强海洋渔业资源监测与评估的具体措施包括强化渔捞日志管理并开发电子渔捞日志和实行观察员制度等。电子渔捞日志能够有效避免纸质材料易损毁、易丢弃、易修改、低效率等缺陷,日志数据能够实时进入捕捞监测数据系统,并以电子文档的形式储存在系统中,方便数据的上报与渔业主管部门的核查。美国自 1972 年起开始实行渔业观察员制度,渔业观察员的监控范围包括商业捕鱼活动、渔业加工活动以及错误捕捞的情况,渔船也需要定期向国家海洋渔业局提交船舶航行报告或日志,报告捕捞量数据。我国可以参考美国的渔业观察员制度,设立普遍的渔业观察员岗位,吸纳专业技术人员和科学人员进行随船观察,具备监督和科研两种职能。监督职能应包括观察捕捞生产行为是否合法、捕捞日志是否如实填写等,科研职能应体现为其能够通过采样和生物学测定等方式收集渔业数据信息,提高渔业数据收集的专业性与完整性。

3. 建立综合性渔业数据信息库以实现渔业相关数据的共享与交换。现有渔业数据的收集较为零散,缺乏系统性的数据汇总、调取与上报方式,在渔业数据的收集过程中也容易出现漏报、错报、多报等情形。综合性的渔业数据信息库能够对海洋渔业数据进行系统性管理,包括渔业数据的填写、汇总、上报、核查和分析等。这一综合性的渔业数据信息库应对不同的渔业资源种类与渔业类型进行划分,并在特定鱼种的数据收集上发挥关键作用。通过综合性渔业数据信息库实现渔业捕获量数据、渔船量数据、渔业资源实时动态数据等在全国范围内的共享与交换,促进不同地区渔业数据的获取与利用,提高渔业数据的使用效率,为海洋渔业政策的制定提供科学的数据支持。

---

[1] 参见唐议、赵丽华:《我国海洋渔业捕捞限额制度实施试点评析与完善建议》,载《水产学报》2021 年第 4 期。

(三)科学、合理规划伏季休渔制度

伏季休渔制度包含捕捞时间限制规范、捕捞空间限制规范、捕捞方式限制规范和法律责任规范等重要内容,伏季休渔制度作为养护天然渔业资源的关键制度,应当得到科学、合理的规划和设计。其一,伏季休渔制度的实施涉及多方面的利益协调和不同手段的协同,需要得到一系列配套制度的保障,包括渔业资源监测与评估制度、捕捞许可制度、禁捕补偿制度和养殖管控制度等。[1] 其二,应统筹做好河海休禁渔政策的衔接。由于河水和海水的水温不同,渔业资源繁殖的时间节点存在差异,我国海洋休渔制度与河湖禁渔制度之间在休禁渔的期限上也存在较为明显的差异。因此,在规划伏季休渔制度时,应当考虑到河海交汇处存在渔业资源的洄游与繁殖的现实情况,对河海交汇处的休禁渔政策进行专门的规定。[2]

(四)推进海洋渔业资源保护区之间的协调与合作

在海洋渔业资源保护区之间的协调与合作上,需统筹水产种质资源保护区、水生动植物自然保护区、海洋自然保护区、海洋特别保护区管理,加强农业、海洋、环保、林业、地方政府等行政部门间的沟通协调。针对同一海域的渔业资源保护区设立联络热线,建立联席会议制度,共同谋划海洋渔业资源的养护活动。[3] 可以将海洋渔业资源保护区建设融入国家公园的体制建设之中,充分发挥渔业的多功能性。此外,还需要理顺近海渔业资源保护管理体制的三大关系,明确国家渔业自然保护区的管理权、所有权、监督权,并为国家海洋渔业资源保护区的建设提供技术、资金和人员等保障。

四、强化海洋渔业资源法律责任

海洋的广阔性和数量众多的分散渔业生产者,决定了监督渔业法律的遵守是一项艰巨的工作。只有对各种潜在的违法行为都设定了适当的责任,监督机制才可能取得成功。以美国对渔业的监管为例,美国国家海洋渔业局在过去主要是依靠人工观察员和执法人员对渔业进行监管,现已转向

---

〔1〕 参见胡帮达:《〈长江保护法〉中禁渔制度的立法逻辑及其支撑体系》,载《长江流域资源与环境》2021年第12期。

〔2〕 参见盛方富、李志萌:《我国休禁渔政策演进历程、特征与未来政策设想研究》,载《农业考古》2021年第4期。

〔3〕 参见董文静、王昌森、韩立民:《中国海洋渔业资源养护政策体系优化研究》,载《经济研究参考》2017年第70期。

通过技术手段和社区进行管理。对于违反法律者,采取从警告、民事处罚到吊销许可证和承担刑事责任等多种处罚措施。通过自行守法和外部强制相结合,美国能够以有限的执法人员实现对海洋渔业的"善治"。[1] 具体而言,海洋渔业资源法律责任的规定应在以下三个方面内容上作出相应的调整:

1. 在海洋渔业资源法律责任的规定内容上应当充分明确。第一,增加与违反捕捞限额管理相关的法律责任。除了将是否遵守限额捕捞管理作为下一年度批准专项捕捞许可申请的条件作为对捕捞行为人的管理手段外,还应当采用行政处罚、承担民事责任等惩罚手段有效控制捕捞总量,在明确责任主体的同时,还需明确违反捕捞限额行为的具体认定方式,进行针对性处罚。第二,增加与捕捞日志填写相关的法律责任。《渔业捕捞许可管理规定》第53条提到,未按规定提交渔捞日志或者渔捞日志填写不真实、不规范的,由县级以上人民政府渔业主管部门或其所属的渔政监督管理机构给予警告,责令改正;逾期不改正的,可以处1000元以上1万元以下罚款。《渔业法》中可以参考本条规定,增加对未按规定填写捕捞日志行为的法律处罚,由船长对捕捞日志的真实性和正确性负责。第三,增加违反捕捞许可规定到共同管理渔区作业的法律责任。这一法律责任的认定应以行为人违反捕捞许可规定为前提,包括未依法取得捕捞许可证擅自进行捕捞的,违反捕捞许可证关于作业类型、场所、时限和渔具数量的规定进行捕捞的,涂改、买卖、出租或者以其他形式转让捕捞许可证等违反情形。在法律责任的确定上,应当增设专门条款进行规定,在条款中细化违反捕捞许可规定到共同管理渔区的法律责任,减少法律规定的模糊性,确保法律责任的有效落实。第四,明确区分远洋渔业法律责任与近海渔业法律责任。对于远洋渔业法律责任的规定应当具有特殊性,需要综合考虑远洋违法捕捞行为在域外受罚的实际情况,确定无须追究法律责任、减轻法律责任的远洋违法捕捞情形,在权衡远洋违法捕捞行为与域外处罚的相称性之后,可以适当减轻或者免除远洋渔民的行政责任。[2] 第五,应当对渔民及企业的法律责任进行合理的区分。渔民与企业相比,其对海洋渔业资源的过度利用程度要低于

---

[1] 参见卢锟、王小军:《我国海洋渔业法律制度的困境与破解》,载《中国海洋大学学报(社会科学版)》2018年第2期。

[2] 参见薛桂芳、房旭:《我国〈渔业法〉域外效力的强化——兼论负责任远洋渔业国家形象的维护》,载《太平洋学报》2018年第2期。

企业,其承担法律责任的能力也明显弱于企业,因此应当对渔民与企业分别作出相应的法律责任方面的规定。

2. 严格规定海洋渔业资源法律责任。法律责任的设置是为了预防违法行为的发生,但当前法律责任的设置对于企业和公民而言仍然不够严格,违法成本较低促使渔民和企业为了利益铤而走险。相较而言,美国对违反渔业管理制度的处罚则更为严格。美国针对每一项违法行为的民事罚款金额最高限额为 10,000 美元,对于持续违规的行为,按照违规行为的存续天数连续计算。正是由于美国具有严厉的处罚制度与执法规则,保障了渔业管理制度的有效实施。因此,我国应进一步提高罚款的数额,并在法律责任中增设其他措施。对于企业而言,10 万元以下的罚款实际上并不具有多大的威慑力,还应当采取吊销营业执照等更加严厉的手段对其加以规制。此外,对于屡教不改的参与者,可以交由当地的公安机关采取行政拘留等强制措施。

3. 应通过对《渔业法》的修订及时加入民事责任,并推动《渔业法》与《刑法》条文相衔接。在民事责任的增加方面,《渔业法》对民事责任的规定可以包括收取恢复生态补偿金。利用生态补偿机制,要求生态破坏者提供生态补偿措施等。[1] 在《渔业法》与《刑法》条文的衔接方面,由于渔业违法行为具有特殊性,违法的形式和种类也较为复杂,可以考虑在《刑法》中增加涉渔业违法的专有罪名,进一步强化对涉渔违法行为的刑事处罚力度。对于破坏生态平衡捕捞的行为应在法条中明确针对违法的不同情形设定处罚后果,包括一般情况、情节严重与情节特别严重及需要入罪的情节等。各级渔业渔政部门应积极推进渔政执法与刑事司法衔接,农业农村部一方面应加快推进《渔业法》修订,加大对违法人员的处罚力度,推动细化和完善涉渔刑事案件立案追诉标准及相关司法解释;[2] 另一方面还应当出台专门针对捕捞业的规范性文件,对于过度捕捞或者在禁渔区、禁渔期使用禁用工具、方法且没有达到《刑法》中非法捕捞水产品罪入罪标准的捕捞行为,根据违法行为细节、严重程度细化处罚标准。[3]

---

[1] 参见丛林、郭昕黎、裴兆斌:《完善渔业法规:明确破坏生态平衡捕捞行为的法律责任》,载《沈阳农业大学学报(社会科学版)》2020 年第 2 期。

[2] 参见刘妤:《美国海洋渔业管理及处罚制度对中国渔业立法的启示》,载《渔业信息与战略》2020 年第 4 期。

[3] 参见蔡诗巍、裴兆斌、郭昕黎:《我国渔业治理体系和治理能力现代化研究》,载《海洋开发与管理》2021 年第 11 期。

五、切实保障渔业从业人员合法权益

渔业从业人员对渔业产业的发展至关重要,渔民是海洋渔业资源的直接利用者,渔民的不当行为会直接破坏海洋的生态环境,也会直接导致海洋渔业资源的衰退。渔业从业人员对渔业经济产业的发展与渔业管理工作的开展具有重要作用,需要切实保障渔业从业人员的合法权益,进一步激发渔业从业人员在保护海洋渔业资源方面的积极性与有效性。《农业农村部关于印发〈"中国渔政亮剑 2023"系列专项执法行动方案〉的通知》(农渔发〔2023〕8 号)也提到,要牢牢守住生物安全、质量安全、生态安全、生产安全、涉外安全等渔业安全底线红线,进一步强化执法监管,提升执法质效,完善执法机制,以最严厉执法、最严格监管,切实维护好渔业生产秩序和渔民群众合法权益。〔1〕

1. 渔业从业人员自身应当具有合法维权意识,在守法的前提下积极开展权益保障行动。对于渔民而言,应注重对各项知识教育的学习,培养可持续发展意识。要鼓励渔民加强学习,提升自己的文化素质,积极参与技能职业培训。政府和渔民组织等主体可以共同组织海洋渔业资源管理与养护的普法活动,传达农业农村部、渔业渔政管理局等部门对海洋渔业资源管理工作的会议及文件精神,减少政策执行的难度。引导渔民自觉守法、用法,在合法权益受到非法侵害时,能够采用法律手段对自我权益进行维护,同时减少违法违规行为的产生。对于渔业企业而言,应发挥渔业企业在我国海洋渔业资源利用中的主导作用,强化渔业生产企业的社会责任意识,在日常的生产生活中,遵守渔业管理的相关制度,减少对海洋环境的破坏。政府可以设计相关的政策,或搭建平台,引导渔民将其捕捞额度权益入股集团化休闲渔业公司,并获得相应的股权分红收益。渔民可以以熟练工人身份应聘进入集团公司,改变渔民身份,成为企业员工,获得工资收入。渔民也可以转产进入其他行业获取另外工资性收入。〔2〕 由此,渔民收益将除了捕捞权益入股的股权收益外,还能通过就业获得工资收益,进一步保障渔民的基本生活开支。

---

〔1〕 参见《农业农村部关于印发〈"中国渔政亮剑 2023"系列专项执法行动方案〉的通知》,载农业农村部官网,https://www.moa.gov.cn/govpublic/YYJ/202303/t20230317_6423411.htm。

〔2〕 参见张效莉、刘依阳等:《我国沿岸近海海洋渔业资源产权制度改革的方向、路径与措施研究》,载《海洋经济》2020 年第 3 期。

2. 应承认渔业从业人员包括渔民及以渔民为基础构建的渔业社区等主体的法律地位。渔业从业主体既是责任的承担者,也是权利的享有者,渔民应享有一定份额的捕捞权益作为基本生活保障。承认渔业社区等主体的法律地位,有助于弥补海洋渔业生产者以个体为主、分散性强、组织性弱的缺陷。可以将渔业社区界定为在确定的资源边界内主要依赖或大量从事渔业资源的捕捞或加工以满足社会和经济需要的社区,并规定社区(或合作社)的治理结构和成员的权利、义务,内化渔业生产者的正、负外部性。[1] 在渔业社区的构建和维护中,应充分发挥渔民群众参与渔业管理的自治作用,实行自我管理,推动渔民组织深入参与监管。渔业组织的成立也有助于渔民向政府反映自身权益诉求,在一定程度上减少政府的监管成本。《渔业法》的修订应对渔民组织参与渔业管理事项进行明确法律授权,并逐步加大基层渔民组织参与渔业管理活动的力度。

3. 建立和完善海洋渔业资源治理的公众参与制度。可以建立渔业管理议事委员会,吸纳科研机构、执法机构、渔民代表、相关利益方等多方人员共同参与,以此提高决策的科学性和可执行性。《渔业法》第 22 条规定,捕捞限额总量的分配应当体现公平、公正的原则,分配办法和分配结果必须向社会公开,并接受监督。海洋渔业资源治理的公众参与制度的设立有助于本条规定的实施,通过扩大渔业从业人员的参与途径、详细规定渔业从业人员的参与程序等方式实现其对捕捞限额总量分配所享有的知情权与建议权。同时,还应明确参与主体的选取方式,明确公众意见反馈的途径、形式、时限和相关的责任追究形式等。我国海洋渔业资源养护政策的制定应当征求专家意见和公众尤其是利益相关者的意见,采用听证会、论证会等形式听取公众的意见。此外,还应当在国家法规允许的范围内,支持和鼓励公众对渔业管理事务进行舆论监督和社会监督,对渔业违法行为和渔业行政管理部门不依法履职的行为进行举报。

4. 在渔业资源管理制度中纳入民间渔业主体进行考虑。渔民组织有着较大的管理潜力,应将渔民组织的自治机制纳入渔业管理体制,与政府共同开展渔业管理。如中国远洋渔业协会的宗旨在于协助政府进行行业管理,规范行业行为,反映行业发展诉求,其还能够为会员提供经营管理和远(海)洋渔业技术培训、咨询、展览、产品和技术示范推广及信息交流服务,

---

[1] 参见卢锟、王小军:《我国海洋渔业法律制度的困境与破解》,载《中国海洋大学学报(社会科学版)》2018 年第 2 期。

并协助执行政府间渔业协定和相关区域性组织的管理措施，发展同各国（地区）远（海）洋国际渔业界及国际渔业组织的民间友好往来、信息交流和合作等。要赋予渔民组织一定的资源支配权，使其获得管理上的权属基础。[1] 渔民组织可以承担一部分渔业管理和服务的职能，还可以为实施限额制度和配额制度提供支持，通过基层组织与政府合作形式进行配额的分配。[2]

将民间渔业主体纳入渔业资源管理制度在其他国家已有较多实践。在日本的渔业管理实践中，渔业协会和渔业管理委员会可以作为主要的决策者，按照本地情况和科学数据制定本年度的渔船捕捞规则，并提供给政府作为政策制定的参考。挪威同样将渔业及海岸事务部和挪威渔民协会作为渔船管理的主体，并对两者分配不同的管理职能，其中挪威渔民协会主要负责代表渔民利益向政府反映诉求。[3] 实际上，挪威渔业协会在渔业政策的所有层面都具有较大影响力，在总可捕捞量的相关决策上，其可以作为行业组织代表为挪威代表团提供咨询。只要挪威渔民协会继续负责配额的分配事宜，它在渔业和海岸事务的分配决策问题上就会继续产生决定性影响。[4] 荷兰、新西兰、菲律宾、英国、美国和加拿大等国在渔业管理实践中还发展出了渔业社区配额制度，该制度将渔业社区作为一个特殊主体，在配额管理制度中以社区的名义分得相应的配额后，再由社区管理委员会或其他相应的组织。渔业社区对配额在社区内的分配和使用行使支配权。[5]

结合各类国家实践并在考虑我国基本国情的基础之上，我国在渔业资源管理制度中也应当将民间渔业主体纳入考虑，尤其是需要鼓励渔业社区和民间渔业组织的形成与发展，引导渔业社区和民间渔业组织在政府的监管之下开展渔业管理活动，并对渔业管理活动的开展提供必要的资金和技术保障。

---

[1] 参见马彩云、唐议：《乡村振兴战略背景下沿岸小型海洋渔业渔民自治组织发展研究》，载《上海海洋大学学报》2020年第2期。

[2] 参见黄荣华、裴兆斌：《完善渔业行政许可法律体系与督查机制研究》，载《沈阳农业大学学报（社会科学版）》2020年第3期。

[3] 参见张建华、梁澄、丁建乐：《挪威海洋捕捞及渔船管理概述》，载《渔业现代化》2012年第4期。

[4] 参见[挪]斯汀格·S.耶塞柳斯、[丹]加斯帕·拉凯尔主编：《有效的渔业管理：可持续渔业政策的实施》，唐议、沈卉卉译，中国民主法制出版社2018年版，第69页。

[5] 参见戴瑛、裴兆斌编著：《渔业法新论》，东南大学出版社2017年版，第97页。

第三章　海洋微生物资源开发利用和保护法律制度

以21世纪为肇始，随着陆地资源逐渐开发殆尽，国际上逐渐兴起了开发利用海洋资源的热潮。作为海洋大国，我国十分重视海洋资源在国家经济社会发展中的重要意义。“十四五”规划将发展海洋经济列为国家重要战略措施严格部署，并将“加强海洋生物资源开发利用”作为主要发展目标强力推进。海洋生物除了海洋动植物以外，还存在大量肉眼不可见的生命形式——海洋微生物（Marine Microorganism）。无论是在表层水还是深海水，热液口还是海底沉积物，占据海洋生物总量90%的海洋微生物遍布整个水体。相较于海洋动植物，海洋微生物的生物种类和生理代谢更加多样化，分子形态和变换特征以及组合结构也都更为复杂，在海洋生态系统中具有不可替代的作用。海洋微生物是生物链的始端，它为其他生物直接或间接地提供食物来源或生命体所必需的营养物质，同时，作为食物链的终端，海洋微生物又承担了分解者的功能，降解海洋污染物、净化海洋水体环境，维系生态系统和生物循环的稳定。〔1〕

区别于微生物，海洋微生物专指来自（或分离自）海洋环境，可在寡营养、低温条件、高压、高温、高盐等极端海洋环境下长期存活并能持续繁殖子代的微生物。在资源所属范围上，一部分学者认为海洋微生物同海洋动物、海洋植物一样，都是海洋生物的组成部分，其应该涵盖在海洋生物资源范围之内，由海洋生物资源法律法规对其进行调整、规范；〔2〕还有部分学者认为海洋生物资源包括鱼类资源、无脊椎动物资源、脊椎动物资源和藻类植

〔1〕参见张偲：《蓝色经济的绿色发展，海洋微生物技术可先行》，载《科技导报》2016年第4期。

〔2〕参见《生物多样性公约》第2条用语。

物,〔1〕不包括海洋微生物资源,海洋微生物资源应通过生物多样性或遗传资源相关法律法规进行规制。对此本书持第一种观点,主张将海洋微生物资源视为海洋生物资源的组成部分进行协同规制。之所以采取此种归类方法有两个原因:其一,海洋微生物符合海洋生物的全部特征,如海洋生物资源所具有的可再生性、有限性、稀缺性、流动性以及整体性特征,海洋微生物符合以上生物特征及相关构成要素,具备协同规制的客观条件;其二,海洋微生物同海洋动物和海洋植物一样,广泛存在于海洋水体环境之中,它们之间相互依存又相对独立,既存在相似之处又不乏差别。它们的生存环境高度相似,都是海洋生态循环不可或缺的组成部分,都与海洋生境的可持续发展息息相关,具有不可分割性和相互依赖性,进行分别规制不利于海洋资源生态效益的实现。将海洋微生物资源视为海洋生物资源的组成部分,无论是从环境保护角度还是开发利用角度来看,都是坚持海洋自然资源整体性和系统性的重要体现,对于合理规划海洋资源的开发利用以及保护具有现实意义。因此,本章在论述海洋微生物资源的开发、利用和保护法律问题时,将从海洋微生物资源本身及其依存的海洋生态环境入手,通过对海洋微生物资源及其生境相关法律规范进行剖析,阐释我国海洋微生物资源开发、利用和保护法律规制存在的问题,并针对既存问题提出相应完善建议。

第一节　海洋微生物资源概述

一、海洋微生物资源概念和特征

(一)海洋微生物资源概念

关于海洋微生物的概念界定,理论上存在不同观点。有部分学者提出,符合海洋微生物概念特征的前提是,该海洋微生物属于海洋生境的本地种群,而非外来环境;还有学者认为,基于对微生物生态功能的考量,无论该微生物来自陆地还是海洋,只要其能够适应海洋新环境并且形成自己的生物活性,以不同于陆地微生物的次生代谢产物和生理化特征在海洋生态系统中得以繁衍生息,就应对其海洋微生物属性加以认定。后者目前是当前关

〔1〕 参见刘丹:《海洋生物资源保护的国际法》,上海人民出版社2012年版,第5页。

于海洋微生物资源概念界定的主流观点。以此观点为依据,海洋微生物的概念可以规定为:来自(或分离自)海洋环境,正常生长需要海水,并可在寡营养、低温或高压、高温、高盐等极端环境下长期存活并能持续繁衍子代的微生物。而一些陆生的耐广盐的在海水以及淡水中都可存活的种类,称其为碱性海洋微生物。海洋微生物资源十分丰富,在海水中的密度通常每毫升少于100万细胞数量,平均每1升海水里包含超过2万种海洋微生物,广泛存在于海水、动植物体表和体内。[1]

(二)海洋微生物资源特征

海洋生物的数量和种类受海水生境垂直分布的影响。在远洋区,水深0~200米为表面海洋带;水深大于200米至不超过6000米为深海区,黑暗而寒冷;水深大于6000米则为超深渊海区,寒冷且压力大。海水温度从海洋表面至水深50米范围内下降迅速,水深大于50米时温度通常低于10摄氏度。氧气浓度从表面往下逐渐降低,约在1000米处达到最低值,在1000米至4000米范围内又逐渐升高。在此背景下,海洋微生物若要繁衍生存,就需要及时改变自身生理特征以及代谢方式等去适应海洋极端生存环境。相较于陆地微生物,海洋微生物具有别样的生物活性及结构特征。

1. 海洋微生物生理特征

(1)嗜盐性。嗜盐性是海洋微生物最基本的生理特征,海水中富含大量无机盐及其他微量元素。通过河水、雨水等途径流入海洋的微生物会由于无法适应海洋高盐的生态环境而逐渐消亡,而那些得以适应海水盐分浓度的海洋微生物,往往会通过在细胞内积累糖类、氨基酸等水溶性物质使其保持稳定的细胞液浓度,防止水分的过度流失,从而呈现嗜盐性的生理特性。一般最适合海洋微生物生存的盐分浓度为20%~40%,部分嗜盐微生物可在40%以上盐度的环境中生长,极端嗜盐微生物可在150%~300%的盐度环境中生长。[2]

(2)嗜压性。海水深度每下降10米气压便会增加1个,从海洋生境整体来看,有75%左右的海水深度是大于1000米的,这意味着只有可以承担住巨大静水压的海洋微生物才可以在高压的海洋环境中维持生命。通过对海洋微生物分离培养研究发现,细菌和古菌可以承受最高400个左右的大

---

〔1〕 参见牟海津主编:《海洋微生物工程》,中国海洋大学出版社2016年版,第3页。

〔2〕 参见牟海津主编:《海洋微生物工程》,中国海洋大学出版社2016年版,第6页。

气压。也有部分海洋微生物只有在超过 400 个大气压的环境下才能存活，这些被称为极端嗜压微生物（Obligate or Extreme Barophiles）。之所以可以在极端高压环境下维持生命特征，是因为这些在高水压下生长的菌种，其蛋白质中的脯氨酸和甘氨酸的比例较低且具有高浓度的渗透性物质，这种生理结构不会使生长速率和代谢活性下降，依旧可以保持其蛋白质的稳定性，从而不受水下高压的影响。

（3）嗜冷性。总体来看，海洋水体温度普遍不超过 5 摄氏度，深海和两级地区的海水温度在-1～4 摄氏度。一些嗜冷（Psychrophilic）微生物以及耐冷（Psychrotolerant）微生物最低可接受温度为 0 摄氏度以下和 0～5 摄氏度。可以在海洋水体中长期存续的微生物细胞膜的构造往往具有耐低温的特点，细胞膜中的多聚不饱和脂肪酸类（PUFAs）可以使其在低温条件下保持细胞液的流动性，从而有效吸收营养物质维持生命。

（4）低营养性。海水中缺乏足够的营养物质，因此营养物质的含量是影响海洋微生物分布情况的重要因素。在河口、港湾等近岸地区海洋微生物的种类较多，约为每毫升 10 万细胞数量，在远洋海水中数量则为每毫升 10～250 细胞数量。通过常规平板法对一些微生物进行培养时发现，诸多海洋微生物会因为营养过剩导致自身代谢产物旺盛而无法形成菌落，这充分说明了大多深海微生物能够适应低营养的生存环境，具有低营养性特征。

（5）趋避性。在通常的环境中，细菌会以随机的方式沿着一条直线运动，在“翻滚”（Trmble）后，再次沿着另一个直线运动。然而，当对海洋微生物的运动特性进行测试时会发现，每当水体环境中存在诱导剂（Attractant）或偏向剂（Repellent）时，海洋微生物会改变其运动的频率，长时间向着诱导剂或偏向剂的方向运动，通过细胞表面的化学感应器成功感应到周围环境以及水体浓度的变化从而作出反应，这种反应称为趋避性。

（6）多形性。通过对海洋革兰氏阴性杆菌等海洋细菌的观察，发现在同一株细菌培养皿中可观察到其可以呈现出多种不同形态，如杆状、椭球形以及其他不规则形状。这代表了海洋微生物为了适应复杂的海洋环境所形成的各异的生理结构，表现为多形性特征。

2. 海洋微生物的分布特征

（1）广泛性。海洋微生物的种类是陆地微生物种类的 20 倍以上，其几乎涵盖了所有的微生物类型，无论是在热泉口还是深海，营养丰富的近河口还是养分贫瘠的远洋，都存在大量的海洋微生物，其广泛分布在海水、沉积物、鱼类、海绵动物、甲壳类动物等生态环境或生命形式中。

(2)差异性。不同水体地区以及不同光照温度下，海洋微生物的分布呈现不同的密度。营养物质含量是影响海洋微生物种群分布差异的主要因素，从海水的横向分布上来看，近海岸、河口、港口的微生物种类数量较多，形态各异，远洋地区的微生物种类较少，形态较为单一；从海水的垂直分布上来看，在小于50米深的光合作用带，微生物的生长繁殖较为旺盛，而在大于50米深的区域，微生物的数量则随着水体深度的增加而逐渐减少。总体而言，海洋中有75%的微生物都存在于沉积物表层10厘米以上的区域中，而在沉积物表层10厘米以下区域，由于溶氧性的不同，种群分布亦存在较大差异，即在高溶氧性地区微生物种群分布相对较多。

(3)不连续性和非均质性。受不同经纬度、地壳运动、洋流、生物活动以及深海底流等多种因素影响，不同水域地区间的微生物的分布密度存在较大差异。在地壳、洋流及生物活动频繁的地区，海洋微生物的分布较为密集，而在地质运动和生物活动不频繁、生态系统较为稳定的地区，海洋微生物的分布则较为稀疏。总体来看，呈现出不连续性和非均质性的斑块分布特征。

二、我国海洋微生物资源概况

(一)海洋细菌

随着分子生物学技术的发展，以16SrDNA测序技术为代表的分子生物学方法广泛应用于细菌分类学的研究领域，利用该序列建立起的细菌域进化谱系树，多数分支的代表种类都能在海洋环境中发现。目前已发现的具有代表性的海洋细菌主要包括蓝细菌(Cyanobacteria)、化能自养菌(Chemolithotrophs)、弧菌科(Vibrionaceae)、螺旋菌(Spirilla)、革兰氏阳性菌(Gram-positive Bacteria)等。通过对不同海域不同海水深度中的海洋细菌进行研究发现，这些海洋细菌的活动空间存在较大分布差异，即使在相同区域同等生态环境条件下，受浮游植物、海水盐度、营养物质的影响，海洋细菌的分布亦存在季节性变化，而且，由于水体中可供海洋细菌利用的有机物并非均匀分布，因此在某些海水层会出现细菌数量激增的现象。

(二)海洋古菌

海洋古菌是原核生物中一个独立的域，其种类众多且广泛分布于河口沿岸、远洋海水等地区，它们在海洋超微型浮游生物中占较大比例，对维持海洋生物的多样性以及海洋生态系统的稳定具有重要作用。从海洋古菌的种类和分布情况来看,海洋古菌的种类主要包括海洋浮游古菌、海洋沉积物古菌以及特殊环境下的古菌;在分布上,海洋浮游古菌在海水中分布广泛,是海洋浮游生物的主要群体,许多海域都可以发现海洋浮游古菌的存在。在不同水体深度下,古菌分布的密度以及构成形态不尽相同。海洋沉积物、海底冷泉、海底火山口以及海底热泉口,都有古菌的存在且形态各异。从海洋古菌的分支上来看,目前可以发现、分离并用于科学研究的古菌主要分为4个门类,即初生古菌门(Korarchaeota)、泉生古菌门(Crenarchaeota)、广域古菌门(Euryarchaeota)和纳米古菌门(Nanoarchaeota)。

(三)海洋真核微生物

海洋真核微生物主要包括海洋真菌(Fungi)和海洋原生生物(Protists)。海洋真菌广泛分布于海洋环境中,无论是浅海沙滩还是深海沉积物;无论是河口还是深海都有它们的存在。由于海洋真菌往往依附于特定的寄主,因此其地理分布状况取决于寄主的分布范围。原生生物是用来涵盖不适于归入植物界、动物界或真菌界的真核生物的集合,同高等生物不同,原生生物自身就是一个完整的有机体,以其特定的细胞器来完成运动、代谢、繁殖等一系列生理活动,它们是最完整和最复杂的单细胞生物。根据它们所代表动植物的原始形式进行分类,可以分为原生动物(Protozoa)、原生植物(Prophyta)和真核微藻(Microalgae)。以海洋微藻为例,作为海洋生态系统中的初级生产者,海洋微藻遍布全球,其数量多、种类丰富且繁殖迅速,是重要的海洋生物资源,对海洋生态系统的循环以及能量流动具有重要作用。近年来,随着生物科学技术的发展,对海洋微藻类的研究进入了崭新的阶段,其营养价值高、富含多种微量元素并且繁殖周期短、生长速度快,因此在医疗健康、食品药品等领域具有重要的研究价值和应用前景。而原生动植物是众多具有或无明显亲缘关系的单细胞(所谓的低等生物)的泛称或集合名词,相较于多细胞的后生动植物来讲,原生动植物都是由单细胞构成或无明显细胞分化的简单的生物群体构成。

(四)海洋病毒

海洋病毒是海洋环境中一类土著性、超显微、仅含有一类型的核酸(DNA和RNA)、专性细胞内寄生(或游离存在)的非细胞结构的微生物。海洋病毒是海洋生态系统中个体最小丰度最高的微生物,其存在范围及数量远远大于海洋细菌,所有形式的原核和真核生物都可能被病毒感染。由于海洋病毒的宿主具有多样性,而病毒对于宿主又具有专一性,因此海洋病毒的种类也呈现出多样化的特征。根据其宿主的不同,可以将海洋病毒分为海洋噬菌体、海洋藻类病毒以及海洋动物病毒。按照其分布情况,可以分为海洋浮游病毒和海洋底栖病毒。

海洋病毒对于促进海洋生态循环和应对气候变化具有重要意义,一方面,海洋病毒在海洋环境以及整个生态系统中扮演着重要角色,对于海洋微生物与浮游动植物种群大小和繁殖消亡、生物间遗传物质的转移、维持生态系统的多样性以及动态平衡都具有显著作用。微型生物食物环又称微食物环(Microbial Loop)是海洋食物链的重要组成部分,而海洋病毒可以通过释放大量可溶性有机物(Dissolved Organic)的方式促进微食物环的有效运行。另一方面,二甲基硫(DMS)是海洋生态系统中最为丰富的挥发性硫化物,DMS 的排放可以增加云层对太阳的反射,进而起到调节气候的作用,海洋病毒可以促使 DMS 释放入大气层,间接起到调节全球气候的作用。

三、我国海洋微生物资源开发利用和保护审视

党的二十大报告提出“发展海洋经济,保护海洋生态环境,加快建设海洋强国”。开发和利用海洋生物资源,服务于经济建设和社会发展,是我国坚持可持续发展内涵下的重要战略定位。海洋是大量生物资源的储藏地,蕴藏着丰富的微生物资源,通过新技术开发利用与海洋微生物有关的基因、物种、新能源等新兴资源,事关国家深海安全以及资源战略安排,是我国作为发展中的海洋大国发展海洋经济、实现海洋强国的重要内容。

(一)我国海洋微生物资源的开发利用

海洋微生物对于发现利用新能源、新基因、新物种有着重要影响,其在工业生产、环境保护以及医疗健康等领域有着广泛的应用价值。目前,海洋微生物及其多样性得到了多个国家和地区的高度关注,“国际海洋微生物普查”、“海洋蓝宝石计划”以及“海洋生物计划”是美国、日本和欧盟先后提出的海洋发展战略规划,其致力于海洋微生物资源及其多样性、基因物种、代谢产物等方面的研究利用。2017 年 7 月,我国国家海洋局在厦门举行了关于我国 15 年来在深海生物资源探测开发方面取得重要成果的新闻发布会,着重阐述了我国在海洋微生物领域的产业化应用现状及未来应用前景。如何有效地分离、筛选海洋微生物资源,服务于国家工业生产、植物保护以及能源的可持续利用已成为发展我国海洋蓝色经济的关键内容。目前我国关于海洋微生物资源的开发利用主要存在于多个领域。

1. 食品安全与药品医疗

(1)食品安全。噬菌体作为海洋微生物之一、以原核生物为宿主的病毒类群,具有替代抗生素破坏生物被膜、杀死细菌的作用。其在食品安全中的应用主要体现在四个方面:其一,在原料的采集环节可以通过给动物服用噬菌体或者用噬菌体进行消毒,防止在屠宰动物过程中血液、粪便等不洁物质对原料采集环节造成的污染。其二,噬菌体可以延长食品的保质期。例如在婴幼儿乳粉里加入噬菌体,可以有效防止阪崎肠杆菌大量繁殖,保证乳粉卫生安全。其三,通过利用噬菌体混合物可以明显减少新鲜水果蔬菜中沙门氏菌的含量,保证水果蔬菜的新鲜,避免由沙门氏菌导致的食物中毒。其四,由于噬菌体所具有的宿主特异性,其可被广泛应用于食品安全检测领域,用来检测食源性病原菌的存在。

(2)药品医疗。鉴于人类长期的开发与采集培养,陆生药物资源逐渐枯竭,寻求新种属及其代谢产物应用于医药研究的难度越来越大,因此众多专家学者将目光投向存在大量生物活性物质的海洋。[1] 海洋微生物存在于高压、高盐、低温的环境条件下,其种类丰富程度是陆地微生物资源的20多倍,因此,探究开发海洋微生物资源,加大海洋微生物在当今药品医疗工业方面的应用具有现实价值。目前我国海洋微生物的药物开发主要在抗菌抗病毒以及抗肿瘤领域,从海水、泥土、岩礁上筛选提取出的微生物及其代谢产物,经研发或直接成为药物的先导化合物及新型药品,可以在疾病预防和治疗方面发挥重要作用。伴随医疗技术的成熟,对新类型药品的需求日益增多,医疗事业的发展需要探索发掘具有研究和应用价值的海洋微生物资源以满足我国的医疗发展需求。[2]

2. 植物保护与农业生产

(1)植物保护。目前关于植物病虫害的防治以及化学药品的不当使用问题日益尖锐,传统的化学农药长期的不良利用以及由此产生的病虫抗药性增强、生态环境破坏、食品安全威胁等问题,已经成为植物作物学领域亟待解决的重要问题。近年来,通过生物或微生物防治方法进行病虫害防护的理论得到了长足发展,生物防治方法以其污染小、不残留、生产过程简单、效果好等特点弥补了化学防治方法的不足,符合绿色环保、清洁高效、可持

〔1〕 参见杨金鹏、张翼飞、吕美东:《海洋微生物的研究与应用》,载《南方农机》2018年第13期。

〔2〕 参见马春生、潘红等:《海洋中微生物的应用及其前景》,载《科技资讯》2010年第1期。

续发展的现代化农业防治目标及发展理念。[1] 由于多年来对陆地微生物菌株的开发应用,具有新型抗病机制的优良品种已接近枯竭,因此人们渴望从海洋中开采筛选可以用于病虫害防治的具有新型化学防治功能的微生物。通过对海洋微生物及其次生代特异的代谢机制、适应方式以及生长繁殖特点进行研究,发现海洋微生物对于病虫害的防治切实具有显著效果。

(2)农业生产。我国对于海洋微生物的研究应用主要在农用抗生素、杀虫剂以及微生物源杀菌剂领域。第一,农用抗生素。海洋细菌、海洋真菌及其次级代谢物具有抗病毒作用,可以作为农用抗生素开发利用的新资源。以海洋放线菌为例,放线菌的代谢产物是农用抗生素的重要来源,从其培养液分离得到的化合物具有良好的抗菌性及杀线虫活性。我国通过对不同种类的放线菌进行分离,得到了一系列对植物农作物病虫害具有抑制防治作用的农用抗生素。第二,杀虫剂。虫害是制约我国植物农作物生长生产的重要因素,害虫的有效防治是提高作物产量和质量的要旨所在,我国相关领域专家学者已经分离和筛选出多种具有杀虫效果的放线菌优良菌株和海洋细菌。第三,微生物源杀菌剂。目前,我国关于海洋微生物杀菌剂的研究已经取得阶段性进展。以广东海洋大学、中国科学院、南京农业大学为代表的高校和科研机构从海洋环境中成功分离出了多种菌株并研制出杀菌剂,应用于消毒杀菌领域,其对许多植物作物的病虫害防治都具有显著效果,促进了海洋微生物资源在植物保护和农业生产领域的应用。

3. 能源开发与工业应用

(1)能源开发。能源枯竭和环境污染是21世纪影响人类生存发展的主要问题,伴随化石能源的消耗殆尽以及大气污染的日益严重,寻求新的清洁能源已成为当今世界各国谋求可持续发展的主要途径。生物能源作为一种清洁高效的可再生能源日益得到各界专家学者的重视。海洋微生物中的深海藻类是发展生物乙醇工艺的重要原料来源,相比农作物有着更高的生产转化效率,通过培育藻类提炼出的清洁能源是种植同面积植物的转化效率的百倍左右。在过去的几十年间,许多国家都进行了藻类的筛选工作及相关研究,包括利用藻类生产生物柴油和对一些富含油脂微藻类的生理学和生物化学研究。我国亦开展了选育微藻提炼生物质能的基础研究,并取

---

[1] 参见付红润、马桂珍等:《海洋微生物及其代谢产物在植物保护上的研究与应用进展》,载《河南农业科学》2013年第6期。

得了一系列重要成果，以中国科学院各研究所为代表的科研机构进行了大量的藻类筛选工作，目前筛选出富油富烃微藻60多株。

(2)工业应用。日常的工业生产往往需要通过特殊的反应温度以及有机溶剂去实现，然而并非所有的生物酶在化学反应过程中都可以保持活性，其需要以特定的工业技术为依托，而且整个过程还需消耗大量的人力和物力资源。海洋微生物体内的众多活性物质都具有耐高温、耐高压、耐高盐等特征，可以广泛用于化工生产以及环保领域，其可以在节约生产成本的同时创造更高的经济效益。目前得以应用于工业生产的酶主要有蛋白酶、高温聚合酶、多糖降解酶、溶菌酶、淀粉酶等，其在食品工业、纺织行业以及洗涤剂、化妆品工业等产业中都可以得到良好的应用效果。

4. 环境保护与污染修复

(1)环境保护。海洋微生物资源在海洋生态循环中占据重要地位，对于海洋生态系统的组成、维系以及生态良性循环都发挥着关键作用。随着海洋资源开发利用和海洋洋底勘探研究的深入，海洋微生物在全球生态系统以及碳循环中所扮演的角色日益重要。在全球气候变暖、生态环境恶化的背景下，通过对海洋微生物及其代谢产物的研究，可以为寻求清洁能源、降低二氧化碳的排放以及减少温室气体等重大环境问题的解决带来新途径、新思路。

(2)污染修复。作为人类赖以生存的生态环境的重要组成部分，海洋水体面积广袤，具有强大的自净能力以及修复功能，是人类宝贵的天然“净水库”。随着工业化进程的加快，近海养殖业、石油工业排放的大量污染物，导致水体污染加重，赤潮现象频发，严重破坏了海洋生态循环。海洋微生物种类多、总量大、适应性强，对于污染物的降解以及水体的净化具有重要作用。通过海洋微生物将有机物转化为简单无机物，可以使生态系统中复杂的有机化合物得到降解，确保生物循环的有序进行。细菌对海洋石油污染的修复作用，真菌和放线菌对近海农药污染的降解作用，绿细菌和真菌对重金属的吸附作用，浮游植物、原生动物以及细菌对赤潮灾害的防治作用和对病原菌污染的修复作用，都是在海洋生态环境保护及污染防治过程中不可忽视的重要内容，随着现代微生物学技术的发展，海洋微生物在环境保护以及污染修复领域将会发挥建设性作用。[1]

---

[1] 参见郑天凌、田蕴等：《海洋微生物研究的回顾与展望》，载《厦门大学学报(自然科学版)》2006年S2期。

无论是在生物种群方面还是开发及利用方面，人类对于海洋微生物的探究仍处于起步阶段。海洋微生物是当今国内乃至国际的研究热点，是最具有代表性和发展潜力的海洋生物资源，其可为人类社会的可持续发展提供新的解决思路。海洋微生物资源的开发利用，事关国家资源发展的战略安排，对于药品医疗、农业技术、环境保护等领域具有巨大的研究价值及现实意义。[1]

（二）我国海洋微生物资源的保护

随着海洋微生物资源的开发进程不断加快，海洋微生物资源的保护问题亦逐渐提上日程。任何资源的开采培养都不可避免地伴随破坏、污染和消耗，安全有序的培养、收集、共享以及保护措施对于海洋微生物的可持续开发利用至关重要。当前，我国在合理开发利用海洋微生物资源的同时，已通过一系列养护、收集和共享措施，为海洋微生物资源的可持续性发展提供了保障，主要包括如下三个方面内容：

1. 微生物资源共享平台

国家微生物资源平台由科研院所和高校组成，以海洋、工业、医学等 9 个国家专业微生物菌种保藏管理中心为核心，积极开展微生物的资源整合与共享服务，并协同其他相关领域优势单位共同进行资源的标准化整理。该平台拥有成熟的信息共享机制、技术能力、管理制度、服务流程，为资源信息库的有效运行提供了保障，提高了微生物资源的共享效率。

该平台的主要功能是为国家微生物资源提供战略储备，对微生物资源进行规范管理、保护利用以及提供资源共享、技术交流服务。该平台一方面通过对微生物物种、遗传多样性菌株、基因等微生物材料、专利培养物、病原微生物的保藏和收集，为国家及社会各界提供了丰富的微生物资源信息；另一方面，该平台的组成机构积极开展资源调查，协调微生物资源的收集、引进规划，跟踪研究最新国际学术动态，整合微生物信息，促进实现多元共享及技术交流，为生物安全及多样性保护提供技术保障和资源支持。此外，该平台下设的海洋微生物子平台亦得到了长足发展。海洋微生物子平台经过国内多个单位的资源整合，目前已经向相关国家科技部门提供了包括海洋真菌、污染物降解菌、活性物质产生菌等上万株菌，充分体现了国家微生物

[1] 参见张锐、孙美榕等：《海洋微生物在近海污染修复中的研究进展》，中国环境科学学会 2019 年科学技术年会论文。

资源共享平台在保护、共享、收集、整合海洋微生物资源方面的重要作用。

2. 海洋微生物菌种保藏管理中心

在我国启动微生物科技共享平台建设之前，海洋微生物的菌种分散保存在各科研单位，没有统一的资源收集管理系统。2005年，伴随"海洋微生物菌种资源整理、整合与共享试点"子项目——微生物菌种资源共享平台建设项目的开展，通过对自然资源部第三海洋研究所、中国科学院微生物研究所、中国海洋大学、自然资源部第二海洋研究所、中国报地研究中心等十几个科研单位的菌种进行系统化、数字化、规模化、专业化描述，建立了我国第一个海洋微生物菌种保藏中心，即中国海洋微生物菌种保藏管理中心。

目前该管理中心保存了海洋微生物菌种2.2万株、1000多个属、4000左右个种。以国家微生物资源平台制定的标准为依据，所有菌种必须经过包括基因序列分析在内的近60项菌种信息采集、处理、审核程序，通过严格的指标及信息审核后方可入库。该审核不仅可以确保海洋微生物资源多样性，保证菌种信息质量，还可以节省人力资源，提高用户的共享体验。海洋微生物菌种保藏管理中心在2011年被确立为国家微生物资源平台核心成员，并且于2013年加入了世界微生物菌种保藏联合会（World Federation of Culture Collections，WFCC）。[1]

作为我国第一个海洋微生物菌种保藏管理中心，该管理中心注重共享成效和资源保护，资源管理应用规范化、标准化，为我国海洋微生物相关研究提供了大量的数据和资源支撑，完善了微生物资源的收集整理，推进了微生物资源开放共享进程，为海洋微生物资源的保护及开发利用提供了坚实的基础。

3. 中国微生物组计划

微生物组是指在某一特定领域或生态环境中全部的微生物及其细胞群体、遗传信息的总和。微生物组学作为新兴科学，在促进经济快速发展以及微生物资源的整合利用上具有现实意义，在未来的国际微生物资源战略科技竞争中将会占据重要地位。2017年中国科学院刘双江、赵国屏院士提出了"中国微生物组计划"，并将海洋微生物组纳入计划的研究目标，致力于海洋微生物及其群落结构、基因信息、种类属性、代谢产物、生理化反应等

---

〔1〕参见李光玉、孙风芹等：《我国海洋微生物菌种资源保藏与共享服务现状》，载《生物资源》2019年第2期。

方面的研究。该生物组的研究计划以国家海洋战略需求为导向，经常组织开展跨界生物信息交流共享活动，联合相关课题组，共享相关领域研究成果，通过不断的技术创新为海洋微生物资源开发、利用以及新兴产业的形成与发展提供新思路、新方案，对于推动海洋微生物资源的可持续发展具有重要意义。[1]

第二节　我国海洋微生物资源开发利用和保护法律制度现状

我国应加强海洋生物资源开发利用和保护的法治建设，继续推进海洋微生物资源相关法律法规修订工作，逐步健全海洋微生物资源法制体系，从而为促进我国海洋微生物资源的合理开发利用和保护提供法律保障。

海洋生物同海洋微生物在生存环境、保护方式、开发利用、资源管理等方面具有一定相似性，在目前尚无专门法律对海洋微生物资源进行规制的情况下，可以参照海洋生物资源的保护和开发管理规定，以此作为调整海洋微生物资源的法律依据。此外，我国还有部分行政法规、部门规章和规范性文件对微生物资源的安全管理和开发利用问题进行了规定，其也可以作为调整海洋微生物资源的法律规范，对海洋微生物及相关法律问题进行规制。

一、我国海洋微生物资源开发利用和保护法律制度梳理

（一）法律

总体来看，我国缺乏对于海洋微生物资源开发利用和保护问题的直接法律规制，海洋微生物资源在法律层面的规定处于空白状态。但作为海洋生态系统的重要组成部分以及海洋生物的类别之一，除了直接的法律规范外，保护海洋环境、防治海洋污染以及保护微生物安全方面的法律规范，都可以作为调整海洋微生物资源的法律依据，间接对海洋微生物资源开发利用和保护问题进行规制。

在海洋环境保护和污染防治方面的法律规范，主要包括《海洋环境保

---

〔1〕 参见刘双江、施文元、赵国屏：《中国微生物组计划：机遇与挑战》，载《中国农业文摘——农业工程》2018 年第 6 期。

护法》《海域使用管理法》《渔业法》等。《海洋环境保护法》是我国第一部专门保护海洋生态环境以及海洋生物资源的法律文件。该法第1条明确规定制定本法是“为了保护和改善海洋环境,保护海洋资源,防治污染损害,维护生态平衡,保障人体健康,促进经济和社会的可持续发展”。并且详细规定了关于海洋环境的监督管理、定期评价、污染事故报告处理、生态环境保护制度,以及违反上述制度所应承担的法律责任。海洋微生物的生长繁殖离不开良好的海洋环境,保护海洋生态系统的稳定,及时修复、防止海洋水体污染对于保护海洋微生物及其生存环境具有重要作用。《专属经济区和大陆架法》第3条提出我国拥有在专属经济区勘查、开发、养护和管理海床上覆水域、海床及其底土的自然资源,以及进行其他经济性开发和勘查的权利,同时第3条第3款明确规定了法条中所称专属经济区的自然资源包括一切生物资源和非生物资源,该条亦可以为海洋生物及微生物资源的勘探开发提供法律依据。《海域使用管理法》《领海及毗连区法》《渔业法》等法律规范中,虽然没有关于调整海洋生物及微生物资源和海洋环境保护方面的直接规定,但其共同构成了我国关于海洋生态系统及海洋调查研究管理的基本法律制度,对于规范政府与其他行政主体行为,合法合理地进行海域管控,保证我国海域及海洋生态系统的安全稳定具有关键作用,这些法律规范为海洋微生物的存续和发展提供了良好的外围环境保障,是我国海洋资源保护以及开发利用法律体系中不可或缺的重要组成部分。

在微生物资源管理方面的法律规范,主要包括《动物防疫法》《生物安全法》《疫苗管理法》《农产品质量安全法》《食品安全法》等。《动物防疫法》第28条规定:“采集、保存、运输动物病料或者病原微生物以及从事病原微生物研究、教学、检测、诊断等活动,应当遵守国家有关病原微生物实验室管理的规定。”该条是关于从事病原微生物研究、教学等工作应遵守的义务的法律规范,为病原微生物的管理和保藏提供了法律依据。《生物安全法》是以防范和应对生物安全风险、保护生物资源和生态环境、促进生物技术健康发展为目的的法律规范,该法第五章对“病原微生物实验室生物安全”进行了具体法律规定,主要包括对病原微生物实验室实行分等级管理制度,建立和完善安全保卫制度,制定生物安全事件应急预案和实验室生物安全标准,制定科学、严格的管理制度,定期对有关生物安全规定的落实情况进行检查,采取安全保卫措施,保障实验室及其病原微生物的安全等内容。《疫苗管理法》第11条提出,要建立健全生物安全管理制度,加强菌毒株等病原微生物的生物安全管理,保证病原微生物的用途合法、正当。《农产品质量安全法》和《食品安全法》主要是对致病性微生物监督与管理的法律规范。其中,《农产品质量安全法》对销售含有的致病性寄生虫、微生物或者生物毒素不符合质量安全标准的农产品进行了规范,明确规定禁止销售存在此类情形之一的农产品。《食品安全法》提出,禁止生产经营致病性微生物含量超过食品安全标准限量的食品、食品添加剂以及食品相关产品,要制定包含致病性微生物含量限量规定的食品安全标准。总体而言,这些微生物领域的法律规范,虽然缺乏对于海洋微生物资源的直接规制,但从规制范围上来看,切实为海洋微生物资源的保藏、管理和利用提供了法律依据。

(二)行政法规

我国在海洋微生物资源的开发利用和海洋微生物资源保护方面的法规保障,主要体现在其他有关海洋生物资源和海洋环境保护的行政法规中。《防治陆源污染物污染损害海洋环境管理条例》严格禁止不依据排放标准污染海洋水体环境的行为,规定了污染物的排放标准、治理措施、申报程序、管理权限以及惩戒措施等内容,该管理条例适用于从境内向海域排放陆源污染物的一切单位和个人,对于防止陆源污染物污染海洋环境体以及净化、修复、保护海洋生物和微生物的生长繁殖环境具有重要作用。《防治海洋工程建设项目污染损害海洋环境管理条例》同上述条例相似,规定了管控海洋工程建设项目对海洋水体造成的污染以及保护和改善海洋环境的相关内容,通过对工程项目全过程的严格把控以及对水体污染的有效治理,从而达到维护海洋生态环境和确保海洋资源得以持续开发利用的目的。《海洋倾废管理条例》作为严格控制污染废物的倾倒、保持生态平衡和海洋资源的重要行政法规,同《防治海岸工程建设项目污染损害海洋环境管理条例》相辅相成,二者从不同角度出发,共同对防止海洋环境污染、维护生态系统良性循环、保护海洋生物以及微生物资源等事项作出了规定。《涉外海洋科学研究管理规定》第 2 条规定:“本规定适用于国际组织、外国的组织和个人(以下简称外方)为和平目的……使用船舶或者其他运载工具、设施……进行的对海洋环境和海洋资源等的调查研究活动……”该管理规定对外国企业、个人在我国海域内进行的科学研究和可能产生污染后果的行为进行了规制,是我国海洋生态环境以及海洋资源保护法律体系的重要组成部分,体现了我国对于海洋资源保护的全方位性。《水产资源繁殖保护条例》《海洋石油勘探开发环境保护管理条例》《防止拆船污染环境管理条例》等行政法规，都是我国海洋生态环境以及海洋资源开发利用法规体系的重要组成部分，对于推动我国海洋事业的稳步前进以及海洋生物、微生物资源的可持续发展具有重要价值。此外，《病原微生物实验室生物安全管理条例》、《兽药管理条例》以及《国境卫生检疫法实施细则》等行政法规，都对微生物资源进行了规范，为包括海洋微生物在内的微生物资源管理、运送和保藏提供了法律依据。

（三）国务院部门规章和规范性文件

虽然目前我国缺少直接规制海洋微生物资源开发、利用和保护方面的法律和行政法规，但国务院相关部门结合自身发展需要出台了一系列关于海洋微生物资源开发、利用和保护的部门规章和规范性文件，对于推动我国海洋微生物资源的可持续发展具有重要意义。2016 年原国家海洋局和科学技术部共同颁发的《全国科技兴海规划（2016—2020 年）》，提出加快海洋微生物培养新技术的应用，开发动物用海洋微生物疫苗，研发一批安全高效的新型微生物制剂，推动海洋生物医药与制品的开发利用。《关于"十三五"期间中央财政支持开展海洋经济创新发展示范的通知》中提出要推动海洋生物创新技术产业化和优势产品的高质化、高值化发展，推进海洋生物功能制品产业化，重点支持海洋微生物疫苗的开发和应用。《关于推进海洋经济创新发展区域示范的通知》对海洋经济创新发展区域示范重点领域进行了明确规定，其中包含通过开发海洋微生物疫苗，推动海洋生物创新医药发展。《国家"十一五"海洋科学和技术发展规划纲要》提出，要整合海洋科技资源，构建海洋微生物、极地样品等海洋自然科技资源共享平台，带动海洋经济发展。《中国微生物菌种保藏管理条例》是一部规范微生物菌种和保藏管理中心工作的部门规章，虽然该条例中没有对海洋微生物进行单独规制，但该条例可以对包括海洋微生物在内的所有微生物菌种的保藏和管理进行规范，一切海洋微生物菌种的分离筛选、收集保藏、鉴定编目、供应交流等都需要以该条例为依据，[1]不得违背其原则。

（四）地方规范性文件

目前，虽然我国海洋微生物相关法律法规和政策规定都不尽完善，但在新时代海洋经济的浪潮之下，海洋微生物的开发和利用逐渐成为国家布局

---

[1] 参见《中国微生物菌种保藏管理条例》第 1 条。

海洋经济发展的重要环节,得到了广泛关注,因此一些地方政府开始顺应国家发展规划,将海洋微生物资源的开发和利用纳入了海洋高新技术开发领域重点推进。以福建省、浙江省泉州市以及广东省汕头市、山东省威海市为代表的地方人民政府,相继出台了关于海洋微生物资源开发与利用的规范性文件,为海洋微生物资源的利用与管理提供了制度与政策支撑。具有代表性的有 2021 年《福建省人民政府关于印发加快建设“海上福建”推进海洋经济高质量发展三年行动方案(2021—2023 年)的通知》,该文件规定要发展海洋创新药物与海洋生物制品,鼓励开发海洋微生物制品,逐步构建海洋药物与生物制品产业高地。《汕头市人民政府关于印发汕头经济特区现代产业目录(2017 年本)的通知》第 41 条明确指出,应将工业海洋微生物产品、海洋药物等作为推进海洋新兴产业项目建设的重点研发和推广领域强力推进。《泉州市人民政府关于印发泉州市“十三五”控制温室气体排放工作方案的通知》提出,要积极开发燃油替代品,推进工业海洋微生物产品的研发和利用,加强能源创新,推动低碳能源的可持续发展。《威海市人民政府关于加快培育和发展战略性新兴产业的实施意见》公布,该意见提出要将海洋微生物作为生物医药领域的新兴研发对象重点部署,与其他新兴生物医药产品一起协同推进。除了上述省、市级人民政府以外,江苏省连云港市、福建省厦门市等地方人民政府也对海洋微生物资源的开发和管理问题进行了规定。

二、我国海洋微生物资源开发利用和保护法律制度的主要内容

(一)病原微生物的安全防护与管理

病原微生物的安全防护与管理是我国包括海洋微生物在内的所有微生物资源开发利用和保护立法的重点内容。2018 年修订的《病原微生物实验室生物安全管理条例》和 2021 年施行的《生物安全法》都对病原微生物及实验室的生物安全管理问题进行了详细规定。主要包括如下内容。

1. 以标准化为依托实现病原微生物实验室科学管理。为实现病原微生物实验室的科学化管理,《生物安全法》建立了统一协调的标准化体系,通过制定统一的生物安全标准,规范各病原微生物实验室的科研和管理行为。一方面,要求各主体应在遵守有关国家标准和实验室技术规范、操作规程的基础上,制定本实验室的技术标准、工作标准以及管理标准,促使管理工作与技术环节有机衔接,确保管理秩序的长效稳定。另一方面,以病原微生物

的传染性、危害程度为根据,对病原微生物实行分类分等级管理,禁止在同一实验室从事不同等级的微生物实验活动,从源头控制生物安全风险隐患。[1]

2. 以责任划分为保障推动生物安全制度化建设。为保障微生物及实验室的安全,我国建立了高等级病原微生物实验室人员进入审核制度、安全保卫制度、安全事件预警制度和调查评估制度等多项制度措施,通过制度化建设防范生物安全风险。此外,《生物安全法》也对责任问题进行了明确划分,规定由病原微生物实验室的管理者和设立单位的法定代表人负责相关生物安全问题,通过采取一系列安全保障和控制措施,强化生物安全的责任化、制度化管理。

(二)微生物菌种的交流与保藏

海洋微生物菌种是进行海洋微生物学研究和应用的基本材料,是推动海洋生物工程建设的前提条件。我国十分重视微生物菌种的保藏与管理问题,通过一系列制度措施对微生物菌种的收集、保藏、供应与交流进行了严格规范。以《中国微生物菌种保藏管理条例》为例,其规定了微生物菌种引进、索取、交换的流程和条件,要求各保藏管理中心制定安全、严密的保管制度,并履行妥善保管义务,避免菌种由于保管不当造成污染或死亡的后果。这些制度措施是我国实现资源标准化整理、整合以及共享服务建设的基本保障,对于推动我国海洋微生物菌种保藏中心的发展以及共享成效的实现具有重要意义。

(三)海洋微生物产品的研发与创新

我国重视海洋微生物资源研究技术和产品创新,出台了一系列政策,支持海洋微生物资源在药品医疗、活性物质研究、功能基因开发利用技术等公共健康领域的研发与应用,为我国推进海洋微生物资源的可持续开发、利用提供了政策与制度支持。《全国科技兴海规划(2016—2020年)》提出:"加快海洋微生物高通量原位培养新技术的应用,推动发现新的功能微生物,为海洋生物医药和功能性食品开发提供持续的资源保障。"《威海市人民政府关于加快培育和发展战略性新兴产业的实施意见》中规定,要以海洋微生物、海洋真菌为研发对象,重点开发高科技保健食品和新型药物。

---

[1] 参见刘晓辉、刘芳:《解读〈生物安全法〉对病原微生物实验室的管理要求》,载《口岸卫生控制》2021年第6期。

《威海市人民政府关于培育壮大千亿级产业集群的实施意见》提出，要建立医学海洋微生物与健康工程技术研究中心、医学微生物与免疫学重点实验室等，重点发展海洋生物与健康食品产业集群，加快产业链向高端转型，通过对海洋微生物产品及研发平台的不断创新，推动经济增长结构持续优化。

第三节 我国海洋微生物资源开发利用和保护法律制度存在的问题

海洋微生物资源的开发利用和保护作为我国海洋资源法律制度的重要内容，具有维护海洋生态系统平衡、保护海洋生物多样性的重要作用。我国海洋微生物资源法律制度存在权属规定不明、惠益分享制度不完善、制度体系不完备、法律责任制度缺失等问题，十分不利于海洋微生物资源的开发、利用和保护以及我国海洋环境和经济的可持续发展。

一、资源权属界定不清

海洋微生物资源的权属问题是事关资源开发利用以及保护的核心问题，权属不清、规范不明是导致资源的滥用和破坏的重要原因。海洋资源权属制度是关于海洋资源的所有权、使用权由谁享有以及由此产生的法律后果由谁承担的一系列法律原则和规范的总称。综观当前立法，我国在海洋微生物资源的所有权和使用权方面存在如下问题：

1. 我国法律法规未能为海洋微生物资源的权属问题提供直接法律依据。目前我国立法中对于“海洋微生物”的规定暂付阙如，仅有的涉及微生物资源的法律规范是关于病原微生物安全管理方面的行政法规和部门规章，尚无微生物资源开发和保护方面的法律规制。根据《民法典》第 251 条规定：法律规定属于国家所有的野生动植物资源，属于国家所有。该条是关于生物资源权属问题的法律规定，其虽然为生物资源的权属问题提供了法律依据，但作为概括性条款，其将所有陆地、海洋的生物资源加以系统规定，过于笼统模糊，欠缺独立性和针对性，不能为海洋微生物资源的管理和应用提供直接法律依据。在此背景下，实践中生成了两种观点对该海洋资源权属问题进行了解释，一种是将其类推为自然资源的一个种类，适用自然资源的相关规定，推定其属于国家所有，少部分属于集体所有；[1] 另一种观点认为海洋资源完全属于国家所有，由国家享有所有海洋资源的所有权，个别单位、机关享有国家赋予的使用权、收益权等。[2] 但是，无论是何种解释观点，都无法弥补海洋资源权属问题在法律层面的缺失。权属定位的模糊性和不确定性，十分不利于我国海洋微生物资源的开发与管理。

2. 资源使用、管理权责混乱。由于我国自然资源的公有权属性，海洋微生物资源的权力主体只能是国家或者集体。但由于国家并不能直接行使权力，需要通过国务院授权下放到各行政机关、科研院所等主体上，由各单位作为权利行使主体对资源进行系统的管理、开发和利用。因此，在实践中，海洋微生物资源的权力行使主体呈现出多元化特征，科研机构、企业单位等经授权都可以成为资源的使用主体。目前，我国已建立海洋微生物菌种保藏管理中心，对从各个海域收集到的微生物菌种进行统一归类管理，该管理中心的建立虽有利于海洋微生物资源的有序管理，但从法律层面来看，关于海洋微生物权属、开发、管理和保护等方面的立法仍处于空白状态，资源使用主体的资格、权限、范围均无明确法律规定，管理冲突、资源流失、权力行使秩序混乱等问题持续存在，严重阻碍了海洋微生物资源的可持续发展。

二、获取与惠益分享制度不健全

获取与惠益分享（Access and Benefit-sharing）指的是遗传资源的获取方式以及如何在遗传资源使用者（包括使用国）与提供者（包括提供国）之间分享由资源利用带来的惠益。根据《生物多样性公约》（Convention on Biological Diversity）规定，遗传材料（Genetic Material）指的是来自动物、植物、微生物或其他来源的任何含有遗传功能单位的材料。[3] 《生物多样性公约》是国际上首个关于生物多样性保护和利用、规范生物资源惠益分享制度的国际协议。该国际协议及其缔约国大会达成的《波恩准则》《名古屋议定书》等一系列国际协定，明确规定了遗传资源跨境获取流程以及进行微生物资源保藏、交换、分享的条件和要求，为生物资源的跨国流动提供了

---

〔1〕 参见程功舜：《论海洋资源权属制度创新》，载《广西政法管理干部学院学报》2010年第5期。

〔2〕 参见蒋伟龙：《论自然资源权属争议解决机制》，载《中国地质大学学报（社会科学版）》2015年第6期。

〔3〕 参见《生物多样性公约》第2条。

依据,同时也为惠益分享制度的实施提供了保障。作为《生物多样性公约》的缔约国,我国应建立健全获取与惠益分享法律制度体系,对接国际惠益分享法律规则,确保我国在遗传资源跨界分享中的权益得到实现。2006年起,我国陆续发布了《全国生物物种资源保护与利用规划纲要》、《中国生物多样性保护战略与行动计划(2011—2030年)》等政策文件,致力于加强对遗传资源获取与惠益分享管理的体制机制建设。然而,我国现有关于海洋微生物遗传资源惠益分享的法律规定与国际惠益分享法律规则还存在较大差距,法律框架不健全、管理制度不明确、法律制度缺失的问题仍然存在。

(一)法律文件缺位

从整体来看,我国关于惠益分享制度的法律框架不完善,缺乏一部专门针对遗传资源惠益分享的法律规范。目前,我国惠益分享制度相关内容主要规定在《植物新种类保护条例》《畜牧法》等法律规范当中,调整和规制范围十分有限,缺乏针对性和系统性。从遗传资源的获取与进口活动层面来看,我国尚无关于海洋微生物资源惠益分享的实质性与程序性法律规定,《生物多样性公约》中提出的事先知情同意制度和共同商定条件制度等都未在现行立法中得到体现,十分不利于我国遗传资源的分享、流转与管理。从机制建设层面来看,我国于2016年加入了《名古屋议定书》后,并未按照议定书的规定采取"适用的国家立法、行政或政策措施……负责就获得事先知情同意和达成共同商定的条件的适用程序和规定提出咨询意见",没能建立遗传资源获取与惠益分享的配套管理措施与机制,主要包括履约机构建设缺失、信息管理建设不到位等。

(二)管理体制疏失

我国于20世纪初便开始着手微生物资源的收集和共享工作,投入大量人力物力资源致力于国家科技基础条件平台建设,在微生物菌种的保藏管理方面,我国整合了海洋微生物保藏管理中心、中国典型培养物保藏中心(CCTCC)、中国普通微生物菌种保藏管理中心(CGMCC)等多个菌种保藏管理机构,形成了微生物资源的行业管理体系,初步实现了微生物遗传资源的惠益分享。海洋微生物保藏管理中心所制定的《资源共享管理规定》规定了获取者应阐明共享目的,应用领域和分享方式,针对以科研为目的的共享应履行的来源披露和转让许可义务等内容。但目前,我国关于遗传资源管理的法律规定多为原则性规定,缺乏具体可操作性的法律规范。以资源的获取规则为例,我国法律仅规定了获取遗传资源需要得到有关部门的审批，但就审批的内容、主体、时限和时效等问题都未做进一步规定，不利于资源保护与分享工作的顺利进行。而且，我国还缺乏对于遗传资源获取和惠益分享的管理体制与权限的法律规定，现阶段对遗传资源实行的是分割管理政策，管理部门涉及农业、林业和海洋等，尚未形成协调统一的管理机制，分化管制现象十分严重。这样一来容易造成分享秩序的混乱，阻碍资源的协同共享以及联合规制，二来不利于海洋微生物资源方面的经济效益的实现。

三、海洋生态保护和管理制度体系不完备

海洋生态循环的安全和稳定是我国海洋微生物资源可持续开发利用的前提，保护海洋生态环境对于促进海洋微生物资源发展具有现实意义。海洋生态环境保护侧重于对海洋整体环境和海洋生物所受保护状态的维护，其更强调的是一种稳定的动态平衡，包括但不限于人类的开发利用活动对海洋环境造成破坏的防治。〔1〕 从生物特征角度来看，海洋微生物资源同其他海洋资源存在显著区别，海洋微生物的生存范围遍布沿岸、远洋、沉积岩、深海地区等，与其他海洋资源相比，海洋微生物资源更易受到海洋生境的影响，海洋水体环境和生态系统的改变都会为其带来不稳定因素。海洋生态系统的稳定对于海洋微生物菌落的繁衍生息具有重要意义，通过海洋生态保护和管理的法律制度建设可以有效防范污染的产生，为海洋生态系统的良性运转提供法制保障。然而，综观我国现有的关于海洋生境管理和生态损害赔偿的相关法律规定，仍存在诸多不完善之处，难以为海洋生态环境的保护和海洋生态损害的救济与赔偿提供法律制度支持。具体而言主要体现在如下两个方面：

1. 缺乏海洋环境监督管理相关配套的法律规定。我国《海洋环境保护法》设立了“海洋环境监督管理”一章，对海洋环境监督管理的各项具体制度作出了明确规定。以海洋环境标准制度、排污和倾倒收费制度以及重点海域污染物排海总量控制制度等为代表的法律制度，为我国海洋生态环境的保护保全提供了依据。然而，从内容层面上来看，我国海洋环境监测制度还存在法律规则不健全、运行机制不完善等问题，不利于海洋生态环境的有

〔1〕 参见程功舜：《我国海洋资源开发与保护立法分析》，载《法制与经济（中旬刊）》2010年第4期。

效管理与可持续发展。以海洋环境监测信息管理制度为例,《海洋环境保护法》第14条提出:“……会同有关部门组织全国海洋环境检测、监视网络……”第16条规定:“国家海洋行政主管部门……负责管理海洋综合信息系统……”这些管理规定虽然可以为我国海洋环境监测制度的完善与发展提供法律依据,但在实践中却无法保障监管效果的实现。这主要是因为除了这些概括性的制度规定,我国海洋环境监测相关配套法律机制尚不健全,监测网络的运行、监测资料的共享以及归档机制都存在缺失,资料的投送和汇集协调存在障碍,从而降低了监测数据和信息的利用率,严重影响了海洋环境监测管理工作的顺利进行。除了海洋环境监测信息管理制度以外,海上重大污染事故应急制度、海洋保护区制度亦存在类似问题。

2. 海洋生态损害赔偿法律制度不健全。我国《海洋环境保护法》第89条规定了:“……对破坏海洋生态、海洋水产资源、海洋保护区,给国家造成重大损失的,由依照本法规定行使海洋环境监督管理权的部门代表国家对责任者提出损害赔偿要求。”作为海洋生态损害赔偿制度的法律依据,该条款虽然从生态环境本身的价值出发,强调了对于生态环境破坏行为的整体责任,但从内容上来看,过于笼统抽象,缺乏对确立的生态损害赔偿责任的构成要件、具体求偿方式,以及归责原则等问题的详细规定,无法为实践中的惩罚赔偿问题提供具体指引。而且,从第89条的规定中可以看出,我国海洋生态系统损害赔偿对象主要包括海洋生态、海洋水产资源以及海洋保护区。这样的规定囊括了海洋生境以及海洋资源,具有一定的概括统领作用,但此种规定过于原则宽泛,赔偿范围、对象不清晰。并且水产资源的范围过于狭窄,未能将海洋微生物资源、珊瑚礁资源、油气资源等涵盖在内,具有一定局限性,不利于对海洋资源实施针对性保护。[1] 此外,我国海洋生态损害赔偿还存在具体性法律规定缺失的问题,主要表现为索赔主体不确定、赔偿范围不完善、赔偿额计算依据缺失以及第三方评估鉴定机构缺失等。

四、法律责任制度规定不明

海洋微生物作为海洋生态循环的重要组成部分,为生态系统的稳定提

---

〔1〕 参见宋旭明:《论我国海洋环境保护法律责任制度的缺陷及其完善——以渤海湾油田溢油事件为例》,载《云南师范大学学报(哲学社会科学版)》2011年第6期。

供保障的同时也时刻受到生态系统的影响。海洋水体环境以及生物循环都与海洋微生物的生长繁殖息息相关,良好的海洋生境会对海洋微生物的繁衍起到积极作用,反之,污染和破坏则会导致生态环境恶化,给海洋微生物资源带来不可估量的损失。我国目前不存在直接规定海洋微生物资源养护的法律规范,对于破坏海洋环境、造成海水污染的责任承担问题主要规定在《海洋环境保护法》《防治船舶污染海洋环境管理条例》等法律法规中。然而,纵观我国海洋生态损害的相关法律责任规定,虽然对破坏海洋生态环境的行为进行了规范,但在法律责任的承担方面,仍存在不足之处,不利于海洋环境的保护以及海洋资源的开发利用。主要体现在以下两个方面:

1. 法律责任规定不完善。《海洋环境保护法》以及《防治船舶污染海洋环境管理条例》对于违法排污、破坏海洋生态环境的行为进行了规范,但纵观法律条文,存在法律责任规定过于笼统概括、原则性内容较多、可操作性不足、惩罚力度较弱的问题,难以为我国海洋生态污染防治提供有效的保障。例如,《防治船舶污染海洋环境管理条例》第 65 条规定,"违反本条例的规定,有下列情形之一的,由海事管理机构处 2 万元以上 10 万元以下的罚款:(一)船舶发生事故沉没,船舶所有人或者经营人未及时向海事管理机构报告船舶燃油、污染危害性货物以及其他污染物的性质、数量、种类、装载位置等情况的……"本条款规定了在发生污染后的报告制度,但就具体内容而言,法条仅仅规定了应"及时报告",而对于"及时"的标准、要求和限制,以及违反及时报告要求的责任承担问题,均无具体规定。在惩罚力度方面,我国《海洋环境保护法》虽然规定了对于破坏、污染海洋环境,不达标排污,未履行监管职能等行为加以处罚,但纵观整个法律条文,对于违法行为的处罚多为经济制裁,且经济制裁的幅度较低,通常为人民币 2 万元以上 10 万元以下,同违法行为人的获益相比,罚款数额较低,难以达到惩治效果。

2. 信息公开责任制度不健全。首先,我国海洋微生物资源及其水体环境污染信息公开责任制度缺乏专门性法律规定。由于《海洋环境保护法》没有对信息公开制度进行特殊规定,实践中,对于海洋环境污染信息公开相关问题的处理主要依据《政府信息公开条例》,然而,《政府信息公开条例》作为信息公开的普遍性法律文件,缺乏对海洋环境污染问题的针对性规制,制度的适配存在不合理性。例如,《政府信息公开条例》第 20 条第 13 项规定,"环境保护、公共卫生、安全生产、食品药品、产品质量的监督检查情况"

属于政府应当主动公开信息的范围，除了该条规定外，该条例不存在任何关于环境保护信息公开制度的具体规定，更无法对海洋生境的特殊性进行专门规范。其次，该条例规定的不履行公开义务所应承担的责任过于笼统概括，多为原则性规定，并且惩罚力度弱、自由裁量幅度大，关于“情节严重”认定标准缺乏具体规定，威慑力度严重不足，难以承担起预防、惩戒的作用。之所以需要构建海洋环境污染信息公开制度主要是因为海洋环境的特殊性，其相较于陆地污染，海洋污染呈现出范围广、速度快、损失大的特点，及时有效地遏制损害的发生、传播对于防止污染的扩散具有关键作用。落实海洋环境信息公开责任制度是防范风险、减少损失、提高执行效率的前提，是保证海洋环境污染得以快速高效治理的重要环节。监管部门及时公开海洋生态环境信息有助于相关部门在短时间内迅速采取行动，避免损失扩大化。《政府信息公开条例》第26条规定：“属于主动公开范围的政府信息，应当自该政府信息形成或者变更之日起20个工作日内及时公开。法律、法规对政府信息公开的期限另有规定的，从其规定。”显然，20个工作日对于传播速度极快的海洋污染而言时间过长，未能体现时效性，很可能导致修复工作增加、救济难度提高、损失更加严重的情况出现，十分不利于海洋生态环境的保护和修复。而且，该条例所规定的履行信息公开义务的主体是政府及其相关部门，没有规定污染责任人的公开义务，不利于污染信息的快速公开以及治理工作的及时进行。最后，责任范围与惩罚强度不明确。以《政府信息公开条例》第53条为例，其规定：“行政机关违反本条例的规定，有下列情形之一的，由上一级行政机关责令改正；情节严重的，对负有责任的领导人员和直接责任人员依法给予处分；构成犯罪的，依法追究刑事责任……”本条款说明对于行政机关未及时履行公开义务，一般情况下要求责令改正，对于情节严重的才会给予处分，这就意味着，一旦行政机关改正了不公开行为，履行了公开义务便可以不承担责任，只有情节严重时才会给予处分，这样的规定无法对行政机关履行信息公开义务形成威慑，不利于信息公开效果的实现。而且，法律并没有具体规定何种情况为情节严重，实践中由行政机关对自身信息公开行为进行自由裁量的情况屡见不鲜。〔1〕质言之，我国当前海洋环境污染信息公开制度尚不完善，无法满足海洋生态环

---

〔1〕参见宋旭明：《论我国海洋环境保护法律责任制度的缺陷及其完善——以渤海湾油田溢油事件为例》，载《云南师范大学学报（哲学社会科学版）》2011年第6期。

境防治和海洋微生物资源养护的现实要求和发展需要。

第四节　完善我国海洋微生物资源开发利用和保护法律制度的建议

海洋微生物资源是近年来国际国内社会关注的新兴可利用资源，伴随陆源微生物的开发殆尽，许多国家开始将目光投向了生物资源丰富的海洋，将海洋微生物资源视为应用价值高、用途广泛的清洁资源加以开发研究。我国海洋微生物资源在保藏、储存、养护方面，通过行业管理以及政府扶持得到了良好的发展，但“行业管理优先于法律”是目前我国海洋微生物领域存在的显著问题，资源权属不清、惠益分享制度不完善、制度体系不完备、法律责任制度不明等问题时刻制约着海洋微生物资源的开发和利用，因此，完善我国海洋微生物资源开发利用和保护法律制度，是我国当下面临的紧迫立法任务，不仅可以为国家资源能源的可持续发展提供法律依据，还可以为我国新时代下的海洋资源战略部署提供保障。

一、明确界定资源权属范围

所有权的严格规范是一切资源开发和管理的基础，是确保资源安全并有序利用的要旨所在。我国尚不存在海洋微生物资源专门立法，关于海洋微生物资源的规制范围和权利归属都缺乏法律层面的严格规范。明确资源范围和权属问题，一来可以通过其他相关法律法规对海洋微生物资源进行调整规范，确保海洋微生物资源的规制有法可依；二来可以为资源的管理和使用提供法律依据，避免由于法律缺失导致资源管理处于混乱和无序状态。如前文所述，在现阶段我国应将海洋微生物资源保护同海洋生物资源保护相结合，将海洋微生物归类于海洋生物资源的范畴协同规制。具体而言，要在相关海洋资源或者海洋环境保护的法律规范中确定海洋资源的具体内容和范围，并对海洋微生物资源及其他涉海资源的概念进行明确界定，明晰海洋微生物资源与渔业资源等其他海洋生物资源的区别，在此基础之上，完善海洋微生物资源的权属和使用管理的法律规定。

明晰的资源权属制度可以为解决开发利用过程中出现的矛盾、纠纷提供保障。[1] 在资源权属问题上，海洋微生物资源作为海洋资源的一种，以其可开发性和可支配性足以成为物权的客体，但与一般有体物不同的是，海洋微生物资源不仅仅具备经济价值，更承担着环境价值和社会公共利益。以传统私法的物权制度去界定海洋微生物资源的权属具有片面性和不合理性。因此，应该从自然资源物权属性和生态环境价值两方面去界定海洋微生物资源权属制度，其中的生态环境价值主要是通过规范资源使用权的行使，促使资源使用者做出有利于海洋生态环境的行为来实现的。[2] 我国应将海洋资源的所有权和使用权以立法的形式加以完善，明确规定海洋微生物资源同其他海洋资源一样，所有权由国家享有。同时，在确立资源所有权的基础上，规定海洋微生物资源的使用权能，构建海洋微生物资源的使用规则，保障相关单位、机构、企业行使资源使用权合理化、规范化，使相关海洋微生物资源开发和利用行为合法化、制度化。具体来讲，要赋予科研机构、保藏部门、资源开发企业等单位使用权，并严格规范使用权的范围、界限、行使原则及责任承担等事项，避免出现开发秩序混乱、运行管理不畅、权力界限模糊的问题。

二、健全海洋微生物获取与惠益分享制度

法律文件缺位和管理体制及配套措施建设不完善已经成为我国海洋微生物资源获取和管理领域所面临的核心问题。我国应加快国内海洋微生物资源获取与惠益分享法律制度建设，完善惠益分享行业管理体制，建立健全惠益分享配套法律机制，从而为海洋微生物资源获取与惠益分享的顺利进行提供法律保障。

（一）制定惠益分享法律法规

作为《生物多样性公约》和《名古屋议定书》的缔约国，我国应参考菲律宾、印度、秘鲁等生物多样性大国的规定，将惠益分享制度作为维护生物多样性的重要机制通过立法形式固定下来，以便为国家海洋微生物资源的分享和互益提供法律依据。一方面，我国应采取专门立法形式，确立遗传资源

---

〔1〕 参见温亚利、谢屹：《中国生物多样性资源权属特点及对保护影响分析》，载《北京林业大学学报（社会科学版）》2009 年第 4 期。

〔2〕 参见程功舜：《论海洋资源权属制度创新》，载《广西政法管理干部学院学报》2010 年第 5 期。

获取与惠益分享的管制法律框架。[1] 立法内容既要体现国际协定中规定的惠益分享法律制度,又要结合我国现实需求,对国际协定中模糊处理但同我国利益切实相关的内容,通过国内立法转换的方式予以明示。在立法目标上,应立足于我国遗传资源发展和保护需求,一是突出保护和科学可持续地利用海洋生物及微生物遗传资源,规范海洋微生物遗传资源的获取活动,并给予法律上的保障;二是确保各权益主体,能够依照法律规定,公平、合理地分享和利用海洋微生物遗传资源所产生的惠益;三是推动我国海洋微生物遗传资源相关科学研究和技术产业的可持续发展。另一方面,要明确遗传资源获取制度的调整对象和法律适用主体,将海洋微生物资源作为海洋生物资源的类别之一规定在法律规范中,确定法律适用主体为相关管理机构、国内外企业、科研院校、研发机构等。[2]

(二)明确行业管理与监督规则

我国海洋微生物遗传资源管理缺乏切实可行的法律依据和配套法律机制安排,通过对资源的获取与惠益分享管理机制进行明确规定,可以强化遗传资源的监管程序、协调部门关系、促进海洋微生物资源的有效保护和利用。为此,我国应尽快制定行业管理和监督规则,通过法律的严格规范为惠益分享制度的有效管理和运行提供保障。首先,明确规定遗传资源获取与惠益分享的管制体制、范围和目的等,建立多部门协调主管的惠益分享模式,待条件成熟时再过渡到单一部门排他主管。[3] 统筹推进不同部门之间的惠益分享工作,加强部门合作与监督,协调部门分工和职能,确保惠益分享工作的有序进行。[4] 其次,制定微生物资源惠益分享行业规则,完善惠益分享的内容、条件和程序,对接国际遗传资源获取规则,促进我国惠益分享效率的提升,逐步实现海洋微生物资源获取与惠益分享的国际化、系统化、法制化。最后,还要对国内各个保藏机构以及惠益分享活动进行监督,规定由一个或多个政府部门作为代表依法对遗传资源的获取与惠益分享

---

〔1〕 参见王镥权、赵富伟:《我国生物遗传资源立法模式路径选择》,载《东北农业大学学报(社会科学版)》2016 年第 4 期。

〔2〕 参见李一丁:《全球微生物遗传资源获取规则动态、中国问题与完善建议》,载《中国科技论坛》2019 年第 11 期。

〔3〕 参见秦天宝:《遗传资源获取与惠益分享的法律问题研究》,武汉大学出版社 2006 年版,第 632 页。

〔4〕 See Overman J. & Scholz A. H. , *Microbiological Research under the Nagoya Protocol: Facts and Fiction*, 25 Trends in Microbiology 85(2017).

活动进行监督管理,严格规范获取程序、分享标准及互惠条件,把握资源分享尺度,逐步完善我国惠益分享制度行业监管体系。[1]

（三）建立惠益分享配套法律机制

海洋微生物遗传资源的惠益分享是利用者与提供者之间交换遗传信息的重要手段,不仅需要完善的管理体制与监督规则,更需要配套的法律机制给予保障。我国惠益分享配套法律机制建设主要包括三个方面内容:其一,明晰遗传资源获取程序,设立事先知情同意制度。明确规定国内外公民、法人和其他组织获取我国海洋微生物遗传资源时,应按照管理权限,向相关管理机构提出书面申请,并提供相应申请材料。其二,建立共同商定机制。制定共同商定条件下的示范性合同文本,提供给遗传资源的申请人和利益相关者使用,确保各项惠益在合同各方进行公平与合理的分配。其三,加强信息管理能力建设。具体包括信息管理体系建设、信息设施建设和信息系统建设。信息管理体系建设要求建立协调完备的信息网络,设立信息管理协调机构和技术咨询机构,制定信息管理的规章政策,确保信息网络的持续运转;信息设施建设主要包括信息的采集、处理、存储和发布,海洋微生物相关数据的能力建设,促进信息的获取和利用能力的提高;信息系统建设致力于收集、处理和发布相关数据信息,整合不同区域不同管理部门遗传资源的数据库,以便为申请方获取全面的海洋微生物遗传资源信息提供保障。[2]

三、完善海洋生态保护和管理法律制度

海洋微生物同海洋水体环境都是海洋生态系统的重要组成部分。海洋生态循环离不开海洋微生物的降解功能,海洋微生物的生长繁殖又依赖于良好的海洋水体环境。完善海洋微生物资源开发利用保护法律制度,不仅要立足于微生物资源本身,更要将其同海洋生态环境保护结合起来,树立生态系统整体观,协同推进海洋微生物资源与海洋环境保护法律制度的完善,促进海洋微生物资源及其生境的可持续发展。

---

[1] See Anja Morris, *Marine Genetic Resources in Areas Beyond National Jurisdiction: How Should the Exploitation of the Resources Be Regulated*, 22 New Zealand Journal of Environmental Law 57(2018).

[2] 参见朱晓燕:《国内外海岸带管理对海洋生物多样性保护立法研究》,中国法制出版社2018年版,第286页。

(一)将海洋微生物要素纳入重点环境要素保护制度范畴

重点环境要素保护制度是对法律明确规定的环境要素采取调查、检测、评价和修复等措施,从事前、事中和事后全方位的角度加以保护的法律规则的总和。加强对重点环境要素的保护,可以有效改善整体环境质量,保障生态安全。我国《环境保护法》将大气、土壤和水纳入了重点环境要素之中,建立了一系列法律制度对其进行保护。我国应参考《环境保护法》相关规定,确立海洋领域重点环境要素保护制度,将微生物资源规定在要素保护范畴中,通过对海洋微生物予以针对性保护,保障海洋生态平衡和微生物资源的稳定可持续发展。

除了在海洋领域建立重点环境要素保护制度外,还要采取必要保护和管理措施,对所确定的环境要素进行系统规制,以保障生态效果的实现。在制度的内容设定上,应包含环境要素调查和监测制度、环境要素评估制度和环境要素修复制度。首先,在环境要素调查和监测制度上,一方面,应对调查主体、调查方法和调查程序进行明确规定,规范样品采集、样品分析、样品研究流程,严格管理环境要素调查工作;另一方面,要运用科学方法对影响环境质量因素的主要因素进行测定,研判微生物资源或环境质量的变化趋势,确立监测结果定期审查和考核机制,确保环境要素收集和监测的科学性和规范性。其次,在环境要素评估制度上,应明确要素评价标准和评价方法,对特定海域范围内的微生物数量或质量进行预测、评定和说明,逐步建立要素评估程序和机制,制定针对控制和减缓海洋微生物的环境不利变化的对策和措施。最后,在环境要素修复制度上,一是严格规范生态对象修复标准,致力于将受损要素通过恢复、重建和改建活动修复到初始状态水平,确保达到特定环境要素修复效果。二是构建环境要素修复监督机制,探索引入多元监督主体,拓宽公民个人、环保组织的参与渠道,加强监察管理部门对责任主体履行修复职责的监督力度。此外,还要注重监管模式和手段的创新,规范修复工作的过程监管与成果验收操作规程,制定替代方案和紧急预案,通过利用大数据监测,委托第三方评估,引入联合信用惩戒制度等不断完善监管流程和手段,促进环境要素修复监督制度的创新发展。

(二)完善海洋环境监督管理法律制度

完善我国海洋环境监督管理的法律制度是我国海洋监测事业发展和微生物资源保护的现实需要。我国应从以下几个方面入手,推进我国海洋环境监督管理法制建设:

1. 完善海洋环境监测规范标准体系。海洋环境监测技术标准是海洋环境监测工作的指南，是规范海洋标准化工作和海洋计量工作的技术纲领。我国应建立科学、完整、符合现实需求的规范标准体系，同时明确标准体系的具体项目和修订程序，对技术标准进行定期更新，及时补充、修改或删除相关不适宜规定，以便为海洋环境监测工作的顺利进行提供保障。

2. 推进海洋环境监测资料共享机制建设。海洋环境监测资料的共享能力是我国提高海洋监测服务能力、全面了解海洋环境和微生物资源状况的基础和前提。我国应建立海洋环境监测资料共享机制，规范不同单位的监测权限和项目范围，加强对监测资料的统一管理，保证资料来源的稳定性和资料共享的协调性。再者，完善海上重大污染事故应急制度。具体来讲，要建立重大海上污染事故应急配套机制，构建海洋环境污染事故应急响应系统，制订有针对性的污染事故应急计划，不断健全污染事故报告制度，加强开展污染事故调查人才队伍建设，推动海上重大污染事故应急制度体系的完善。

3. 加强海洋保护区制度建设。海洋保护区作为维护海洋生态系统安全稳定的有效管理工具，对于保护海洋环境和生物多样性具有关键作用。我国应加强海洋保护区的建设与管理，从调查、培训、检测、评估、宣传等方面入手全面提升保护区内部管理能力和管理水平。参考美国、日本、澳大利亚等国家设立管理协调机构的方式，建立吸纳包括学者、专家、环保主义者以及其他利益相关者在内的海洋保护区管理委员会，作为我国海洋保护区的综合协调管理机构，负责协调、缓解不同保护区不同部门之间的利益冲突和管理问题。此外，还要建立涵盖管理规则、程序、指标等要素的海洋保护区网络体系，积极开展对海洋微生物资源和海洋生态系统的长期动态监测，健全针对外来风险的应急处理机制，完善海洋保护区评估、预警、监控和应对体系，逐步打造贯穿全国不同海域的海洋保护区监测管理网络。[1]

（三）建立健全海洋生态损害赔偿制度

1. 应细化生态损害赔偿相关规定，着重规范构成要件、责任内容、规则原则等内容，摆脱既存的原则性、概括性的立法现状，确立具体的海洋生态损害赔偿制度，从而为当事人请求法律救济以及损害赔偿提供法律依据。

---

〔1〕 参见张兰婷、倪国江等：《国外海洋开发利用的体制机制经验及对中国的启示》，载《世界农业》2018年第8期。

2013年和2014年出台的《海洋生态损害评估技术指南(试行)》和《海洋生态损害国家损失索赔办法》在一定程度上可以弥补《海洋环境保护法》中评估标准和评估方法缺失以及对民事赔偿责任规定不足的问题,但该法律文件效力层级过低,缺乏稳定性,不利于规制目标的实现。因此,我国应对《海洋环境保护法》中规定的海洋生态损害赔偿制度进行完善,对造成海洋生态损害的行为人的法律责任给予明确规定,防止破坏海洋生态系统功能情况的发生,确保海洋生态利益的实现。

2. 应对海洋生态损害赔偿制度的索赔主体、赔偿范围以及赔偿金额等问题进行细化规定。一是明确各级行政机关的监督管理权限,划分不同行政主体的案件管辖类别,将地方人民政府的环保行政主管部门、海洋行政主管部门、海事行政主管部门以及军队环保部门的主管案件进行分割细化,明确其责任与权限,防止各机关出现相互推诿或权力内容重叠的情况。[1]二是应明确损害赔偿范围,坚持恢复原状和全部赔偿的原则,将赔偿范围规定为包括但不限于:合理的预防性措施及预防措施造成的进一步灭失或损害费用;恢复性措施及补救性措施费用;海洋环境容量损失费用;海洋生物资源损失费用等。三是科学规范损害赔偿数额,确保海洋生态利益损害的最小化。重点考虑责任人的主观恶性程度、受污染海域生态系统的生态恢复难度、生物资源状况和污染面积等,将这些因素规范在海洋生态损害赔偿制度内容中,以便为我国海洋生态损害赔偿金额认定提供法律依据。

四、严格规范法律责任制度

(一)修改现有法律责任规定

目前我国关于海洋环境保护法律责任的承担问题主要规定在《海洋环境保护法》中,如前文所述,我国海洋微生物资源相关法律制度在责任承担上主要存在内容不具体、惩罚力度弱等问题,制约着海洋环境污染责任承担制度的良性发展。破坏海洋环境及其生物资源的法律责任规制,应该从责任主体、归责原则、责任范围、免责事由等方面出发,对法律责任问题进行细化。[2] 具体而言,一方面,可以提高罚款数额,通过实际考察或专业论证,

---

[1] 参见朱晓燕:《国内外海岸带管理对海洋生物多样性保护立法研究》,中国法制出版社2018年版,第305页。

[2] 参见梅宏:《论我国生态保护立法及其完善》,载《中国海洋大学学报(社会科学版)》2008年第5期。

将处罚金额上限提高至足以对行为人形成有效威慑力的数额,或者将罚款数额以行为人的获益为依据进行设定,例如明确规定对违法行为人处以违法排污行为所获利益5倍的罚款;另一方面,除了经济制裁外还可以引入其他行政处罚措施,如针对多次违法排污或者给予两次经济处罚后仍然屡教不改者,给予警告或者拘留的处分。之所以要提高处罚标准、加强处罚力度,主要是因为违法排污行为所获得的利益在某种程度上是大于损失的,以直接损失之20%或者30%计算罚款数额,很可能会达不到惩戒力度,无法起到威慑效力。因此,在罚款数额的应用上可以灵活操作,对比行为人的获益与污染治理及后续修复的费用,以数额较大者为计算依据,这样可以提高行为人的违法成本,避免违法者存在通过缴纳少数罚款换取更大权益的侥幸心理。此外,针对单位排污的直接责任人或主要负责人,亦应提高直接责任人的处罚标准,并规定可以对违法单位的直接责任人给予警告处分,以此强化行为人的责任意识,防止滥用职权、以权谋私等违法、违纪行为的出现。

(二)确立海洋环境污染信息公开责任制度

相较于陆地,海洋环境污染往往呈现出波及范围更广、传播速度更快以及损失程度更大的特点,通过《政府信息公开条例》对包括海洋环境在内的所有污染信息公开问题进行的调整缺乏针对性,不利于信息公开效果的实现。为此,我国应建立健全海洋环境污染信息公开责任制度,严格规范海洋环境污染信息公开及相关责任规定,确保海洋环境污染的修复和治理得以快速、高效、及时。

1. 确立海洋环境污染信息公开责任制度。一来应在《政府信息公开条例》或者《海洋环境保护法》中增加关于海洋环境污染信息公开责任制度的规定,并对该制度的公开流程、公开时效以及责任等问题予以具体规范,对信息公开的时间进行严格限制,确保及时性和有效性,防止损失扩大。二来应建立污染事故应急处理机制,确保不同部门协作配合共同投入治理工作,加快污染的治理以及环境的修复。

2. 明确污染者信息公开主体责任。《政府信息公开条例》中仅规定了行政机关未公开信息的责任承担,并未涉及污染者责任。但作为最先发现损失的污染者,其应该成为公开责任制度的主体,通过明确污染者的信息公开责任,督促相关责任人第一时间上报污染信息,促使相关部门提早介入了解损害情况并采取补救和修复措施,确保海洋污染防治工作的及时、高效。

3. 应加大信息公开惩处责任范围和处罚力度。一方面要明确对直接责任人的惩处规定，根据情节轻重，给予直接责任人不同程度的处罚，以此提高相关人员的责任意识，确保污染信息的及时公开；另一方面要提高处罚力度，增加警告、拘留等惩戒措施，不将惩罚措施限定为罚款，提高处罚威慑力，防止行为人以牺牲环境为代价换取更大经济利益。此外，还要对“情节严重”进行界定与归类，明确污染等级以及造成损害后果的严重程度，确立普遍性标准，避免产生由于模糊性规定造成定性错误或处罚力度不足的问题。〔1〕

〔1〕 参见宋旭明：《论我国海洋环境保护法律责任制度的缺陷及其完善——以渤海湾油田溢油事件为例》，载《云南师范大学学报（哲学社会科学版）》2011年第6期。

第四章　海洋油气资源开发利用和保护法律制度

第一节　海洋油气资源概述

一、海洋油气资源的概念和特点

海洋油气资源在工业领域、能源领域以及金融领域的龙头地位决定了其在社会日常生活中的重要作用,贯穿整个经济生活的方方面面,正确认识油气资源在人类历史上扮演的角色,才可以更好地对其进行开发利用和保护。

(一)海洋油气资源的概念

油气资源就是石油,是指储存在低下岩石孔隙介质中的可燃有机矿产,其相态有气态、液态及其混合物,主要成分为烃类(碳氢化合物),广义的石油包括原油和天然气。〔1〕原油是石油的基本类型,储存在地下储集层内,在常压条件下呈液态。天然气也是石油的主要类型,呈气态,或处于地下储集层时溶解在原油内,在常温和常压条件下又呈气态。〔2〕“资源”二字承载的要义在于具有社会开发利用价值以及相对的稀缺性,才可以作为人类生存和发展所需要的物质条件。海洋资源又是相对陆上资源而言的,因此在本章中“海洋油气资源”是指蕴藏在近海(主要是大陆架)和深海中,在现在和将来可以被人类所利用的石油和天然气资源。

(二)海洋油气资源的特点

海洋油气资源是一种重要的资源,它不同于传统的自然资源,也不同于

---

〔1〕参见《对外合作开采海洋石油资源条例》第四章附则第26条第1款规定:“石油”是指蕴藏在地下的、正在采出的和已经采出的原油和天然气。

〔2〕参见辛仁臣、刘豪等编著:《海洋资源》,化学工业出版社2013年版,第126页。

新兴的海洋资源,而是介于二者之间,兼具二者的特性,既有作为自然资源满足人类物质生活资源的传统特质,又有作为海洋资源的特殊性质,是战略储备和稳定金融的“压舱石”。

1. 海洋油气资源是一种传统自然资源中重要的化工原材料。它的化学属性决定了它是一种重要的化工原材料。用它加工的成品包括燃料、润滑油、沥青等油品,腈纶、涤纶、锦纶等合成纤维,以及各种地膜、化学肥料甚至农药等农业生产资料,覆盖社会生活的方方面面,因此被誉为“工业的血液”。

2. 海洋油气资源的战略属性决定了它是国家重大战略物资,主要用于国家能源安全。油气资源除了在化工领域及其重要之外,在国际政治局势中更多是一个储备性的战略物资。在现代国际社会,各国的能源安全策略都要求开展油气资源储备,为的就是抵御风险、保障本国的能源安全。特别是在陆上油气资源开发潜力递减的情况下,海洋油气资源作为新能源,开发潜力巨大,成为维护我国能源安全的必然选择。

3. 海洋油气资源还具有金融属性,它的价格波动可以引发金融危机,甚至爆发战争。20 世纪 70 年代到 90 年代的三次石油危机的影响尚未消退,2020 年的新冠疫情叠加沙特和俄罗斯的石油价格战,美股熔断、原油负值,让全世界的市场信心丧失,引发了国际社会的剧烈动荡。

海洋油气资源的化学属性、战略属性和金融属性决定了其在整个国家政治和经济中的重要地位,国家在建立油气资源的战略储备时,需要考虑海洋油气资源属于不可再生资源,具有不可再生性和稀缺性,当代社会对其进行开发利用时,同时需要考虑不同代际之间合理分配和公平分享,不能对后代人满足其需求的能力构成危害。因此有必要构建一整套完整的开发利用和保护机制,从而实现整个社会的和谐持续发展。

二、我国海洋油气资源概况

中国海域分布有 27 个新生代沉积盆地,属我国传统疆域线内的为 160. 9 万平方千米。其中,近岸大陆架有 26 个沉积盆地,合计面积 92. 2 万平方千米;南海中、南部有 13 个,面积 59. 4 万平方千米;南海北部陆坡与洋壳过渡区中有 3 个,面积 9. 3 万平方千米。这些沉积盆地含有丰富的石油和天然气资源,目前油气勘探主要集中在渤海、黄海、东海和南海北部近海的大陆架区。中国海域油气田主要分布在渤海盆地、东海盆地、台西盆地、珠江口盆地、北部湾盆地、莺歌海盆地、琼东南盆地等。[1] 有关资料显示，我国近海大陆架石油资源量约为 240 亿吨，天然气资源量约为 13 万亿立方米。[2] 据有关部门初步估计，中国近海各海区的油气资源量为：渤海，石油资源量约为 40 亿吨，天然气资源量约为 1 万亿立方米；东海，石油资源量约为 50 亿吨，天然气资源量约为 2 万亿立方米；南黄海，石油资源量约为 5 亿吨，天然气资源量约为 600 亿立方米；南海（不包括台湾西南部、东沙群岛南部和西部、中沙和南沙群岛海域），石油资源量约为 150 亿吨，天然气资源量约为 10 万亿立方米。其中，中国南海的油气资源量以其巨大的体量，而被称为“第二个波斯湾”。（见表 4-1）

表 4-1　净证实我国海洋石油液体和天然气储量

海域	石油液体/百万桶	天然气/十亿立方米
渤海	1476.4	1467.9
南海西部	262.5	3728.0
南海东部	526.8	929.6
东海	14.6	1077.2
合计	2280.3	7202.7

资料来源：根据《中国海洋石油有限公司 2022 年年度报告》制作，数据截至 2022 年年底。

（一）渤海

渤海地区的油田是我国传统海洋产区，始于 1965 年，也是我国当前产量最大的产区。该海域内，有著名的大港油田、华北油田、中原油田、胜利油田等。渤海所产原油主要为重油，且由于其作业区域主要是浅水区，故而产量巨大。渤海油田也已经成为我国第一大原油生产基地，为我国的经济发展奠定了坚实的基础。[3]

（二）南海西部

南海西部海域是也是我国油气资源的重要产区，特别是天然气资源，其

[1] 参见《海洋——巨大的油气资源宝库》，载中国石油官网 2015 年 10 月 19 日，http://www.cnpc.com.cn/syzs/ktkf/201510/9ff0465ca45e4d7c9b5c46b2be070952.shtml。

[2] 参见《我国海洋天然气储量》，载水上物流网 2023 年 1 月 16 日，http://www.shuishangwuliu.com/haiyanggongcheng/244082.html。

[3] 参见《渤海油田成为我国第一大原油生产基地》，载新华网，http://www.xinhuanet.com/politics/2022-01/09/c_1128245968.htm。

主要作业区域较渤海海区更深，且所产原油多为轻质油和中质油。由于油气资源所处位置限制，我国当前对南海西部海域的开发不够深入，许多海域尚处于待开发或开发前期。如 2022 年，我国成功完成对宝岛 21－1 海域的油气构造的评价，实现了南海深水深层勘探历史性突破，为区域建设和能源结构转型提供保障。[1]

（三）南海东部

南海东部海域是目前所有海域中，作业最深的海域，因此它也成为我国对外海洋油气合作的主要海域。后来随着对外合作油田陆续转为自营，南海东部油气资源开发开始自主向深水、天然气、复式油气藏等新领域进军，不仅取得勘探新突破，也具备了从勘探、开发、工程建设到生产管理和关键设备维修的全流程自营作业能力，保持了南海东部油田长期稳产高产。

（四）东海

东海海域是继渤海海域之后，我国另一个开发较多的海域，有著名的断桥、残雪、孔雀亭等油气田。该海域内作业较浅，因此有关的海洋油气资源开发进展较为顺利，老油田持续稳产。另外，我国也在该海域大面积推广海上平台的无人化，为未来进一步降低开发成本、加快数字转型做准备。

三、我国海洋油气资源开发利用保护审视

（一）我国海洋油气资源开发历史溯源

尽管我国海洋油气资源储备丰富，但是一直到 1957 年才打破我国海洋油气资源开发的空白。到目前，我国海洋油气经历了三个阶段：第一阶段是探索起步阶段。从 1957 年到 1979 年，这段时期的海洋勘测主要依靠的是自主技术，从海南莺歌海到渤海曹妃甸，再到南海的永兴岛，我国在技术落后、装备过时和海洋地理环境复杂的条件下开始了艰难的海洋油气资源开发之路。在此期间，完成了大部分近海的油气资源勘查，为之后的海洋事业奠定了基础。第二阶段是阔步发展阶段。从 20 世纪 80 年代到 21 世纪初，我国海洋油气资源开发迅猛。1982 年国务院公布了《对外合作开采海洋石油资源条例》，同年成立了中国海洋石油总公司。借助海外公司雄厚的技术与资金支持，我国海洋油气产业进入了对外合作与自营勘探并举的时代。

---

[1] 参见《探明地质储量超 500 亿立方米　我国发现首个深水深层大气田》，载人民网，http://finance.people.com.cn/n1/2022/1020/c1004-32548624.html。

我国海洋油气资源不仅实现了探明储量和产量快速增长,学到了先进的技术,更重要的是培养了大量的石油专业人才,为向深海进发提供了物力、人力和智力支持。第三阶段是独立自主阶段。从2000年至今,我国继续加大技术研发投入力度,攻关世界难题。由于深海地况更加复杂,而海洋油气资源的勘探风险高、周期长、投资大,真正的深海开发利用尚未形成规模。毫无疑问,未来我国的海洋油气资源开发将继续以我国为主导,立足自主开发,积极发展对外合作,共同推动我国海洋事业的进一步发展。

(二)全国海洋油气工业及其他海洋产业行业发展现状

从人类诞生之日起,海洋资源就作为人类资源的宝藏,承载着人类对物质文明的不断追求。从古代最原始的渔船作业,到现代化的钻井平台,人类从未停止过对海洋资源的追求。随着社会经济的发展和对资源的需要不断扩大,陆地资源已经不能满足人类需要,包括油气资源在内的海洋资源成了首要选择,其需求和开发也在日益扩大中,形成了比较完善的海洋产业体系,包括滨海旅游业、海洋渔业、海洋矿业、海洋化工业、海洋油气业等在内。其中海洋油气业,指在海洋中勘探、开采、输送、加工石油和天然气的生产和服务活动。海洋有关产业在最近几年一改多年来共同发展的态势,其各个产业开始出现了分化。得益于全球资源类产品的上涨,我国的海洋油气业发展发展态势良好,相关的船舶工业、工程建筑业等均受益颇多。传统的海洋水产、海洋电力业等类发展较为平稳。然而,旅游业受疫情和经济问题的冲击,下降幅度较大。

(三)我国海洋油气行业发展存在的问题

从自然资源部发布的《2022年中国海洋经济统计公报》中的数据来看,我国主要海洋产业保持稳定增长,但主要依靠传统的滨海旅游业、海洋交通运输业、海洋渔业、海洋化工业等支柱型产业,各个产业发展态势不同。对于海洋油气行业而言,主要存在以下两个方面的问题:一方面,发展态势迅猛,但占比依然较低。海洋产业之间发展失衡,海洋油气产业在整个海洋产业中权重较小。从以上数据可以看出,我国主要海洋产业虽保持稳定增长,但海洋油气业在整个海洋产业中占相对低。各个海洋产业之间的参差发展有可能导致国家在未来扶持的力度出现差异。考虑到海洋油气产业对国家经济发展的巨大影响力,国家应对油气行业继续加大支持力度。另一方面,周期性明显,与国际原油价格波动呈正相关。尽管海洋油气行业在近年得到快速发展,但是我们必须意识到,这与国际大宗商品的价格上涨同步。在对海洋油气行业的未来进行顶层设计时，必须考虑资源类产业的周期性问题。对海洋油气资源产业的发展，必须从顶层设计开始，从法律层面去规范和引导，战略、规划、布局等多管齐下，从执法和行政管理的角度落实，从而引领我国海洋油气产业的健康发展。（见表 4-2）

表 4-2　我国海洋产业总值数据

行业	2022 年		2021 年	
	总量/亿元	增速/%	总量/亿元	增速/%
海洋产业合计	38, 542	-0. 5	36, 761	8. 8
海洋油气业	2724	7. 2	1618	6. 4
海洋渔业	4343	3. 1	4117	4. 4
海洋水产品加工业	953	0. 9	910	0. 6
海洋矿业	212	9. 8	186	2. 8
海洋盐业	44	-1. 4	41	-3. 8
海洋船舶工业	969	9. 6	870	6. 2
海洋工程装备制造业	773	3. 0	743	29. 6
海洋化工业	4400	-2. 8	3905	9. 5
海洋药物和生物制品业	746	7. 1	695	20. 9
海洋工程建筑业	2015	5. 6	1893	3. 5
海洋电力业	395	20. 9	327	37. 9
海水淡化与综合利用业	329	3. 6	313	5. 5
海洋交通运输业	7528	6. 0	6980	10. 3
海洋旅游业	13, 109	-10. 3	14, 162	9. 2

资料来源：本表数据来源于自然资源部发布的《2022 年中国海洋经济统计公报》。

第二节　我国海洋油气资源开发利用和保护法律制度现状

1896 年，美国人以栈桥连陆的方式在距加利福尼亚海岸 200 米处打出了第一口海上油井，海洋油气资源才开始走进历史。从世界范围内看，海洋油气资源开发已经有 100 多年的历史，在世界范围内形成了一系列的法律法规。我国1982年颁布了《对外合作开采海洋石油资源条例》,正式开启了我国海洋油气资源制度化的探索。经过接近40年的发展,我国海洋油气资源开发形成了以《矿产资源法》为主,多个行政法规、部门规章和规范性文件为体系的法律实然构架。

一、我国海洋油气资源开发利用保护法律制度梳理

(一)宪法

《宪法》第9条明确我国自然资源的归属,都属于国家所有、全民所有。由此可知,我国油气资源所有权的归属,属于我国所有,这也成为我国制定所有有关法律或者规范性文件的基础,也是我国开展海洋油气资源对外合作的基础和法律依据。

(二)法律

除了《宪法》以外,就是以《矿产资源法》为主体的基本法律,其法律地位仅次于宪法。还包括《专属经济区和大陆架法》《海洋环境保护法》《海域使用管理法》《石油天然气管道保护法》《海上交通安全法》《外商投资法》《资源税法》《民法典》等。以上法律文件除了强调我国海洋油气资源的所有权归属之外,还分别从各自立法的角度对有关海洋油气资源进行规制。

(三)行政法规

在我国与海洋油气资源有关的行政法规由我国最高行政机关国务院依照宪法和法律制定行政法规,如《对外合作开采海洋石油资源条例》《矿产资源法实施细则》《矿产资源勘查区块登记管理办法》《矿产资源开采登记管理办法》《防治海洋工程建设项目污染损害海洋环境管理条例》《海洋石油勘探开发环境保护管理条例》《地质资料管理条例》等。

(四)国务院部门规章和规范性文件

国务院部门规章是指国务院有关部门,依法按照部门规章制定程序制定发布的行政规范性文件的总称。与海洋油气资源开发规制有关的部门规章和规范性文件主要有原石油工业部颁布的《关于对外合作开采海洋石油资源资料管理的规定》,原国家安全生产监管管理总局发布的《海洋石油安全生产规定》《国家安全生产监督管理总局海洋石油作业安全办公室工作规则(试行)》《海洋石油建设项目生产设施设计审查与安全竣工验收实施细则》,原国家海洋局公布的《海洋石油勘探开发环境保护管理条例实施办

法》《海洋废弃物倾倒费和海洋石油勘探开发超标排污费的使用规定》《海洋石油平台弃置管理暂行办法》《海洋油气开发工程环境保护设施竣工验收管理办法》《关于海洋石油勘探开发溢油应急计划备案有关问题的通知》,财政部、海关总署、国家税务总局联合发布的《关于取消海洋石油(天然气)开采项目免税进口额度管理的通知》,以及国家税务总局发布的《国际税务司(海洋石油税务管理局)职责》等。这些部门规章和规范性文件数量众多,范围甚广,为海洋油气资源的开发利用提供了依据。

(五)地方性法规和地方政府规章

除了中央层面的法律、行政法规、部门规章和规范性文件之外,各个地方还根据法律的规定或授权和自身的实践需要,出台了一系列在其行政区域内适用的地方性法规和政府规章。相较于中央立法,地方立法更加主要注重实际运用,因此也更加便捷和高效。目前,我国沿海省份和部分较大的市,均出台了有关海洋管理的地方性法规或政府规章,如针对《矿产资源法》实施的有《河南省实施〈矿产资源法〉办法》《云南省矿产资源管理条例》《福建省矿产资源条例》《广东省矿产资源管理条例》等;针对海洋环境的有《天津市海洋环境保护条例》《海南省海洋环境保护规定修正案(二)》《山东省海洋环境保护条例》《厦门市海洋环境保护若干规定》等;也有针对海洋渔业管理的法律文件,如《辽宁省海洋渔业安全管理条例》《山东省海洋专项渔业资源品种管理办法》《广西壮族自治区海洋水产资源繁殖保护实施细则暂行规定》《青岛市海洋渔业管理条例》等;还有针对海域管理的,如《广西壮族自治区海域使用管理办法》(已失效)、《浙江省海域使用管理办法》(已失效)、《上海市海域使用管理办法》和《辽宁省海域使用管理办法》等。

二、我国海洋油气资源开发利用保护法律制度的主要内容

海洋油气资源法律体系的探索已有30多年的历史,结构从单一化到多元化、从平面式到立体式,取得了不错的进展。与此同时,法律内容上也从填补法律空白转向精细、科学立法,为我国进一步开发利用海洋油气资源打下基础。完整的油气资源开发法律规制从矿业权开始,再到资源税费的整合以及对外合作开发海洋油气资源的合同模式,结合我国油气行业的现实发展和对外改革的节奏,寻找提升我国油气行业发展的进路。

(一)矿业权

矿业权,是指探采人依法在已登记的特定矿区或工作区内勘探、开采一定的矿产资源,取得矿产品,排除他人干涉的权利。[1] 矿业权又依据其开发流程,分为探矿权和采矿权。依据《宪法》第9条、《矿产资源法》第3条,矿产资源所有权归国家所有,由国务院代表国家行使所有权人权利。矿产资源,特别是海洋油气资源,它的开发利用和保护与一国的国计民生休戚相关,世界上大多数国家都规定矿产资源所有权归属国家。尽管海洋油气资源所有权人不变,但是它的开发利用又必须由具体的法律主体来进行。所以这种由矿产资源所有权派生出来的矿业权是他物权。他物权也是一种民事权利,矿业权人与国家之间的法律关系也只能是一种平等的民事法律关系,即物权法上的所有权人与用益物权人之间的法律关系。[2] 矿业权人在依法取得矿业权以后,可以依法享有占有、使用、收益的权利,还可以在特定的法律条件下进行转让、出租或抵押。与矿业权有关的最重要的问题主要是矿业权的流转,具体包括海洋油气资源与其他矿产资源的区别对待、矿业权理论上存在的悖论、公法与私法规制的平衡这三个方面。

我国对矿业权的规定最早见于1986年的《矿产资源法》,虽然其中明文规定"国家保护合法的探矿权和采矿权不受侵犯",我国的矿业权是通过行政授权无偿取得,同时对探矿权和采矿权进行登记,但是探矿权和采矿权被禁止流转,不得买卖、出租或用作抵押。国营矿山企业是开采矿产资源的主力军,彼时的矿业权并没有以物权的立法思想作为指导,整个矿业权甚至《矿产资源法》都流露出浓厚的行政主义色彩。这样的规定显然不适合时代的发展以及我国进行改革开放的需要。在1996年修改后的《矿产资源法》及其配套的行政法规《探矿权采矿权转让管理办法》中,已经删除了禁止转让的规定,并具体列举了可以转让的情形。此举无疑规范了矿业权的流转制度,从宏观层面加强了国家对矿业权的交易。

根据《矿业权出让交易规则》的规定,矿业权出让交易是指县级以上人民政府自然资源主管部门和新疆生产建设兵团所属自然资源主管部门出让矿业权的行为。我国现行的法律制度中,依据《矿产资源法实施细则》第

---

[1] 参见崔建远、晓坤:《矿业权基本问题探讨》,载《法学研究》1998年第4期。
[2] 参见李显冬、杨城:《关于〈矿产资源法〉修改的若干问题》,载《中国国土资源经济》2013年第4期。

5条的规定,我国矿业权的出让实行许可证制度,即“申请—批准—登记”。矿业权的流转则复杂得多,依据《矿产资源法》第6条、2014年修订后的《探矿权采矿权转让管理办法》,除了要求权属无争议并缴纳一定的税费外,探矿权的转让要求完成一定的勘查作业和最低的勘查投入,采矿权还要求一定的生产时间。

(二)海洋油气资源税

我国对海洋油气资源税收体系的探索经历了一个曲折漫长的过程,从新中国成立后到20世纪80年代是初期的萌芽阶段,对油气田企业征收货物税;从1983年到1993年是摸索时期,对油气田企业征收的税费达到十余种之多;从1994年到2000年是发展阶段,建立了符合社会主义市场经济要求的税制体系,从过去的行政手段转向经济、法律手段,但税费依然有十余种;从2000年至今是油气资源税费规制的调整阶段,2011年我国又发布了一系列重要的条例,[1]并在之后针对油气资源进行不断的探索和改革,最终形成了现在的油气资源税费制度。[2] 我国现行海洋油气资源税费主要依据的是《资源税法》和《对外合作开采海洋石油资源条例》。依据《资源税法》,我国油气资源的资源税税率均为6%的固定税率,而此前适用的《资源税暂行条例》(已失效)中原油和天然气的税率均为销售额的5%~10%浮动税率,我国油气资源税目税额幅度变化如表4-3所示。

表4-3 我国油气资源税目税额幅度变化

依据	原油	天然气
《资源税暂行条例》(1993年)	8~30元/吨	2~15元/千立方米
《资源税暂行条例》(2011年)	销售额的5%~10%	销售额的5%~10%
《资源税法》(2019年)	6%	6%①

① 参见《资源税法》第3条第1款的规定:“资源税按照《税目税率表》实行从价计征或者从量计征。”

从以上我国资源税幅度变化情况分析来看,我国油气资源税在经历了曲折发展后,很大程度上满足了我国建设市场经济的需要。在国家层面,资

〔1〕 2011年我国先后出台了《资源税暂行条例》(已失效)、《对外合作开采海洋石油资源条例》和《对外合作开采陆上石油资源条例》。

〔2〕 参见王甲山、王建铭、崔明欣:《油气田企业税费制度沿革及改革建议》,载《辽宁工程技术大学学报(社会科学版)》2004年第4期。

源税的存在很好地实现了国家保护国有资源并实行可持续发展的目的，从过去简单概括的行政干预到现在的精准管理，税收制度在资产管理上发挥了良好的作用。国家又通过精准管理，对未来的油气资源开采作出统一的规划布局，使油气资源得到很好的保护与增值，也为可持续发展打下坚实的基础。在企业层面，通过税收制度，让企业在开发油气资源的同时，自发的对企业实行高效管理、努力提升科技实力、保护海洋自然环境、改变过去传统的粗放式开采，实现从数量到质量的嬗变。尽管税收制度的出现促进了我国油气资源的开发利用，但是由于海洋油气资源的特性、管辖的冲突以及税收制度自身设计存在的问题，让我国的海洋油气资源税改革仍然停滞不前。

（三）海洋油气资源对外合作

20世纪80年代，我国就开始了海洋油气资源对外合作的探索，以1982年的《对外合作开采海洋石油资源条例》为代表，历经2001年、2011年（2011年有两次修订）和2013年的修订，终于奠定了我国海洋油气资源对外合作开采的框架。该条例从管辖权、专营权、运营和销售模式、矿区税费的缴纳、外汇管理、各种资源和数据的管理等多方面，对海洋油气资源对外合作进行规制。另外，根据2012年《国家能源局关于鼓励和引导民间资本进一步扩大能源领域投资的实施意见》，以及《对外合作开采海洋石油资源条例》第7条[1]的规定，赋予中方油气公司在进行对外合作开采油气资源时，拥有选择其合作对象的权利，同时鼓励和支持民间资本参与海洋油气资源开发利用，改变过去国有企业的专营局面，引导合理竞争并形成良性循环发展的态势。2019年国家发改委和商务部联合发布的《外商投资准入特别管理措施（负面清单）（2019年版）》（已失效）取消了石油和天然气开采业中的特别管理措施，即石油、天然气（含煤层气，油页岩、油砂、页岩气等除外）的勘探、开发将不再限于合资与合作的形式。

油气探勘和开发的全面开放无疑是中国海洋事业中浓墨重彩的一笔，意味着在理论上，无论是民营企业还是外商投资，都可以持有海洋油气田矿区100%的股份。它的出现将在海洋油气资源法律制度上带来一系列的转变，在这里主要讨论合资企业的形式，主要由以下几个方面：第一，开发流程

---

〔1〕《对外合作开采海洋石油资源条例》第7条规定："中国海洋石油总公司就对外合作开采石油的海区、面积、区块，通过组织招标，确定合作开采海洋石油资源的外国企业，签订合作开采石油合同或者其他合作合同，并向中华人民共和国商务部报送合同有关情况。"

的差异。依据《对外合作开采海洋石油资源条例》第8条,由外国合同者投资和负责勘探,并承担全部的勘探风险。发现具有商业意义的油气田后,外国合同者将一直负责开发和生产作业,直至中方合同者接替开发生产作业。取消石油和天然气开采业特别管理措施之后,中、外合同者将依据双方所签订的合同的规定,享有合同上规定的权利和承担相应的义务。第二,管理模式的差异。之前油气对外合作的最高决策机构由中外合同方双方派出代表组成,以联合管理委员会的形式进行共同管理。在合作期间,中方合同者占有绝对的优势地位,处于管理者的地位,负责产品的销售和对整个开发流程的监督,而外方合同者更多的是作业者,参与勘探、生产和日常运作。如依据《外商投资法》《公司法》成立合资公司,则应按照现代公司治理模式进行管理,包括制定公司章程,并组成股东会、董事会和监事会,并行使相应的管理职权。公司治理适用民法中的私法自治原则,中外合作者的地位也由公司章程赋予。第三,产品分成模式的差异。之前的海洋油气对外合作开发,主要是借鉴产品分成合同,即在由我国享有海洋油气自然的所有权的前提下,外国合同者通过与国有石油公司签订合同,从事油气资源的勘探开发活动,利用生产的产品进行成本回收和获得利益。对于外国合同者而言,开采的油气资源分为两部分,一部分是成本油,另一部分是利润油。如以合资企业模式进行开发,则其对开采的油气资源应按照合同规定或者是股权比例进行分红。

(四)海洋油气资源监管机制

监管是国家开展现代化治理的重要组成部分,也是国家作为管理者最直接的体现。海洋矿产资源的监管意在规范矿业权人的开发利用行为,督促其日常生产满足标准作业的要求、符合国家规定的劳动安全卫生条件以及对环境的保护等,其内容主要围绕监管主体、监管范围和监管手段三个部分展开。第一,监管主体。有关海洋矿产资源的监管主要由自然资源部负责,但是由于矿产种类众多,海上作业安全要求及海洋环境保护等因素,还涉及财政、税收、应急、环保等多个部门。另外,还有部分关于企业与民众监管责任的规定。由此可知,我国目前实施的是多元主体的监管机制。第二,监管范围。监管范围不是一成不变的,而是随着技术的提高、认知的延展而不断的扩大。整体而言,以开发利用的时间为序,监管范围覆盖海洋资源开发的事前、事中和事后所有环节,包括矿业权的出让登记(事前),日常作业安全卫生检查(事中)以及海洋环境的保护和恢复(事后)等。第三,监管手段。2019年国务院推出“双随机、一公开”的监管机制，即在监管过程中随机抽取检查对象，随机选派执法检查人员，抽查情况及查处结果及时向社会公开。另外，“互联网+”的模式在矿业资源开发领域得到广泛应用，如根据《矿业权出让交易规则》，以协议方式出让矿业权的，在自然资源部门户网站、同级自然资源主管部门（或人民政府）门户网站和交易平台网站、交易大厅，公开有关矿业权的信息。

第三节　我国海洋油气资源开发利用和保护法律制度存在的问题

一、矿业权体系转型不够彻底

虽然我国已经初步建立起与我国国情适合的矿业权体系，但是其探索时间较短，行政色彩依旧浓厚。特别是在海洋油气资源这种重要领域，其具体运用又与实践存在一定距离。

（一）海洋油气资源与传统矿产资源的差异性导致不能简单适用矿业权

以《矿产资源法》为代表的自然资源法律体系规制的是我国境内所有矿产的矿业权，并未加以任何区分，仅仅在《对外合作开采海洋石油资源条例》中规定将对外合作海区内的石油勘探、开发、生产和销售的专营权交给中国海洋石油总公司。尽管海洋油气资源与其他传统矿产资源在存在一定的共性，如可以为人所利用，产生经济价值，但是其更多的是存在差异性。首先是重要性，油气资源是国家经济的命脉，甚至左右国际政治局势，其探勘和开采必须与国家的政策导向一致。其次是开发的难度，海洋油气资源不同于陆上任何矿产资源，无论是勘探还是开采，均面临海浪、潮汐、压力、风浪等恶劣的自然环境，绝非一般的公司企业可以参与其中。最后是对环境的保护，海洋的流动性意味着因海洋油气资源开发利用而产生的环境问题可以扩大化，因此对海洋环境的保护要求也最严格，这也是任何陆上资源所不能企及的。

有关海洋油气资源矿业权的规制对国家影响甚大，故而不能简单与其他矿产资源的矿业权同样看待。以转让矿业权的时间为例，转让探矿权，要求自颁发勘查许可证之日起满2年或在勘查作业区内发现可供进一步勘查或者开采的矿产资源,而转让采矿权则需要矿山企业投入采矿生产满1年。海洋油气资源持续周期远远超过陆上资源,无论是勘探还是开采,时间投入也相应增加。如果简单适用《探矿权采矿权转让管理办法》,探矿权和采矿权在满足相应条件时即可转让,则该海洋油气的探矿和采矿活动则有可能失去连续性,影响整体规划与开发,无法保护探矿权人和采矿权人的利益,更无法实现国家利用海洋资源,进行可持续发展的目的。

(二)矿业权的流转遭遇现实和理论的困境

依据《矿产资源法》第6条,矿山企业身份的变动可以产生采矿权的转让。〔1〕同样也因为该条最后一款,明令禁止倒卖探矿权与采矿权。〔2〕这就产生了一个现实和理论的困境,如何确定倒卖探矿权、采矿权与矿业权自由流转的界限。

现实的困境在于大量矿山企业通过股权转让的形式来促进矿业权的流通。可以认为,实践中之所以会出现以股权转让方式导致矿业权"实质"变更的现象,是因为我国现行法律中规定了矿业权转让的审批登记手续,增加了交易双方的程序成本。〔3〕矿业权流转的限制直接压缩矿业权流转的空间,限制了交易,难以满足市场的需求。在现实的矿产资源开发,特别是海洋油气资源,技术难度大,持续时间长,前期投资巨大的前提下,矿业权流转的限制又与物权的可流通性不相符合,也与我国市场经济的发展政策相悖。矿业发展在我国资本市场得到不断深化,矿业权也更多地参与到金融资本市场的运作,其作为资源性资本的货币价值载体,以上市融资、收购并购等多种形式参与资本运营。〔4〕矿业权的流转显然可以让资本更好地发挥作用。因法律规定的限制,矿业权的流转在实践中遭遇"瓶颈",为了突破障碍和规避法律上的雷区,矿山企业选择以股权转让的形式来实现矿业权实质意义上的转让。

---

〔1〕《矿产资源法》第6条第1款第2项规定:"已取得采矿权的矿山企业,因企业合并、分立,与他人合资、合作经营,或者因企业资产出售以及有其他变更企业资产产权的情形而需要变更采矿权主体的,经依法批准可以将采矿权转让他人采矿。"

〔2〕《矿产资源法》第6条第3款规定:"禁止将探矿权、采矿权倒卖牟利。"

〔3〕参见李显冬、杨城:《关于〈矿产资源法〉修改的若干问题》,载《中国国土资源经济》2013年第4期。

〔4〕参见郭琳琳、袁博、王凌云:《〈物权法〉视域下,矿业权流转的概念辨析与制度设计》,载《中国矿业》2019年第10期。

理论的困境在于矿业权属于他物权，是依据矿产资源所有权派生出来的权利，属于用益物权。物权的基本理论就在于排他地享有并行使自己拥有的权利，矿业权在理论上应该自由的流转，并获得利益。即使矿业权的取得是通过许可证制度，这样的行政许可并不改变矿业权的私权属性，仅仅是权利取得的设定条件而已。依据物权法理论，矿业权当然可以由矿业权人自由作出占有、使用、收益的行为，而《矿产资源法》并没有对探矿权与采矿权的“倒卖”行为作出具体规定，与物权法本来地促进经济自由流转原意违背。

（三）矿业权在公法规制与私法规制的博弈中艰难前行

尽管在上面的论述中反复强调矿业权的私权属性，但是鉴于矿业权客体的矿产资源，具有稀缺性、经济性、不可再生性的特点，海洋油气资源更是具有国家储备战略意义，矿业权的流转必须接受有关主管部门的监督管理。依据《行政许可法》第12条第2项〔1〕，《矿产资源法》第3条第3款〔2〕，《矿产资源法实施细则》第5条第1款〔3〕，矿业权的取得需要提出“申请—批准—登记”等一系列的法律行为的完成。在某种意义上，矿业权的法律制度，受到了以行政许可为代表的公法的制衡。

矿业权公法与私法的博弈肇始于1986年《矿业资源法》，因为计划经济的影响，彼时该法的立法原意和指导思想还带有强烈的计划经济的色彩，保留着浓郁的行政主义。在缺乏理论指导和物权理论的年代，矿业权的立法简陋，不适宜时代发展。如矿业权不得买卖、出租、不得用作抵押等。1996年对该法修改后，将矿业权的转让有条件的放宽，以促进经济发展。此后出台的各种有关矿业权的法律规定，都在向着减少公法干预的方向发展。

矿业权的私权属性在2007年《物权法》出台后得到了确认，〔4〕其肯定

〔1〕《行政许可法》第12条第2项规定：“有限自然资源开发利用、公共资源配置以及直接关系公共利益的特定行业的市场准入等，需要赋予特定权利。”

〔2〕《矿产资源法》第3条第3款规定：“勘查、开采矿产资源，必须依法分别申请、经批准取得探矿权、采矿权，并办理登记。”

〔3〕《矿产资源法实施细则》第5条第1款规定：“国家对矿产资源的勘查、开采实行许可证制度。勘查矿产资源，必须依法申请登记，领取勘查许可证，取得探矿权；开采矿产资源，必须依法申请登记，领取采矿许可证，取得采矿权。”

〔4〕《物权法》（已失效）第123条规定：“依法取得的探矿权、采矿权、取水权和使用水域、滩涂从事养殖、捕捞的权利受法律保护。”

了矿业权的用益物权属性，为矿业权的流转提供了理论基础和指导。2017年最高法发布的《关于审理矿业权纠纷案件适用法律若干问题的解释》，最终以司法解释的形式确立了矿业权的流转。除了理论上的进步之外，在我国“简政放权”的时代背景下，针对过去出现的政企不分，如国家同时是矿产资源的所有者与管理者，政府开始减少行政干预，并将许多权利还给企业和市场，用以增强企业活力和刺激经济发展。私法规制手段一改过去的“犹抱琵琶半遮面”，成为活跃市场体系的重要组成部分。时至今日，公法和私法对矿业权流转的规制依然在不断地调整。各主管部门认为法律赋予的行政管理权过小，难以实现有效监管和合理开采，而企业则认为政府参与过多，难以达到自主经营和利益最大化的目的。

二、海洋油气资源税设计不合理

海洋油气资源的税收制度为国家实现宏观管理和整体布局提供了坚实的基础，也为企业自身提高经营效率提供了动力，但是海洋油气资源税收制度在应用过程中也出现未能预见海洋油气可能出现的极端情况、地方事权与财权不平衡和属人管辖与属地管辖冲突等问题。

（一）对海洋油气资源极端情况缺少前瞻性

我国对海洋油气资源税政策研究的理论起点是基于海洋油气资源的不可再生性和其价格的不断上升，没有预见到可能会出现的极端情况。油气资源的定价不是哪一个国家可以决定的，而是全球联动。因此，即使我国未参与任何国际能源价格战，也一定会被卷入其中。2020年，受新冠疫情、地缘政治的影响，沙特与俄罗斯爆发石油战，国际商品期货市场波动剧烈，原油价格出现了史无前例的负油价，美国时间2020年4月20日，WTI原油5月期货合约CME官方结算价为-37.63美元/桶。这种在过去被认为仅存在于金融学理论而不可能出现在现实中的极端情况，却在全球真实上演。全球原油价格剧烈波动，投资者损失惨重。我国过去政策制定的逻辑理论是由于油气资源的不可再生性、稀缺性以及能源战略储备的特殊地位，必然导致它的价格不断攀升，以此逻辑来制定的海洋油气资源制度，包括资源税收制度在内，并未出现任何理论的弊病和现实的困境。在过去原油价格高企时，国家出台政策，收取石油特别收益金，即国家按一定比例从石油开采企业销售国产原油所获得的超额收入中征收的特别收入。目前的石油特别收益金起征点在65美元/桶，并实行5级超额累进从价定率计征。

"负油价"事件的出现打破了这样的理论逻辑，不仅给全球投资者敲响了警钟，也给所有国家的政策制定者提出了新的挑战，即如何在经济一体化的背景下保护本国投资者的安全，同时如何利用资源税这一经济手段保护海洋油气开发者的利益。我国《资源税法》一改过去适用多年的浮动税率，对油气资源实施固定税率，在这种情况下，依据《资源税法》对油气资源征收的6%的固定税率，尽管可以选择从价计征或者从量计征，并且赋予省、自治区、直辖市在特定情况下制定免征或减征具体办法的权利，但是在"负油价"这样极端的情况下，都显得无从入手，而至于保护海洋油气开发者更是有心无力。

（二）地方税权和事权不平衡

税收的重要职能之一是平衡中央和地方的财权和事权关系。因为不同层级的政府在管理过程中的职能各有不同，所以应依据事权分配相应的财权。在海洋油气资源税的分配问题上，国家作为海洋资源的所有者，理应享有资源税的收入。在这个过程中，却不能忽视地方政府对海洋油气资源开发所作的贡献。地方政府在海洋油气资源管理上，除了要对辖区内的海洋资源进行统筹规划之外，还监管油气资源勘探、开发、生产，甚至最后油田废弃的全部过程，对海洋环境密切监测，同时还承担海洋油气资源活动与捕鱼和航行之间的协调问题。毫无疑问，地方政府在海洋油气资源开发过程中，提供了大量的人力、物力、财力作后盾，是海洋油气持续发展的重要保障。因此，地方政府理应享有油气资源税的部分收益。

地方税权是地方政府治理能力的基础，亚当·斯密的"财政乃庶政之母"就是表达在现代文明社会中税收的作用。地方治理与地方税权互为表里，互为支撑。但是，以《资源税法》为主的税收制度主要体现了国家的整体利益，忽视了地方政府作为直接管理者的收益，对地方政府主要是赋予制定部分执行政策的权力。这样的制度设计无疑会降低地方政府的积极性，容易造成地方政府消极行政，并且加重地方财政负担，从而影响整个海洋油气资源的开发利用。税收的重要功能之一是促进社会经济发展，地方政府事权与税权的失衡，将会导致地方运行成本上升，也影响地方政府进行行政管理的能力。随着事权边际的不断扩张，原有的税权规模不足以支撑其事权，地方财政捉襟见肘，自主功能不彰。长此以往，地方税权的缺失造成地方政府财政困难，为了筹措资金，可能采用土地财政、滥发债券甚至违规收费等手段，造成经济发展的恶性循环。

（三）属人管辖和属地管辖冲突严重

我国沿海区域从北至南，分别有辽宁、河北、天津、山东、江苏、上海、浙江、福建、台湾、广东、广西和海南，以及香港特别行政区和澳门特别行政区，其所辖海域面积不同，自然资源禀赋不同，经济实力和科技实力更是千差万别，而资源税费的征收又是以企业作为征收对象，由企业所在地分享海洋油气资源所带来的收益。面对海上油气田和企业所在地分属不同辖区的情况比比皆是，这样的规定所造成的直接结果就是地区利益分配不均，企业所在地的省份拿走了大部分的收益，而油气田所在的省份仅获得很少的资源税费的收益，属人管辖和属地管辖冲突不断，难以平衡地区间的利益差异。

以海南为例，海南所辖的南海海域面积达200多万平方千米，也是我国最大的海域。南海油气田储量最为丰富，尽管开采难度较大，但是许多企业依然将目光投向这里。以南海东部海域为例，约有油田20个、气田1个还有大量的钻井平台和海上设施。这些油田均分布在海南所辖海域，但是相关油田主要归中海油投资及运营，部分油田为中海油与外国石油公司合作开发。但是这些公司均不在海南省境内，也不隶属于海南省管辖。例如，西江24-3油田归属中海油有限公司深圳分公司，西江30-2油田属于南海东部石油公司与美国菲利普斯石油公司合作开发，惠州21-1油田归属中海油有限公司深圳分公司，崖城13-1气田属于中海油总公司、美国阿科中国有限公司及科威特科佩克中国有限公司合作开发，文昌13-1/2油田归属中海石油（中国）有限公司湛江分公司，陆丰22-1油田属于中国海油与挪威石油公司合作开发，陆丰13-1油田属于中海油与日本JHN合作开发，东方1-1气田归属中海石油（中国）有限公司湛江分公司等。南海油气资源开发过程中出现属地管辖与属人管辖的冲突问题，同时还存在多个监管主体并存的问题，如南海的油田、邮轮、移动式钻井平台及设施多注册在广东海事局、湛江海事局管辖名下并由其履行监管和维护的职责，而且中国海监及海南海事部门也要对油田履行相应的监管职责。[1]

属人管辖和属地管辖的冲突直接导致各地的资源税费分配不均，有的省份仅仅凭借企业所在地的身份优势直接获取大量收益，而有的省份在承担了大量事务性工作和责任的基础上，却只获得了较小收益，分配得不均直

---

〔1〕参见郑坚铭：《南海油气资源税费制度改革问题研究》，载《海南大学学报（人文社会科学版）》2018年第4期。

接会导致省份之间的经济差距更大,从而不利于海洋事业的持续发展,更不利于社会的和谐稳定。

三、海洋油气资源对外合作存在问题

石油和天然气开采业中的特别管理措施的取消,从短期来看,我国油气资源勘探领域的开放虽然会让国有石油公司、民营企业和国际石油巨头之间产生竞争,但是从长远来看,对我国海洋资源开放水平、法律制度完善和海洋事业建设利大于弊。正视现阶段海洋油气资源对外合作中存在的问题,也是提升海洋油气资源开发水平的关键。

(一)石油行业垄断性质严重

虽然对石油行业市场化改革探索已经有一定的历史,但是我国在石油领域,特别是上游勘探开发,准入门槛相当高,大部分的社会资本被拒之门外。截至2019年12月底,全国共有石油天然气(含煤层气、页岩气)探矿权924个、面积298.21万平方千米,采矿权800个、面积16.88万平方千米,其中对外合作探矿权42个,采矿权35个。[1] 长期以来形成的"行政性垄断"思维在我国根深蒂固,尽管这样可以很好地实现政府对国有资源的控制,但是也限制了竞争,制约了石油领域的市场化发展。垄断的本质就是垄断企业以其市场优势地位,扭曲竞争和控制价格。垄断的后果是严重的,对某个垄断企业而言,它可以凭借其优势地位,获得超高回报;对于整个产业链而言,垄断企业牢牢控制发展的咽喉,阻碍了生产的进步;对于整个社会而言,它的巨额利润是以社会公共福利和人民幸福为代价的。垄断的放开不仅不会影响国家或者行业的利益,反而会促进技术的进步,价格的下降,为人民带来真正的福利。主要存在以下两个问题:

1. 缺少市场准入规范。多元化主体进入油气资源勘探领域已经是大势所趋,而油气上游市场准入机制是实现油气行业上游市场改革的门槛。现在具体针对上游市场准入的法律规制散见于以《矿产资源法》为首的各种法律法规之中,但是这些规定的可操作性不强,规定过于笼统,不利于投资主体的多元化发展,且主要针对的是中下游领域,更重要的是没有考虑海洋油气资源开发的特殊性,其难度远在陆上油气开发之上,故而其资金、人员、

---

〔1〕 参见《全国石油天然气资源勘查开采通报(2019年度)》,载自然资源部中国地质调查局网站,http://www.cgs.gov.cn/tzgg/tzgg/202007/t20200730_643821.html。

技术需求也不一样。在现行的有关市场准入法律制度下，还存在市场准入投资主体不明确和市场准入方式规制缺失的问题。在市场准入投资主体方面，依据目前的有关法律法规〔1〕和现实实践，可以判断出我国能勘探开采油气资源的主体仅为4家国有石油公司，分别是中石油、中石化、中海油和延长石油公司，而在上游领域开放以后，将扩展到外国投资者和民营企业。油气行业是支撑国家经济的能源，海洋事业又是我国未来发展的重心，出于国家安全的考虑，必定对参与海洋油气资源开发的企业有所要求，但是目前的法律法规尚未对其作出规定。在市场准入方式上，依据我国法律的规定，投资主体进入油气开发上游市场的方式有三种：申请取得、竞争取得和协议出让。我国的法律主要就前面两种进行了规制，在寡头石油公司瓜分了大部分油气田矿区的情况下，民营企业和外国投资者将主要通过协议出让方式取得相应的矿业权，但是目前我国尚未对此进行规制，存在法律缺失的尴尬局面。

2. 民营企业竞争力较弱。石油、天然气勘探、开发合作模式限制的取消，是油气行业引入竞争、打破垄断的举措，也代表了外资企业和民营企业进入的可能。合作模式限制的取消首先带来的便是开发流程模式的转变，在取消限制的初期，其对国有石油公司、民营企业的冲击甚大。过去中外海洋油气资源合作开发，将全部的勘探义务和风险负担给外国合同者，以至于民营企业几乎没有参与勘探开发的机会。对于国有石油公司而言，我国目前所有的勘探区块都被其囊括其中，但是却并没有完成相应的法定勘查投入，因此其当下的垄断局面将会被打破，外国合同者和民营企业将会分一杯羹。对于民营企业而言，尽管国家在油气资源领域进一步放开民营企业市场准入，〔2〕也有民营企业新疆阿克苏中曼油气勘探的成功先例，但是在海洋油气资源勘探领域尚未实现民营企业的突破。海洋油气勘探和开发的难度远胜于陆上，无论是从资金需要到技术要求再到人员配备，都是大部分民营企业难以企及的高度。因此，大部分民营企业还需要提升自身管理运行

---

〔1〕《矿产资源勘查区块登记管理办法》第6条和《矿产资源开采登记管理办法》第5条均要求申请勘探或开采石油、天然气的，还应当提交国务院批准设立石油公司或者同意进行石油、天然气开采的批准文件以及采矿企业法人资格证明。

〔2〕2019年12月22日中共中央、国务院公布的《关于营造更好发展环境支持民营企业改革发展的意见》中明确提出："进一步放开民营企业市场准入。……在电力、电信、铁路、石油、天然气等重点行业和领域，放开竞争性业务，进一步引入市场竞争机制。"

水平和科学技术，才可以更好地提高竞争力。

（二）对外合作合同模式的选择单一

在海洋上进行油气资源的开发，其勘探与开采对科技要求极高，所要承担的经济风险也极大，其合同模式就显得尤为重要。该合同构成了各方合作的法律基础，同时又规定了各方在共同开发中享有的权利和承担的义务。我国在多年的海洋油气开发实践中形成了以产品分成合同为主的合同模式，它的优点是我国在享有自然资源和合同作业区内所有的设施设备的所有权的基础上，还享有石油销售的专营权，但是这种模式对外国合同者的吸引力不大。外国合同者除了要承担绝对的勘探风险之外，还要承担油气产量大小和油气价格涨跌的风险，即出油量必须足够大且油价在一个合理的价格水平之上，才可能在中后期获得收益。我国这种单一的合同模式限制了更多外国投资者或者是民营企业的进入。因此，我国在海洋油气资源开发中应引入更多的合同模式，以此来吸引外国投资者和民营企业。

根据国际油气开发实践，对外合作合同种类多样，主要有租让制和合同制两大类。合同制中除了产量分成合同，还有服务合同和联合经营合同。租让制，也被称为许可制，即国家根据有关法律通过颁发使用许可证的方式，将勘探、开发和生产石油的专营权授予被许可人，被许可人对许可区块内开采出的石油拥有所有权，并向资源国缴纳矿区使用费，税金和其他费用。服务合同是指资源国政府将油气开发中的某些勘探、开发的工作交由外国投资者，开发项目中的所有产品由资源国所拥有，而外国投资者仅仅是获取自己劳务的报酬。该合同有以下两个要义：第一，服务合同具有较强的政治意义，体现了国家对自然资源的主权原则；第二，承包商提供专业技术支持，并获得现金报酬。除了以上几种合同制外，还有联合经营模式，主要是指资源国或其国家石油公司与外国石油公司共同出资建立一个经济实体，共同负责勘探、开采和销售等。目前有合资经营与合作经营两种模式，前者是成立一个具有法人资格的机构，并共同承担所有风险与责任；后者是成立一个不具有法人资格的联合委员会，各自核算收入与纳税。

四、监管机制运行不顺畅

我国有关矿产资源监督的法律渊源主要有国务院1987年发布的《矿产资源监督管理暂行办法》，1998年的《矿产资源开采登记管理办法》（2014年修订）和《矿产资源勘查区块登记管理办法》（2014年修订），规定了国务院、各级人民政府地质矿产主管部门的监管职责、范围与手段等内容。在当代社会治理转型的大背景下,有关内容与规定已经不适合当前的转型发展。

(一)监管主体错位,阻滞多元监管形成合力

监管是指政府行政机构在市场机制的框架内,为矫正市场失灵,基于法律对微观经济活动的一种干预和控制。[1] 我国海洋资源管理一直遵循传统的行业部门的计划管理,使各行业、各地区自成体系,各自为政,形成了政出多门、多头管理、互不协调的复杂局面。一个部门或行业的开发利用极容易影响其他部门或行业的开发利用,从而影响海洋资源利用的整体效益和长远利益,造成综合效益低下。[2] 以海洋油气的监管为例,对其进行监管的政府部门有国务院、国家发改委、财政部、自然资源部、商务部、税务总局、生态环境部等。国务院是海洋矿产开发的最高监管机构,决定整个海洋产业发展战略规划等。国家发改委则是主要从经济角度,分析行业形势和国际局势,进行海洋矿产资源的价格预警预测等。财政部主要拟定有关海洋矿产资源税费的发展战略、规划、政策和改革方案,如海洋矿产税种和税基政策、税种的减免和调整等。自然资源部主要是负责海洋整体开发利用和保护的监督管理工作,组织履行有关国际公约、条约和协定等。商务部负责拟定有关海洋矿产国内外贸易和国际经济合作发展战略,组织实施外商投资等。税务总局则是征收有关海洋矿产资源的税费,并起草有关海洋矿产的政策法规、部门规章或规范性文件的草案等。生态环境部负责监督管理海洋矿产资源开发中的环境污染防治,协调解决重大环境保护问题,并制定、落实有关法律。从以上可以看出,以上监管部门机构众多,职能重叠,职权交叉,而且监管机构不断地推陈出新,反而打破了原有监管的连续性,严重阻碍了海洋矿产产业的健康发展。除此之外,还有部分关于企业与民众监管责任的规定。由此可知,我国目前实施的是多元主体的监管机制。传统的监管认为政府行政部门享受监管的权利,而现在监管主体突破了传统的局限,从一元性向多元性转换。在我国,地方各级人民政府地质矿产主管部门,连同税务、能源、环保等行政机构是主要的监管主体。至于矿山企业的自我监督管理机构,则是其内部的地质测量机构。另外在部分开发活动上,如矿产资源规划环境评价等,有公众参与的相关规定。政府的监管以行

---

〔1〕 参见马英娟:《监管的语义辨析》,载《法学杂志》2005 年第 5 期。

〔2〕 参见孙悦民:《中国海洋资源开发现状及对策》,载《海洋信息》2009 年第 3 期。

政管制为主，强调的是政府部门积极的作为，其手段主要表现为行政备案、许可、审批和裁决等对抗性行为。企业内部的监管依赖自觉性，而民众的监管则主要体现为建议、批评、检举和控告等，也是一种自发性的行为。从以上规定可以看出，政府是我国海洋矿产资源开发监督的主导力量，是强制性监管，而企业和民众也是监管主体中的重要参与者，属于自发性监管。两种管理模式上有着天然的鸿沟，两者之间的张力需要更多监管主体予以衡平。

（二）监管范围局限，忽视事后监管

事前监管主要针对的是矿业权主体准入资格，包括主体资格的登记、审查或审批；海洋矿产储量登记，由储量评审机构查明登记所需材料并出具评审意见书；海洋环境评价则是通过编制评价大纲、现场调查或现状评价、影响预测和影响评价、编写环境影响报告书等，对海上重大工程设施和海洋矿产资源开发过程进行评价。事前监管的重要性毋庸置疑，从源头上做好决策，可以提高政府监管的合法性与科学性，特别是在保护海洋环境上，更是事半功倍。事中监管侧重于安全生产、卫生条件和物质倾废等方面的监督。当前，应急指挥部主要负责海洋矿产资源安全作业，在工作重心上更加注重防控的工作，突出抓安全风险的源头防控、常态管控、监测预警、工程治理，主动塑造有利于发展的安全环境。卫生条件的监管主要是针对劳动者的健康，要求在海洋矿产作业中，必须满足特定的卫生安全条件，以减轻有关职业病的发生。物质倾废则是指在海洋矿产生产过程中，废弃物物质的处置与排放等。事中监管的优势在于对具体的海洋矿产开发活动进行介入，对发现的问题及时进行整改，具有较强的灵活性与实用性。对海洋矿产资源开发的事后监管则是聚集在开采平台的弃置上，特别是平台弃置后，平台及其管道会在海水中慢慢被腐蚀。其中的油气资源，甚至是管道自身的各种金属离子，也会慢慢暴露出来，从而对海洋造成污染。这种事后监管更多地体现在对海洋的各种数据监测上。在企业传统的“先开发、后治理”的理念影响下，监管主体也将更多的精力投放在事前和事中领域，对事后的监管重视不够。由海洋矿产资源开发引发的问题，如环境问题、资源破坏问题等，兼具隐匿性、长久性和深远性，长期以来缺乏足够的关注度，故而现有的监管体制缺少全周期的覆盖。另外，广东陆丰 22-1 油田弃置 12 年后，突破了国际海洋石油开采的大位移井、高温井、礁灰岩水平分支井等高难度技术“瓶颈”，重新启动规模化开发。此次开发也将对我国监管范围审慎质疑，科技不断进步，人类不断突破技术“瓶颈”的同时，是否应将废弃海上设施的监管期限延伸至更长,或者是否应将整个海洋矿产资源的监管范围全方位扩大。

(三)监管手段滞后,掣肘创新监管

为了规范国家监管行为,解决现实中存在的执法不公、执法不严等问题,同时也为了减轻企业负担,优化营商环境,2019 年国务院推出“双随机、一公开”的监管机制,即在监管过程中随机抽取检查对象,随机选派执法检查人员,抽查情况及查处结果及时向社会公开。目前我国形成了以“双随机”和“互联网+”为主的监管手段。“双随机”的前提是建立执法检查人员名单目录,通过摇号的方式进行检查,本意是严格限制监管部门的自由裁量权。这种检查方式对检查人员的要求较高,必须具备相应的专业知识,但是自然资源部的有关检查人员,如油气督察员均为聘任制,无力对海洋矿产资源作出全局性的监管。“双随机”监管的结果还容易导致“幸存者偏差”的局面,即忽略了样本的随机性,用局部样本代替了总体随机样本,从而对总体的预判和结论出现偏差,极易得出了与事实不符的结果。至于“互联网+”的监管模式,在其运用时也有客观条件的限定,即必须是在数据充分、共享程度较高的区域。然而,在面对海洋矿产资源时,“互联网+”监管模式的作用被复杂的地理环境所掣肘。海洋矿产资源的开发除了少部分位于近海,其余的与陆地有较远的距离,互联网的信号不足以全面覆盖,存在“盲区”,加上台风、地震、海啸等自然冲击,完全依靠互联网的路径是不可行的。“互联网+”模式还将很多监管义务苛以矿产企业本身,在利益的驱动下,部分企业自我监管动力不足,意识不强,在各种因素下,会规避自身可能存在的一些责任。因此,我国还需要从监管手段的创新上着手,全方位、立体式对海洋矿产资源进行监管。

第四节　完善我国海洋油气资源开发利用和保护法律制度的建议

一、优化海洋油气资源矿业权体系

(一)明确海洋油气资源矿业权的特殊性

在完善海洋油气资源矿业权流转法律制度时,前提是需要明确海洋油气矿业权的特殊性。以《矿产资源法》和《民法典》中有关矿业权的规定为出发点，构建与我国经济发展水平相适应的海洋油气矿业权流转制度。

一方面是在《矿产资源法》中突出油气资源的重要性和特殊性。《宪法》第9条[1]和《民法典》第247条[2]都规定了“矿藏属于国家所有”，而油气资源作为矿藏的一种纳入法律的规制中。这是我国关于油气资源法律定位最主要的依据，但是显然不足以昭示油气资源在社会经济活动中的重要性。对此，笔者认为可以在以《矿产资源法》为首的自然资源法律体系中将其重要性阐明，以凸显其首要能源资源的地位以便国家进行更好的管理。

另一方面是在矿业权领域将海洋油气资源与其他矿产资源区分开。矿业权根源于矿业权人探矿和采矿的活动，而与海洋油气资源相联系的这两个活动本身，却与其他矿产资源大相径庭。海洋油气的开发需要至少一艘钻井船和一座采油平台，其复杂精密程度远超陆上任何探勘开采设备，再加上航海定位、远程运输、通信技术、海洋防腐和安全保障等技术，海洋油气资源的勘探开发离不开高新科技与巨量资金的支持。现行法律中将允许矿业权转让的时间分别规定为探矿权两年，采矿权为一年，不符合海洋油气开发的现实需要。因此，将矿业权进行更进一步的细分，是为了更好地保护海洋油气矿业权，保障整个开发活动的顺利进行。

（二）规范表述矿业权自由流转，破解矿业权流转的理论和现实“瓶颈”

现行法律中对矿业权的诸多限制已经不合时宜，特别是《矿产资源法》第6条的规定。一方面应该是从《矿产资源法》入手，允许矿业权的流转。矿业权的流转已成历史的洪流不可阻挡，矿业企业的资金流通也需要将矿业权金融化，以发挥资本的最大效用。因此，与其从立法中禁止倒卖，不如将流转的条件和程序规范化。矿业企业对矿业权的流转有了具体的法律依据，就不需要采用股权转让等形式以规避政府的管制。企业有了法律作依据，政府也可以更好地实现行政管理和资源物尽其用的目的。另一方面是与《民法典》衔接，从物权法理论和合同法理论的角度，理解和规范矿业权的流转。除了要规范《矿业资源法》的有关规定外，更重要的是从物权法理

---

[1] 《宪法》第9条规定，矿藏、水流、森林、山岭、草原、荒地、滩涂等自然资源，都属于国家所有，即全民所有。

[2] 《民法典》第247条规定，矿藏、水流、海域属于国家所有。

论、合同法理论出发，完善矿业权流转规范。建议涉及矿业权权属变更的，以《民法典》物权编的相关规定加以规范，不涉及矿业权权属变更的，依据《民法典》合同编或者其他法律规范调整，从而避免概念混用和法律适用错误。[1]

（三）制定《矿业权法》，实现私法与公法规制的衡平

尽管在理论上矿业权具有私权属性，但是基于其来源于国家所有权，而国家所有权是为了公共利益和社会福祉而存在，所以在我国，矿业权并没有被认为是一种独立的、完全的私权，处处受到公权力的干预，所以公法的规制一直存在于矿业权法律关系中。针对此种局面，有学者提出以《矿产资源法》调整矿产资源所有权，制定《矿业权法》调整矿业权。前者主要适用公法规范，后者主要适用私法规范，实现私法和公法规制的平衡。

矿产资源，特别是海洋油气资源，国家对其的规制与保护承载着国家海洋事业的希冀，代表了全民对海洋资源的享有、支配，理应由公法调整。首先，以《矿产资源法》为首的公法体系来代表全民对海洋油气资源进行规制，以公共利益为价值导向，以国有资产的保护与增值为调整目的。其次，海洋油气资源开发与海洋环境之间关系密切，矿业权的行使必须以海洋环境的保护为目的之一。海洋环境的保护必须是以整个海域作为综合考量因素，用私法手段难以达到对环境问题的预防和处理的目的。只有以公法手段加以强制规定，才可能避免"康菲漏油事件"的二次发生。最后，海洋油气资源的开发利用是对整个国家综合实力的考验，覆盖科技、能源、法治、环境等多领域，必须用公法手段以维护国家的战略安全。

如果说矿业权流转的公法规制是提纲挈领式的引导，那么私法领域的规制则是一丝不苟地调整。矿业权是实现国家矿产资源开发利用的具体途径，是属于民事财产权利，应更多地适用私法来调整。制定《矿业权法》，可以突破现行《矿产资源法》调整中公、私不分的尴尬局面。一方面，《矿产资源法》与《矿业权法》调整对象的划分依据是矿产资源所有权与矿业权的区分。前者关注的是矿业领域的整体布局，如生产安全、生态环境、能源安全、税费规制，后者焦点在矿业权的取得、保护和流转。另一方面，与矿业有关的立法国际化明显，各国立法出现趋同的态势。在传统的大陆法系，如德国、法国、日本等，均有专门的法律对矿业权进行规制，包括矿业用地、矿业

---

[1] 参见郭琳琳、袁博、王凌云：《〈物权法〉视域下，矿业权流转的概念辨析与制度设计》，载《中国矿业》2019年第10期。

税金、矿业权的流转等。与国外法律保持趋同的态势,也有助于我国在以后的国际矿业资源交易中更加熟悉交易规则,从而更好地保护国有资产。

二、重塑海洋油气资源税在行业发展中的调节作用

(一)资源税的设计应考虑海洋油气行业的特点

海洋油气资源税的设计应先改变过去的理论认识逻辑,油气资源的稀缺和不可再生并不必然导致油气价格只涨不跌,相反在极端情况下,油气价格与世界政治格局、金融价格战联系更为紧密,价格可能出现暴涨暴跌。资源税的设计不仅要考虑油气价格暴涨,更要维护油气价格下跌时有关行业从业者的利益。对此,主要从以下两个方面着手:

1. 正确认识油气价格的金融属性。在经历了“负油价”,以及国内的“原油宝”事件[1]后,人们说起油气价格都是“谈油色变”,毕竟这是美国芝加哥商品交易所一百多年历史上,大宗商品期货第一次出现负价。“负油价”的出现使我国应该反思,过去的所有政策制定都是从其物理、化学角度出发,比如稀缺性、不可再生性为基础,又或者是从国家政治战略的角度强调其作为能源储备的意义,再结合中国传统的“物以稀为贵”的心理,从而习惯于油气必涨的思维模式。“负油价”使我国清晰地认识到,决定油气价格的不单是其大宗商品的属性,还与其金融属性密切联系。商品属性是指反应商品供求关系的运作或走势,金融属性是指利用金融杠杆投机炒作的行为或现象。金融杠杆的作用在于用最小的资本获取最大的收益,当然也存在最大的风险。2020 年疫情肆虐、美股熔断、沙特与俄罗斯的石油价格战,再叠加金融杠杆,于是“负油价”出现。只有正确认识油气资源的金融属性,才可能在制定各种方针政策时预见各种极端情况,从而规避风险,也保护油气资源开发者的利益。

2. 理性看待价格波动的双向性,出台具体免征或减征资源税的具体措施。在正确理解了油气资源的金融属性后,就能理解油气价格的双向波动。过去随着全球经济一体化,对油气资源需求不断增加,从而引发油气价格多年来的上涨。但是近年来国际政治局势错综复杂,疫情的出现更是让全球

---

〔1〕 2020 年 4 月 22 日,中国银行发布公告称,经审慎确认,WTI 原油 5 月期货合约 CME 官方结算价-37.63 美元/桶为有效价格。原油宝产品的美国原油合约将参考 CME 官方结算价进行结算或移仓,意即原油宝的投资人除了亏光本金之外,还要倒欠银行 2~3 倍投资本金的债务,遭遇严重“穿仓”。

经济发展按下暂停键,油气价格应声而落。2020 年 8 月,中石化、中石油和中海油发布半年报,中石化、中石油分别亏损 228.82 亿元、229.8 亿元,中海油实现净利润 103.8 亿元,但是也同比下降 65.7%。在这样的背景下,再适用《资源税法》中的 6%的固定税率显然不符合油气企业的利益。依据《立法法》第 11 条[1]所确立的税收法定原则,有关省、自治区、直辖市可以依据《资源税法》第 7 条[2],尽快制定有关免征或减征资源税的具体措施,出台配套法律法规,在油气价格大幅回落时,减轻或免除相关税费,从而保护相关企业利益。

(二)以税收手段促进地方税权和事权的平衡

提升国家治理体系的水平的必经之路就是要发挥地方行政的积极性和主动性,地方税权与事权的平衡发展无疑可以促进地方的行政管理发展。长期以来,地方政府的税权与事权失衡,事权的不断扩张让地方政府在管理中有心无力。

1. 要重塑地方政府的定位。在推进国家治理体系建设过程中,需要改变对地方政府的认识,重塑其定位。我国是实行“单一制”的国家,在国家治理中既要体现中央统一意志,又要发挥地方的积极性。在现代文明的观念下,直接依靠中央的国家管理很难做到事无巨细,科学分权成了国家治理的必然,必须充分发挥地方的自主能动性。地方政府不仅是中央政府在地方的代言人或代理人,抑或是政府政策单纯的执行者,它更应该是辖区民众的代理人,代表人民利益,为人民服务。地方政府应坚持始终关注民生、反映民意、传达民生、维护民利,并以实际行动践行人民公仆的承诺,并承担发展本地区经济和社会事务的重任,带领地区经济向前发展。

2. 注重税权与事权的统一。既然地方政府要服务人民,履行自己的职责,就一定要有税权作为保障。地方政府是中央各种法律法规或政策的直接执行者,在政府治理上必定会投入相应巨大的成本。尽管有《宪法》《地

---

[1] 《立法法》第 11 条的规定,下列事项税种的设立、税率的确定和税收征收管理等税收基本制度只能制定法律。

[2] 《资源税法》第 7 条的规定,有下列情形之一的,省、自治区、直辖市可以决定免征或者减征资源税:(1)纳税人开采或者生产应税产品过程中,因意外事故或者自然灾害等原因遭受重大损失;(2)纳税人开采共伴生矿、低品位矿、尾矿。前款规定的免征或者减征资源税的具体办法,由省、自治区、直辖市人民政府提出,报同级人民代表大会常务委员会决定,并报全国人民代表大会常务委员会和国务院备案。

方各级人民代表大会和地方各级人民政府组织法》作为明确地方事务的依据，但是事权一直伴随经济社会发展产生不断地变化，特别是易受各种突发事件的影响，如2020年上半年的疫情和下半年的洪涝灾害，不仅在管理和公共服务上承受巨大压力，地方政府囊中羞涩，日渐入不敷出。正所谓“取之于民，用之于民”，由地方政府直接用税权所得为民众提供公共服务，也符合传统理性。因此，只有在动态平衡中注重税权与事权的统一，让地方有更多精力为人民服务。

3. 以税收来推动海洋油气资源事业的健康发展。税收是国家治理的基础，为我国各项事业的发展提供最坚实的保障。随着科技的提高和民众对海洋认识的逐渐加深，海洋油气资源在开发过程中所涉及的领域也越来越广，地方政府的管理投入也随之加大。通过与中央共享资源税的形式，让地方政府参与资源税的分配，或者是以转移支付的形式，实现地方财政自主和构建地方主体税种，扩大收入来源，使政府的支出责任与财力相匹配。不仅可以让地方政府对国有资源的管理更加规范，还可以让海洋油气资源的开发更适应我国经济发展的需要。

（三）平衡属人管辖和属地管辖，实现各地区均衡发展

1. 正确认识社会主义主要矛盾。改革开放已有40余年，我国的各项事业建设也从最初的各种摸索逐渐走上了康庄大道，海洋油气资源的开发利用也在曲折前进，这离不开税收制度的鼎力支持。习近平总书记在党的十九大报告中指出我国社会主要矛盾已经转化为人民日益增长的美好生活需要和不平衡不充分的发展之间的矛盾。税收制度是国家治理和建设的基石，因此，社会主要矛盾也与税收制度紧密相关。因此，要以平衡属人管辖和属地管辖为契机，以税收制度为方式，以社会主义的和谐发展为导向，以走向共同富裕为根本目的，平衡属人管辖和属地管辖，只有正确认识属人管辖和属地管辖与社会主义主要矛盾之间的关联，才可以正确引导各区域共同发展。

2. 寻找平衡属人管辖和属地管辖的路径。在海洋油气资源领域，各沿海省份的发展也千差万别，如广东省、浙江省、江苏省的经济发展一骑绝尘，而海南省、广西壮族自治区等地发展较为滞后。许多油气企业所在地集中在管理更为先进的、经济更发达的省份，但旗下的油气矿区则在其他省份，资源税的征收又以企业为对象，长此以往，“强者愈强，弱者愈弱”的马太效应更加显著。这样的结果显然与社会主义和谐均衡发展的初衷相违背。因此，平衡油气资源属人管辖和属地管辖的途径要从顶层设计出发，合理安排

地方产业布局和引导人口流动。油气田的所在地尽量与税收收入归属地保持一致,各地方才有更多动力提供公共服务和进行科学管理,从而促进地方之间的良性竞争。

3. 以税收制度为手段,追求共同发展路径。绝对均衡、整齐划一式的经济发展是不可取的,因为各个地方的自然资源禀赋、地理位置和人文背景是不一样的。在正确认识客观差异性的前提下,寻找适合各地方发展的道路才是和谐发展的要义。从税收制度的设计上向经济欠发达的地区或者向海洋油气领域行政管理任务较重的地区倾斜。当然,地方政府要合理分配有限的公共服务资源,优先发展较为重要的公共服务,以及补贴受海洋油气资源开发影响较大的领域,如海洋养殖业、捕鱼业和航运旅游等。地方政府也应该在具体执行上更加制度化和精细化,建立一套完整的评判体系用以评价本地区的公共服务水平。

三、构建适合推进我国海洋油气资源对外合作的发展机制

随着我国油气资源领域的不断发展,市场化改革向纵深推进。尽管对我国油气勘探领域的全面放开,有"狼来了"式的担忧,但是市场主体渴望更多的是通过引入竞争机制,最终获得多赢的局面。

(一)完善市场准入机制

多年来,油气资源作为国家战略能源储备获得重视,而其作为普通商品的属性被忽略,上游市场准入严苛。上游勘探开发领域被国有石油公司垄断,显然已经不再顺应市场发展。因此,在如今油气资源上游市场垄断打破的前提下,完善油气资源市场准入规范以及民营企业如何提升自身竞争力,成为解决这一问题最重要的途径。

一方面,完善油气资源市场准入规范,主要从明确投资主体和规制准入方式着手。油气行业改革的焦点在于即使引入多元化投资主体,其中明确主体的类型是根本。在市场准入投资主体上,鉴于我国的国情、油气资源的超然地位和保证国家能源安全的前提,将参与勘探与开采的市场主体从国有石油公司扩展到包含外国投资者和民营企业在内,不包括个人。当然,对投资主体扩大后也还需要出台更多配套的细则,如资金能力、勘查能力和企业保证金等方面的具体规定。在市场准入方式上,特别是在未来协议转让可能成为市场主流的情况下,我国应对协议转让的具体内容进行规制,包括如何做到公开透明的监管,转让的流程以及是否危害国家能源安全等。

另一方面,提升民营企业的竞争力。国有石油公司长期垄断上游开发领域的直接结果就是民营企业的竞争力不强。民营企业直接参与油气资源开发的实例少之又少,在技术、资源、人员配备上不能与国有石油公司相提并论,因此民营企业在提升竞争力的过程中,需要与国有石油公司互相配合与学习。首先是提升自身业务能力,一般来说,以国有石油公司为代表的"国家队"掌握最先进和最前沿的科学技术,民营企业在学习的过程中,要认真学习其先进技术并与企业本身特点相结合。其次是提高经营管理水平。民营企业和国有石油公司最大的区别就是经营管理效率的差异。国有石油公司在社会生活中举足轻重,它的管理模式与管理水平受很多客观条件的制约。民营企业的规模虽然不及国有石油公司,但是却具有"船小好调头"的特点,在各种领域可以轻装上阵,因此民营企业可以突出其在管理领域的优势地位,提高效率。最后是建立适应民营企业发展的人才培养模式。人力资源是民营企业最宝贵的财富,也是民营企业提升竞争力的终极法宝。在人才培养的过程中,以人为本,注重人文关怀,建立良好的企业文化氛围;广泛吸纳各种专业人才,真正做到"不拘一格降人才";建立正确的奖励机制,调动人才积极性,为企业的壮大发展培养后备军。

(二)参考国内外现行的对外合作开发合同模式

油气行业的进一步对外改革开放,不仅需要从对外投资主体发力,还需要从合同模式上着手。之前外国投资者或民营企业必须是合资、合作的方式才能进行油气资源上游行业,随着限制措施的取消,我国需改变过去单一的合同模式。从理论上来讲,外商投资者和民营企业可以持有油气开发上游区块的全部股份,再结合《外商投资法》〔1〕,外商和民营企业参与上游油气资源勘探开发的途径可能包括:一是与国有石油公司签订分成合同(目前主要是产品分成合同)或成立合资、合作企业;二是外商和民营企业成立合资、合作企业;三是建立外商或民营企业独资企业。〔2〕下面将从以上这三种途径对合同模式进行探究,以期实现合同模式的多样化,并参考国外合同模式的先进经验,寻找适合我国油气资源发展的路径方法,从而形成多种合同模式并行的局面。

---

〔1〕参见《外商投资法》第31条的规定,外商投资企业的组织形式、组织机构及其活动准则,适用《公司法》《合伙企业法》等法律的规定。

〔2〕参见徐东、崔宝琛、唐建军:《国内油气资源对外合作面临的新变化及对策建议》,载《国际石油经济》2019年第10期。

1. 国有石油公司签订分成合同或成立合资、合作企业。目前此种参与方式是我国最常见的外资企业和民营企业参与油气资源勘探开发上游领域的模式。无论其是否采用产品分成合同,国有石油公司在这种合作模式中皆占主导地位。油气上游领域构建了以国有石油公司为主导、多元化投资主体参与的勘探开采体系。在此种类型中,除了可以采用传统的产品分成合同外,还可以采用联合经营的合同模式。联合经营,包括两种形式,即合资经营和合作经营,合营各方共享特许权,共同投资,分担石油开发成本,分享净收益等。区别就是合资经营通常是由国家石油公司与外国投资者共同出资建立一个具有独立法人资格的经济实体进行经营,负责石油勘探开发、生产、运输和销售等经营活动。合作经营则是由双方协议组建一个不具有法人资格的联合委员会,双方联合经营、共同投资、共负盈亏,在法律和财务上,原来的公司各自保持其独立性,各自分别计算其开支和收入,各自向国家纳税,各自承担法律责任。[1] 显然,联合经营的合同模式较产品分成更具有吸引力,其打破了传统产品分成合同中由外国合同者或民营企业承担的勘探风险以及降低了石油价格波动带来的冲击。

2. 外商和民营企业成立合资、合作企业。此种合作模式打破了国有石油公司在油气合同开发中的绝对话语权,外商投资者和民营企业,只要在我国境内注册,净资产不低于3亿元人民币的内外资公司,均有资格按规定取得油气矿业权。[2] 据此,外商和民营企业可以自己依据《公司法》《合伙企业法》等成立合资、合作企业。若成立公司,则必须依法制定公司章程、成立股东大会、监事会,选举董事会、经理等;若成立合伙企业,则必须依法订立合伙协议,载明利润分配、亏损分担方式,合伙事务的执行等。这种合作模式更接近国际合作共同开发的联合管理模式。但也存在以下区别,如投资主体上,传统的联合管理有一方是资源国,该合作模式的投资主体是外商和民营企业;在联合管理的合作经营中,双方各自在财务和法律上保持独立,各自计算开支和收入,但是在外商与民营企业的合作模式中,却共同享有权利和承担义务。因此,此种合作模式更接近于联合管理中的合资经营。

3. 建立外商或民营企业独资企业。如果外商或民营企业独资企业参与油气资源上游的勘探开发,那么意味着该独资企业享有如下权利:首先是该

---

[1] 参见杨翠柏、何苗等:《南沙群岛油气资源共同开发法律研究》,南京大学出版社2016年版,第76页。

[2] 参见《自然资源部关于深化矿产资源管理改革若干事项的意见》。

独资企业承担全部的勘探风险，其次是享有该矿区所产石油的所有权，最后是向政府缴纳资源税费。这个经营模式有点类似国际石油合作开发的租让制合同，也是对独资企业最有利的一种合同模式，因为承包商有最大的自主经营权，它最大的风险来自国际油价的走势和矿区油量。对于我国而言，这种类似“租让制”的合同在经济上没有任何风险，管理也比较简单。政府需要思考的是如何保障国有资产的安全。

综合以上三种外商或民营企业可能的合作以及合同模式，尽管笔者认为最适合我国油气资源发展的是产品分成和联合管理中的合资经营模式，但是各种合同模式都有其优缺点，特别是伴随我国油气产业的上中下游的市场化改革，均有其“用武之地”。在以后的油气资源市场化过程中，应结合实际情况，选择恰当的合同模式，从而促进油气资源开发的顺利进行。

四、理顺监管机制运行

从国家战略意义上来讲，海洋矿产资源属于公共产品。市场机制本身是无法解决自然垄断、外部性和信息不对称等“市场失灵”问题。为了克服这些弊病，必须正视我国现在海洋矿产资源监管中存在的问题与疑难，参考国外的有关经验，并结合我国的客观实际，从监管主体、监管范围和监管手段共同发力，从而构建适合我国海洋矿产资源开发利用的监管机制。

（一）填补监管主体，正视行业组织的衡平性，形成监管的合力

在我国有关海洋矿产资源的监管中有来自行政机构的强制性监管，如各级政府对应的海洋管理机构和矿产资源管理机构，还有企业与民众组成的自发性监管，包括企业自身的管理制度与章程等。然而必须认识到，在传统等级制的观念中，前者被认为是金字塔的顶尖，而后者则是处于底端，加上“官本位”思想的作祟，两种监管模式之间有着天然的鸿沟，两者未能群策群力，反而是各行其道，两种监管模式之间正常的对话交流机制难以实现。因此，作为衡平两种监管模式的第三方监管应运而生。目前最重要的行业组织是中国矿业联合会，其主要工作有如提供决策咨询、推进矿业循环经济、搭建企业与政府间的沟通与协商平台等，[1]另外还有中国冶金矿山企业协会、中国煤炭工业协会、全联中小冶金企业商会、中国贵金属行业协

---

[1] 参见协会简介，载中国矿业网，http://www.chinamining.org.cn/index.php?m=content&c=index&a=lists&catid=15&pc_hash=OWQb3V。

会等各种协会,但是其主要承担的是陆上矿产资源的监管工作。未来,还需要有关行业组织继续推进海洋矿产资源的监督工作。可以明确的是,行业组织的监管与另外两种监管模式之间有着适度的分工,涉及宏观或决策的事务由行政机构来解决,具体到各种操作或执行等微观事务则由企业或民众来解决,至于中观的事务,如行业交流合作、技术人员培训等,则由行业组织来解决。行业组织监管是行政机构、企业与民众之外的第三种监管路径,因此,有必要提升行业组织在海洋矿产资源开发监管中的参与度,从而促进市场经济体制的发展与转型。

(二)拓展监管内容,强调全面监管的重要性,维护监管的完整

在行政机构、行业组织、企业和民众三者厘清监管事权之后,则需要考虑从监管的内容上入手,拓展期限,以加强事中和事后的监管为着力点。传统的监管中存在"重审批轻监管"的问题,"事前预防"为主的监管模式遭遇了现实的挑战,特别是以"康菲漏油事件"为代表的溢油事件则暴露出我国监管体系中存在的问题。因此,需转变传统的以"预防为主"的监管模式,除了要在现行立法中增加事中、事后监管的内容,还应将监管期限适时延长。事中、事后监管的内容包括生产检查、钻孔检查、废弃检查、油井维修检查等,可以考虑增加监管责任,加大处罚力度。事后监管则围绕海上生产设施的弃置与生态环境的保护和补偿。弃置管理规定的意义在于避免油气企业"一弃了之",而是通过完善的法律制度,避免在弃置过程中可能出现的环境或安全问题,帮助企业顺利完成设施的弃置,并明确弃置后剩余责任和落实保护和补偿机制。对于拓展监管内容的期限则是聚焦在海上设施的处理上。一般而言,当海洋矿产资源开发生产停止后,则会对生产设施进行弃置处理,比如运回陆地回收、原地弃置或改作他用。海上油气生产设施弃置后,无论是原地弃置、异地弃置或改作他用,设施的主体结构将在弃置地长期存在,由于地理位置的特殊性,此类污染事件兼具长期性与隐蔽性,一旦发生,很难在第一时间予以发现并治理。广东陆丰 22-1 油田时隔 12 年的开发重启,则对监管期限的延长提出了新的标准。考虑到海洋矿产资源一般 5~10 年甚至更长的开发周期,建议将监管期限拓展至生产停止后的 20 年。当然,在生产停止后的前几年,可以保持一个较高的监管频率。随着时间的延长,频率也相应递减。

(三)更迭监管手段,突出现代监管的专业性,保障监管的创新

针对我国目前以"双随机"和"互联网+"手段为主的监管体系中存在的

专业人员队伍问题、抽检结果形成的“幸存者偏差”和“互联网+”手段存在的桎梏,可以从以下维度进行突破。首先,建立更加专业的人员队伍。以油气督察员为例,目前的全国油气督察员共801名,[1]来自不同的机构与省份,采取随机抽样检查的形式。海洋矿产的生产作业与陆上作业有明显的区别,需要来自沿海省份或具有海上矿产工作经验的督察员,故而,应从现有的督察员队伍中组建专业性更强的人员队伍。另外,为了保证结果的公正,对于抽查的地点,也应该存在地域的回避,为了保证督察员不因特定的地域或其他问题而对其履行职责产生不良影响。其次,合理增大抽检频率以避免“幸存者偏差”的发生。海洋矿产资源的现场抽查因其地理属性,客观存在较大的困难,故而抽检结果波动性比较大。在合理范围内增加抽检频率,有助于增加海洋矿产监管结论的精确性。当然,应该保持一个合适的频率,频率太高,企业会疲于应付检查,频率太低,企业又容易忽视合规管理。因此应考虑海洋矿产开发企业的实际工作情况,并集合督察员的工作安排,合理确定抽查频次。对企业的抽查也不能重复划一,可以继续细分为日常检查、综合性检查或专项抽查等。对于企业的抽查应该严格按照规定执行,尽力做到受检范围最小化、事项整合最优化、检查频次最少化,避免抽检过多从而影响企业的正常运营。最后,以多种科技手段,与“互联网+”模式互为助力。海洋矿产资源勘探开发技术,特别是深海矿产资源勘探开发技术,是一项高技术密集型产业,涉及地质、海洋、气象、机械、电子、航海、采矿、运输、冶金、化工、海洋工程等许多学科和工业部门。正因为海洋矿产资源开发需要借力诸多高新科技,而其地理位置偏远,难免会有互联网盲区,多种科技手段并用成为必需。卫星遥感、无人机、热成像等手段可以更加直观监测到资源开发过程。拓展立体遥感技术,发展多类型高端卫星,通过建立高分辨率迅捷对地观测无人机遥感网络体系,开展超精细对面移动测量自然资源采集以及物联网、传感网等新型数据采集技术研究,开展海上矿产资源目标的监测与管理。另外,还需提高地质和海洋灾害动态监测与预警技术水平,研究地质海洋灾害快速识别监测预警技术,开发海洋灾害和海洋环境质量综合监测平台,构建海洋环境监测数据预报系统和安全保障平台原型系统。

---

〔1〕 参见《关于第七批全国油气督察员拟聘人选的公示》,载自然资源部官网2022年9月7日,http://gi.mnr.gov.cn/202009/t20200907_2552146.html。

第五章　海砂资源开发利用和保护法律制度

第一节　海砂资源概述

一、海砂资源的概念和特征

(一)海砂资源的概念

海砂资源,泛指海底及近海区域中以建筑用海底砂石为主的固体矿产资源,海砂资源常以石英砂为主的固体矿物堆积带形式出现在海岸带海底、近海浅海海底以及大陆架海底。海砂资源属于海底固体矿产资源,主要成分是由海洋潮汐冲刷而成的直径在5毫米以下的各形态二氧化硅固体,是滨海砂矿中主要的非金属矿产资源。[1] 海砂虽然不如河砂易于开发利用,但品质良好的海砂仍作为建材使用,可广泛应用于各式建筑工程中作为原材料或在填海造陆工程中作为填埋物体使用,具有可开发性。海砂资源在浅海矿产资源中具有极高的经济价值,其产值目前仅次于石油、天然气,而滨海砂矿中的绝大多数可开采矿产为以二氧化硅为主要组成物质的海砂矿产,巨大的资源储量海砂矿产开发已经成为仅次于石油、天然气开采业的核心海洋矿产开采业。[2]

(二)海沙资源的特征

海砂作为海底固体矿产资源具有两方面的属性特征,一是其作为自然界的组成部分所具有的自然属性特征,二是作为流通商品以及建筑原材料

---

〔1〕 参见夏登文、岳奇、徐伟主编:《海洋矿产与能源功能区研究》,海洋出版社2013年版,第10页。

〔2〕 参见韩宗珠、艾丽娜编著:《海洋矿产产业发展现状与前景研究》,广东经济出版社2018年版,第4页。

所具有的社会属性特征。海砂资源的特点是在其双重属性之上延展结合而来,海砂一方面具有自然之物的天然特征与功能作用;另一方面海砂作为建筑原材料,对社会基础设施建设的有序进行亦具有一定作用。

1. 海砂资源具有自然属性特征。海砂作为海洋自然环境的组成部分,具有不可缺失的生态价值,海砂资源是海洋环境和海洋生态系统中的主要海洋生物附着地之一,但海砂资源聚集带也为海洋底栖生物、深海鱼类等提供了必需的生长场所;同时,通过利用其堆积结构和海底岩石等共同吸纳来自海底暗流的绝大部分动力,以对抗由海潮、洋流和极端自然天气所造成的影响,以维持海洋与海岸带地区自然环境的平衡发展,并对自然海岸带、沿岸各地的填海造地、港湾工程等近海工程、海上工业项目提供有效保护。此外海砂作为一种不可再生的重要矿产资源,在一定程度上甚至具有被资源税保护的必要性,〔1〕但资源税的缴纳并不能代表海砂资源采矿权人对其开发利用海砂资源的行为已经支付了全额生态补偿费用,因为不可再生资源的有限供应使其所有者抑或采矿权人能够赚取来自剥削的超常利润,〔2〕而这样的超常利润是难以被资源税所覆盖的。

2. 海砂资源具有社会属性特征。作为矿产资源而言,海砂资源是一种重要的矿产资源,具有存储量大,资源潜力高等特点,具有极高的经济价值。同时海砂资源属于海洋矿产资源,而海洋矿产资源普遍存在资源调查广度和深度的不足,矿产调查缺失等诸多问题。〔3〕海砂一经开发处理便可广泛应用于建筑工程领域,海砂作为河砂的替代品有着巨大的资源潜力,但这样的潜力是建立在海砂开采、海砂分选、海砂净化等一系列环节都有序进行的前提之下的,而我国目前针对海砂资源开采的配套法律规制缺失或模糊也导致海砂开采法律乱象丛生,海砂盗采、海砂滥采、不规范利用海砂、未经净化直接利用海砂的现象屡见不鲜,极大地影响着海砂资源潜力实现。合理开发利用海砂资源可以改善建筑用砂的资源供给,保障经济建设需求,促进海洋经济发展。

---

〔1〕 参见郑新业、陈占明:《中国能源经济展望(2014)——资源税体制研究》,中国人民大学出版社 2014 年版,第 3 页。

〔2〕 See McLaren John & Passant John, *The Mineral Resource Rent Tax Has Been Repealed: Is It Now Time for a Better-Designed Resource Rent Tax on All Extracted Minerals and Gas*, Journal of the Australasian Tax Teachers Associatio, Issue 1, 2015, p. 92.

〔3〕 参见张成等编著:《海洋矿产资源》,中国地质大学出版社 2019 年版,第 11 页。

二、我国海砂资源开发利用和保护概览

(一)我国海砂资源开发利用情况

20世纪70年代到80年代是我国的海砂资源开采活动的萌芽阶段,沿海地区居民为降低自建房建筑用砂成本,进行分散的海砂开采活动用于小规模建筑使用,开采地点也大多位于海岸带区域等不依靠大型船舶就可进行开采的海砂资源带。资源利用效率低,同时也并未造成过于不利的生态环境影响。

改革开放后,中国南方沿海的城镇化建设增长速度达到了新中国成立以来的历史峰值,包括澳门地区和香港地区在内的整个珠江三角洲区域建设用砂市场供应量猛增,珠江三角洲流域的入海口处,每日来往的进行海砂资源开采作业的采砂轮过百艘,运输海砂的船只逾千条,平均每日开采运输海砂10万余吨。[1] 20世纪90年代的粗放开采将海砂开采推上了历史的风口浪尖,但这并不是海砂资源开采业的昙花一现,进入21世纪以来各地沿海地区围海造陆和填海造陆工程的涌现,使巨大的海砂资源缺口暴露在世人面前。由于海砂作为建筑原材料,其物理化学特性并不如河砂优秀,价格也较为低廉,而海砂资源本身开采于咸水区域,其与海洋生态环境的契合度极高,正是围海造陆和填海造陆工程所需要的理想填埋料。21世纪前我国国内的海砂开采公司大多存在经营规模小、个人独立经营,开采粗放、经营分散等问题,绝大部分的采矿作业区集中在海岸带附近,绝大部分海砂资源开采企业存在资金少,设备简陋的缺陷。

进入21世纪后随着工业化进程的发展,集团化的大规模生产方式逐渐占据了主导地位,海砂开采效率得到极大的提升,但也导致了企业数量将急剧减少,小规模、个人经营,开采粗放、经营分散企业面临被淘汰的风险[2]。在这样的背景下,部分企业及个人未经批准擅自在沿海地区进行大量的海砂采掘,直接无视了海砂开采活动的政府监管,更谈不上对海砂开采活动进行生态评估以及进行必要的环保措施,这些开采企业为了自身经济效益,忽略了其开采行为对生态环境、对其他经济体系的影响,野蛮的开

---

[1] 参见彭晓庆、元桦辉:《创新体制加强珠江口的采砂管理》,载《珠江水运》2012年第12期。

[2] 参见胡幼奕:《砂石产业转型升级需考虑的若干问题及对策》,载《混凝土世界》2015年第1期。

采模式直接破坏了我国本就不富裕的海岸带资源,甚至威胁到入海口的生态环境稳定;非法采砂活动的猖獗导致本就紊乱的海砂开采活动更加难以监管,而非法开采所得的海砂品质亦无法得到保障,直接危害建筑安全。总体而言我国的海砂资源开采起步晚,发展慢且存在"劣币驱逐良币"的风险,违法开采活动难以受到制约且违法成本低廉。

(二)我国海砂资源开发利用和保护的意义

1. 合理开发海砂资源可以满足我国的建筑用砂战略储备需求。海砂资源在一定程度上具备着战略储备的作用,尤其是对于沿海小国而言,海砂资源的开发速度在某种程度上与国土面积添附增加速度呈正相关关系,例如新加坡的国土面积增长就极大地依赖海砂资源的开发与利用。我国对海砂资源的需求虽然不那么迫切,但仍然存在巨大的海砂资源需求缺口。以我国南部地区为例,人口不到 300 万的海口市属于发展较为落后的省会城市,海口市的建筑用砂需求量相较于我国东部发达城市明显较低,但在海南省人民政府办公厅下发的《海南省"十三五"期间建筑用砂保障工作方案》中指出海口市"十三五"期间建筑用砂需求量为 800 万立方米/年,[1]而这一数字随着海南自由贸易港建设的进行将会逐渐增加,届时将会产生巨大的海砂市场供应缺口。作为我国改革开放的门户之一,广东省的建筑用砂需求量更为巨大,2020 年广东全省砂石消耗量为 155,731.43 万吨,砂石人均消耗量为 12.36 吨。[2] 广东庞大的人口基数直接影响了广东地区房建基建项目的投入,而这些投入又直接影响着砂石消耗量,合理开采海砂将对我国的建筑用砂战略储备起到良好补充。

2. 合理开采海砂可以保障我国建筑市场建筑用砂需求得到满足。发达国家除了对河砂、机制砂大力开发外,还拥有大规模的海砂资源开发工程。以日本为例,日本自 20 世纪 40 年代就开始使用海砂来制作混凝土,目前日本国内开采的海砂总量占其全国建筑用砂总量的 90%左右,其中部分海砂还被加工作为水泥制品进行销售,其生产出的水泥制品中约有 40%被用来

---

[1] 参见《海南省海口市矿产资源规划(2016—2020 年)》。

[2] 参见《广东省人民政府关于印发〈广东省促进砂石行业健康有序发展实施方案〉的通知》,载广东省人民政府网 2021 年 5 月 12 日,http://www.gd.gov.cn/zwgk/wjk/qbwj/ybh/content/post_3279931.html。

作为产品出口。[1] 我国直到20世纪70年代后部分沿海城市才开始小规模地将海砂作为建筑结构的原材料使用,直到90年代之后大规模使用海砂的仅有宁波、舟山以及深圳等沿海城市。随着新基础设施建设和现有基础设施的不断更新迭代,未来砂料资源市场的紧张局面将会越发严重,在这样的局面之下海砂资源必然面临过度开发的危险。过度开发砂资源实际上与过度捕捞或乱砍滥伐具有内在的一致性,都属于掠夺式的不可持续发展模式,长此以往将带来巨大生态损害风险。我国的基础设施新建速度、建筑规模常居全球首位,据相关市场研究机构的估算,2016年全球各国总共采挖了约137亿吨建筑用砂,其中我国的建筑用砂量就达到了亚洲总用砂量的20%以上。据联合国环境署预测,随着海平面上升以及人口增多,填海造陆与城镇化将用掉更多的砂料,到2030年全球每年对砂石的需求将接近500亿吨。[2] 20世纪90年代以来我国的大规模基础工程建设以及城镇化建设创造了极大的建筑用砂缺口,砂资源的稀缺与我国的高速发展不可避免地会出现冲突,而海砂资源的合理利用正可以解决我国所面临的建筑用砂紧缺的局面。我国海砂资源开采开始时间较晚,利用程度较低,海砂资源潜力在目前并未有效实现。随着我国现代化进程的推进以及科技水平的提升,可持续化地开采海砂资源,并实现海砂资源潜力,满足建筑用砂市场供应,保障现代化建设进程的稳定推进,对于我国的现代化建设有着不可估量的意义。

3. 合理开采海砂资源可以维持我国海洋环境的相对稳定。以石英砂为主的海砂堆积带是大海中最为常见的固体矿物堆积带,作为组成海底生态系统的重要一分子,海砂堆积带是海洋底栖生物、鱼类洄游的栖息场所和主要依赖,是海产养殖、旅游观光的主要场所。但我国对于海砂资源的利用起步较晚,以海砂资源为主的滨海砂矿产业在20世纪80年代才逐步形成,[3] 起步较晚且开采利用程度不足,海砂开采产业立法规范并不健全,导致我国海砂开采经历了长达数十年的混乱时期。建筑用砂的开采往往是以牺牲开采地生态环境以及其他产业健康发展为代价而得以发展的,这意

[1] 参见周永祥、冷发光:《海砂及海砂混凝土应用技术》,载《第二届中国砂石骨料行业技术发展(国际)论坛论文集》。

[2] 参见《全球缺砂:它是开采量最大的自然资源》,载中国新闻周刊网,http://www.inewsweek.cn/finance/2019-11-01/7472.shtml。

[3] 参见《我国已建成400多家现代化砂石矿山》,载自然资源部官网,https://www.mnr.gov.cn/dt/ywbb/201904/t20190410_2404623.html。

味着发展中国家几乎承担着全球建筑用砂开采、生产所带来的大部分环境资源负担。在如此大规模的建筑用砂需求之下，发展中国家往往作为建筑用砂的主要生产国出现在全球建筑用砂市场中，据联合国环境署在 2013 年发布的统计数据显示，我国以及巴西、土耳其等三个发展中国家生产了全球70%的水泥及砂料，此外根据美国地调局（USGS）在 2021 年公布的数据，仅2020 年一年我国生产了全球 53%的水泥以及以砂料为主的水泥熟料，我国已然成为全球最大的建筑用砂生产者，并且也承受着建筑原料生产以及使用所带来的巨大生态环境压力。合理开发利用海砂，可以满足我国建筑用砂战略储备以及市场用砂需求，但破坏性的海砂开采活动将对海洋环境以及渔业、旅游业产生不良影响，甚至可能导致资源枯竭，破坏海洋资源的可持续利用。

第二节　我国海砂资源开发利用和保护法律制度现状

一、我国海砂资源开采法律制度的渊源

（一）法律

《矿产资源法》调整在中华人民共和国领域及管辖海域勘查、开采矿产资源活动。国家对矿产资源的勘查、开发实行统一规划、合理布局、综合勘查、合理开采和综合利用的方针。海砂是海洋矿产资源的组成部分，其开采活动受该法调整。但由于海砂不同于海洋油气资源，其开采的审批和许可与海洋油气资源不同。《矿产资源法》第 16 条规定，开采石油、天然气、放射性矿产等特定矿种的，可以由国务院授权的有关主管部门审批，并颁发采矿许可证。开采海砂等矿产资源，其可供开采的矿产的储量规模为中型的，由省、自治区、直辖市人民政府地质矿产主管部门审批和颁发采矿许可证。

《海域使用管理法》规定，海域使用由个人或单位提出申请，相关部门进行审批，并向海域使用申请人颁发海域使用权证书。

《海岛保护法》明确规定，严格限制在有居民海岛沙滩建造建筑物或者设施，确需建造的，应当依照有关城乡规划、土地管理、环境保护等法律、法规的规定执行。未经依法批准在有居民海岛沙滩建造的建筑物或者设施对海岛及其周边海域生态系统造成严重破坏的，应当依法拆除。严格限制在

有居民海岛沙滩采挖海砂确需采挖的,应当依照有关海域使用管理、矿产资源的法律、法规的规定执行。

(二)行政法规和规章

2019年12月,自然资源部《关于推进矿产资源管理改革若干事项的意见(试行)》(已失效)该意见为矿业权出让制度改革指明了方向。

2023年1月,自然资源部印发了《矿业权出让交易规则》,该规则明确规定,涉及海砂开采的,应当按规定实行海砂采矿权和海域使用权"两权合一"招标、拍卖、挂牌出让。

交通部《水上水下作业和活动通航安全管理规定》第5条规定,在管辖海域内进行勘探,港外采掘、爆破等施工作业,应当经海事管理机构许可,并核定相应安全作业区。海砂开采属于此类活动,因此,需要遵守该规定。

(三)地方性法规和规章

在地方性法规、规章层面,海砂开采的法律依据更加细致,但也产生了一些基于各地具体情况的差别。2015年12月,广东省海洋与渔业局颁布了《关于海砂开采海域使用管理的暂行办法》,对广东省管辖海域内使用海域从事海砂开采及其相关管理活动进行规制,该办法有效期3年,目前拟出台新规加强海砂开采管理。2011年1月山东省出台了《山东省沿海船舶边防治安管理条例》,该条例第19条规定,出海船舶、人员不得盗采海砂或者非法打捞海底文物、沉船沉物。在法律责任部分对于盗采海砂的行为由公安边防机关收缴盗采、打捞设施设备和非法获取的财物作案两次以上或者具有以暴力手段妨碍执行公务等严重情节的收缴作案船舶。

1991年12月海口市发布《海口市海砂河砂管理暂行办法》,该办法规定了海砂开采主要由市海洋行政管理部门负责开采许可证也由海洋行政主管部门颁发。2023年2月厦门市颁布《厦门市海砂资源管理规定》,对海砂开采、运输及其他相关活动进行规制。

(四)其他规范性文件

2019年12月,自然资源部《关于实施海砂采矿权和海域使用权"两权合一"招拍挂出让的通知》(已失效),该通知就精简、优化海砂采矿权和海域使用权出让环节和办事流程等进行了规定。

2023年4月1日,自然资源部出台了《关于规范和完善砂石开采管理的通知》,该通知明确规定合理有序投放采矿权、积极落实"净矿"出让、严格工程建设项目动用砂石的管理、规范矿山开采产生的砂石料管理、积极推进绿色矿山建设、加强监管和执法等内容，为进一步细化海砂管理提供了依据。

2018年8月，广东省海洋与渔业厅印发了《海砂开采海域使用权挂牌出让工作规范》（已失效）、广东省自然资源厅关于印发《广东省自然资源厅海砂开采海域使用权和采矿权挂牌出让工作规范》、2019年11月广西壮族自治区自然资源厅印发《关于海砂采矿权和海域使用权证实施联合出让的通知》。2020年7月福建省自然资源厅下发通知，在全省全面实施海砂采矿权和海域使用权"两权合一"招标拍卖挂牌出让制度。各沿海地区的海砂开采制度不断完善。

二、我国海砂资源开采法律制度的内容

目前我国海砂资源开采相关法律规制可以分为：海砂资源开采前的程序性规制，海砂开采全过程的监督管理规制，以及对海砂开采相关犯罪行为的惩戒性规制三大部分。

（一）海砂资源开采的前置程序

海砂资源开采前置程序主要涉及海砂开采作业中的四个方面：第一，采矿作业隶属的矿业资源方面；第二，基于海砂开采属于利用海域空间资源的行为，其作业所涉及的海洋工程方面；第三，海砂开采作业势必对海洋环境造成一定影响，其作业同时涉及海洋环境评价方面；第四，海砂开采以及采集所得海砂的运输均属依赖海洋航运，属于海上通航方面。海砂资源开采涉及采矿、海域利用、环境保护、海上航行四个方面导致其前置程序繁杂，在一定程度上保证了海砂采矿权人具备必要资质，但也在无形之中提高了合法开采海砂的成本。上述四个方面具体论述如下：

1. 海砂资源开采活动在矿业方面，主要受到《矿产资源法》以及《矿山安全法》的规制，海砂资源开采活动的前置程序主要在《矿产资源法》体现。根据《矿产资源法》的要求，在对我国领海和我国所管辖的一切海域中的矿产资源进行开采利用前，开采者应先行向国务院地质矿产主管部门提交审批材料，只有在得到国务院地质矿产主管部门审批并获得国务院地质矿产主管部门颁发采矿许可证后，方可进行海砂资源开采活动。[1]《矿山安全

---

[1] 《矿产资源法》第16条第1款第4项规定："开采下列矿产资源的，由国务院地质矿产主管部门审批，并颁发采矿许可证：（四）领海及中国管辖的其他海域的矿产资源。"

法》中尽管要求把海砂开采加入其管辖范围,[1]但是由于海砂开采主要位于水体之下,导致《矿山安全法》中关于采矿行为的安全标准对于海砂开采活动而言意义不大。事实上对于"矿山"这一概念是否囊括"矿床",以及《矿山安全法》的大量标准及要求能否满足海砂开采作业的实际情况,这些问题都是存在一定争议的。

2. 海砂资源开采活动在海域空间资源使用方面,主要被《海域使用管理法》所规制。《海域使用管理法》中对于矿产业设置的海域使用权的最高期限是 30 年,但同时将开采海砂归类为海洋工业用海,[2]并要求海砂开采活动前办理海域使用证,使办理海域使用证成为海砂开采的前置程序之一;海砂资源开采作为海域空间使用的活动同样需要按年度缴纳海域使用金。获得海域使用证,缴纳海域使用金构成了海砂资源开采活动在海域空间资源使用方面的前置程序。

3. 基于海砂开采作业归类为海洋工业用海,我国对海砂资源开采前的环境评价程序要求,主要体现在《海洋环境保护法》以及《防治海洋工程建设项目污染损害海洋环境管理条例》中。其中《海洋环境保护法》对于海砂资源开采工作的防污染措施进行兜底性约束,[3]法条过于笼统可操作性较低,其在法律规范方面作为禁止性规范以及义务性规范的作用难以体现,必须配合相应的规章以及规范性文件才可发挥作用。反观《防治海洋工程建设项目污染损害海洋环境管理条例》虽然也对海砂资源开采工作的防污染措施进行兜底性约束,但是其中也对海砂资源开采提出了前置性环境评价要求,[4]只有环境影响报告书经过国家海洋主管部门核准后方可进行作业。

4. 考虑到海砂开采以及运输可能会对海上通航安全造成影响,根据《水上水下作业和活动通航安全管理规定》规定,开采海砂应当办理水上水

[1] 《矿山安全法》第 2 条规定:"在中华人民共和国领域和中华人民共和国管辖的其他海域从事矿产资源开采活动,必须遵守本法。"

[2] 参见段健、徐勇、赵燊:《国土空间规划的用海分类体系探讨》,载《地理研究》2019 年第 10 期。

[3] 《海洋环境保护法》第 46 条第 2 款规定:"严格限制在海岸采挖砂石。露天开采海滨砂矿和从岸上打井开采海底矿产资源,必须采取有效措施,防止污染海洋环境。"

[4] 《防治海洋工程建设项目污染损害海洋环境管理条例》第 11 条第 2 项规定,下列海洋工程的环境影响报告书,由国家海洋主管部门核准:海洋矿产资源勘探开发及其附属工程。

下作业许可证,〔1〕并将开采工作分为港口外水域开采以及对港口具有影响水域两种类型进行管辖,非港口水域由海事管理机构管辖,对港口具有影响水域则由港口行政管理部门与海事管理机构联合管辖。〔2〕 而针对海砂资源开采活动涉及多个行政主管机关的情况,则由两级行政主管机关共同的上一级海事管理机构或者共同的上一级海事管理机构指定的海事管理机构受理海砂采矿权人的作业许可申请。

进行海砂资源开采所必需的前置程序涉及数个方面,我国这些有关开采海砂的前置程序的有关的条款"散落"在不同的法律法规以及规范性文件之中,相应地,造成这些法规制定的出发点不同、侧重点也不同,〔3〕《矿产资源法》规范的是海砂开采中的探矿采矿权行使,《海域使用管理法》规范的是海砂开采中的除开内陆水域外的海域使用权行使〔4〕《海洋环境保护法》规范的是海砂开采中的海洋环境保护措施,《防治海洋工程建设项目污染损害海洋环境管理条例》规范的则是海砂开采中的海洋环境影响评价措施。除此之外,各沿海省如山东、海南、福建、广东等因地制宜制定的各种海砂开采的规范和管理办法,但各主管部门的权力分散,造成了海砂采矿权人大量时间成本的付出,极大地阻碍了海砂资源的资源潜力实现。

(二)海砂资源开采的监管制度

由于我国的法律和行政管理体制以专业职能部门管理为主,对于海砂资源开采这一涉及面较广的综合性作业,仍然是按照海砂资源开采涉及的采矿、海域利用、环境保护、海上航行四个环节以及海砂开采相关费用缴纳等五个方面进行"分段监管",目前尚未有统一的职能部门进行统一管理,海砂资源开采监管权限依然分散在相关职能部门之下。

1. 在海砂矿产开采与勘查方面,我国《矿产资源法》赋予了国务院地质矿产主管部门较为宽泛的监管权限。首先,国务院地质矿产主管部门负责

〔1〕《水上水下作业和活动通航安全管理规定》第5条第1项规定:"在管辖海域内进行下列施工作业,应当经海事管理机构许可,并核定相应安全作业区:(一)勘探,港外采掘、爆破。"

〔2〕《水上水下作业和活动通航安全管理规定》第8条第2款规定:"在港口进行可能危及港口安全的采掘、爆破等活动,建设单位、施工单位应当报经港口行政管理部门许可。港口行政管理部门应当将许可情况及时通报海事管理机构。"

〔3〕参见王小军:《论我国〈海域使用管理法〉的修订》,载《中国环境管理》2017年第4期。

〔4〕参见孟媛媛、罗施福:《论我国海域物权的类型与体系建制》,载《政法学刊》2018年第1期。

全国范围海砂资源的开采与勘查活动的监管工作，省级矿产行政主管部门和市级矿产行政主管部门相应地在国务院地质矿产主管部门的领导下，对所管辖的行政区划内的海砂资源的开采与勘查进行监管；其次，在对我国领海及其管辖范围内的所有海洋矿产资源进行开采之前，须经国务院地质矿产主管部门批准，并取得国务院地质矿产主管部门颁发采矿许可证之后方可进行开采活动；最后，国务院地质矿产主管部门还对海砂开采与勘查活动中出现的几乎所有违法行为直接进行行政处罚，以及委任下级主管部门或人员对海砂开采与勘查活动中的违法行为进行行政处罚。[1] 综上所述，在海砂资源开采以及海砂矿床勘查问题上，我国采取的是由国务院地质矿产主管部门领导下级矿业主管部门，并在各部委以及各级人民政府的配合之下对海砂矿产开采与勘查活动进行分级监管的垂直化监管模式。

2. 在海砂开采活动涉及的海域使用方面，县级以上海洋主管部门和人民政府拥有更为宽泛的监管权限。县级以上海洋主管部门以及与之对应的人民政府对海域使用的申请进行审查和批准并呈送至国务院相关部门，最终由国务院批准由国务院海洋行政主管部门颁发海域许可证。我国《海域使用管理法》还赋予了县级以上海洋主管部门对《海域使用管理法》中所涉全部行政处罚作出决定的权利，县级以上海洋主管部门具有行政处罚最终决定权。此外县级以上海洋主管部门对于辖区内的海域使用权民事纠纷还具有调解的权限，不仅仅只是处理行政程序争议的单一功能部门。在对海域使用方面的行政处罚拥有决定权的同时县级以上海洋主管部门也相应地承担海域使用情况监督检查工作，可见县级以上海洋主管部门成为海域使用方面真正意义上的全权监管者。

3. 针对海砂开采活动所涉及环境污染问题，我国采取的是和在海砂矿产开采与勘查方面相似的监管制度。国家海洋主管部门成为海砂开采活动环境保护方面的主要领导机关，县级以上地方人民县级以上海洋主管部门则负责按照国家海洋主管部门的要求对海砂开采活动环境保护工作进行

---

[1] 《矿产资源法》第45条的规定："本法第三十九条、第四十条、第四十二条规定的行政处罚，由县级以上人民政府负责地质矿产管理工作的部门按照国务院地质矿产主管部门规定的权限决定。第四十三条规定的行政处罚，由县级以上人民政府工商行政管理部门决定。第四十四条规定的行政处罚，由省、自治区、直辖市人民政府地质矿产主管部门决定。给予吊销勘查许可证或者采矿许可证处罚的，须由原发证机关决定。依照第三十九条、第四十条、第四十二条、第四十四条规定应当给予行政处罚而不给予行政处罚的，上级人民政府地质矿产主管部门有权责令改正或者直接给予行政处罚。"

直接监管。但不同的是在环境保护方面，县级以上地方人民县级以上海洋主管部门拥有了更广泛的行政处罚决定权，直接成为海砂开采活动环境保护方面的主要监管力量。

4. 海砂开采活动所涉及的航行与安全方面，《海上交通安全法》规定由国家海事管理机构领导其他各级海事管理机构，在国务院交通运输主管部门的主管之下对于海砂开采作业中的各类航行活动进行直接监管，各级海事管理机构可对管辖区域内的违法行为进行相应的处罚。此外为加强航行过程中的边防治安监管力度，我国在《沿海船舶边防治安管理规定》中将公安边防部门作为海砂开采作业中船舶边防治安管理的主管部门，在我国边界区域附近进行的海砂开采相关航行活动将受到来自公安边防部门与海事管理机构的双重监管。

5. 针对海砂开采作业中涉及的海洋使用金、矿产资源税的缴纳和征收问题，由各级财政主管部门进行负责，辅助上述职能部门进行海砂开采活动监管。综上所述，在我国海砂开采活动的监管制度之下，各级矿产行政主管部门、海洋行政主管、海事管理机构、海洋主管部门、各级财政部门以及各级人民政府甚至边防公安部门都对海砂开采活动有着一定的监管责任，监管制度冗杂行政效率堪忧。

（三）违法开采海砂的惩戒机制

海砂开采活动主要是受到《矿产资源法》管制，海砂开采活动中达到入刑标准的犯罪行为，往往同时也是应当受到行政处罚的行为，针对非法采砂的行政处罚主要是由国家立法和各级政府制定相应的规范所体现的。《矿产资源法》主要对采矿作业中违反相关开采要求的设置了相应的行政处罚；《海域使用管理法》对于未缴纳海域使用金以及非法占用海域等行为设置了诸如收回使用权、对个人或企业处以罚款等惩戒机制，具体由县级以上海洋主管部门决定并实施，而对于涉刑部分则依照《刑法》有关规定进行惩处；其他诸如水上水下开采活动以及航运的等过程中，出现的不规范行为则分别由海事机构和海洋主管部门进行相应的处罚。

针对非法开采海砂的刑事惩戒，处罚相对较为单一。获得采矿许可具有海域使用权的企业或个人未在指定区域或按照原开采计划开采的可能会被判处拘役、有期徒刑并处罚金；而不具备采矿许可的盗采海砂行为通常将会被判处有期徒刑并处罚金。

盗采海砂行为适用的罪名通常有非法采矿罪以及破坏性采矿罪，非法采矿罪和破坏性采矿罪二罪有着极其相似的犯罪构成。二罪的犯罪主体都是一般主体,即达到刑事责任年龄、具备刑事责任能力的人均可成为本罪主体及单位亦可成为本罪主体;同时非法采矿罪和破坏性采矿罪在犯罪的主观方面都属于故意犯罪,不存在过失犯罪的可能性。同时二罪所侵犯的客体也是一致的,非法采矿罪、破坏性采矿罪的侵犯客体都是国家对矿产资源和矿业生产的管理制度以及国家对矿产资源的所有权,这也是二罪与故意毁坏财物罪的最大区别。

真正区分非法采矿罪和破坏性采矿罪二罪的关键在其客观特征上,即二罪的犯罪主体是否持有采矿许可证。非法采矿罪,是指在不具备合法的采矿许可证的情况下,违反矿产资源法等法律规定擅自进入国家规划矿区、对国民经济具有重要价值的矿区和他人矿区范围采矿,或者擅自开采国家规定实行保护性开采的特定矿种,情节严重的行为;破坏性采矿罪是指在具备合法的采矿许可证的情况下,违反矿产资源法等法律规定擅自进入国家规划矿区、对国民经济具有重要价值的矿区和他人矿区范围采矿,或者擅自开采国家规定实行保护性开采的特定矿种,未按照所取得采矿许可证所许可内容进行非法采矿,情节严重的行为。

此外,为保障本地区海砂资源产业平稳有序地发展,沿海各级政府针对海砂资源开采也制定了大量地方性法规、政府规章,如《河北省海域使用管理条例》《汕尾市海砂资源保护条例》《海口市海砂河砂管理暂行办法》等。但地方性法规和其他规范性文件因为法律位阶问题究其本质均是对海砂开采中行政职权划分在上位法基础之下作出的具体安排,对于防范海砂开采中出现的违法行为只能起到辅助作用。

第三节 我国海砂资源开发利用和保护法律制度存在的问题

尽管早在2006年我国就在《中共中央关于制定国民经济和社会发展第十一个五年规划的建议》中明确指出要严格限制海砂开采活动,对海砂开采活动进行合理的海砂资源开采,[1]但在高额利润以及较低的犯罪成本

---

〔1〕 参见《中华人民共和国国民经济和社会发展第十一个五年规划纲要》,载中国政府网2006年4月30日,http://www.gov.cn/gongbao/content/2006/content_268766.htm。

的诱惑下，全国沿海各省份的海砂盗采、海砂滥采活动至今依然层出不穷。这样的乱象极大地阻碍了我国海洋资源的有序开发，并在一定程度上破坏我国近海地区海洋环境的生态平衡，对现有海砂开采相关法律制度的完善迫在眉睫。

目前，我国在立法方面并没有出台针对海砂这一特殊环境条件下的矿产资源进行管理的专项法规，法律规范对海砂资源开采问题尚未设专门条款，海砂资源开采相关法规条文过于分散，因此导致各级部门在管理上缺乏力度。各部委颁布的部门规范性文件，以及地方政府颁布的地方性法规、管理办法等虽然对海砂资源管理进行了详尽的规定，但由于海域使用管理和自然资源管理分属不同部门，制度互不协调，进而导致上级部门部分规范性文件的制定与地方政府行政实践脱钩。我国现有的海砂资源开采相关法律制度可操作性相对不强，部门法之间存在一些隔阂，国家立法方面与地方立法方面衔接不畅，[1]立法的滞后极大地阻碍了海砂资源潜力的实现，同时也是滋生大量非法海砂开采行为的主要原因。

一、监管制度低效冗杂

对于海域使用管理，现行的行政管辖模式已经捉襟见肘，对于海域之下的海砂资源监管则更加依赖地方政府及其相应的职能部门进行监管。然而地方部门难以摆脱地方管辖的“陆性”，往往将工作重心仅放在管辖地区海砂开采活动管辖上，忽略了海砂资源一旦遭到破坏性开发，其利益受损的不单单是某一省市，而是牵扯整个海砂堆积带海域及海岸地区的公众利益这一问题。

（一）跨区域案件难以得到管辖

以发生在海南琼西海域的 5 人盗采海砂案为例，2018 年 9 月至 12 月，被告甲、乙在未取得开采海砂许可证且未进行专项环境影响评价情况下，雇佣丙和丁驾驶近万吨的船舶，从浙江舟山抵达海南海域，先后进行了 11 次抽砂作业，累计采砂 12 万余吨。每次抽砂作业结束后均到广东惠州港码头卸货，由章某负责销售，2018 年 12 月，江某驾驶船舶在海南西部浅滩进行抽砂作业时被海警执法人员查获。该案件中犯罪行为发生在海南西部以及

[1] 参见林竹明、滕闪、谢忱：《福建省海洋非法采砂行为管控初探》，载《海洋开发与管理》2020 年第 11 期。

海南西南部海砂堆积带之上,涉案船只的行经路线更是长达数千公里,首先该次犯罪行为破坏了非法采砂犯罪地及其附近海域生态环境的动态平衡,危害结果直接波及海南沿岸的数个市县;其次案中被采海砂后被销往广东等地,该批海砂在被盗采后并未进行淡化处理也未对于海砂颗粒粗细度进行测算,该批海砂的质量是否满足《建筑用砂》标准更是不得而知,该批海砂流入市场后危害结果将直接蔓延至全国各地。可见以陆地行政管辖为基础管辖海砂资源几乎是不可能实现的,水平向的系统化监管制度的缺乏将对海砂资源潜力的实现,海洋生态环境的保护等多方面带来巨大隐患。

(二)海砂开采法律规制条文分散,可操作性较差

尽管我国对于海砂资源开采前置程序已采用较为合理的市场化规制,但考虑到海砂资源作为海域空间之下的下层资源,市场机制下的海域空间资源利用受经济利益驱动,往往造成海域空间资源的过度开发和海域环境的破坏。海砂资源开采活动涉及航运、采矿、海域使用以及生态补偿等多个方面,作为采矿权人其在进行海砂开采活动的时候,难以对开采活动的方方面面进行详尽的法律风险以及作业风险分析。因此,在对海域空间资源进行立体分配与利用时,必须对各方面利益目标进行协调与平衡。不仅要维护海域使用者的基本权益,同时还考虑到海域资源的其他相关者(尤其是区块海域当地居民)的利益诉求,强化资源资产化管理的目标,从整体角度和综合目标方面对海域空间资源的利用方式及空间利用结构进行综合性的调整。[1] 而法律条文的分散和各地对于海砂资源的不同标准导致海砂采矿权人在进行海砂开采活动前难以对于海砂资源开采所需要注意的法律分析有一个清晰的认知,另外,海砂资源开采活动是否合规合法对于普通群众而言更无从了解,海砂开采活动难以被监督被管制,只有当海砂开采活动实际影响到周围群众的切身利益之后,公众才可能发现海砂开采活动存在何种问题,这进而导致了目前我国海砂资源开采法律规制难以起到完全预防犯罪和保护自然资源不被破坏的作用,即不具备完整的预防作用。

(三)权责存在重叠,选择性执法严重

在“两权合一”制度实施后,海砂采矿权与海域使用权的关系进一步被厘清,海砂开采的无序状态得到了缓解,但是由于海砂资源开采的具体实施

---

〔1〕 参见徐敬俊:《海域空间自然资源的立体分布特征与其资产化管理路径探索》,载《太平洋学报》2019 年第 4 期。

细则、行业标准尚未建立，大多数省份缺乏相应的地方性法规。随着 2018 年以来政府机构的不断改革以及《海警法》的颁布，海砂资源的管理模式完成了“集中管理，多头执法”到“多头管理，集中执法”的转变。[1] 海砂资源本身作为一种分布广泛的海洋矿产资源，“多头管理”的模式并不能有效地对其进行管理，砂资源的分布区域广且具连续性，地方政府在管理各地区海砂资源时容易出现权力重叠。这不光是由于地域管辖权分配不合理，海砂开采活动监管主体也存在一定的模糊性，即使是海警乃至海军的介入仍然是建立在监管主体申请配合之下完成。[2]

（四）职能部门之间缺乏联动，行政效率低下

在地方行政管理方面，我国沿海大部分省市对于该辖区内海砂资源管理都有着适应本地行政管理特色的地方性法规以及政府规章，国务院各部委也对海砂资源的管理问题作出了相应的指导意见。然而大量法律规范、规范性文件以及指导意见的存在反而导致海砂开采具体管理工作在一定程度上难以开展。实质参与海砂管理的行政部门主要有海事、国土资源等，职权配置混乱导致海砂资源开采管理在不同地区存在多个部门管理，甚至没有部门管理的情况。同时海砂资源基本沿海岸带呈带状分布，而我国海域管辖是以陆地行政管辖为基础划分的，这也导致了非法开采海砂资源的活动可能同时发生在两个以上的行政管辖区域内，同时部分地区海砂资源开采也需要获得两个或两个以上地区行政主管部门的许可。行政管理职权过于分散造成了行政资源浪费，各部门难以第一时间实现信息共享，甚至对于海砂资源管理问题需要临时组建一套班子进行处理，因此，行政职权过于分散使如今海砂资源行政管理问题频频出现的制度性原因。

二、生态补偿机制不健全

需要明确的是，生态补偿机制并不仅是为了解决生态环境损害事件发生后的责任承担问题，而是对危害生态环境的事件起到预防作用，其首要目的应当是预防而不是补救。在西方国家对于生态补偿机制的理解中，国家对环境损害的赔偿及其处理是生态补偿机制中一个非常重要的方面，国家

---

〔1〕 参见张杰、高克忠：《非法开采海砂中的违法行为透析》，载《齐鲁渔业》2010 年第 1 期。

〔2〕 参见周国辉、马珣：《过境内河砂石料船舶海事监管——以洋山港海事局为例》，载《世界海运》2019 年第 5 期。

有责任确保修复其在其管辖范围内或在其控制下进行的破坏环境的活动。修复包括赔偿、环境赔偿,并规定了补救损害的措施。同样,恢复措施应当被理解为任何类型的合理措施,其目的是评估、恢复或恢复已被破坏的环境组成部分。海砂资源中的生态补偿机制不仅仅是针对非法开采海砂活动而作用的,而是将一切开发利用甚至破坏海砂资源的活动都囊括其中的完整体系。

我国实行自然资源国有制度是由我国《宪法》明文规定,我国境内的一切自然资源的所有权属于国家,极个别的重要战略性自然资源由国有企业统一开发利用,其余资源可由个人或企业、组织缴纳一定的费用进行开发利用。在实际开发过程中,海砂资源和绝大多数矿产资源一样,由个人或企业通过申请行政许可的方式,向政府缴纳相应费用,获得资源使用权并进行海砂开采活动。海砂开采个人或企业所缴纳的费用主要是矿产资源税以及海域使用金,由于这些个人或企业并不是海砂资源的所有者,海砂资源的实际价值无法被这一系列的费用所保护,海砂资源的采矿权人没有真正珍惜和有效利用有限的自然资源,在上述资源管理体制下,海砂资源的有限供应使海砂采矿权人能够赚取来自剥削生态利益的超常利润,因此,海洋环境恶化,海砂资源的破坏性开发频繁发生。

相较于合法海砂开采采矿权人,非法盗采海砂的犯罪分子所需要负担的"开采"成本就更低了。盗采海砂犯罪虽然在一定程度上可被划分为行为犯,即犯罪分子进行了盗采行为即视为完成了非法采矿罪的犯罪构成,并不要求从盗采行为中获取利益,但我国《刑法》针对盗采海砂入刑还要求其犯罪行为的"情节严重",这也降低了盗采海砂犯罪的犯罪成本。盗采海砂的犯罪客体实际上并不是合法采矿权人的利益,而是国家对于矿产资源的所有权,以及盗采行为海域的生态环境稳定性,但盗采海砂行为在司法实践中被《刑法》所制裁的比例却微乎其微,这也导致了盗采海砂案件频发。

对在合法开采活动已经发生的损害赔偿,我国现行法律普遍采用行政命令、行政处罚、行政强制相结合的责任制度对损害赔偿进行救济。换句话说,行政管理部门可以责令违规者限期改正违法行为,消除污染,恢复被破坏的生态环境。逾期未采取控制措施的,行政管理部门可以依法采取措施并要求赔偿。[1] 若开采人不愿承担责任的,可以申请法院强制执行,而这

---

〔1〕 See Weiyu Wu, *The Reform of the Compensation System for Ecological and Environmental Damage in China: Natural Resources*, Environmental Enforcement and Legislation, Natural Resources Journal, Issue 1, 2020, p. 67.

类案件不涉及审判,法院对行政决定的司法审查往往局限于“书面审查”,实质上难以对于开采活动是否应当承担生态补偿责任进行界定。

盗采海砂产生的生态环境修复费,我国主要是通过民事公益诉讼或检察院公诉的方式向盗采海砂活动人进行追责。以福建省霞浦县线上公开审判的一起小额非法采矿案为例,该案中犯罪行为人通过盗采海砂行为所获的非法收益为人民币 32,000 元,各犯罪人因为犯罪行为所缴纳的罚金也在人民币 10,000 元至 20,000 元不等,但该案中盗采海砂实行人员需要承担生态环境修复费用约为人民币 460,000 元[1],达到犯罪收益的 20 倍有余。该案的盗采海砂行为实行人员有能力支付该笔罚金,但若盗采海砂犯罪行为人不具备支付生态环境修复费用的经济能力,犯罪行为造成的生态环境修复费用究竟由哪一方来承担或垫付,我国法律并没有给出明确规定,这也导致了无论是通过民事公益诉讼还是检察院公诉的方式提起的生态环境修复费用赔偿责任,都存在极大的不确定性以及反馈延时性。

国家方面专门立法的缺失进一步导致生态补偿机制的不健全,以至于我国针对海砂资源开采的生态补偿机制截至目前连完备补救措施机制都没有建立,生态补偿机制的不健全以及国家方面专门立法的缺失相互联合作用,负面效应两相叠加,并最终成为海砂资源开采活动无序化的制度性病根。

三、非法采砂处罚力度不足

进行非法开采海砂活动,不仅会导致局部水域海洋生态、沿岸线、海底地貌、防护林带、风景保护区和海上特殊保护区等遭受严重损害,而且还会直接危及防汛堤坝、海岸公路等涉海建设工程和航运活动的安全。首先,非法开采海砂活动破坏海底物理结构,毁坏海洋生物栖息地,导致海水中的悬浮物大幅上升,造成水生生物的大规模消亡;其次,非法开采海砂活动造成了沿岸线周砂滩退缩,沿岸线遭受侵蚀,海水倒灌,严重破坏了沿岸地区的土地、淡水资源利用、海边旅游资源利用和港湾资源利用,削弱了沿海地区的防风能力,并直接危及沿海地带民众的正常生产与生活;最后,海砂非法开采海砂活动提高了周围水域,尤其是航线船只的通航密度和锚地船只的

---

〔1〕 参见《霞浦法院线上公开宣判一起非法采矿案件》,载中国法院网,https://www.chinacourt.org/article/detail/2021/09/id/6239312.shtml。

停靠密度,增加了船只相撞的安全隐患。[1] 然而我国目前针对非法采砂活动的处罚力度相对较轻,盗采海砂活动入刑困难,针对海砂资源的破坏性开发活动比比皆是。目前我国对于非法采砂行为的处罚可被分为行政处罚、刑事处罚两大部分,而非法采砂行为人所承担的生态补偿赔偿等民事责任具有补偿行政不应当被认为是对非法采砂的处罚。

在对非法采砂处罚方面,相关职能部门对于非法采砂行政处罚实施和决定由诸如《海域使用管理法》《海上交通安全法》等庞杂的部门法所规定,虽然繁杂但是与海砂开采活动的多方面性特点相适应。但对于非法采砂的行政处罚主要是由国家立法和各级政府制定相应的规范所设置的,其处罚大多为最高不超过犯罪财物价值的50%的罚款,没收违法所得、没收非法财物、暂扣相关执照,其行政处罚的对象往往是非法开采海砂的船主以及实际驾驶人,而非法开采海砂大多需要多人配合实施,采砂船设备相对简陋,大都以插管虹吸式和链斗式方式近岸采挖海砂,船上都没有配备相应环保设施,甚至有部分"三无"船舶经改装后投入海砂开采。非法开采成本低廉且行政处罚力度不足,甚至在非法海砂开采犯罪团伙中有轮番接受行政处罚避免受到刑事处罚方式的存在,这都使针对非法开采海砂的行政处罚显得可有可无,也导致部分地区主管机关对于非法采砂活动的行政处罚积极性不高,海砂开采乱象丛生。

在对于海砂犯罪活动的刑事处罚中,盗采海砂根据具体犯罪情节将会被判处非法采矿罪或破坏性采矿罪,而已取得相应采矿许可和海域使用权的采矿人在其合法开采海域进行不合理的开采行为将会被判处破坏性采矿罪,[2]而进行非法采矿活动的人员构成犯罪主要是依据其犯罪行为是否满足"情节严重"或者"造成矿产资源严重破坏"来进行判断的。但我国《刑法》与《矿产资源法》对于非法开采海砂行为中的"情节严重"并未详细说明,具体认定标准大多在《关于办理非法采矿、破坏性采矿刑事案件适用

[1] 参见苏东甫、王桂全:《我国海砂资源开发现状与管理对策探讨》,载《海洋开发与管理》2010年第4期。

[2] 《刑法》第343条规定:"违反矿产资源法的规定,未取得采矿许可证擅自采矿的,擅自进入国家规划矿区、对国民经济具有重要价值的矿区和他人矿区范围采矿的,或者擅自开采国家规定实行保护性开采的特定矿种,情节严重的,处三年以下有期徒刑、拘役或者管制,并处或者单处罚金;情节特别严重的,处三年以上七年以下有期徒刑,并处罚金。违反矿产资源法的规定,采取破坏性的开采方法开采矿产资源,造成矿产资源严重破坏的,处五年以下有期徒刑或者拘役,并处罚金。"

法律若干问题的解释》(以下简称《非法采矿、破坏性采矿案件适用解释》)得以体现。而在《非法采矿、破坏性采矿案件适用解释》中,盗采海砂活动受到刑事处罚的前提条件是极为严苛的,只有当一次盗采活动盗得价值10万元到30万元的海砂,或者在两年内因为盗采海砂被处以两次以上的行政处罚后再犯的情况下才可被认定为非法采矿罪;而破坏性采矿罪中到达“造成矿产资源严重破坏”的标准则相对较为合理,〔1〕因为一般情况下具备海砂开采资格的企业或个人的生产能力较强,开采工具、船舶较为先进,造成矿产资源破坏危害性与犯罪恶意较之于盗采海砂人员更胜一筹。

海上犯罪本就难以被查处,加之大多数情况下盗采海砂受到行政处罚是刑事处罚的基础,而且在司法实践中部分法院常以非法开采所得海砂的市场价值作为定罪量刑的依据,而不是以开采行为造成的生态损失作为定罪量刑的依据,使犯罪数额难以达到入刑标准。盗采海砂行为的犯罪成本过低,较低的犯罪成本以及盗采海砂带来的高额利润,诱使大量投机分子加入盗采海砂犯罪活动当中,进而破坏国内海砂市场的正常秩序。

第四节　完善我国海砂资源开发利用和保护法律制度的建议

一、建立高效海砂资源监管制度

建立海砂资源综合监管制度,需要从立法上解决海砂资源开采低效混乱的局面,设立专门的海砂开采相关法规,精简条款,整合各类法律法规中有关的条文加以汇编,将实体性法律规范及程序性法律规范统一在一部法或法典中的某一章节之中,并制定统一的海砂资源开采标准及勘探规划,整体提升我国海砂开采行业的资源利用效率以及资源开发效率,进一步实现资源潜力。

---

〔1〕《最高人民法院、最高人民检察院关于办理非法采矿、破坏性采矿刑事案件适用法律若干问题的解释》第6条规定:“造成矿产资源破坏的价值在五十万元至一百万元以上,或者造成国家规划矿区、对国民经济具有重要价值的矿区和国家规定实行保护性开采的特定矿种资源破坏的价值在二十五万元至五十万元以上的,应当认定为刑法第三百四十三条第二款规定的‘造成矿产资源严重破坏’。”

（一）制定海砂资源开采整体规划

我国是海砂资源大国，也是海砂需求大国，我国的海砂开采活动将会与日俱增，开发程度也会不断提升。海砂开采活动对于生态环境的影响是不可避免的，但不同海域的使用价值是不同的，海砂开采活动带来的环境损害也是不同的，对于生态保护区、旅游开发区、填海造陆防护区域的海砂开采活动势必导致远超海砂开采所得经济利益的损失，例如我国海南省海口市以及儋州市均存有大量填海造陆工程，而海砂堆积带的存在对于人工岛礁或人工填海工程而言有着天然的保护功效。因此，各级政府应该在中央政府的带领下，对海砂资源进行全面系统的勘探登记，做好海砂资源的本底调查和采区选划。

对我国范围内的海洋矿产资源进行填图分析，结合国家或地区建设计划，对开采活动设置一系列限制，实现总体经济利益的最大化。同时基于对海砂的巨大需求以及河道、近岸海域采砂所产生的大量环境问题，引进新型海洋化探和生态监测技术手段，完善开采海砂的技术和设备及相关的环境影响评价技术指标，加强环境评价和资源量评价环节的认证。并参照日本的海砂资源开采规制，以立法的方式制定专门的水下矿山作业安全标准，独立于《矿山安全法》形成一套与海砂资源等水下矿产开采适宜的专门法律。我国部分地区其实已经实现了这样分级开采制度，政府部门已经对海砂资源开采设立相应的区划，并对已查明的海砂资源矿区分为禁止开发区域、有限开发区域以及自由开发区域，这样的制度是值得向全国推广的。将全国范围内的不同海域依照其生态环境的耐受程度划分为限制开采区域、禁止开采区域、自由开采区域，有利于实现保护海洋环境，促进海洋经济的目的。

（二）建立分层监管机制

行政职权过于分散是导致海砂资源行政管理问题频频出现的制度性原因，如果能够建立跨部门、分层级的监管体制，将使我国的海砂开采活动乱象频繁的问题得到一定程度上的缓解。模仿印度尼西亚的分层管理模式，结合我国“国省市县乡”的多级政府构架，综合我国各级别行政队伍的配置，形成中央政府管辖全国海域，省级政府管辖中等区域海域，市县级仅对管辖区域内近沿海区域管辖的三级管理模式。地方政府、有关部门负责管理的海域范围一旦被确定，非法开采海砂资源的活动可能同时发生在两个或两个以上的行政管辖区域内，甚至部分地区海砂资源开采需要两个或两个以上地区行政主管部门的许可的现象将大幅度减少。海砂资源管理出现重大问题时，同级政府与上级政府的责任承担更加清晰，分工更加具体，充分利用不同级别政府、相关部门的全部管辖力量。此外海砂的带状堆积导致其分布情况与海岸线分布存在一定差异，导致海砂堆积带难以被市县级政府、相关部门所管辖，政府分级管理制度也在一定程度上使海砂矿产资源堆积带由省级政府管理成为可能。

为增强各部门的配合力度，可参考荷兰联合多部门进行讨论发布《北海综合管理计划》(Integrated Management Plan for the North Sea 2015, IMPNS2015)的思路。由各部委进行数据汇总分析，并提出有利于海砂资源合理开采的相关建议以及提案，中央政府建立专门委员会对各部委的建议及提案进行汇编，结合我国当前阶段的海砂资源开采情况、国家海洋战略方针、海洋生态文明建设的要求等各个方面进行综合考量，以国家的发布整体规划方案，并交由各级政府实施。

(三)对海砂资源勘探制度进行改革

我国《矿产资源法》虽然规定我国的一切矿产资源属于国家所有，但"所有"的基础应当是"存在"，海砂资源储备量以及分布情况皆不明确的情况下海砂资源几乎"不存在"，更加不可能被国家所统一管理。我国目前针对海砂资源以及其他几乎一切矿产资源，采取的都是由国家力量进行资源勘探，并在勘探结果的基础上将矿区的开采权限以许可的方式授予个人或企业，勘探许可和采矿许可不能被授予同一主体。[1] 这样的模式似乎可以确保我国自然矿产资源的国家所有制，但也在一定程度上导致了我国地质勘探工作进展缓慢，妨碍了海砂资源的开发和利用。

为科学合理开采并利用海砂，首先应当鼓励非政府主体对海砂资源进行勘探，对我国的海砂资源总量重新计算，得出最新数据。并根据勘探结果对海砂资源的储量、可开发程度进行统计，并进一步制定海砂开采运输路线、开采时间以及具体的作业方式和作业标准。建议参考日本以及土耳其"勘采分离"的制度，赋予部分企业或个人"自由勘探权"，在其勘探出尚未被发现的可供开采的海砂资源矿产后，赋予其一定的收益权或针对采矿权的优先权，在不改变我国自然资源国有资产的前提下，激活非政府主体对于海砂资源勘探的积极性。开放权限，让具备海砂资源勘探能力的企业与个

---

〔1〕 参见刘画洁：《国外深海底矿产资源许可制度比较与借鉴》，载《江苏大学学报(社会科学版)》2015年第2期。

人加入海砂资源勘探工作中,并在其探明可开发海砂资源储量及具体分布范围后,采取一次性补贴或长期分红的方式将一部分利益分配给勘探人;对于其勘探出的不适宜开发的矿产资源,进行封矿处理,并给予勘探人一次性奖励。

二、健全海砂开采生态补偿制度

(一)设立生态环境补偿专项基金

虽然我国对矿产资源开采设立了各类前置费用,但该类费用本是对于开采者使用采矿区域及其附近土地由国家所有的矿产资源所产生的费用,是指采矿权人为补偿国家矿产资源的消耗而向国家缴纳的一定费用,并无法完全涵盖由于海砂开采活动对于整体海洋水体环境、沿岸地区海岸侵蚀效应的补偿费用,而且大规模海上作业也存在水域污染以及损害海洋渔业发展的可能性。通过设立生态环境补偿专项费用可以防患于未然,而且统一收取生态环境补偿专项费用也起到了保险作用,生态环境补偿专项费用可以作为海砂作业生态补偿责任赔偿基金存在,保证了海砂开采导致生态损害发生时能第一时间得到赔偿,开采人非故意或者重大过失造成的生态损害赔偿责任均可以交付生态环境补偿专项费的方式设立保险。此举不仅保障了生态环境损害责任事故发生时,利益受损方能先行得到赔付,也减轻了开采人所面临的风险。

专项基金的建立可以参考荷兰以及土耳其等国的先进经验。设立前置性生态补偿专项基金,在开采活动进行前向采矿权人依照其开采的区域以及作业方式收取一定的前置性生态补偿专项费用。在采矿权人在采矿权到期且不继续申请的情况下,依照其采矿活动期间的具体表现返还其缴纳的部分或者全部前置性生态补偿专项费用。用全国范围内收取的前置性生态补偿专项费用建立专项基金,以保证当生态损害事故发生时,事故发生海域能第一时间得到保护。或者在开采勘探活动的各阶段向各申请人收取一定数量的保证金,并于其采矿权到期时予以返还,该笔保证金基金库可以作为全国范围内的开采作业改良专项基金,从根本上提升我国的开采作业技术水平以及环境保护能力。

(二)进行开采活动生态效益评估

在海砂开采活动进行之前,在原有论证政策的基础之上,增设生态效益评估程序。不仅要求开采活动不破坏当地海洋生态环境,更需要其所创设的经济效益远大于其带来生态利益损失。良好且稳定的海洋生态环境带来的利益难以被量化,且难以在短时间内得以体现。海砂开采不应仅考虑开采方案短时间内是否造成事故或海洋损害事件的发生,更应该确保开采活动带来的社会总体效益在较长的一段时间里为正数。〔1〕

开采前生态效益评估,并不是单纯地进行开采可行性评估,而是对于海砂开采活动所造成的一切生态影响进行全方位评估,结合该矿区开发可能获得的经济利益总量以及当时我国对于该部分地区的开采需求,从社会总体利益角度进行分析,对于暂时不适宜开采的矿区进行暂时性封矿,对于需要限制开采的区域设置一定的开采额度,定期对各矿区进行回访评估,并根据评估结果对该矿区的开采方案进行调整。这可以从制度上解决监管部门仅对海砂开采进行一次监督的问题,使各级监管部门定期对于开采活动进行监督。

三、加强对海砂开采中违法行为的惩处力度

(一)加大行政处罚力度

我国针对非法开采海砂活动的行政处罚较之违法行为人就违法行为中获得的利润而言,存在力度较轻的问题。加大对于非法开采海砂处罚力度,加强行政处罚对违法行为人的警示作用,对针对海砂资源的犯罪行为能起到预防作用。目前我国针对非法开采海砂的行政处罚,存在法律适用的争议,一部分学者认为应当适用《矿产资源法》及其相关法规,最高可以没收非法采集得来的全部海砂,同时处以违法所得财物价款的50%的罚金;另一部分学者认为应当适用海洋环境保护相关法律,处以最高为10万元的罚金。〔2〕 但实际上,就目前的司法行政实践来看,以上两种行政处罚的力度都存在些许不足。无论是违法所得财物价款的50%的罚金,还是最高为10万元的罚金,都不足以对违法行为人起到惩戒作用。行为人仅一次非法开采行为就可带来高达数十万元的收益,加之该类行为难以被海警部门发现,行为人受到行政处罚时往往获益上百万元,行政处罚难以对其起到惩戒作用。

---

〔1〕 参见王秀卫:《论中国海砂开采管理制度的完善》,载《中国人口·资源与环境》2012年S1期。

〔2〕 参见杨玉章:《整治海砂违采,行政执法机制待理顺》,载《中国海洋报》2019年12月26日,第2版。

将行政处罚力度与行为人的非法所得收益挂钩，对行为人的罚款数额调整为其非法所得金额的总额，使其为非法行为付出应有的代价，目前，我国海上执法力量相对不足，缺乏执法技术支持，可能导致非法开采海砂行为人存有侥幸心理。在此基础之上，若不加大行政处罚力度，将难以有效预防违法行为的发生。每次非法开采海砂活动的行为人应当为其行为缴纳等同于其违法行为可得利益的金额的罚金，而对于非法所得不超过 10 万元的，适用海洋环境保护相关法律，处以最高为 10 万元的罚金。

（二）降低海砂犯罪入刑门槛

部分非法采砂行为难以受到应有的惩处，我国应降低海砂犯罪入刑门槛。

1. 取消或降低《最高人民法院、最高人民检察院关于办理非法采矿、破坏性采矿刑事案件适用法律若干问题的解释》对于非法开采海砂入刑所需要的曾因非法采矿受过两次以上行政处罚这一条件，非法采砂不同于陆上非法采矿，其隐蔽性更强，难以被监管，受到行政处罚的非法开采行为仅为冰山一角。非法采砂到海砂盗采以及破坏性开采之间其实并没有太多的过渡关系。我国应提高犯罪成本，防止非法采砂人存在侥幸心理以及尝试心理，避免我国针对犯罪行为入刑的宽大政策被其当作进行非法活动的次数限制。

2. 目前司法实践中处罚首要分子的裁判标准，并不能全面地评价非法采矿人的犯罪行为。鉴于非法采矿行为多为家族式作案，应当对其整个犯罪团伙进行惩处，实现刑法惩戒作用。盗采海砂多为数人共同作案，若一次仅对起主要作用的首要分子进行定罪量刑，则可能出现犯罪团伙间轮流承担首要分子责任的情况，会极大地干扰司法机关以及公安机关对该类犯罪的打击力度。

3. 为盗采海砂及破坏性开采海砂定制专属罪名。将海上的盗采、破坏矿业资源的行为与普通的非法采矿行为以及破坏性采矿行为分割开来，盗采海砂及破坏性行为所侵犯得更多的是犯罪海域自然环境的稳定性，其本身对于矿产资源的破坏力度以及对于他人合法采矿权的侵害其实并不严重。同时该类海上犯罪应由海事法院集中管辖，利用海事法院对于涉海案件的专业性，对这类案件作出更为公正的裁决。

（三）针对收买非法所得海砂行为进行处罚

非法采矿也可看作销售型犯罪，其必然存在购买、转售非法所得海砂的行为人，司法实践中往往对该行为人放置不管，但其危害性实际在一定程度上远大于非法开采人，数十个非法开采者可能仅供应一个非法收购人。

1. 建议对于收买非法所得海砂行为处以严于或等同于非法开采者的刑罚制裁，从源头上斩断非法海砂开采业产业。根据海砂的颗粒粗细度、有害物质含量等诸多因素共同决定海砂的用途及使用价值，防止不规范使用海砂带来难以估量的损害。20世纪末，我国台湾地区出现大量不良施工团队在混凝土材料中非法使用未经处理的海砂的现象，致使众多混凝土构筑物腐蚀劣化，最终爆发了“海砂屋”丑闻。[1] 海砂在未经处理前不应流入市场，海砂开采后并不适宜直接销售，而是应进入分选程序：对海砂进行分类管理，对海砂颗粒粗细度、盐分含量、有害物质进行取样分析，并将不同品质的海砂运往不同的处理工程进行再加工，并在再加工完成后根据分类情况对海砂进行分装销售。在海砂产品流入市场前对海砂产品进行产品质量分类控制，从源头上大大降低了不符合质量的海砂流入市场造成建筑物损害的可能性。

2. 建立专门的国家海砂集中销售平台，应当设立类似于食品药品检验机制的海砂检验标准，检验合格的海砂产品方可流入市场，然后在建筑商的申请购买下，将各类品质的海砂定向售往特定类别的建筑工程项目，确保使用海砂产品的建筑方购买到符合建筑工程类别质量要求的海砂。一方面保证了优质海砂不被用于填海工程等需求量大但质量要求较低的工程中，另一方面减少因建筑商偷工减料，建筑方难以购买品质较好的海砂产品进行建筑施工作业的情况，确保建筑物用砂安全。

3. 在建立海砂分类管理、国家海砂集中销售平台的基础之上，若发生因为不规范使用海砂或使用非法海砂并导致建筑损害结果发生的，可根据其建筑方购买海砂的记录循果逐因，找到海砂的开采人和加工人，并以此追究相关责任人员的责任；同时一旦发现建筑方购买非法开采的劣质海砂混用导致建筑损害结果发生的，开采人、加工人均可向其追责，这极大地提升了市场监督力度，一定程度上缓解了司法压力。

随着现代化进程的推进以及河砂资源的日渐枯竭，全球范围的建筑用砂市场不同程度地出现了用砂荒，在这样的时代背景下合理开采海砂资源对保障我国建筑市场用砂需求，助力国家基础设施建设有着重要意义。但

---

[1] 参见陆峰：《海南地区的海砂开采与技术应用》，载《建筑施工》2021年第10期。

我国目前的海砂资源开采法律规制存在职能不清、监管体系混乱等问题，这也直接导致了我国发生大量的盗采海砂事件以及破坏性开采海砂事件的发生。对现有的海砂开采法律规制进行分析研究，找出现有法律规则的不足之处，结合国外海砂资源开采法律规制的先进经验以及我国海砂开采工作的实际情况，对我国的海砂资源开采法律规则提出完善建议有着一定的现实意义。

现行海砂资源开采相关的法律法规主要是围绕海砂开采中的采矿、环境保护、海域使用以及船舶航行四个层面对海砂开采作业进行规制，依其性质可被分解为海砂资源开采的前置程序、监管制度以及惩戒机制三个维度。针对海砂资源开采法律规制的“四个层面，三个维度”进行详细分析，可以发现我国的海砂资源开采法律规则主要存在监管制度冗杂低效、生态补偿机制不健全以及非法采砂处罚力度不足三大问题。

我国拥有丰富的海砂资源以及庞大的国内建筑市场建筑用砂需求量，在保证基础设施建设进程持续推进的基础上，防止海砂资源开采对我国脆弱的海洋生态环境造成不可逆转的损害，完备的海砂资源开采法律规制是必不可少的。对我国海砂资源开采法律规制的不断进行完善，挖掘海砂资源潜力，对实现生态文明建设与经济建设齐头的目标有着不容小觑的作用。

第六章　海洋可再生能源开发利用和保护法律制度

第一节　海洋可再生能源概述

随着工业经济的迅猛发展,人类社会对能源的消耗和需求无限增长,严峻的能源危机和能源安全问题正在威胁人类社会的可持续发展。传统的能源开发和利用是有限的,并且在开发利用的过程中伴随着对环境的破坏,而以可再生能源为标志的新能源,能够有效解决能源利用与环境保护之间的矛盾,具有广阔的开发利用的前景。作为新能源的一种,人类对海洋可再生能源的研究与应用总体上还处于起步阶段。作为能源消耗大国,我国能源消耗已占全球消耗量的20%以上,目前煤炭消耗占70%,石油占20%左右,还有部分是天然气和核能等。但煤炭消耗带来了严重的环境污染,而石油、天然气供应需要进口,其中石油进口高达50%以上,这对我国的能源安全带来了很大的影响。大力发展海洋能等可再生能源、清洁能源是我国替代常规的化石能源的必由之路,也是改善大气气候和环境生态的需要,是培育我国海洋战略新兴产业提升国际竞争力的需要。[1] 因此,通过法律手段规范海洋可再生能源的开发利用活动,有助于我国实现经济社会的可持续发展,我国应对海洋可再生能源的研究和发展给予高度重视。

一、海洋可再生能源概念和特点

(一)海洋可再生能源资源概念和种类

海洋可再生能源区别于传统的海洋能源,也简称为“海洋能”。《可再生能源法》第2条第1款提出:“本法所称可再生能源,是指风能、太阳能、

---

〔1〕 参见陈明义:《开发利用海洋能前景广阔》,载《政协天地》2016年第10期。

水能、生物质能、地热能、海洋能等非化石能源。"这是首次以立法的形式正式将海洋能列为我国可再生能源种类之一。具体来说,海洋可再生能源主要包括海水运动过程中产生的潮汐能、波浪能、海流能及海水因温差和盐度差而引起的温差能与盐差能等,是海洋所具有的能量,也是衡量海水各种运动形态的大小尺度,不包括海底储存的煤、石油、天然气等海底矿物资源,也不包含溶存于海水中的铀、锂、重水、钾、碘等化学能源资源,是在海水运动过程中产生的可再生能。更广义的海洋可再生能源,除了海水中蕴藏的可以被利用的能源,还包括海洋上空的风能、海洋表面积蓄的太阳能以及海洋生物质能等,[1]虽然海洋风能、海洋生物质能、海洋太阳能不是海洋水体中的能源形式,但是这些仍依附于海洋而存在,因此本书也将其纳入海洋能源的范围。

1. 潮汐能。潮汐能主要是月球和太阳对地球海水的引潮力作用引起的海水周期性涨落时所具有的能量,也就是在涨潮和落潮过程中产生的势能。潮汐能的利用原理和水力发电相似,潮汐能的能量与潮量和潮差成正比。水力发电利用的是高水头的势能,相对而言,潮汐能的水头较小,能量密度很低,相当于微水头发电的水平。

2. 波浪能。波浪能是指海洋面波浪所具有动能和势能,是一种在风的作用下产生的、并以位能和动能的形式由短周期波储存的机械能。波浪能主要用于发电,同时也可用于输送和抽运水、供暖、海水脱盐和制造氢气。波浪能利用的几种基本原理:利用物体在波浪作用下的震荡和摇摆运动;利用波浪压力的变化;利用波浪爬升将波浪能转换成水的势能等。

3. 温差能。海水温差能是指海洋表层海水和深层海水之间水温差的热能,是海洋能的一种重要形式。海洋的表面把太阳辐射的能量大部分转化成为热能并储存在海洋的上层。低纬度的海面水温较高,与深层冷水存在温度差,并储存温差热能。赤道附近海水表层平均温度为25℃,而水深500~1000米处温度为4℃~7℃,因此海水上下层有18℃~21℃的有效温差。因此,在热带和亚热带海域形成终年20℃以上的垂直海水温差,这是热能转换所需的最小温差,利用这一温差可以实现热力循环发电。

4. 盐差能。盐差能是指海水和淡水之间或两种含盐浓度不同的海水之

---

[1] 参见夏登文主编:《"十三五"海洋能开发利用战略研究》,海洋出版社2017年版,第1页。

间的化学电位差能,是以化学能形态出现的海洋能,主要存在与河海交接处。盐差能是海洋能中能量密度最大的一种可再生能源。通常,海水(盐度35)和河水之间的化学电位差有相当于240米水头差的能量密度。这种水位可以利用半渗透膜来实现,水分子能通过这种半透膜,盐分子不能通过,因此在盐水和淡水处形成一个水位差,利用这一水位差就可以直接由水轮发电机发电。

5. 海流能。海流能是由于风、温度差、密度不均及地球自转等原因,形成海水有规律地流动所产生的动能,是另一种以动能形态出现的海洋能。海流能的能量与流速的平方成正比,和流量成正比。海流能的利用方式主要是发电,其原理和风力发电相似。

6. 海上风能。相对于生物质能、太阳能、波浪能、潮汐能、洋流能等可再生能源,风电技术较成熟、成本较低,尤其是海上风电具有风能资源丰富、邻近负荷中心等优势,因而海上风电产业发展受到众多沿海国家的青睐。与陆地风电相比,海上风电技术远比陆地风电复杂,海上恶劣自然条件和环境条件为设计和建设海上风场带来了一定困难,如盐雾腐蚀、海浪载荷、海冰冲撞、台风破坏等制约因素。虽然海上风电远不及陆上风电建设成熟,但总体来说各国都在向海上风电发展,未来的全球能源供应体系中,海上风电会比陆上风电前景更广阔。

7. 海洋生物质能。生物质能是指直接或间接通过植物光合作用,将太阳能以化学能的形式贮存在生物质体内的一种能量形式,作为生物质能载体的生物质资源极其丰富,生物质能被认为是一种二氧化碳"零排放"的能源(生物质利用过程中排放二氧化碳的量等于其生长过程中吸收的二氧化碳量)。所以,生物质能开发成为全球可再生能源的重要热点之一。生物质能的利用手段多种多样,有直接燃烧、生物质气化、液体生物燃料、沼气(沼气的传统利用和综合利用技术、沼气发电、沼气燃料电池)、生物质发电技术(农林废物发电、垃圾发电和沼气发电)等。利用油料作物生产生物柴油和利用淀粉作物生产燃料乙醇是当前生物质能产业化开发的重要内容,其原料来源主要依赖农作物,从而导致了生物质能开发与粮食、耕地和水资源竞争的局面。海洋生物质能的研究可能会成为解决这个"瓶颈"问题的重要出路。海洋生物质能的生物质来源主要是海洋微藻和大型海藻,由于其开发具有突出的特点和优势,已经成为国际生物质能研究的重点。

全球海洋可再生能源的理论储量巨大,开发利用海洋资源的新技术对于解决能源缺口、保障能源安全、减少全球化石燃料碳排放是一项非常值得努力的工作。现阶段,在海洋可再生能源领域,全球面临的挑战仍然是如何以可持续、稳健和成本效益高的方式开发利用海洋可再生能源进行发电。[1] 小功率海洋能装置可用于海岛灯塔、航道灯标及海洋观测浮标系统;大功率海洋能装置可实现并网或独立供电,为偏远海岛及海洋资源开发设施提供清洁能源。[2]

(二)海洋可再生能源的特点

1. 总蕴藏量大。海洋能的储量非常大,据2011年联合国政府间气候变化专门委员会(IPCC)的研究报告评估,全球海洋能理论上每年可发电2000万亿千瓦时,约为2008年全球电力供应量的100倍。地球表面积约为5.1亿平方千米,海洋面积为3.61亿平方千米,占总面积的71%,远远高于陆地的29%。海洋可再生能源在辽阔的海洋中蕴藏量非常丰富,在宽广的海洋表面的风能、太阳能的蕴含量极为丰富,同时,海水中还蕴藏着取之不尽、用之不竭的物理化学能量,据估计,全世界每年的波浪能总量为236,520亿千瓦·时;潮汐能约为255,442亿千瓦·时,海流能约为473,040亿千瓦·时,温差能约为189,216亿千瓦·时,盐差能约为245,980亿千瓦·时。海洋可再生能源的丰富性也表明了其具有巨大的发展潜力,为未来优先发展海洋可再生能源提供可能性。

2. 可永续利用。不同于煤炭、石油等传统能源,作为可再生能源的一种,海洋可再生能源在自然中能够不断再生,可持续加以利用,它不会因为人类的大量使用和长期开发而有所减少。海洋可再生能源来源于太阳辐射、风、天体间和万有引力,而太阳、月球等天体与地球共存,由此产生的海水的潮汐、海(潮)流和波浪等运动永无休止;海水受太阳照射产生温差能江河入海处永远具有盐度梯度,形成盐差能。由此可见,海洋能源是取之不尽、用之不竭的。

3. 绿色清洁。海洋可再生能源属于清洁能源,其开发利用对环境影响较小。海洋能不同于大部分传统能源如火力发电,传统能源在利用过程中往往伴随相当程度的大气污染和环境污染问题,对人类的生存环境产生构

---

[1] See Alistair G. L. Borthwick. *Marine Renewable Energy Seascape*, Engineering, 2016(2): p. 69.

[2] 参见史宏达、王传崑:《我国海洋能技术的进展与展望》,载《太阳能》2017年第3期。

成严重威胁,制约了人类经济发展。相比之下,海洋能源的开发对生态环境无害或危害极小,适合人类社会当前的发展。

二、我国海洋可再生能源概况

我国拥有漫长的海岸线和广阔的海域,蕴藏着较为丰富的海洋可再生能源。

(一)潮汐能

我国潮汐能资源主要集中在东海沿岸,浙江省潮汐能资源最多,福建省潮汐能年平均功率密度最大。福建省和浙江省大部分海域潮差不低于4米,具有很好的潮汐电站建设条件。潮汐能资源最优港湾包括浙江省钱塘江口、三门湾,福建省兴化湾、三都澳、湄洲湾等。

(二)波浪能

我国近海波浪能蕴藏量1600万千瓦,技术可开发量1471万千瓦。我国沿岸波浪能资源地域分布很不均匀,以我国台湾地区沿岸最高;浙江、广东、福建、山东沿岸次之;广西沿岸最低。外围岛屿沿岸波浪能功率密度高于近海岛屿沿岸,近海岛屿沿岸波浪能高于大陆沿岸,渤海海峡、台湾南北两端和西沙群岛等沿岸波浪能功率密度较高。

(三)潮流能

浙江省沿岸海域潮流能资源最丰富,占我国近海潮流能资源潜在量50%以上,舟山海域各水道潮流能资源尤为丰富,各水道位于诸多岛屿之间,海况平稳,海底底质类型为基岩,非常适合布放座底式潮流能发电装置。我国近海潮流能蕴藏量833万千瓦,技术可开发量166万千瓦。潮流能以浙江沿岸最多,其次是台湾、福建、辽宁等省份沿岸。杭州湾和舟山群岛海域是全国潮流能功率密度最高的海域。渤海海峡北部的老铁山、福建三都澳、澎湖列岛渔翁岛海域潮流能功率也较高。

(四)温差能

我国近海温差能蕴藏量36,713万千瓦,技术可开发量2570万千瓦。南海由于纬度低、水深、海域广阔等原因,温差能资源丰富,占总温差能的90%以上。南海表层海水和深层海水温差大,具有利用海水温差发电的有利条件和广阔前景。东海以及台湾以东海域同样蕴藏着较丰富的温差能资源。

(五)盐差能

我国沿海河流众多,年入海径流丰富,盐差能资源总量大但地理分布不均,季节变化剧烈且年际变化明显。我国近海盐差能蕴藏量11,309万千瓦,技术可开发量1131万千瓦,主要分布在长江口及其以南江河入海口沿岸,珠江口也有较丰富的盐差能。

(六)海上风能

我国近岸海上风能蕴藏量88,300万千瓦,技术可开发量57,034万千瓦。近海地区100米高、5~25米水深范围内技术开发量约为1.9亿千瓦,25~50米水深范围约为3.2亿千瓦。

(七)海洋生物质能

我国的海洋生物质能研究也已取得了一定进展,在海藻种植资源和低成本生产技术上具备良好积累,发展海藻生物质能具有明显优势。我国拥有472万平方千米的海域和217万平方千米的海洋滩涂,可以发展海藻生物质能的空间十分广阔。从理论上推测利用我国1%的海域培养大型海藻就可以产生1.3亿吨乙醇,可以代替20%的现有石油需求,减少5.5%的二氧化碳的排放。

三、我国海洋可再生能源开发利用保护审视

(一)我国海洋可再生能源开发利用

虽然我国的海洋可再生能源储量巨大,但作为一种新兴能源,由于技术限制,其开发利用大多处在初步阶段。我国是世界上为数不多的掌握规模化开发利用海洋能技术的国家之一,基本摸清了海洋能资源总量和分布状况,完成了重点开发区潮汐能、潮流能、波浪能资源评估及选划,而且自主研发了50余项海洋能新技术、新装置,其中多种装置进行了海上验证,部分技术达到了国际先进水平,在建海洋能项目总装机规模超过1000千瓦。[1]

1. 潮汐能的开发利用情况

我国近海潮汐能蕴藏量19,286万千瓦,技术可开发量2283万千瓦。我国沿岸的潮汐能资源主要集中在东海沿岸,福建、浙江沿岸最丰富,如浙江的钱塘江口、乐清湾,福建的三都澳、罗源湾等;其次是辽东半岛南岸东

---

〔1〕 参见张明亮编:《海洋能资源开发利用》,辽宁人民出版社2017年版,第3页。

侧、山东半岛南岸北侧和广西东部等岸段。我国潮汐能利用技术是国内海洋可再生能源开发利用技术中较为成熟的,具有电站长期运行管理和维护的经验。独立研建的位于浙江温岭的江厦潮汐试验电站是我国潮汐能开发利用的国家级试验电站,目前已稳定运行30多年。

2. 波浪能的开发利用情况

我国波浪能发电技术基本成熟,正处于商业化、规模化的发展进程,处于试验示范阶段。近年来,100千瓦鹰式波浪能发电装置"万山号"海试期间累计发电量超过3万度,技术指标和成本与世界最先进的丹麦Wave Star设备相当,转换效率已实现国际领先水平。

3. 潮流能的开发利用情况

我国潮流能开发利用技术研究始于20世纪80年代,发展较为迅速。目前,仅有英国、美国和中国掌握海流能发电并网科技。LHD模块化大型海洋潮流能发电组设计研发历时7年,在持续稳定发电并网时间上,我国LHD海洋发电项目已领跑世界。该系统于2016年8月实现下海并网发电。截至2017年10月底,累计发电超过48万度,实现并网发电21万度,使我国潮流能发电装置装机规模、年发电量、稳定性和可靠性等多个指标达到世界领先水平。

4. 温差能的开发利用情况

我国从1986年开始进行温差能利用技术研究。通过国家科技支撑项目和海洋可再生能源资金项目的经费支持,完成了实验室原理试验,并开展了电厂温排水温差能发电试验。

5. 盐差能的开发利用情况

盐差能的研究以美国、以色列的研究为先,中国、瑞典和日本等也开展了一些研究。我国盐差能在1985年采用半渗透膜法开展了功率为0.9~1.2瓦的盐差能发电原理性实验。近几年,在海洋可再生能源资金项目支持下,采用渗透压能法研制了功率不低于100瓦、系统效率不低于3%的原理样机。总体上,对盐差能这种新能源的研究还处于实验室实验水平,离示范应用还有较长的距离。

6. 海上风能的开发利用情况

我国海洋风能的开发利用起步较陆地风能开发利用晚,但发展速度快,开展了一些基础性研究,产业已形成一定规模。2018年10月,国内单体容量最大的海上风电项目,中国广核集团阳江南鹏岛40万千瓦海上风电项目首个风机沉桩完成,建成后预计年发电量14.56亿千瓦时。据《风电发展“十三五”规划》,南方地区是中国“十三五”期间风电持续规模化开发的重要增量市场,江苏、浙江、福建、广东等省是海上风电建设的重点地区。

7. 生物质能的开发利用情况

我国不仅建立了国际上最大规模的海藻(包括大型海藻和海洋微藻)生产基地,而且,由于技术、资源及人力成本等综合因素,相较于国外,我国在生产成本上具有明显的优势。此外,我国拥有国际上最大规模的海藻科技队伍,并涌现出了一批高水平的科学家,在海藻分类区系、光合作用、种质种苗、基因工程等研究方面取得了一系列具有国际水平的研究成果,并形成了具有中国特色的海藻资源开发的产学研结合模式,成为海藻产能技术开发的重要平台。

(二)我国开发利用海洋可再生能源过程中的环境保护

海洋是一个统一的自然系统,虽然海洋可再生能源是改善环境和气候问题的理想清洁能源,但在促进其科学开发与利用的同时,也可能对其他资源和生态环境产生一定的影响,不可避免地打破原有的海洋生态平衡,如潮汐电站不但会改变潮差和潮流,而且会改变海水温度和水质,这些变化又会对周边海洋生态环境造成潜在问题。同时,建造拦潮坝也可能会给河口带来某些环境问题,如影响到地下水和排水以及加剧海岸侵蚀等。可见,对海洋可再生能源进行开发利用需要充分考虑和掌握开发利用活动对海洋生态环境等产生的影响,主要影响包括对海水水质环境、海洋沉积物环境、海洋生态和生物资源环境、海洋地形地貌与冲淤环境、海洋水文动力环境的环境风险等。对生态环境的保护是海洋可再生能源开发利用的初衷之一,海洋环境保护是其开发利用的必要前提,只有注重海洋环境的保护,才能保证海洋可再生能源的可持续利用和发展,才是开发利用海洋可再生能源的最终目的和归属。我国《海洋环境保护法》《海域使用管理法》《环境影响评价法》《防治海洋工程建设项目污染损害海洋管理环境条例》都体现了我国对海洋环境、资源的可持续开发利用的态度,但这些法律法规均没有明确提及海洋可再生能源的开发利用过程中的环境保护问题。2014年,我国颁布实施GB/T 19485—2014《海洋工程环境影响评价技术导则》,对潮汐电站、波浪电站、温差电站等海洋能源开发利用工程的环境影响评价内容等进行了规定,在很大程度上起到了规范海洋工程项目选址和布局,预防、控制或减轻建设项目对海洋环境和资源造成的影响和破坏的作用,但《海洋工程环境影响评价技术导则》规范的是所有以开发、利用和保护海洋资源为目的的海洋工程,缺乏针对海洋能特有的环境评价标准。2018 年,中国海洋学会召开“海洋能调查与评价关键技术标准化研究”科技成果评价会。海洋能调查与评价关键技术标准化研究把改善生态环境作为核心问题,解决了海洋能开发利用及技术交流过程中术语的升级具有重大促进作用,对发展海洋战略性新兴产业具有重要意线规范、资源调查与评价、环境评价、技术评价等诸多关键技术问题,填补了国内海洋能标准空白,使海洋能开发利用走向标准化,对海洋能行业技术进产业结构优化。2020 年,自然资源部办公厅印发《2020 年度自然资源标准制修订工作计划》,其中提及海洋能发电装置运行评价导则作为拟申请报批标准计划的项目,应确保于 2021 年年底前完成标准制修订任务。

我国有关海洋能开发利用的现有标准覆盖面和数量严重不足,尚不能为海洋能开发利用过程中的环评工作提供有效支撑,但我国海洋能开发利用标准化工作在加大力度、全面推进,对海洋能可再生能源在开发利用过程中的环境保护问题也愈加重视。

第二节 我国海洋可再生能源开发利用保护法律制度现状

一、我国海洋可再生能源开发利用保护法律制度梳理

(一)法律

我国海洋可再生能源丰富,但开发利用时间起步较晚,对其制度建设的支持力度也不够。海洋可再生能源开发利用的相关法律制度在长时间内一直处于立法空白的尴尬局面,直至 2005 年颁布的《可再生能源法》才首次以立法的形式明确提出海洋能属于可再生能源的一种。2010 年施行的《海岛保护法》中提及居民海岛的开发、建设应当优先采用风能、海洋能、太阳能等可再生能源和雨水集蓄、海水淡化、污水再生利用等技术。除此之外,在我国的法律层级没有其他条文明确提及海洋能。

我国目前没有专门针对海洋可再生能源开发利用的法律法规,只是将其作为可再生能源的一个特殊种类,因此适用所有涉及可再生能源的法律

制度。1995 年颁布实施的《电力法》第 5 条第 2 款提出国家鼓励开发利用清洁可再生能源发电。2007 年重新修订的《节约能源法》第 7 条、第 40 条、第 50 条均体现了对可再生能源开发利用的鼓励。2009 年颁布实施的《循环经济促进法》第 23 条、第 34 条也体现了对可再生能源的支持。2018 年修正的《电子法》《节约能源法》《循环经济促进法》均对上述规定予以保留。《可再生能源法》第 7 条确定了我国对可再生能源实行总量目标规划制度,国务院能源主管部门根据全国能源需求与可再生能源实际状况,制定全国可再生能源开发利用中长期总量目标;第 11 条确立了市场准入制度,国务院标准化行政主管部门应当制定可再生能源进入市场的相关技术规范及标准;第 14 条确立了全额保障性收购制度,防止能源销售管网利用其垄断地位而拒绝可再生能源的进入;第 24 条确立了专项基金制度,资金来源包括国家财政年度安排的专项资金和依法征收的可再生能源电价附加收入;第 25 条确立了贷款优惠制度,支持可再生能源项目申请财政贴息贷款;第 26 条规定了税收优惠制度,国家对可再生能源的项目给予优惠税收。

(二)行政法规

我国行政法规层面对可再生能源的关注十分有限,2008 年国务院发布《民用建筑节能条例》,在新建建筑和既有建筑节能改造中鼓励可再生能源的应用。海洋能作为可再生能源的一种,可以适用涉及可再生能源的任何法律规定,但没有任何行政法规的条文中有明确提及海洋能或海洋可再生能源,这也表现出我国发展海洋能产业的意识还相对欠缺。

(三)其他规范性文件

随着我国节能减排、应对气候变化战略的实施,国家对开发利用可再生能源高度重视,关于海洋可再生能源的开发利用正处在高速发展的阶段,从国务院到各部委、沿海地方人大政府等都发布实施了多项海洋相关规划涉及海洋可再生能源。《国家海洋事业发展规划纲要》、《国家"十一五"海洋科学和技术发展规划纲要》和《全国科技兴海规划纲要(2008—2015 年)》,均提出支持发展海洋能。"十二五"期间,国家和地方层面出台了数十项涉及海洋能的各级规划,如 2013 年原国家海洋局印发的《海洋可再生能源发展纲要(2013—2016 年)》,提出了 2016 年以前我国海洋能开发利用工作的五项重点任务和区域布局,推进海洋能专项资金项目的实施。2016 年,原国家海洋局颁布《海洋可再生能源发展"十三五"规划》,明确指导思想,提出主要目标、发展布局、四项基本原则、五大重点任务，对推动我国海洋能技术和产业化发展具有重要意义。

国家对海洋能产业发展的重视与支持散见于各类规范性文件之中。在财政支持方面，国家海洋局出台了《2013 年海洋可再生能源专项资金项目申报指南》《海洋可再生能源资金项目验收细则（试行）》《海洋可再生能源资金项目实施管理细则（暂行）》对海洋可再生能源专项资金制度进行细化。2006 年至 2007 年，国家发改委出台《可再生能源发电价格和费用分摊管理试行办法》《可再生能源电价附加收入调配暂行办法》，进一步确立了我国施行的可再生能源固定电价制度。在金融支持方面，没有具体针对海洋能的规定，但在当前国家大力发展海洋经济的大背景下，海洋能作为发展海洋经济的内容之一，可适用关于海洋经济发展的相关规定。国家发改委与原国家海洋局共同发布的《全国海洋经济发展“十三五”规划”》中提出，要“加快构建多层次、广覆盖、可持续的海洋经济金融服务体系”。2022 年，国务院办公厅发布国家发改委、国家能源局制定的《关于促进新时代新能源高质量发展的实施方案》，方案提出，加大绿色债券、绿色信贷对新能源项目的支持力度。研究探索将新能源项目纳入基础设施不动产投资信托基金（REITs）试点支持范围。海洋可再生能源作为新能源，也可享受该方案的惠益。在外资引进方面，2019 年国家发改委、商务部颁布《鼓励外商投资产业目录（2019 年版）》（已失效）将海洋开发及海洋能开发技术编入全国鼓励外商投资产业目录中。在发电装置质量控制方面，国家海洋局编制出台了《海洋能发电装置海试前关键过程质量控制管理文件（试行）》《潮流能发电装置海试前关键过程质量控制技术要求（试行）》《波浪能发电装置海试前关键过程质量控制技术要求（试行）》，以加强海洋能发电装置海试前的质量控制，降低海试风险，健全质量控制体系，统一质量控制标准。

二、我国海洋可再生能源开发利用保护法律制度的主要内容

海洋可再生能源作为可再生能源的一种，其法律制度主要以《可再生能源法》为主，其他零散分布于相关的规范性文件中。根据我国的立法及相关的监管文件来看，对于可再生能源开发利用的法律制度有：经济支持法律制度、总量目标法律制度和市场准入法律制度。

（一）经济支持法律制度

考虑到现阶段可再生能源开发利用的投资成本较高，为加快技术开发

和市场形成，尚需要国家给予必要的扶持。根据《可再生能源法》第 24 条，国家财政设立可再生能源发展专项资金，用于支持以下活动：(1) 可再生能源开发利用的科学技术研究、标准制定和示范工程；(2) 农村、牧区的可再生能源利用项目；(3) 偏远地区和海岛可再生能源独立电力系统建设；(4) 可再生能源的资源勘查、评价和相关信息系统建设；(5) 促进可再生能源开发利用设备的本地化生产。该法第 25 条还规定："对列入国家可再生能源产业发展指导目录、符合信贷条件的可再生能源开发利用项目，金融机构可以提供有财政贴息的优惠贷款。"除了信贷鼓励措施，国家还提供了税收优惠等财政扶持措施。根据《可再生能源法》第 26 条的规定："国家对列入可再生能源产业发展指导目录的项目给予税收优惠。具体办法由国务院规定。"

(二) 总量目标法律制度

总量目标法律制度是政府给予最低限度的可再生能源市场，规定能源生产和消费中可再生能源的总量目标，是促进可再生能源开发利用，引导可再生能源市场发展的有效措施，为在一定时期内形成可再生能源有效市场需求提供了重要法律保障。该制度体现在《可再生能源法》第 7 条："国务院能源主管部门根据全国能源需求与可再生能源资源实际状况，制定全国可再生能源开发利用中长期总量目标，报国务院批准后执行，并予公布。国务院能源主管部门根据前款规定的总量目标和省、自治区、直辖市经济发展与可再生能源资源实际状况，会同省、自治区、直辖市人民政府确定各行政区域可再生能源开发利用中长期目标，并予公布。"为落实该规定，国家发改委在《"十四五"可再生能源发展规划》中确立了有关实施保障的规划措施，以及相应落实的政策来促进总量目标法律制度的落实和实施。根据《"十四五"可再生能源发展规划》，2025 年可再生能源消费总量达到 10 亿吨标准煤左右；"十四五"期间可再生能源在一次消费增量中占比超过 50%。可再生能源总量目标的环境影响：届时可再生能源年利用率相当于减少二氧化碳排放量约 26 亿吨，减少二氧化硫排放量 50 万吨，减少氮氧化物排放约 60 万吨，减少烟尘排放约 10 万吨，年节约用水约 40 亿立方米。同时，《"十四五"可再生能源发展规划》中提及有序推进海上风电基地建设，积极推进深远海海上风电降本增效，开展深远海海上风电平价示范，建设海洋能、储能、制氢、海水淡化等多种能源资源转换利用一体化设施，加快推动海上风电集群化开发，重点建设山东半岛、长三角、闽南、粤东和北部湾五大海上风电基地。在2016年,原国家海洋局印发的《海洋可再生能源发展"十三五"规划》中确定了海洋能发电目标,到2020年,全国海洋能总装机规模超过50,000千瓦,建设5个以上海岛海洋能与风能、太阳能等可再生能源多能互补的独立电力系统。但时至今日,仍未见"海洋可再生能源发展'十四五'规划"的出台,可见,近年来,海洋可再生能源的总量目标法律制度未能得到充分落实与实施。

(三)市场准入法律制度

根据《可再生能源法》第13条第3款规定:"建设应当取得行政许可的可再生能源并网发电项目,有多人申请同一项目许可的,应当依法通过招标确定被许可人。"以及第14条规定:"电网企业应当与按照可再生能源开发利用规划建设,依法取得行政许可或者报送备案的可再生能源发电企业签订并网协议,全额收购其电网覆盖范围内符合并网技术标准的可再生能源并网发电项目的上网电量。发电企业有义务配合电网企业保障电网安全。"可见,我国可再生能源发电实行强制准入,以保证全额的发电量销售。可再生能源并网发电是可再生能源大规模商业化应用的主要领域,明确规定电网企业要全额收购依法取得行政许可或者报送备案的再生能源并网发电项目的上网电量,并提供上网服务,是世界各国的一个通行规定,是使可再生能源电力企业得以生存,并逐步提高能源市场竞争力的重要措施。另外,《可再生能源法》第11条还规定了可再生能源相关的技术和产品标准:"国务院标准化行政主管部门应当制定、公布国家可再生能源电力的并网技术标准和其他需要在全国范围内统一技术要求的有关可再生能源技术和产品的国家标准。"

第三节　我国海洋可再生能源开发利用和保护法律制度存在的问题

与其他可再生能源相比,海洋可再生能源储量虽大但能量密度低,不易利用,开发初期技术水平有限,成本较高,难以进行市场化运行。究其原因,还是国家的重视程度不能够,缺乏法律上的保障,综观国外海洋可再生能源开发的成功经验,政府大力支持和法律的强制性规定是推动海洋能发展的极大动力。

一、缺乏具体可行的海洋可再生能源开发利用法律法规

《可再生能源法》的颁布在一定程度上促进了我国可再生能源产业的发展,但是对于可再生能源的规制作用还远远不够,仅是确立了可再生能源的框架性制度,缺乏可操作性,在实践中难以直接援引适用,还需要依靠完善的配套细则才能更好地促进海洋可再生能源的开发利用。实际上已出现了可再生能源产业细则颁布速度过慢和产业细则难以落实等难题,[1]并且,这些针对可再生能源开发利用的各类规范性文件中涉及海洋能开发利用保护的更是少之又少。因此,为了能更好地引导、规范海洋可再生能源开发利用,可在结合我国国情的前提下参考其他国家相关能源法律中的能源开发利用的经验,修改完善我国现行的海洋可再生能源法律制度。

2020 年 4 月 10 日,国家能源局发布公告,就《能源法(征求意见稿)》向全社会公开征求意见,这是填补我国能源基础性法律缺失得到重视的一个好的信号,虽然现在谈及该法的出台还为时过早,但从中可以窥见我国对能源领域的立法趋势。但需要注意的是,无论是未来可能实施的“能源法”还是现行有效的单行法《可再生能源法》,都存在立法过于抽象、其可操作性较差的弊端,作为一部规范我国海洋能开发利用的基础性法律,对各种能源的共性问题作出概括性的调整,其规定的基本制度和基本原则能够有效地促进我国海洋能的发展,但仍然难以对海洋能开发利用的特征问题作出全面而有效的调整。例如,在《可再生能源法》的 33 个条款中,没有一个条款是专门调整海洋能开发利用的,此外,包括其他法律及规范性文件,对生物质能、风能和太阳能等可再生能源均作出了相应规定,而对于海洋能却较少提及。《可再生能源法》的高度概括性也意味着其具有高度灵活性,这为进一步立法尤其是行政机关制定规章和其他规范性文件预留了很大的空间。但是,这种过度依赖行政机关立法来保障其对海洋能开发利用的立法路线存在些许不足:首先,配套规章是否及时出台具有不确定性。由于现阶段我国对行政机关制定规章在一定程度上缺乏有效的监督,行政机关对于是否制定规章、何时制定规章具有很大的“自由裁量权”,因此这为基础性法律的充分、有效实施带来了很大的不确定性。并且现实也存在规章出台速度

---

〔1〕 参见唐学军、陈晓霞:《我国可再生能源法律法规与政策研究》,载《西南石油大学学报(社会科学版)》2017 年第 5 期。

略慢的情况。其次,海洋能的开发利用受多个行政机关管辖,任何行政机关单独制定的规章只有在其他行政机关相应规章的配合下才能完全实施。其中涉及了各个部门之间的利益分配问题,如果各相关的政机关都在其职权范围内制定了旨在促进海洋能开发利用的规章,可能导致规章之间协调性差甚至缺乏协调性而无法充分发挥其作用。根据实际情况来看,我国海岸线绵长,各地在海洋能资源品质、开发利用条件等方面差异较大,这就需要各地政府根据相关法律和结合本地的实际情况制定地方性法规和地方政府规章。然而,目前海洋能资源大省均未制定为保障《可再生能源法》等法律实施的地方性法规,地方政府针对海洋能开发的具体事项制定地方规章也极其少见。

可见,我国目前关于海洋能开发利用的法律法规都是框架性的顶层设计,缺乏细则上的规定和支持,在一定程度上操作困难,缺乏执行力,海洋能产业的发展潜力没有被充分挖掘出来。若要实现海洋能产业的蓬勃发展,必须要构建一套完整可行的法律制度,形成支持海洋能可持续利用的长效机制。

二、海洋可再生能源管理体制不顺畅

海洋能管理体制是指国家以法律的形式确定能源管理行政机关及其相应的组织结构、运作模式和职能配置等构成的稳定模式。海洋能管理体制应当适应国家海洋能事业发展,海洋能的发展涉及经济发展、社会发展和环境保护等一系列重大问题,体现出明显的综合性,因此,海洋能管理权力的分配、管理的程序、规则和方式都应通过立法予以明晰。如今,海洋能与其他常规能源一样,存在多头管理、跨部门监管的问题。国家将海洋能研究、开发和管理职权赋予了自然资源部,关于海洋能开发利用过程中涉及的环境保护与影响评估等职责由生态环境部履行,具体项目审批、电价制定在国家发改委,行业监管与执法在国家能源局,财政扶持和税收优惠在财政部和国家税务总局,国资管理与绩效考核在国务院国有资产监督管理委员会,上网和价格结算还涉及电网企业等。可见,海洋能的开发利用和保护需要中央与地方、部门与企业之间的协调与配合。海洋能管理体制的强弱直接影响到海洋能的发展,在中央与地方、部门与企业的整个管理过程中起着至关重要的作用。海洋能的开发利用整个管理过程涵盖发电、上网、电价、费用分摊等多个环节,涉及能源主管部门、海洋管理部门、定价部门、财政部门、电网公司等多个部门和企业,限于成本、技术约束和部门利益等因素,在没有综合明确的法律法规对这些部门的责、权、利进行规定的情况下,各职能部门无法进行有效的衔接和协调,从而产生了许多现存的以及潜在的能源问题。同时,海洋能产业与其他能源产业之间缺乏统一的总体规划和政策指导,相互协调困难,存在利益分配不公、垄断与竞争的矛盾,这种“九龙治水”式的分散管理体制难以保证海洋能开发活动的顺利进行。[1]

我国的海洋管理是以行政地域分割的,海岸和相应的海域被沿岸县区级行政单位分割成不同的部分,并由各县分别负责日常管理;每个县级单元中不同的海洋事务又分属于不同的行政部门管理,海洋可再生能源的开发难以形成统一、全局性的规划和战略,多头管理、跨区管理、重复管理等现象严重。目前,地方政府在海洋能开发利用中的地位没有具体的法律规范予以规定,政府的权力没有受到相应的约束,责任没有得到明确,在实践中,某些地方政府很可能会为了获取经济利益而把适合作为海洋能开发的土地审批卖给其他的开发商,海洋可再生能源的理想土地遭受到占用和破坏,严重阻碍海洋可再生能源的后续健康发展。随着国家和地方层面海洋管理机构改革逐步完成,相关部门间的协调机制需要进一步理顺,夯实海洋管理法制基础。[2] 因此,如何破除现有体制的约束,协调国家利益和地方利益,解决多职能部门分割管理的无序状态,统筹各方力量,高质高效地实现对海洋能产业的无缝服务,形成支持海洋能产业持续健康发展的长效机制,是目前我国海洋能产业发展面临的主要管理问题。

三、政府投入对海洋可再生能源发展的支持力度不足

国际上许多国家通过出台激励政策和加大支持力度,促进海洋可再生能源开发利用的产业化进程。然而我国在电价补贴、税收优惠、投资补助及贷款贴息等财政优惠措施和金融市场支持方面尚有不足,对企业的吸引力不够,缺乏企业的参与,很难实现海洋可再生能源开发利用的产业化。在政府提供的现有的经济支持措施中,发展基金制度、税收优惠制度、固定电价制度仍需完善。要实现海洋能的稳定发展必须依靠政府的激励,充分发挥

---

[1] 参见罗续业、朱永强、杨名舟等编著:《中国海洋能政策研究》,中国水利水电出版社2016年版,第125页。

[2] 参见罗续业、朱永强、杨名舟等编著:《中国海洋能政策研究》,中国水利水电出版社2016年版,第125页。

出政府财政投入的支持力度和引导作用,逐步形成支持海洋可再生能源持续开发利用的长效机制。

(一)发展基金制度

目前海洋能的开发利用仍处于初始阶段,它的发展离不开国家财政资金的支持。对此,《可再生能源法》第24条规定,国家财政设立可再生能源发展基金。资金来源一是国家财政年度安排的专项资金,二是依法征收的可再生能源电价附加收入等。关于海洋能专项资金,财政部于2006年5月颁布了旨在加强对可再生能源发展专项资金管理以及提高资金使用效益的《可再生能源发展专项资金管理暂行办法》(已失效)。为了进一步推进海洋可再生能源开发利用,在总结前三年专项资金实施的基础上,国家海洋局根据《可再生能源发展专项资金管理暂行办法》制定了《2013年海洋可再生能源专项资金项目申报指南》。2016年,国家海洋局出台《海洋可再生能源资金项目实施管理细则(暂行)》。关于电价附加收入,2020年2月5日,财政部、国家发改委和国家能源局联合发布《可再生能源电价附加资金管理办法》,明确可再生能源电价附加补助资金属于可再生能源发展基金,是国家为支持可再生能源发电、促进可再生能源发电行业稳定发展而设立的政府性基金。

通过设立可再生能源专项资金,为海洋可再生能源的发展提供了一定的经济帮助,缓解企业在开发阶段资金不足的压力。然而,发展基金法律制度在实施过程中也表现出一些弊端。首先,我国可再生能源发展基金的监督办法散见于各类法律文件中,没有建立起统一的针对海洋可再生能源的发展基金监管机制。根据《政府性基金管理暂行办法》和《可再生能源发展基金征收使用管理暂行办法》,财政部门是我国可再生能源发展基金的监督主体,监管模式属于政府管理模式,监管方式主要包括财政部门的不定期检查和审计部门的年度审计。我国可再生能源发展基金,因为缺乏社会监督、舆论监督的介入,没有形成多元化监督机制,且监督方式比较单一,以致监督缺乏力度,达不到监督的真正目的。其次,资金的来源较为单一,支持力度有限。国家财政支出用于国防、教育、医疗卫生等多个方面,专项资金只是国家财政支出的一小部分。财政部又会将专项资金用于对各个行业发展的支持,可再生能源项目只能获得很少一部分的资金支持,而海洋能项目获得的资金在可再生能源项目中又只是很小的一部分。因此,拓宽资金来源渠道,重视海洋可再生能源的发展尤为必要。

(二)税收优惠制度

税收是国家进行宏观调控的重要工具,在能源的可持续发展和利用方面的作用是其他经济手段不能替代的。税收政策方面的激励能够推动海洋能技术快速实现商业化,同时也是不断提升可再生能源市场竞争力的重要途径。[1] 我国现行的税收制度中很少涉及可再生资源税收优惠的措施,海洋能由于技术发展的限制,生产成本很高,使得在市场上,海洋能很难与其他传统的能源竞争,因此需要实行特殊的税收优惠,才能促进海洋能产业的发展。我国《可再生能源法》第26条规定:"国家对列入可再生能源产业发展指导目录中的项目实行税收优惠,具体办法由国务院规定。"该条款具有模糊性和宣示性,如何将税收优惠落实到海洋能层面还需要配套的法规规章予以细化。

我国对于新能源产业的税收优惠政策有很多,但对于海洋能源产业来说,现行的优惠措施的支持力度相对薄弱,对海洋能的激励作用远远不够。首先,激励对象仅限于业务实体。优惠税收措施无法惠及消费者。从美国的经验来看,推动绿色电力发展的主体,包括政府、公共事业单位、大型电力企业,还包括农场主、牧场主以及普通居民。农场和牧场拥有大片的土地,便于安置风力发电设备;普通居民购置小型风力发电或太阳能发电设备,不仅可以满足日常生活用电,还可在电力充足的时候将剩余电量通过双向电表汇入公共电网,成为绿色电力供应的小型单位。因此,个人所得税的优惠措施对于提高小型单位和个人的绿色电力生产的积极性具有重要作用,我国的税收优惠机制中缺少个人所得税的激励措施。其次,海洋可再生能源技术和设备也应当作为税收激励的对象。在海洋能产业建立的初期,税收制度应当支持海洋可再生能源技术的发展和电网企业、发电企业和消费者对于海洋可再生能源的设备购买,鼓励海洋能配套设施的推广及应用。再次,税收激励措施难以惠及海洋能。我国的税收激励机制中,仅对水力发电、风力发电、生物质能发电做出了规定,由于海洋能发展技术和发展规模范围的限制,在海洋能领域并没有有效的税收激励措施。最后,优惠税收种类较为单一。推动海洋能在现行税收制度和税收优惠措施方面的发展是单一的,主要是减税和免税,缺乏针对性和灵活性。因为目前我国海洋能源产

---

[1] 参见凌云、王婕、孟凡达:《能源转型中的财税政策创新》,载《开放导报》2017年第5期。

业构成一般都为高资本，税收不能抵扣固定资产，使海洋能产业税收负担更高，因此在海洋能源一定程度上影响了技术创新的积极性加速折旧，投资退税或减税。

我国的海洋能税收促进机制中缺乏逆向激励措施。在我国激励方向是优先考虑的积极激励，缺乏双向激励。丹麦、日本、德国、欧盟等发达国家和地区的实践表明，逆向税收激励机制对绿色电力的发展具有积极的推动作用。虽然含义表述有所不同，但是资源税、能源税、碳税、生态税等税种所针对的对象均是碳含量高并且在燃烧、利用过程中会产生大量二氧化碳等温室气体的化石能源，征税目的在于降低能源消耗和优化能源结构，调节能源消费行为。对于绿色电力的发展来说，这些税种的开征能够将利用化石能源发电过程中所产生的环境负的外部效应内化为电力成本并且在电力价格中表现出来，改变现有常规电力价格偏低、未能充分反映电力及能源成本的现实状况。我国的资源税计税依据仍坚持从量征收的方式，即以纳税人的实际销售数量或者自用资源数量为计税基础。从税收征管角度看，这种征税方式比较有利，但是从保护资源、节约使用资源的政策意图出发，从量征税没有考虑到企业在生产过程中的浪费和对环境的破坏成本，不能反映资源价格的变动，不利于发挥税收对社会分配的调节作用。此外，我国目前尚未开征二氧化碳排放税，能源税的征收仅限于燃油税。要改变我国煤炭占据主导地位的电力能源结构，提高可再生能源在电力能源供应系统中的份额，需要完善逆向税收激励机制。

(三)固定电价制度

根据《可再生能源法》第20条："电网企业依照本法第十九条规定确定的上网电价收购可再生能源电量所发生的费用，高于按照常规能源发电平均上网电价计算所发生费用之间的差额，由在全国范围对销售电量征收可再生能源电价附加补偿。"根据国家发改委制定《可再生能源发电价格和费用分摊管理试行办法》，海洋能发电项目上网电价实行政府定价，其电价由国务院价格主管部门按照合理成本附加合理利润的原则予以制定。由于可再生能源仍然缺乏技术，必须由政府定价机制实施的发展时期，政府要求电力电网企业收购可再生能源电力价格的必须高于煤炭价格，以用来支持可再生能源的发展，这是固定电价制度，也称为强制上网制度。政府对不同类型的可再生能源发电设置不同的价格标准(电网公司购买可再生能源电力的价格)。这种价格标准通常高于燃煤发电价格，要求电网公司必须对可再生能源发电电量进行全面收购。因此,包括海洋能在内的所有法律中规定的可再生能源的开发利用时,我国《可再生能源法》中规定只要达到核定标准的可再生能源发电企业都会给予优惠电价,即由政府进行差额补贴的固定电价模式。

固定电价制度是在充分考虑包括海洋能在内的可再生能源现阶段开发利用情况和特点的基础上设立的。海洋能在我国地理分布不均,外加因技术以及成本的制约,海洋能的竞争力较低,在短期内无法与传统的化石能源相抗衡。固定电价制度能够确保海洋能发电企业获得合理的利润,能够起到吸引社会资金投资到海洋能产业的作用,清晰的计价方法也提高了交易效率,固定电价制度在海洋能发展初期阶段采取这种政府保护性收购政策是十分有必要的。但从长远来看,固定电价制度为海洋能产业的发展提供了一个"政策保护伞",虽然在一定程度上促进了海洋能产业的发展,但是从长远来看,固定电价机制需要逐步形成以市场为导向的定价机制。该制度把政府对市场干预这种强制性措施作为主要手段,以确定海洋能电价。这首先就要求政府解决准确估算可再生能源项目成本这个难题。其次,虽然短期内该制度能够保证海洋能的健康发展,但是从长远来看,仅仅依靠国家的补贴一方面会给财政部门带来很大的财政压力,同时该制度打破了能源市场的公平竞争,不能合理反映海洋能电力市场的供求状况。由于过于保护可再生能源项目所得利润,难免会使企业惰于竞争、技术停滞不前,[1]海洋能产业的发展最终必然走向市场化,所以该制度只能作为一个促进海洋能发展的临时手段。然而,立法中未对经济激励法律制度作出弹性规定,表现出立法前瞻性不足,难以应对未来在我国电力市场不断开放的情形下,海洋能发电企业会与独立的售电企业或大用户进行直接电力交易的问题。

此外,我国的海洋可再生能源固定电价制度在实践中并未落实到位。根据《电网企业全额收购可再生能源电量监管办法》,电力由发电企业所产生电力的并网是国内充分销售的保障。为了保证电网的安全性,需要对并网发电项目建立严格的执行技术标准。所以,海洋能发电企业也不应该是一个例外。此外,电网技术标准只在国家强制标准的形式下建立,以维护互

---

〔1〕 See Chang Lei Ma, *Ocean Energy Management Policy in China*, Procedia Computer Science, 2019(154):493.

联网的可再生能源不会对电网构成威胁，以确保电网安全。我国现阶段已成功制定出适合太阳能和风能并网发电的《光伏发电与风力发电的并网技术标准》，对海洋能源却没有制定国家强制性技术标准，这为利用海洋可再生能源发电企业的发展带来了一定的障碍。《海洋可再生能源发展“十三五”规划》明确了海洋能发展的总量目标，即到2020年，全国海洋能总装机规模超过5万千瓦，其中潮汐能总装机规模突破3万千瓦，潮流能总装机规模突破1万千瓦。按照《可再生能源法》规定的固定电价制度，电网覆盖下的江厦潮汐电站总装机容量3200千瓦，对其发电的保障性收购量只有规划目标的1/10。其他海洋能发电站不在保障性收购电网覆盖之下，不适用《可再生能源法》的固定电价制度。[1]

四、缺乏多元化的海洋能投融资主体和渠道

一项新的能源开发利用需要大量的经济支撑，初期探索阶段的投入巨大，资金投入不足是制约整个可再生能源发展的关键，除了政府持续稳定的资金投入外，更多的资金应来源于企业的投资、融资。如何有效吸引社会资金参与、拓展资金来源、鼓励企业甚至民众参与开发利用，是发展海洋能中非常重要的环节。

对于海洋能产业的投融资需求基本集中在基础设施建设和技术研发方面。从投融资渠道来看，能源企业融资包括政府融资、银行融资、民间融资等，海洋能现有的投融资方式主要是国家财政支持和银行贷款，民间融资渠道还有待拓展。在我国可再生能源发展领域，海洋能作为新型能源，大部分的项目资金来源于国家对于新能源的资金支持。银行贷款是可再生能源产业资金的重要渠道，其中包括政策性贷款和商业贷款。政策性贷款是国家财政支持可再生能源发展的一种方式，商业银行因其自身的性质，逐渐形成自主经营、自负盈亏的经济实体，决定了其注重资金的安全性和盈利性，出于风险管理的角度考虑，对于投资海洋可再生能源项目的积极性较低，大多中小型海洋可再生能源企业无法从商业银行的途径取得可再生能源建设的初期资金。因此，应在加大银行信贷支持的同时，通过金融市场融资，更好助力海洋可再生能源的发展。资本金融市场是可再生能源另一资金筹

[1] 参见田其云：《绿色能源革命背景下可再生能源发展的制度路径》，载《中州学刊》2019年第7期。

措渠道，企业可通过股票、债券等市场来解决资金短缺问题，但是目前我国资本金融市场中为可再生能源领域所设置的层次仍很少甚至滞后，并且可再生能源企业尤其是海洋能企业进入资本市场的门槛很高，实践中海洋能企业难以通过此途径筹集资金。

第四节　完善我国海洋可再生能源开发利用和保护法律制度的建议

我国海洋可再生能源的法律制度有待进一步完善，对此，可参考国外关于发展海洋可再生能源的经验，在《可再生能源法》的基础上，对现有的法律制度进行补充，构建起科学合理的海洋可再生能源法律体系。

一、构建完整的海洋能法律体系

我国目前尚未建立其结构完整的能源法律体系，起统领作用的“能源法”仍在制定中。根据2020年《能源法（征求意见稿）》中对中国能源法律体系的基本框架设想，可以建立起以能源法为核心的，具有中国特色的能源法律制度。具体包含以下三个层面：第一个层面是起到统领作用的《能源法》；第二个层面是作为主要力量的六部能源单行法律：《煤炭法》《电力法》《节约能源法》《可再生能源法》《石油天然气管道保护法》《核安全法》；第三个层面是起补充支持作用的配套能源法规、规章、规范性文件。[1] 根据这一立法结构，我国海洋能特别立法层应定位于第二个或第三个层面，即由海洋能单行法律或行政法规以及相关海洋能行政法规、部门规章、地方性立法和规范性法律文件构成。对于具体立法形式，有必要对海洋能开发利用进行可再生能源特别立法，将各类海洋能行业性立法纳入海洋能综合立法之中。该特别立法的制定应根据海洋能开发利用特点，结合我国的实际情况，建立起一套完善的海洋可再生能源管理的法律制度。现已出台的部分与海洋能开发利用相关的法律法规，其配套规定和实施细则没有及时出台或者相互之间存在冲突，使各项法律规范性文件间的关系较为松散，无法建立协调链接。对此，应通过海洋能开发利用进行可再生能源特别立法对现

---

〔1〕 参见夏云峰：《缺位的〈能源法〉》，载《风能》2020年第4期。

行法律、法规、规章进行修改和整合，解决我国海洋能法律法规和规范性文件之间的冲突。

在完善海洋能法律体系过程中一定要把握好以下法律原则：

第一，坚持可持续开发利用原则。海洋能的可持续开发利用原则是指开发利用海洋能必须遵循可持续发展原则，避免由于不当开发利用所产生的经济、社会和生态环境方面的不利影响。能源的可持续发展利用是保障能源安全的源头问题，可持续的能源开发利用方式是提高能源利用效率和实现能源环保的有效方式。海洋可再生能源项目的技术不成熟、前期投入较大，而可持续开发利用原则要求：首先，海洋可再生能源项目长期运行下去是能够盈利的，从而能够维持它的持续发展；其次，为了维持海洋可再生能源项目初期的亏损，应当从传统能源等盈利项目中获得补贴；最后，由于海洋能技术尚未成熟，在发展初期需要重点关注并防范环境污染风险，海洋能开发利用最大的优势在于其清洁性与可再生性，在开发利用的过程中要维持其项目优势，避免给环境带来负担。总的来说，将可持续发展利用原则作为海洋能法律的统领性原则，这有助于在海洋能开发利用中综合考虑各类影响，把握住正确的方向。

第二，坚持因地制宜原则。《可再生能源法》第 9 条将"因地制宜"作为可再生能源开发利用的第一个原则，是由于可再生能源地域差异性这一最基本的特征。作为可再生能源之一的海洋能，其地域差异性不仅体现在不同地区或同地区不同区位的气候、地质、水文等自然因素的差别，还体现于政治、经济、社会人文等非自然因素的差别。现行可再生能源法律规范性文件或明文规定了因地制宜的开发利用原则，或在法律条文中体现因地制宜的发展思路，这表明立法者已经将因地制宜作为法律原则对法律条文进行统领和指导。因此在海洋能的立法过程中，应当将因地制宜原则予以确立。

第三，坚持政府调控与市场相结合原则。现代海洋能产业属于新兴能源产业，我国在新兴能源领域的技术研发较为薄弱、市场容量小、成本较高。因此现阶段在发挥市场配置资源的同时，还需要通过政府这只"有形的手"进行扶持和资源再分配。尤其在海洋能产业发展初期，政府作为海洋能产业引导和投入的主要力量，这将有助于培养市场并引导市场主体理性的参与竞争，避免造成产能过剩和资源浪费。然而，在探索阶段除了政府投入资金支持外，还应该采取更多措施鼓励和引导社会资金的投入，实施各种财税、金融政策，拓宽投融资主体和渠道向多元化方向发展，才能最终实现海洋可再生能源的蓬勃发展。

二、增加若干强制性的海洋能电力制度

(一)完善海洋可再生能源固定电价制度

1. 需进一步完善现有的固定电价制度,不同的发电企业根据规模和技术的不同进行分类管理,有助于社会实现效率和公平。随着这一固定价格的确立,搭配详细的实施标准,长期稳定的国家政策支持一定会实现这一制度的良性运行。该制度基于自由竞争的市场,其突出的特点是强制性的,反映了可再生能源发电企业的要求,必须在一定时期内实现明确的发电目标,并在运行中对于没有达标的企业规定惩罚性措施。通过总量目标制度的指引,协调地运用固定电价制度更有利于海洋可再生能源产业的发展,也有利于总量目标的完成。

2. 逐年递减率主要影响每年新建发电项目。固定电价制度作为实现产业政策目标的工具之一,在海洋可再生能源市场化后,在产业政策目标实现后即可退出。我国目前除对生物质发电项目规定2%的逐年递减率之外,对其他项目类型尚未规定。依据国际经验,应当根据各类可再生能源的经济规模、技术成熟度决定递减率。较成熟的技术类型规定较低的递减率,而进步空间较大的技术类型则规定较高的递减率。例如,德国风电项目的递减率为1%,太阳能光伏发电项目则高达10%。我国海洋可再生能源的发展相较于其他可再生能源,尚处于发展初期,随着海洋能发电的总体水平逐渐提高,电价补贴的力度相应减弱,直至最后完全退出。[1]

3. 我国的固定电价制度在海洋可再生能源领域中运行时应协调好其他相关法律制度,可以在总量目标制度的基础上,搭配强制配额制与海洋可再生能源绿色证书交易相结合,在制度制定的过程中需要考虑到成本上升和配额与绿色证书压力的多重束缚。

(二)构建海洋可再生能源强制配额制度

2016年4月,国家能源局发布《国家能源局综合司关于征求建立燃煤火电机组非水可再生能源发电配额考核制度有关要求通知意见的函》,要求到2020年各燃煤发电企业非水可再生能源发电量与火电发电量的比重

---

〔1〕 参见梁钰、孙竹等:《可再生能源固定电价政策和可再生能源配额制比较分析及启示》,载《中外能源》2018年第5期。

应达到15%以上。2018年3月、2018年9月,国家能源局分别发函征求了《可再生能源电力配额及考核办法(征求意见稿)》的意见。这些规范性文件都体现了我国可再生能源配额制度的实施。海洋能的配额制,指一个国家或者其中一个地区的政府用法律的形式对海洋能发电的市场份额作出的强制性的规定,即在总电力中必须有规定比例的电力来自海洋能源将在公平贸易的法律框架下,在海洋可再生能源强制配额制度的指导下使用海洋可再生能源绿色证书交易,能够形成公平的市场交易环境。基于我国目前海洋能发展现状,采取配额制具有可行性与合理性。

在配额制的要求下,配额主体强制负担一定比例的海洋能电力,配额主体应当为参与海洋能开发利用的各个环节的权利义务主体,海洋能开发利用涉及能源开发、能源电力输出、使用能源电力的各个环节,配额主体相应确定为发电商、电网企业、最终电力消费者。这里的发电商仅是指化石能源等重污染发电商,如果将海洋能源发电商设定为义务主体明显是不合理的。火力、化石能源发电给环境带来极大的负担,而这些以牺牲环境为代价获利的发电商应当本着谁污染谁治理的原则,在配额义务的指引下积极参与海洋能等可再生能源的发电,有了这部分有实力的发电商的参与,能够极大促进海洋能投融资主体多元化,助力产业的可持续发展。电网企业是配额义务中最重要的承担主体,海洋能电力的最终消费量的多少取决于电网企业收购、输送、供应的海洋能电力的数量,将配额义务分配到电网企业会促使他们进行海洋能电力的收购和配送,是海洋能电力在市场能够得以消纳的最基本的保障。

至于最终电力消费者是否应承担配额义务的问题,很多学者认为我国现阶段市场环境还不适合要求最终电力消费者负担配额任务,但在配额制和绿色证书交易机制的相互配合下,能够拓宽海洋能源的投资融资途径,使更多的主体能够参与海洋能的开发利用,使全社会共同承担海洋能发展初期因技术等原因所产生的较高的资金成本。对于日常生活所需的购电用电的用户和中小型用电企业,能够提升其对海洋能的认识与参与度,对于很多电力消纳的大型用电企业,他们是海洋能源电力的最大潜在投资者,引导其逐步参与经海洋能产业的发展。配额制作为一种投资方式和融资方式,为海洋能解决现今发展中社会私人资本、民营企业资金不足,参与度少的情况进行指引。刺激了海洋能源产业发展速度和规模,推动国家海洋能源产业和其他可再生能源产业领域的经济发展,有利于我国的能源结构的改善。

这一制度能促进海洋能源在可再生能源总量目标下的发展,完成海洋能国家规划总量目标。海洋可再生能源强制配额制度的设置与可再生能源法律体系的总量目标法律制度是相互搭配的,配额义务的金额将使用指定的主体形式。每个义务配额指定的计划目标,总目标没有实现时最大的目标就无法实现,但最低目标却可以实现。这种制度的设置通过政府调控手段和市场资源的最优化配置,维护和激发了的海洋能源发电的国家规划目标尽快完成,使海洋能源产业逐渐走出困境,走出当下发展缓慢的环境,促进了海洋能源的开发利用效率。

(三)构建绿色证书交易制度

绿色证书是强制配额制度实行的必要的配套规定,也是各类责任主体完成配额义务的手段之一。配额制需要借助一个便捷的计量工具来核算义务完成情况,于是一个配套政策即绿色证书交易机制便应运而生,因此提及配额制时常默认包含绿色证书交易机制。绿色证书是指当生产或消纳一定量的可再生能源电力时,政府机构给予相关主体的一份凭证。政府制定配额目标引发可再生能源电力的供给和需求,进一步转换为绿证市场上的自发交易。[1] 该制度的意义在于满足那些生活在无法生产可再生能源电力地区的人们通过购买绿色证书间接实现其支持可再生能源发展的要求。该证书由于意味着其所代表的电力具有绿色电力即可再生能源电力的性质,并且通过在购买可再生能源电力时作为附加品赠送或单独购买的方式实现了电力成本差额在整个发电行业的分摊,使得在开发利用技术条件上处于劣势的可再生能源发电企业将成本劣势转移给开发利用技术条件占优的传统化石能源发电企业。传统化石能源发电企业以环境污染为代价获取经济利益,对此可通过购买绿色证书的弥补,这样一来得以维持传统能源企业与可再生能源企业的发展平衡。

我国于 2016 年 2 月在《国家发展改革委、国家能源局、工业和信息化部关于推进“互联网+”智慧能源发展的指导意见》中首次明确提出:要建立可再生能源电力绿色证书交易制度,鼓励各地区制定更高的可再生能源消费利用目标。从 2017 年 7 月 1 日起,开启了光伏与风能的自愿认购,虽然实施的效果没有达到预期,但不可否认,绿色交易制度是未来发展的趋势,对

---

[1] 参见赵新泉、王闪闪、李庆:《市场交易补偿可再生能源的正外部性研究》,载《中国人口·资源与环境》2020 年第 8 期。

于政府的财政补贴的压力能起到一定的缓解作用。

为了更有效地推行绿色正式交易制度，必须建立制度革新，具体可以从以下几个方面进行制度构建。首先，绿色证书制度与海洋能强制配额制度的结合。绿色证书及其交易制度与配额制度配合实施，被世界上许多国家所采用。澳大利亚为促进其可再生能源的发展就引进了绿色证书制度。该国在确定相关资源以及开发技术合格的基础上，为符合标准的可再生能源生产厂商颁发绿色证书，每一份绿色证书即代表该企业合格生产了1兆瓦时的可再生能源电量。证书通过在市场上交易，保障可再生能源电力在电力市场处于公平竞争之中。每年年末，厂商必须提供一定数量的绿色证书来证明其已经完成了生产足额数量可再生能源产品的要求，否则该厂商会被处以巨额罚款。在我国，能源市场化是必由之路，但目前民营资本占可再生能源发电行业总资本的比重仍较低，并且就我国居民而言，选择能源的决定性因素仍是市场价格。我国可再生能源的产业发展阶段，仍处于政府引导为主、市场配置为辅的发展阶段，海洋能发电行业面临的主要问题集中在突破技术瓶颈等方面。因此，绿色证书在当下还不宜大规模推广，可以选择在海洋能发电示范项目集中地区或一部分具有一定规模的该类项目间建立试点，配合配额制度进行该项制度的试运行探索出适合我国市场的绿色证书及其交易制度。其次，绿色交易制度应同时并行“自愿购买”与“强制购买”两种市场模式。我国自2017年7月在全国范围内试行了绿色证书自愿认购制度，但截至2018年3月，绿色证书核发2000.9万个，售出仅仅2.7万个，显然以绿证自愿认购制度解决补贴缺口问题收效甚微。[1] 究其原因，由于我国市场电力价格仍处在较高的水平，消费用户的付费能力较差，消费用户的环保意识不深刻，若仅依靠消费用户自愿购买海洋能电力，难以实现我国能源结构的转变。因此，应建立起相关的惩罚机制，确保处罚大于完成定额的成本，单位罚款应至少高于绿色证书的采购价格。在这样的设计下，企业将更愿意通过实际消费可再生能源或购买绿色证书来完成配额标准，而不是为以化石能源为基础的生产支付高额罚款。[2] 同时采取“强制购买”与“自愿购买”两种方式，才能最大限度地促进海洋的利用率。

---

〔1〕 参见蒋轶澄、曹红霞等：《可再生能源配额制的机制设计与影响分析》，载《电力系统自动化》2020年第7期。

〔2〕 See Xiaohua Song & Jingjing Han et al., *Efficiency of Tradable Green Certificate Markets in China*, Journal of Cleaner Production, 2020(264):1.

三、建立海洋可再生能源财政支持体系

(一)完善发展基金制度

完善海洋可再生能源发展基金的监督,应当打破完全依靠政府主导的模式,建议在基金管理部门之外设立独立的监督机构,对基金的管理情况和受资助对象基金的使用情况进行监督。监督机构的人员可以由包括能源、财政、审计等方面的专家组成,以独立的身份监督可再生能源发展基金的管理部门的运作情况,确保管理部门依法定程序行使自己的权利,同时还应该对基金具体的资助项目进行专业性的评估和考核。[1] 同时,需要进一步健全发展基金信息公开制度。可再生能源发展基金的资金来源,包括国家财政年度安排专项资金和征收的可再生能源电价附加等。这就意味着普通的社会公众是可再生能源发展基金的出资者,既然是出资者,公民即有权利监督基金的运作、参与基金使用和分配的决策,这同时也体现了可再生能源发展基金作为政府性基金始终秉持公正、公开、公平的原则。在发展基金的制度下,定期公布各个环节的配置使用情况,使公民能够实时、全面地了解海洋能发展基金的运行状况,接受各方的质询与监督,避免政府与公民之间的信息不对等,实现多元化的监督机制。

另外,海洋能发展基金避免给政府造成巨大的财政压力,应当适当拓宽发展基金凑资渠道。首先,基金可以向公众开放,积极吸收社会捐赠,这样不仅可以拓宽基金实力,也可以提升公民的环保意识。对于接受的捐赠,监督机构应当制定详细、具体的支持海洋能源开发和项目名称的资金。其次,还可以立法方式明确将固定比例环境税或未来施行的碳税划入可再生能源发展基金内,作为固定的资金来源,将传统能源的环境成本转移补贴海洋可再生能源产业发展,维持发展基金的有效运转。

(二)构建税收支持体制

目前,世界上许多国家为了提高和海洋能源开发和利用率都采取了多种税收优惠政策。税收是国家进行宏观调控的重要手段,对于产业发展的支持是其他经济手段无法替代的。因此,调整和完善我国对海洋能产业发展的税收优惠措施,能够快速提升海洋能的市场渗透力和市场竞争力,对帮

---

〔1〕 参见闫海、陈祎:《我国可再生能源发展基金法制的发展与建设》,载《华北电力大学学报(社会科学版)》2015 年第 4 期。

助和扶持海洋能产业的发展意义重大。

1. 增加增值税、企业所得税等税收优惠力度

在增值税方面，应降低海洋可再生能源发电企业的增值税税率。海洋可再生能源的成本远高于传统能源，按照普通增值税税率缴纳是不合理的，也会对海洋可再生能源企业和传统企业的公平竞争产生影响。然而，当前只有风力发电、光伏发电享受到了增值税的优惠政策，海洋能领域还没有相关的优惠措施。建议降低海洋可再生能源发电企业的增值税率，例如可以对海洋能企业购置的生产设备增值税给予优惠，生产的电力产品实行增值税即征即退政策，尽可能减轻海洋能企业的税负，控制成本，提升其竞争力。在企业所得税方面，应当完善现有的环境保护、节能节水项目的"三免三减半"的企业所得税优惠政策。根据"三免三减半"政策，节能环保项目企业从开始盈利的第一年起，前 3 年免征企业所得税，4 到 6 年减半征收，之后减按 15%进行征收。"三免三减半"政策可以缓解海洋可再生能源的发展的资金压力，应直接把环境保护、节能节水项目扩大到所有可再生能源项目，以减少海洋可再生能源的税收负担。[1] 同时，应扩大所得税的税收优惠范围，在新技术、新产品开发、新技术所发生的研究开发费时，海洋可再生能源公司可以加计扣除给予优惠，以提高海洋可再生能源产业的研究和开发能力，克服当前技术"瓶颈"制约；海洋可再生能源产业技术发展，是在无形资产的技术转移的过程中形成的，对受让人适当缩短摊销年限，转让人给予一定的税收优惠，以鼓励更多的海洋可再生能源公司转让新技术，有利于国内海洋可再生能源技术的推广；购置海洋能专用设备，可以允许设备投资额的一定比例在企业当年的应纳税额中减免，加大对设备投资的税收支持。

2. 税收政策向消费端倾斜

税收激励可向消费端倾斜，税收优惠可以对海洋可再生能源供给产生激励效应，但缺乏对消费环节的制度支持。因此，可以关注海洋可再生能源的下游企业或者下游产品的消费，对海洋可再生能源的消费者也应给予税收优惠，让更多的人能够从中享受到实惠，不断扩大消费群体，培育消费市场，从而实现海洋可再生能源的健康发展。对海洋可再生能源的消费者，可以采取个人所得税和财产税优惠，参考其他国家的域外经验，如法国允许从个人所得税中抵扣可再生能源发电装置投资的 50%，意大利规定对安装家

〔1〕 参见王一帆：《促进我国可再生能源发展的税收政策》，载《节能》2019 年第 4 期。

用可再生能源发电或供暖系统的纳税者以低于0.4%的税率征收财产税。

3. 加快建立碳税制度

与传统发电企业相比，海洋可再生能源发电的回报率较低，但具有清洁环保的优势，使用过程中具有潜在的社会效应，因此应大力支持海洋可再生能源的消费，约束传统能源的使用。我国自2018年1月1日起开征环保税，主要针对水污染物、噪声、固体废物、大气污染物等项目征收环境保护税。此外，还有2020年9月1日正式实施的《资源税法》，包括了原油、煤炭、天然气等征税项目，其目的是减少资源的过度耗费。但这两种税种对传统能源的约束力度远远不够，无法使纳税人认识到通过税收减少碳排放的目的。为了更好地促进海洋能等可再生能源的发展，应当在我国《环境保护税法》和《资源税法》的征税范围上增加碳税的内容。碳税又称二氧化碳税，主要是对二氧化碳的排放行为征收的环境保护税。开征碳税也是我国生态文明建设的必由之路，碳税制度在各个国家的应用也越来越广泛。碳税的征收可以作为一种辅助手段，与当前社会实际相结合，从税收的角度来约束企业对传统能源的使用，鼓励其转向海洋可再生能源的利用。生产企业转向清洁能源的开发利用而减少碳消费，不仅能倒逼企业转型，而且这部分的税收还可以用来支持海洋能的发展基金，从而实现对海洋能的税收优惠，激励海洋能产业的发展。[1]

（三）建立政府绿色采购制度

绿色采购制度是指为了保护生态环境，政府在依法使用财政采购产品时优先选择符合绿色认证标准的工程、服务和货物的制度。我国2014年修正的《政府采购法》和2015年施行的《政府采购法实施条例》虽然为政府绿色采购提供了法律依据，体现了国家对绿色采购目标的重视，但它只作出了原则性规定，可操作性较差。因此，我国应当进一步完善政府绿色采购的认证标准和清单，确定政府采购所涉及的领域、行业和产品，加大政府采购份额，落实海洋可再生能源的政府消纳义务，突出政府在推动海洋可再生能源产业的消费引导方面的表率作用。[2] 许多国家在发展可再生能源产业的初期，会通过立法规定政府必须高价收购可再生能源企业的产品，以扶持相

---

〔1〕 参见任超、赖芸池：《税收显著性视域下我国碳税制度构建的路径分析》，载《财会月刊》2020年第11期。

〔2〕 参见张睿君：《欧盟绿色公共采购制度的法律实施路径研究》，载《中国政府采购》2016年第4期。

关产业的发展。为此，我国应制定绿色采购的专门法律，强制政府部门在每年的能源消费支出中必须有一定比例用于购买绿色电量，其中应包括一定比例的海洋能产品。同时对采购涉及的海洋可再生能源的项目进行公开，根据政府实施采购的效果进行评估，这样既有利于监督政府的采购行为，也为后续进一步制定海洋可再生能源的绿色采购制度确立提供翔实的数据支持。通过政府机关的采购行为引导新能源消费习惯，这样的做法有利于海洋可再生能源的开发主体向高标准迈进，也体现出国家对海洋可再生能源的扶持态度。

四、建立海洋可再生能源金融支持体系

海洋可再生能源的发展初期多为政府的财政投入，但是政府财政融资并不能完全解决其发展资金匮乏的问题，随着海洋可再生能源的发展将逐步走向市场化，在该领域进行市场融资是完全有必要的。因此，应当健全海洋可再生能源的金融支持体系。完善的金融支持体系对海洋可再生能源的发展具有关键作用，金融对产业的支持表现在金融体系为产业提供优质的金融资源，金融支持力度的大小，取决于融资渠道的不同和融资成本的差异。随着海洋可再生能源融资体制的放开，不断开拓多元化的融资模式，组建多层次的资本市场，降低融资成本，为海洋能的开发利用提供最大限度的金融支持。〔1〕

海洋可再生能源的开发不仅要关注前期投入，还应当将其使用周期考虑进去。不同于普通化石能源，通常海洋能开发初期投入极大，远远超出常规能源的开发成本，但是建好之后，使用周期越长，节约的费用就越多，从长远来看效益更加显著。现阶段需要结合我国的情况建立起多元化、多层次的金融体系，以法律法规的形式将市场融资制度固定下来，以推动其向规范化的方向发展。为了实现海洋能产业可持续发展，降低融资成本，充分激发金融市场的活力，可供选择的融资模式有以下几种。

（一）探索政府和社会资本合作模式

政府和社会资本合作（Public-Private Partnership，PPP 模式），即公共部门与私人企业合作模式，它的重点在于吸引私人资本用于项目建设，一般是

〔1〕 参见江海通：《促进海洋能开发经济激励法律制度研究》，载《北方经贸》2015 年第 8 期。

指政府与营利性企业或者非营利性企业以某个项目为基础而形成的相互合作或者是伙伴关系的融资模式。PPP 是一种新型的融资模式,可以使得私人与政府双方获益的一种融资渠道,建立在相互合作的基础上,能够有效的集中社会游散资本和私人闲暇资本投入项目的建设及运营中来,PPP 模式一个重要优势是能够解决具有公益性质的工程建设而可再生能源项目显然具有这方面的特点,可以着重解决资金短缺难题。

更广义的 PPP 模式包括 TOT(Transfer-Operate-Transfer,移交—经营—移交)和 BOT(Build-Operate-Transfer,建设—经营—转让)等形式,皆是公私部门为了项目融资建立公共服务设施或物品而形成的合作伙伴关系,而我国目前是以 BOT 形式参与公共领域投资居多。BOT 形式即建设经营转让其基本思路是:由政府或所属机构对项目的建设和经营提供一种特许权协议作为项目融资的基础。由本国或外国公司作为项目的投资者和经营者安排融资,承担风险,开发建设项目,并在有限时间内经营项目获取利润,最后根据协议将该项目转让给相应的政府机构。这种融资模式适合由国外公司或合资公司来我国投资开发海洋能,因为海洋能的开发项目技术水平较高,我国在某些方面的技术可能还不够成熟,这时我们可以吸引国外某些海洋能技术较好的公司来我国开发,这样一来帮助我们发展了技术,二来还帮助政府大大减轻了财政负担。TOT 形式是国际上较为流行的一种项目融资方式,通常是指政府部门或国有企业将建设好的项目的一定期限的产权或经营权,有偿转让给投资人,由其进行运营管理;投资人在约定的期限内通过经营收回全部投资并得到合理的回报,双方合约期满之后,投资人再将该项目交还政府部门或原企业的一种融资方式。该模式吸引民间资金进行项目融资,这样不仅解决了海洋可再生能源开发成本高导致的一般民营企业不敢投资的问题,另外还减轻了企业贷款的压力,该种方法也是一种良好的融资方式。

(二)加强银行的信贷投入力度

银行贷款作为海洋可再生能源的重要融资渠道,无论是政策性银行还是商业银行,都应当积极贯彻和落实国家在海洋可再生能源方面的发展。政策性银行具有利率低、政策支持力度大等特点,政策性银行通过制定和实施政策支持,加大贷款额度,使更多的海洋可再生能源项目能够享受到国家的优惠贷款政策,以分摊海洋可再生能源项目在投融资中的资金需求。在加强政策性银行的扶持力度的同时,还要加大商业性银行对海洋可再生能源的信贷投入。[1] 与以贯彻国家产业政策、保证国民经济正常运转为宗旨的政策性银行不同，商业银行在经营过程中需要遵循“安全性、流动性、效益性”的原则，在贷款审批的过程也持审慎的态度，严格把控信贷风险。而海洋可再生能源企业的固定资产不足，技术等无形资产难以估值、难以量化，很难满足商业银行对抵押物的要求。同时，海洋可再生能源尚在发展初期，创业初期的企业实力普遍较弱，未来的盈利能力难以预估，存在技术设备不成熟等风险。这些都不利于商业银行为海洋可再生能源进行贷款审批，易造成企业融资困难的局面。想解决此类问题需要政府给予政策的引导与支持，首先，可以构建以政府担保机构为主体，其余试产性担保机构一起参与担保的体系，成立专门服务于海洋可再生能源产业发展的担保机构，降低海洋可再生能源企业的融资门槛，鼓励更多的企业投身于海洋可再生能源的产业建设。其次，商业银行应针对可再生能源企业的信贷管理进行研究设计，如果采用统一的信贷管理模式与标准，海洋可再生能源很难获得信贷支持。应对海洋可再生能源企业信用评级、贷款审批等方面进行差异化管理，组建可再生能源部门，支持绿色产业的发展，在金融产品和服务上对于该产业进行倾斜和支持，采取低息贷款、无息贷款、延长信贷周期多种方式支持海洋可再生能源产业，设计出更多适应产业发展的、优惠力度大的金融产品。另外，还可进行适当的创新，比如商业银行可以推出关于银行与技术密集型企业之间“以技术换资金”的金融产品，技术密集型企业能够通过对知识产权进行质押获得资金支持，解决海洋可再生能源企业在发展初期的融资困扰。

(三)培育海洋能融资租赁市场

我国的大部分可再生能源企业都使用商业银行贷款的方式来满足供给企业的发展，海洋能也不例外。但在企业运营的过程之中，可能存在资金链断裂的风险，资金环节也可能会出现问题，这个时候企业已经无法通过商业贷款进行解决问题，而融资租赁的渠道能够作为有效手段予以弥补上述问题，且相较于银行贷款的审批期限长、条件要求高等弊端，通过融资租赁的方式，还能大大压缩了融资到位时间，促使融资规模快速实现。海洋可再生能源在产业发展初期，首先应当攻破技术难关，对于设备的更新和改造需

[1] 参见朱锡平、陈英：《论我国新能源开发建设过程中的投融资体制改革》，载《财经政法资讯》2010年第1期。

求大，而融资租赁的业务模式在可再生能源的领域也逐渐清晰，趋于成熟。为了进一步发展融资租赁市场，政府应给予融资租赁出租方与承租方适当的税收抵免，例如为出租方提供投资税收抵免、为承租方提供税前租金扣除等，促进融资租赁企业做大做强，为海洋能融资提供更广阔的平台。

（四）股票市场

股票融资是我们常见的一种融资方式，也是现代企业有效融资手段。为解决部分可再生能源企业的融资需求，股票市场可以作为可再生能源产业补充的融资渠道，但目前股票市场融资的力度尚存在不足。我国境内可再生能源上市数量较少，说明可再生能源企业在国内上市，尚存在一定的困难。在国外，风力发电项目常采用上市股票募集资金的手段，在国外，不仅公司财务管理较常规能源项目简单，而且便于股民监督公司运行。目前我国可再能源企业发展还没有获得投资者很好的认可度，且通过股票融资的主要集中在光伏这一领域，待更多的海洋可再生能源企业做大做强，产业发展趋于成熟后，可将股票融资方式在该领域进行推广，助力海洋能产业的良性运转。

（五）债券市场

2020 年 1 月，原中国银保监会印发《关于推动银行业和保险业高质量发展的指导意见》，提出探索蓝色债券。当前，中国绿色债券发行量位居全球前列，市场需求较大，为我国未来发展蓝色债券奠定了市场基础，而过去绿色债券法律制度也为蓝色债券的发展积累了实践经验。[1] 蓝色债券是近年来国际上兴起的一种新型的海洋投融资工具，旨在通过公募、私募的方式向投资者筹集资金，专门用于蓝色经济、海洋可持续发展等领域。蓝色债券通常表现出绿色债券的许多特征，但本质上仍是债务担保证明，是绿色债券在海洋领域的应用。债券发行人在一定期限内向债券持有人支付利息，到期后退还初始投资金。这种固定收益类证券能够鼓励更多海洋能项目落地实施。

相比于股权融资，投资者面临的风险较小；相比于银行信贷，蓝色债券的周期更长。因此在海洋能产业的发展中，可鼓励蓝色债券品种创新，鼓励更多的海洋能企业和金融机构参与蓝色债券发行，可以提升整体发行能力，

---

〔1〕 参见云祉婷、刘元博：《蓝色债券，全球海洋经济开发的“破冰船”》，载《现代商业银行》2020 年第 1 期。

有效扩大蓝色债券市场。同时，还能吸引更多的投资者参与投资，并吸收更多的私人资本参与到海洋治理和蓝色经济中。

五、构建完善高效的海洋可再生能源行政管理体制

海洋能的开发利用涉及方方面面，如果没有足够的人力、物力、财力和科技力量，海洋能产业的发展很难不断向前推进。建立起有效的综合管理协调机制有助于调动和协调好各方的力量，促进各个环节中部门的通力合作和有效沟通。多部门的工作模式会降低效率，权责的分散会增大海洋能产业发展的难度，目前，我国海洋能开发管理处于国家多职能部门分割管理状态，同时，部门与行业之间配合协调效率较低，低效的管理体制制约了海洋能的研发和商业化、产业化运作。因此，必须在结合我国海洋资源和海洋管理体制的基础上，探索海洋能开发利用综合管理新路子，为海洋能产业发展建立良好的制度环境。

（一）建立统一海洋综合管理机构

国外海洋能产业的发展表明，要发展海洋能产业，就必须有对应的管理机构，在海洋能开发利用项目中坚持综合管理的理念。各国均成立了专门的管理部门来统筹海洋能的开发和利用，承担协调、监督和审批等职能。部分国家建立了高层次协调机制，以强化对海洋事务的综合协调。[1] 例如，美国设立由总统直接领导的国家海洋委员会；澳大利亚成立了国家海洋部长委员会。部分国家建立权威性较高的政府海洋管理机构，对海洋事务进行统一管理。例如，韩国于 1996 年 8 月成立了海洋水产部，整合了原来分散在 13 个涉海部门的海洋业务职能和机构；日本设立了首相领导下的海洋政策本部，新设海洋政策担当大臣；英国等欧洲国家也都在开展海洋综合管理体制改革。

我国涉及海洋能开发与管理的核心权力被分散到各个职能部门，这种分散式管理体制的存在会产生职能交叉、政监不分、权责纠缠不清等问题。为了避免这种多头管理、跨部门监管的问题，首先，应确保海洋能开发利用的不同阶段都有明确的领导机构，每一阶段不同分管部门权责清晰，内部协调一致。其次，应当成立整体性的领导协调机构来管理和协调全国海洋能

---

〔1〕 参见罗续业、朱永强、杨名舟等编著：《中国海洋能政策研究》，中国水利水电出版社 2016 年版，第 125 页。

开发的项目,调动各方面的积极因素,协同配合,通力合作。可在国家层面上组建由国家发改委、能源局、自然资源部、国家电网公司等相关政府部门、单位以及沿海各级政府的相关部门共同参与的领导小组,编制领导小组的权力规程,负责统一指导、协调和管理海洋能开发项目,建立起有效的信息共享机制,确保各部门间工作的协调一致。在此基础上,成立海洋能战略规划组,成员由全国海洋能各个能源领域的专家组成,致力于海洋能开发利用的技术更新与推广。〔1〕国家财政可支持该海洋能战略规划组建立一个海洋可再生能源试验设施,并根据其可提供的价值进行评估,以加速该行业的发展。这样一个设施可以支持工业界、政府和学术界之间的全面合作,以带动海洋可再生能源技术的发展,建立更加科学合理的海洋能开发利用的技术标准体系,以技术标准防范项目风险。这样能够更好地发挥海洋能战略规划组作为海洋可再生能源发展的国家智囊团的作用,为海洋可再生能源的发展出谋划策。〔2〕

完善当前的海洋可再生能源的行政管理体制,还需要协调好中央与地方的关系。国家应与地方政府合作,加强海洋可再生能源开发利用项目的审批管理,完善相关政策,协调好各自的利益,避免无序竞争,保障地方政府不会干扰所在区域的海洋能开发建设,对征用土地及使用海域享有独立优先权,确保海洋可再生能源开发利用的健康发展。

未来要保持我国海洋能产业的健康、可持续发展,除了资金支持外,还需要政府尽快制定有关海洋能产业发展的综合管理体制。处理好中央和地方,东部和西部,以及政府、企业和民众的关系,协调好各方的利益。整体规划应建立在以功能区划为主,行政区划为辅的基础上,统筹安排好不同类型海洋可再生能源的最优开发方式。

(二)建立有效的环评监管制度

能源与环境保护息息相关,能源的发展不能忽视生态环境保护。传统能源的开发引起了严重的生态环境问题,海洋能的开发利用是为了调整传统的能源结构,缓解环境问题。在关注海洋利用带来的良好的生态环境效益的同时,也需要关注对海洋生态环境的保护,海洋能发电设备的布设对海

---

〔1〕参见罗续业、朱永强、杨名舟等编著:《中国海洋能政策研究》,中国水利水电出版社2016年版,第125页。

〔2〕See Mark A. Hemer & Richard Manasseh et al., *Perspectives on a Way Forward for Ocean Renewable Energy in Australia*, Renewable Energy. 2018(127):733.

洋生态系统以及其他人类活动所产生的影响仍有待进一步的研究和验证。因此,为了避免海洋能开发利用过程中潜在的环境问题,针对海洋能开发利用,建立相应的环境影响评价体系也同样重要。

域外许多国家或地区在能源的开发过程中从立法上确立了严格的环境评估制度,防止片面追逐经济利益。欧盟《环境影响评估指令》(Environmental Impact Assessment Directive)要求在建设海洋可再生能源项目之前,要求其成员国必须履行如下义务:(1)开发主体知悉环境影响评估所涵盖的内容;(2)开发主体须按照规定编制并提交环评报告;(3)成员国应确保向环境当局和公众通报和征求意见;(4)主管当局必须考虑协商结果作出决定。通过遵守以上环境影响评估程序要求开发主体和成员国考虑与海洋可再生能源部署相关的环境压力。〔1〕澳大利亚在海洋可再生能源开发领域,相比给予海洋可再生能源企业经济上支持,更加注重先进技术的推广及评估海上项目建设潜在的环境问题,帮助现有海洋可再生能源企业进行技术上的更新,保证海洋可再生能源项目在运行过程中对海洋环境不会产生负面影响。〔2〕

因此,构建和完善海洋能开发利用的监管体系对海洋可再生能源产业健康发展十分重要。我国可以建立海洋能开发利用监督管理办公室,由其作为监管主体,主要职责是建立完善海洋能开发利用的监督体系,具体包括国家及地方海洋能开发利用的规划管理、海洋能调查管理、资源环境评估、海域使用审批。海洋能开发利用监督管理办公室要求所有开发项目的请必须考虑与周边环境和利益相关者的协调,建立关于海洋能开发的评价制度与标准体系,海洋能开发对周围海洋环流产生潜在的不利影响,如改变生态环境、妨碍鱼的洄游、对海岸促淤或冲刷、改变水位、在开发建设过程中对周边海洋环境的污染。这就需要构建有效的能源影响评价制度予以管控,申请时必须描述现有的环境、工程细节、工程潜在影响、公众安全、环境资源的保障措施和有保证地移除和重建资金等,必要时还要提供咨询记录,从项目申请到项目结束都按照规定做持续监测并进行评价,充分考虑海洋能开发、生产、销售、利用全过程中直接或者间接产生的影响。

---

〔1〕 See Carlos Soria-Rodriguez, *The European Environmental Regulation of Marine Renewable Energies*, Original Article, 2019(29):95.

〔2〕 See Mark A. Hemer & Richard Manasseh et al., *Perspectives on a Way Forward for Ocean Renewable Energy in Australia*, Renewable Energy. 2018(127):733.

监督管理办公室除了对各级涉海政府部门对海洋能开发利用时对环境造成的影响进行监管外，还要注重加强对其他海洋开发利用主体的监管，对于建成之后的海洋能工程在运行过程中造成环境污染的，也应当具体规定当事人应承担的法律责任，对此可以参照欧盟的《环境责任法令》(The Environmental Liability Directive)，该法令要求公共当局确保污染者恢复受损环境。环境责任指令的目标是根据“污染者付费”原则，建立一个环境责任框架，防止和补救环境损害。污染者付费原则要求污染者承担因其污染而产生的外部成本。总的来说，该法令建立了一个行政法律制度，要求公共当局确保污染者为环境损害支付费用，同时要求经营者采取预防和补救措施。根据环境影响评估，海洋可再生能源项目的开发利用主体有义务确定并向主管当局传达与海洋可再生能源技术部署相关的环境影响。此外，如果发生环境损害，开发利用主体有义务控制、消除其项目所带来的环境影响。[1]

我国目前对海洋可再生能源开发的环境保护制度尚未建立起来，不仅需要对海洋可再生能源项目报批前进行严格的环境影响评估，防范环境污染的风险，而且应对造成环境污染的开发主体、利用主体进行追责，使侵害人得到应有的惩罚，力求做到海洋可再生能源的经济效益最大化和环境影响最小化。

---

〔1〕 See Carlos Soria-Rodriguez. *The European Environmental Regulation of Marine Renewable Energies*, Original Article, 2019(29): 95.

第七章 海水资源开发利用和保护法律制度

水是生命之源,地球表面2/3被水覆盖,其中90%是海水,海水的重要性不仅在于其在地球的占有量大,而且海水是万物之源,生命最初由海中软泥产生是生物进化论的雏形理论之一,海水孕育着海洋中的万物。[1] 从深不可测的马里亚纳海沟到世界之巅的喜马拉雅山顶,都有证据表明地球的最高点和最低点都有(过)海水的存在,在人类社会和自然界无处不记载着海洋文明。[2] 在人类漫长的进化史中,水的作用不可替代,正是由于“取之不尽用之不竭”的特性,人们才忽略了水资源的重要性,特别是淡水资源。联合国教科文卫组织在《2022世界水资源发展报告》中指出,全球1/2的居民生活用水来自淡水,约有25%的农业灌溉用水来自淡水,但是人们对这种自然资源的认知有限,对淡水资源的管理不够完善,往往造成对淡水资源的浪费,特别是人类在使用化肥、杀虫剂、农业化学品进行农田作业时对淡水资源造成的污染,以及工业废水的不合理排放行为,对淡水资源造成了严重破坏,而淡水资源的破坏也对人类生产活动造成了严重的影响。[3]

与淡水资源相比较,海水往往不可以直接利用,在农业、工业和人类生产活动中的被使用频率相对较低,但海水中蕴含着丰富的微量元素和巨大资源,世界各国都在积极开展对海水资源开发利用的研究,以期通过海水代替淡水的功能。海水资源是指通过对海水的加工使之变成可以为人类服务和利用的资源,一般是通过海水直接利用、海水淡化和海水化学处理后的可

---

[1] 古希腊哲学家阿那克西曼德认为原始的水生生物经过蜕变而变为陆生生物,生命最初由海中软泥产生,人是从一种鱼类演变而来的。

[2] 据科学考证,喜马拉雅山脉是大陆板块运动的结果,在地质时期喜马拉雅山脉曾是一片汪洋大海。

[3] 参见《2022联合国世界水资源发展报告》。

利用的海水；特别是在海水淡化利用方面，世界许多沿海国家和地区积极开展海水资源的淡化和综合利用。作为海洋大国，也是人口大国，如何充分合理利用海水资源以弥补淡水问题是我国长期关注的问题，虽然我国目前还没有专门有关海水资源开发利用和保护的立法，但是，中央层面出台的《全国海水利用“十三五”规划》中包含了如何对海水资源的利用的问题，相关省份也出台了对海水资源的利用和保护的规章制度，如何有效地从中央到地方匹配相关资源公关海水资源的开发利用和保护问题已需要提上日程，系统性的海水资源开发利用和保护的法律法规建设需要尽快完善。本章从海水资源的定义与特点着手，对海水资源的现有的法律法规进行梳理，定位在海水资源开发利用和保护中的主要问题，提出相关的完善建议。

第一节　海水资源概述

一、海水资源的概念和特征

（一）海水资源的概念

关于海水资源的概念并没有形成统一的定义，根据不同学科的研究特点，海水资源背后蕴藏着多重定义。在海水的自然变化中得到的能源，可以被定义为海水资源，例如在海水流动的波浪中形成的波浪能，海水盐度差异中形成的盐差能，海水随着地月运动形成的潮汐能等，这些资源都可以被定义为海水资源。从化学的角度定义海水资源，海水中包含的氯、钠、镁、钾、钙等 90 余种化学元素，也可以被定义海水资源。[1] 从物理学的角度，人类通过不同的物理方法利用海水得到的资源也可以被称为海水资源，例如海水淡化后形成的淡水资源，海水提氢后得到的氢资源，海水制盐得到的海盐资源。根据对海水资源的不同的开发利用和保护方式，其他学科也对海水资源进行了不同的定义。

法学概念中并没有海水资源这一概念，海水资源之所以被法律学科重视是因为其产生的价值以及价值背后潜在的价值冲突需要法律的解决。从

---

〔1〕 See Howard Byrne B. , Mackenzie F. T. & Duxbury A. C. , Seawater, https://www.britannica.com/science/seawater.

资源的性质上分析,对海水资源的开发利用既是对海水的使用权,与土地的使用权是并列的法律权利。海水虽然可以通过地理坐标、浮标、地图等方式实现在一定范围内的具体化,但是海水具有流动性,海水的内部包含着矿物质、漂浮物等不确定因素,所以又难以确定海水的权属形式。从法律定义上讲,物是须占据一定的物理空间并加以界限的特定物,海水因其特殊性,不能绝对特定化,因此对于海水在法律上的定性学术界有不同的声音。

有学者认为,海水的“物”权性质可以参考海域物权说,因为海水与海域的开发利用在定义有相同性,均是指对海洋中某一区域的海水的开发的利用,不同点是,海域的开发利用不仅包括海水,还包括水面、水体、海底和底土。〔1〕海域的使用权已被法律明确规定为物权,通过特定化的海域的方式予以具体化,经登记公示的方式具备了对抗的性质,比照海域的物权属性,海水也应具有相关的法律性质。

有学者认为,海水是法律上的集合物,其所指的应为基于交易的统一目的而集合而成的独立物之群体,是不可分割之物,海水的开发利用伴随着对海洋渔业、海岸带资源、海洋能源的开发和利用。〔2〕

有学者认为海水非集合物,非集合物是指在交易上为独立的权利客体之物,海水的组成部分不可能独立于海水所处海域,海域的水面、水体、海床和底土并不是独立的单一物。〔3〕海洋的集合性并非人为设定,亦非为特殊目的,而是自然存在、无法改变的自然事实。海水本身蕴含着巨大的经济价值,可以独立地承担适用价值,例如海水的直接利用、海水淡化、海水的化学开发利用等,从而具有了独立性的特点。

有学者主张,海水具有复合性,〔4〕主要存在于单纯以海水中的一种或两种资源为标的的海水使用方式。以海水提溴为例,溴是存在于海水中的一种化学元素,如要采取这种物质需要先对海水进行提取,进而对其进行加工,从而得到海水中需要的化学元素。这使海水提溴的对象包括了海水和溴的复合体,从而赋予了海水复合物的特征。

---

〔1〕 参见《南海看“法”:海域使用管理法律制度(一)》,载自然资源部南海局官网,http://scs.mnr.gov.cn/scsb/lljl/202109/551c4b87c90d4b199c1dbc5616acff96.shtml。

〔2〕 参见肖湛:《海水淡化相关法律问题研究》,烟台大学2013年硕士学位论文,第6页。

〔3〕 参见彭诚信、钟建华:《海域的民法界定及其权利归属》,载《社会科学战线》2011年第9期。

〔4〕 参见肖湛:《海水淡化相关法律问题研究》,烟台大学2013年硕士学位论文,第7页。

综上所述,针对海水资源的概念而言,海水是兼具复合性、独立性、集合性为一体的“物”,但是海水资源的概念仍比较模糊,下文将通过海水的法律属性通过与其他自然资源法律权属的对比进一步阐述海水资源的概念。

1. 海水资源与海域资源

根据《海域使用管理法》第 2 条的规定,该法所称海域是指中华人民共和国的内水、领海水面、水体、海床和底土。该法所称内水,是指中华人民共和国领海基线向路线一侧至海岸线的领域。在中华人民共和国内水、领海持续使用特定海域 3 个月以上的排他性用海活动,适用本法。从这个意义上分析,海域与海水密不可分,对海域法律权属的分析有利于对海水的法律权属分析。

根据《海域使用管理法》第四章海域使用权的相关规定,海域使用申请经依法批准后,国务院批准用海的,由国务院海洋行政主管部门登记造册,向海域使用申请人颁发海域使用权证书;地方人民政府批准用海的,由地方人民政府登记造册,向海域使用申请人颁发海域使用权证书。海域使用申请人自领取海域使用权证书之日起,取得海域使用权。海域使用权除依照该法第 19 条规定的方式取得外,也可以通过招标或者拍卖的方式取得。招标或者拍卖方案由海洋行政主管部门制订,报有审批权的人民政府批准后组织实施。海洋行政主管部门制订招标或者拍卖方案,应当征求同级有关部门的意见。招标或者拍卖工作完成后,依法向中标人或者买受人颁发海域使用权证书。中标人或者买受人自领取海域使用权证书之日起,取得海域使用权。海域使用权最高期限,按照下列用途确定:(1)养殖用海 15 年;(2)拆船用海 20 年;(3)旅游、娱乐用海 25 年;(4)盐业、矿业用海 30 年;(5)公益事业用海 40 年;(6)港口、修造船厂等建设工程用海 50 年。

《海域使用管理法》第五章海域使用金中规定,国家实行海域有偿使用制度。单位和个人使用海域,应当按照国务院的规定缴纳海域使用金,海域使用金应当按照国务院的规定上缴财政。对渔民使用海域从事养殖活动收取海域使用金的具体实施步骤和办法,由国务院另行规定。根据不同的用海性质或者情形,海域使用金可以按照规定一次缴纳或者按年度逐年缴纳。下列用海,免缴海域使用金:(1)军事用海;(2)公务船舶专用码头用海;(3)非经营性的航道、锚地等交通基础设施用海;(4)教学、科研、防灾减灾、海难搜救打捞等非经营性公益事业用海。下列用海,按照国务院财政部门和国务院海洋行政主管部门的规定,经有批准权的人民政府财政部门和海洋行政主管部门审查批准,可以减缴或者免缴海域使用金:(1)公用设施用海;(2)国家重大建设项目用海;(3)养殖用海。

海水资源的使用权的确立可以借鉴海域使用管理的相关规定,一方面对于海水资源的使用可以规定对海水的使用须经国务院海洋行政主管部门的批准,向海水使用申请人颁发海水使用权证书,对于海水使用的期限可以按照其不同的用途而定期不同的使用年限;另一方面,对于海水使用的管理可以参照海域使用管理的相关规定,根据对海水使用的方式收取不同的费用,例如海水淡化、海水提溴等新兴高科技海水利用产业可以减免其海水的使用费用,促进其发展,对于海水直接利用可以因地制宜适当收取其费用。同时在确定海水资源使用权的时候应注意其与海域使用权的重叠,避免不必要的重复规定。

2. 海水资源与土地资源

对土地资源的开发利用在法律可归类为土地的使用权,土地使用权为典型的用益物权,是指权利人根据法律或约定对国有土地或集体土地享有的占有、使用、收益和处分的权利。我国的《土地管理法》将土地分为农用地、建设用地和未利用地。土地可以由单位或者个人承包经营,进行种植业、林业、畜牧业、渔业的生产活动。

海水资源与土地资源登记与公示效力的主管机关不同。土地使用权的登记与公示制度由土地管理部门受理,县级以上人民政府登记造册,土地权利证书是土地权利人享有土地权利的证明,对不动产而言,公示方法就是在土地登记簿上登记,土地使用权从而具备了对抗第三人的效力。如前所述,海水资源的开发利用涉及的是海洋行政主管部门,对海水使用权利的确认的登记与公示一般是通过海洋行政主管部门进行的。

权利的取得、行使方式不同。《土地管理法》规定了土地的出让、划拨的取得方式,《土地管理法》第 55 条规定了以出让等有偿使用方式取得国有土地使用权的建设单位,按照国务院规定的标准和办法,缴纳土地使用权出让金等土地有偿使用费和其他费用后,方可使用土地。关于海水的取得方式目前法律尚未明确,参照海域权利取得的相关规定,根据《海域使用管理法》第 20 条的规定,海域使用权可以通过申请、招标、拍卖的方式取得。对土地的使用是以土地上种植物或建筑物的为期待利益的权利,土地是单一客体,赋予土地上的只有土地使用权,以土地使用权和房屋产权为例,土地的使用权是独立存在的。对海水资源的法律权属性质目前尚未明晰,从其使用方式的角度分析，海水直接利用、海水淡化、海水的化学利用，都是针对海水本体的利用，其使用权利是独立存在的。

3. 海水资源与渔业资源

渔业资源的开发和利用主要是通过《渔业法》加以确认的，具体包括养殖、捕捞、渔业资源的增殖和保护，因此渔业资源所表现出的渔业权利是一种复合性的权利。

海水资源与渔业资源的组成不同。渔业资源的对象包括养殖、捕捞、渔业资源的增殖和保护，是对一定海域内的海洋生物享有的权利，是对外的权利；而海水资源在目前学术的探讨上是对海水本身的探讨，无论是海水的直接利用、海水淡化还是海水化学利用均是对海水本身的利用，不涉及对外的权利。

海水资源与渔业资源的价值形成不同，法律上的物是指能为人类所利用的物才收到法律的调整和保护。一方面，渔业资源是十分重要的市场交易资源，其经济价值非常高；另一方面，法律明确规定了对渔业资源的保护，对休渔期、捕鱼期予以了不同的规定。然而海水不同，单纯的海水目前对人类的价值还不大，海水直接利用、海水淡化、海水化学利用所产生的价值与渔业相比相差甚远，从法律的角度看，法律尚未明确对海水资源的调整和保护。

（二）海水资源的特征

海水的许多特性与一般水的特性相对应，因为它们具有共同的化学和物理特性。例如，海水的分子结构与淡水的分子结构一样，有利于分子之间键的形成。海水的一些独特品质可归因于其含盐量。例如，海水的黏度（内部流动阻力）因其较高的盐度而高于淡水。出于同样的原因，海水的密度也更高。海水的凝固点低于纯净水，沸点更高。海水中最丰富的六种离子是氯、钠、硫酸根、镁、钙和钾。按重量计算，这些离子约占所有海盐的99%。这些盐在一定体积的海水中的数量由于局部水的添加或去除（如通过沉淀和蒸发）而变化。

1. 海水资源具有储量大的特点

正如上文所言，地球表面2/3被水覆盖，其中90%是海水，马里亚纳海沟至今深不可测，其储藏的海水资源更是不可估量。同时，目前已知的海水化学元素已达90余种，其中还有大量人类水平无法认知的化学构成，海水中所蕴含的资源体量巨大。

2. 海水资源具有被溶解性

无机碳、溴化物、硼、锶和氟化物构成海水的主要溶解物质。海水还含有各种溶解的大气气体，主要是氮气、氧气、氩气和二氧化碳。海水的其他一些成分是溶解的有机物质，如碳水化合物和氨基酸，以及富含有机物的颗粒物。这些物质主要起源于海洋的上部100米的地方，在那里溶解的无机碳通过光合作用转化为有机物。

海水的化学成分受到多种化学输送机制的影响。河流将溶解的微粒化学物质添加到海洋边缘，风携带微粒从大陆源区到数千公里外的大洋中部地区，通过海底地壳物质循环的热液溶液将溶解物质和颗粒物质添加到深海中，上层海洋的生物将溶解的物质转化为固体，最终沉淀到更深的海洋深处，向海底转移的微粒，以及海底上和海底内的物质，与周围的溶液发生化学交换。通过这些局部和区域的化学输入和去除机制，海洋中的每种元素往往表现出空间和时间的浓度变化。海洋中的物理混合（热盐和风力驱动的环流）倾向于使海水的化学成分均匀化。物理混合和生物地球化学输入和去除机制的相反影响导致了海洋中化学分布的大量变化。

3. 海水资源具有相对稳定性

海洋中海水的化学史可分为三个阶段。第一个阶段是早期阶段，地壳正在冷却，并与挥发性或高活性的酸性还原性气体发生反应，产生海洋和最初的沉积岩块。这个阶段一直持续到大约35亿年前。第二个阶段是向现代环境过渡的时期，估计在20亿~15亿年前结束。从那时起，海水的成分很可能没有什么变化，进入了稳定的第三个阶段。[1]

海洋可能在20亿~15亿年前形成了它们的现代特征。这个时代的沉积岩的化学和矿物学成分以及相对比例与古生代的沉积岩（在5.41亿~2.519亿年前）差别不大。酸性硫气体在这个时候已经中和成硫酸盐，这一事实由前寒武纪晚期（在5.41亿~16亿年前）的硫酸钙沉积物证实。前寒武纪晚期沉积岩中化学沉淀的氧化铁表明可用的游离氧，无论其百分比如何，中、晚前寒武纪页岩的化学和矿物学特征与古生代页岩相似。因此，像现在这样的沉积物的连续循环似乎已经发生了15亿~20亿年，这些沉积物

---

[1] See Howard Byrne B., Mackenzie F. T. & Duxbury A. C., Seawater, https://www.britannica.com/science/seawater.

控制了海洋的组成。[1]

人们曾经认为,现代海洋的咸味仅仅代表了岩石风化作用产生的盐的储存,并通过河流作用输送到海洋中。然而,随着人们对地球年龄的了解越来越多,人们认识到,与地球的年龄相比,以目前向海洋输送盐的速度,甚至以更低的速度,可以在地质学上较短的时间间隔内获得海洋中盐的总含量和单个盐的质量。以现在的水流输送速度计算,海洋中盐的总质量大约需要1200万年。海水中溶解的二氧化硅的质量可以在仅仅2万年的时间里增加1倍。钠加倍需要7000万年的时间。[2] 海洋不仅仅是盐的积累地,而且,随着水从海洋中蒸发,引入的盐一定会以矿物质的形式被除去。这样,海洋作为一个化学系统的概念就从一个简单的蓄积器转变为一个物质流入海洋的速率与流出海洋的速率相等的稳态系统。稳态概念允许流入随时间变化,但它将与流出几乎同时和相等的变化相匹配。对海洋系统中元素添加和移除速率的计算表明,至少在1亿年里,海洋系统一直处于一种稳定状态,主要元素的流入和流出速率大约是固定的,因此,海水中的化学成分是固定的。

二、我国海水资源概况

海水资源待开发与淡水资源短缺将是我国未来长期存在的两个问题。我国海岸线总长度约3.2万千米,其中大陆海岸线约1.8万千米,岛屿海岸线约1.4万千米,是名副其实的海洋大国。[3] 根据水利部公布的2021年中国水资源公报,2021年全国平均年降水量691.6毫米,比多年平均值偏多7.4%,比2020年减少2.1%。全国地表水资源量28,310.5立方米,比2020年减少6.8%,2019人均水资源量约为2051立方米,略高于联合国可持续发展委员会确定的人均1750立方米的用水紧张线。我国淡水资源也存在分布不均衡,与人口、土地和经济布局不相匹配的问题,再加上近年反常气候频发,地区间水资源分布不均的矛盾加剧。合理地将海水资源利用

---

〔1〕 See Howard Byrne B., Mackenzie F. T. & Duxbury A. C., Seawater, https://www.britannica.com/science/seawater.

〔2〕 See Howard Byrne B., Mackenzie F. T. & Duxbury A. C., Seawater, https://www.britannica.com/science/seawater.

〔3〕 参见曹忠祥、高国力:《我国陆海统筹发展的战略内涵、思路与对策》,载《中国软科学》2015年第2期。

好不仅可以弥补我国资源不均衡的问题,也为保障我国经济发展的内循环提供了必要保障。

海水中富含着大量的可利用资源,根据自然资源部海洋战略规划与经济司公布的《2018年全国海水利用报告》我国对海水资源的利用同样包括海水淡化、海水直接利用、海水化学资源利用三个方面。[1] 截至2018年年底,全国已建成海水淡化工程142个,新增海水淡化工程规模12536吨/日,年海水冷却用水量1391.56亿吨,新增海水冷却用水量46.71亿吨/年。[2] 国家发改委、自然资源部就海水淡化用电、政策性金融等方面予以支持,鼓励促进海水利用产业发展;浙江、青岛出台地方规划和实施方案,推进海水淡化在沿海缺水城市和海岛的应用,反渗透膜、高压泵等关键材料设备研制方面进展顺利,自主海水淡化技术装备实现对外出口。海水利用标准体系进一步健全,新发布国家标准2项、行业标准16项。[3]

三、我国海水资源开发利用保护审视

(一)海水淡化

海水淡化是指从海水中提取淡水,目前已有超过100个国家和地区进行着不同形式的海水淡化工作以解决其对淡水的需求,海水淡化已成为日本、以色列、新加坡、加勒比沿海、美国等国家和地区的淡水资源重要来源。近年来世界上海水淡化正向着高效化、低能化和规模化的目标发展,海水淡化的过程可分为两大类,一类是热过程,一类是膜过程,海水淡化通常包括五项基本技术:反渗透法、蒸馏法、电渗析、离子交换脱盐和冷冻脱盐。海水淡化还涉及厂址的选择,首先要考虑的是长治的选择对于沿海生态系统的影响,海水淡化厂会产生的独特的环境影响问题,主要是微咸水或者海水的摄取对海洋生态环境产生的影响,例如,对近海生物的生存环境的影响,以及盐度的变化对近海水流的改变。[4]

我国淡化的海水主要用于海岛生活用水和沿海城市工业用水,截至

---

[1] 参见赵晖、聂志巍等:《天津海水利用发展研究——基于海洋经济高质量发展》,载《中国国土资源经济》2019年第9期。

[2] 参见李菲:《海水淡化产业发展的省市比较》,载《浙江经济》2018年第11期。

[3] 参见《2018年全国海水利用报告》。

[4] 参见王慧、葛舒沁:《海水淡化污染风险的法律治理》,载《浙江海洋学院学报(人文科学版)》2016年第1期。

2021 年年底,我国共有海水淡化工程 144 个,工程规模近 200 万吨/日。较 2011 年的数据增长了 1 倍有余,达到近年来我国海水淡化规模的最高峰值。[1] 我国海水淡化工程分布在沿海 9 个省市水资源严重短缺的城市和海岛,包括海南、广东、福建、浙江、江苏、山东、河北、天津、辽宁 9 个省市,其中山东的海水淡化工程规模最大,浙江紧随其后,两省份的海水淡化工程规模日产值均在 40 万吨以上,河北、天津两个省市位居第三、四名,海水淡化工程规模日产值均在 30 万吨以上,辽宁海水淡化工程规模日产值在 18 万吨上下,广东海水淡化工程规模日产值在 8 万吨左右,而江苏、海南海水淡化工程规模日产值均在 1 万吨以下,具体数据见图 7-1。[2]

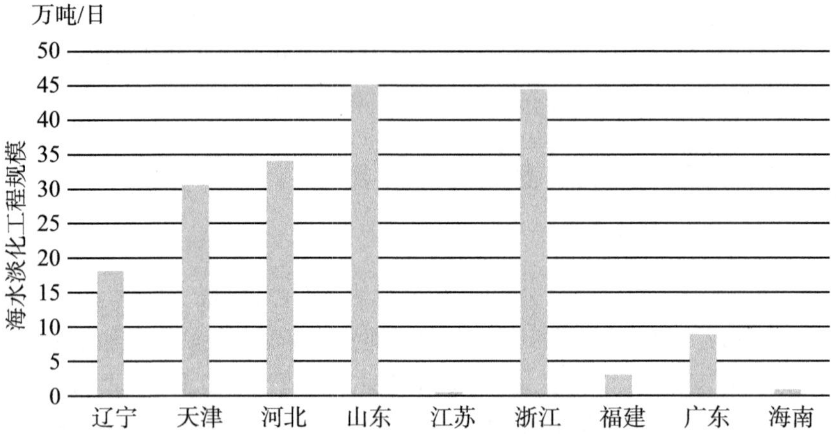

图 7-1 全国现有海水淡化工程规模分布

北部海洋经济圈以大规模的工业用海水淡化工程为主,东部、南部海洋经济圈以民用海岛海水淡化工程居多。[3] 在技术上,全国应用反渗透技术的工程 121 个,工程规模 825, 641 吨/日,应用低温多效技术的工程 16 个,工程规模 369, 150 吨/日,应用多级闪蒸技术的工程 1 个,工程规模 6000 吨/日,应用正渗透技术的工程 1 个,工程规模 500 吨/日,应用电渗析技术的工程 3 个,工程规模 450 吨/日。海水淡化水用途主要为工业用水、生活用水和其他用水。[4] 2018 年,国家重点研发计划"水资源高效开发利用"

〔1〕 参见《2021 年全国海水利用报告》。
〔2〕 参见《2021 年全国海水利用报告》。
〔3〕 参见王静、贾丹等:《我国海水淡化发展现状及国际合作》,载《水利经济》2015 年第 2 期。
〔4〕 参见李亚红:《海水冷却技术在中国的应用分析研究》,载《环境科学与管理》2017 年第 10 期。

重点专项“面向规模化应用的膜法海水淡化关键技术及装备开发与示范”“海水淡化全流程药剂关键技术研究及应用示范”“高性能海水淡化混合基质反渗透膜产品开发与应用示范”“海水淡化泵与能量回收一体机关键技术研究及产品开发”等项目进展顺利。沿海地区不断提高海水淡化产能利用率,为保障沿海缺水地区水资源供给发挥了重要作用。

（二）海水直接利用

海水的直接利用是指对海水的直接使用,包括海水养殖,将海水代替淡水作为工业用水和生活用水,例如,生活用水中的海水冲厕、海水消防,工业用水中的海水直流冷却、海水循环冷却和海水脱硫等。海水的直接利用对于缓解沿海城市淡水紧张的问题起着至关重要的作用。

一方面,在世界范围内,海水冷却用水量占到海水取用量的90%以上,世界上拥有海水资源的国家基本上都会采取海水作为冷却用水,尤其是一些缺乏淡水资源的岛国,例如,日本在20世纪30年代就开始使用海水作为工业直流冷却水,目前几乎所有的沿海钢铁、化工、电力企业都采取海水直流冷却技术,年利用海水量达上千亿吨。我国沿海核电、火电、钢铁、石化等行业海水冷却用水量稳步增长,在辽宁、天津、河北、山东、江苏、上海、浙江、福建、广东、广西、海南等11个省份均有海水冷却工程分布,截至2018年,广东、浙江、福建和辽宁海水冷却用水量超过百亿吨。[1] 国内海水直流冷却技术日趋成熟,主要应用于沿海电力、石化和钢铁等行业,截至2021年,我国已建成海水循环冷却工程22个,总循环量为193.48万吨/小时。[2]

另一方面,海水养殖也是对海水的直接利用,海水养殖一般是指利用沿海水域养殖海水经济动植物的生产活动,通过将海水引入陆地池塘养殖海洋类动植物,再将利用过的海水排放回海洋的过程。海水养殖是一种可持续利用海洋资源的重要方式。根据《2021年全国渔业经济统计公报》,海水养殖产值达4301.70亿元,海水养殖的种类包括鱼类、甲壳类、贝类、藻类和其他类,其中贝类的产量最高,藻类产量位居第二,其次是鱼类和甲壳类。海水养殖面积达2025.51千公顷,相较于淡水养殖面积,同比有所增长。[3]

---

〔1〕 参见张亮:《加快推进海水利用　有效缓解水资源短缺》,载《中国发展观察》2014年第12期。

〔2〕 参见《2021年全国海水利用报告》。

〔3〕 参见《2021年全国渔业经济统计公报》。

(三)海水化学利用

海水化学资源的综合利用,即从海水中提取化学元素、化学品及深加工等。海水里蕴藏着丰富的化学资源,在地球上已发现的109种化学元素中海水中包含了80余种。海盐、溴素、锂盐、镁盐是海水中的四大主体要素,铀、碘、锂、氘是海水中的四大微量元素。世界上生产海盐的国家已有80多个,全球的海盐年产量已超过5000万吨,美国、日本、以色列等国在海水提溴方面已走在世界前列,在溴化物系列产品研制开发方面,国外相继开发出十溴二苯醚基乙烷、新型溴化剂氯化溴等高附加值产品,早在20世纪30年代,美国、日本、英国等发达国家和地区已实现海水提取化学元素的产业化,随着时代发展和技术进步,更多的海水化学产品将向着多品种、高质量的方向发展。

我国对海水化学资源的利用,除海水制盐外,其他主要海水化学资源还包括溴素、氯化钾、氯化镁、硫酸镁、硫酸钾,这些元素的生产企业主要分布在天津、河北、山东、福建和海南等地。在浓海水综合利用及产品高值化产业化技术研究方面,海洋公益性行业科研专项项目"浓海水制卤、苦卤结晶纯化及产品高值化技术研究与示范"进入示范阶段,完成了30万吨/年电渗析工厂化制盐示范工程前期准备工作,食品级氯化钾产业化工程试车运行。浓海水高效节能提溴技术与装备取得突破,建成高效低能耗卤水提溴工业级示范装置,完成现场中试试验研究,通过优化液体喷淋密度、规范气液分布和提高传至接触面积,较传统提溴技术能耗降低10%,收率提高7%,形成了工艺包及塔芯内构建核心关键装备的产业化定型,为产业化技术改造奠定了基础。

第二节 我国海水资源开发利用和保护法律制度现状

一、我国海水资源开发利用保护法律制度梳理

(一)全国人大及其常委会制定的有关海水资源开发利用和保护的法律

全国人大常委会从法律层面,国务院和地方立法机关从法规、规章层面颁布了一系列的法律文件交织构建了较为完善的海洋法律体系。全国人大

常委会先后颁布了《海洋环境保护法》《水法》《海岛保护法》《海上交通安全法》《循环经济促进法》《渔业法》《领海及毗连区法》《专属经济区和大陆架法》《海域使用管理法》《环境影响评价法》《港口法》《民法典》等相关法律。

《海洋环境保护法》第 36 条规定，向海域排放含热废水，必须采取有效措施，保证邻近渔业水域的水温符合国家海洋环境质量标准，避免热污染对水产资源的危害。又如，该法第 12 条规定，直接向海洋排放污染物的单位和个人，必须按照国家规定缴纳排污费。

《水法》第 80 条规定："海水的开发、利用、保护和管理，依照有关法律的规定执行。"第 24 条规定："在水资源短缺地区，国家鼓励对雨水和微咸水的收集、开发、利用和对海水的利用、淡化。"

《海岛保护法》第 17 条规定，国家保护海岛植被，促进海岛淡水资源的涵养；支持有居民海岛淡水储存、海水淡化和岛外淡水引入工程设施的建设。第 24 条第 2 款规定，有居民海岛的开发、建设应当优先采用风能、海洋能、太阳能等可再生能源和雨水集蓄、海水淡化、污水再生利用等技术。

《循环经济促进法》第 20 条第 4 款规定，国家鼓励和支持沿海地区进行海水淡化和海水直接利用，节约淡水资源。

《环境影响评价法》也是与海水资源开发利用和保护密切相关的一部法律，该法所称环境影响评价，是指对规划和建设项目实施后可能造成的环境影响进行分析、预测和评估，提出预防或者减轻不良环境影响的对策和措施，进行跟踪监测的方法与制度。该法第 16 条规定："国家根据建设项目对环境的影响程度，对建设项目的环境影响评价实行分类管理。建设单位应当按照下列规定组织编制环境影响报告书、环境影响报告表或者填报环境影响登记表(以下统称环境影响评价文件)：(一)可能造成重大环境影响的，应当编制环境影响报告书，对产生的环境影响进行全面评价；(二)可能造成轻度环境影响的，应当编制环境影响报告表，对产生的环境影响进行分析或者专项评价；(三)对环境影响很小、不需要进行环境影响评价的，应当填报环境影响登记表。建设项目的环境影响评价分类管理名录，由国务院生态环境主管部门制定并公布。"根据《建设项目环境影响评价分类管理名录》，海水养殖、海水淡化、其他水处理和利用应准备环境影响报告表。《环境影响评价法》第 25 条规定："建设项目的环境影响评价文件未依法经审批部门审查或者审查后未予批准的，建设单位不得开工建设。"第 27 条进一步规定:“在项目建设、运行过程中产生不符合经审批的环境影响评价文件的情形的,建设单位应当组织环境影响的后评价,采取改进措施,并报原环境影响评价文件审批部门和建设项目审批部门备案;原环境影响评价文件审批部门也可以责成建设单位进行环境影响的后评价,采取改进措施。”

《企业所得税法》第27条规定:“企业的下列所得,可以免征、减征企业所得税:(一)从事农、林、牧、渔业项目的所得;(二)从事国家重点扶持的公共基础设施项目投资经营的所得;(三)从事符合条件的环境保护、节能节水项目的所得;(四)符合条件的技术转让所得;(五)本法第三条第三款规定的所得。”《企业所得税法实施条例》第88条规定:“企业所得税法第二十七条第(三)项所称符合条件的环境保护、节能节水项目,包括公共污水处理、公共垃圾处理、沼气综合开发利用、节能减排技术改造、海水淡化等。……企业从事前款规定的符合条件的环境保护、节能节水项目的所得,自项目取得第一笔生产经营收入所属纳税年度起,第一年至第三年免征企业所得税,第四年至第六年减半征收企业所得税。”此外,《企业所得税法》第28条规定:“符合条件的小型微利企业,减按20%的税率征收企业所得税。国家需要重点扶持的高新技术企业,减按15%的税率征收企业所得税。”《企业所得税法实施条例》第93条进一步规定:“企业所得税法第二十八条第二款所称国家需要重点扶持的高新技术企业,是指拥有核心自主知识产权,并同时符合下列条件的企业:(一)产品(服务)属于《国家重点支持的高新技术领域》规定的范围;(二)研究开发费用占销售收入的比例不低于规定比例;(三)高新技术产品(服务)收入占企业总收入的比例不低于规定比例;(四)科技人员占企业职工总数的比例不低于规定比例;(五)高新技术企业认定管理办法规定的其他条件。《国家重点支持的高新技术领域》和高新技术企业认定管理办法由国务院科技、财政、税务主管部门商国务院有关部门制订,报国务院批准后公布施行。”

(二)中央部委和地方政府有关海水资源的开发利用保护的法律法规

国务院及其组成部门先后颁布了《对外合作开采海洋石油资源条例》、《海洋石油勘探开发环境保护管理条例》、《防止船舶污染海域管理条例》(已失效)、《海洋倾废管理条例》、《渔业法实施细则》、《航道管理条例》、《防止拆船污染环境管理条例》、《渔港水域交通安全管理条例》、《防治海岸工程建设项目污染损害海洋环境管理条例》、《防治陆源污染物污染损害海洋环境管理条例》、《水生野生动物保护实施条例》、《防治海洋工程建设项目污染损害海洋环境管理条例》、《海洋倾废管理条例实施办法》、《海洋行政处罚实施办法》、《委托签发废弃物海洋倾倒许可证管理办法》（已失效）等相关法规规章。

海南省人大常委会、江苏省人大常委会、天津市人大常委会等省市人大常委会先后颁布了《海南省海洋环境保护规定》《江苏省海域使用管理条例》《天津市海域使用管理条例》《深圳经济特区海域污染防治条例》《辽宁省海洋环境保护办法》等地方性法律规章。

《江苏省海洋经济促进条例》第 18 条规定，县级以上地方人民政府应当优先发展海洋工程装备、海洋可再生资源、海洋药物和生物制品、海洋新材料、海水淡化及综合利用等海洋新兴产业，加快产业技术创新和关键技术突破。加强海洋油气资源开发、海上风电、海洋电子信息、海水淡化等海洋工程装备自主研发和制造。第 36 条规定，推动海水养殖、海水淡化设备、海上风电等产业的产能合作和技术输出。

《天津市节约用水条例》第 6 条规定，本市优先满足城乡居民用水，统筹兼顾工业、农业、生态与环境和其他用水需要，鼓励利用再生水、淡化海水和海水，实行多水源优化配置，分质供水、优水优用。

《大连市节约用水条例》在非常规水的开发利用中规定，市及有关区市县人民政府应当制定对污水、中水、雨水和海水等非常规水开发利用项目的扶持政策，鼓励非常规水的开发、利用。鼓励有条件的地区和单位建设集雨工程和海水淡化、海水直接利用设施，科学开发利用雨水、海水资源，减少常规水使用量。

《深圳市节约用水条例》中规定污水、中水、海水以及雨水等的综合利用应当纳入节约用水规划。在节约用水规划确定的范围内，具备海水或者污水利用条件的工业区、度假区、宾馆和住宅小区等，应当按照规划配套建设海水或者污水利用规划。

（三）有关海水资源的开发利用保护的规范性文件

由于目前关于海水资源的开发、利用和保护的法律法规还不健全，因此行政规范性文件在海水资源的开发、利用和保护中起到了至关重要的作用，特别是 2016 年、2017 年先后出台的三个“规划”对海水资源的开发、利用和保护起到了关键的导向作用。本部分将对 2016 年《全国海水利用“十三五”规划》、2016 年《全国科技兴海规划（2016—2020 年）》、2017 年《全国海洋经济发展“十三五”规划》进行具体的分析和说明。

《全国海水利用"十三五"规划》由国家发改委和原国家海洋局共同制定,旨在推动海水淡化规模化应用的要求,促进海水利用健康、快速发展。规划指出,海水是重要的资源,海水利用是解决我国沿海水资源短缺的重要途径,是沿海水资源的重要补充和战略储备。为推进海水利用规模化应用,促进海水利用产业健康、快速发展,支撑节水型社会建设,拓展蓝色经济空间,依据《国民经济和社会发展第十三个五年规划纲要》《"十三五"国家科技创新规划》,制订《全国海水利用"十三五"规划》。规划涉及的海水利用包括:海水淡化、海水直接利用、海水化学资源利用以及海水利用工程技术服务等领域。规划从扩大海水利用应用规模、提升海水利用创新能力、健全综合协调管理机制、推动海水利用开放发展、强化规划实施保障这五个方面予以规定。

根据《全国海水利用"十三五"规划》,全球海水淡化年增长率达到8%,淡化工程规模已达8655万吨/日,60%用于市政用水,可以解决2亿多人的用水问题。2015年年底,全国海水淡化工程总规模达到100多万吨/日,其中海岛海水淡化工程规模为11万吨/日。最大反渗透海水淡化工程规模达到10万吨/日,最大低温多效蒸馏海水淡化工程规模达到20万吨/日。年冷却用海水量达到1125亿吨,海水循环冷却循环量达到94万吨/小时。面对海水利用的飞速发展态势,对于海水淡化产业,国内目前的相应产业政策还很不完善,还缺少比较有针对性的产业政策。海水利用是一个庞大的且复杂的系统工程,涉及许多行业,因此需要在产业协调、产业政策和技术创新上作出系统的规划。虽然我国在政策方面高度重视海水淡化,但是至今仍旧没有可实施的海水淡化产业市场准入制度,没有门槛的限制,这会导致海水淡化市场中企业参差不齐,产品水质量难以保障,同时也会涉及产业规划中地区规划和行业规划的问题。另外,目前我国海水淡化市场准入制度中面临还有谁负责监管的问题,以及准入的标准和优胜劣汰的问题。

2016年12月12日,原国家海洋局和科学技术部联合印发了《全国科技兴海规划(2016—2020年)》,旨在深入实施创新驱动发展战略,充分发挥海洋科技在经济社会发展中的引领支撑作用,增强海洋资源可持续利用能力,推动海洋领域大众创业、万众创新,促进海洋经济提质增效。规划从加快高新技术转化,打造海洋产业发展新引擎;推动科技成果应用,培育生态文明建设新动力;构建协同发展模式,形成海洋科技服务新能力;加强国际合作交流,开拓开放共享发展新局面;创新管理体制机制,营造统筹协调发展新环境五个主要方面进行了阐述。

2017年5月国家发改委和原国家海洋局联合发布了《全国海洋经济发展"十三五"规划》。该规划从总体要求、优化海洋经济发展布局、推进海洋产业优化升级、促进海洋经济创新发展、加强海洋生态文明建设、加快海洋经济合作发展、深化海洋经济体制改革和保障措施共计八个方面进行了全面论述,主要包括优化海洋经济发展布局、推进海洋产业优化升级、促进海洋经济创新发展、加强海洋生态文明建设、加快海洋经济合作发展六个方面。

同时,2012年《关于加快发展海水淡化产业发展的意见》、2012年《关于加快培育和发展战略性新兴产业的决定》、2008年《全国科技兴海规划纲要(2008—2015年)》、2005年《海水利用专项规划》(已失效)、1996年《中国海洋21世纪议程》对海水资源的开发利用和保护都做出了相关规定,但由于其年代久远且一些文件已被新的文件所代替,所以此处不再赘述。

二、我国海水资源开发利用保护法律制度的主要内容

(一)海水资源的利用方式

从上文法律梳理可以得出我国法律法规鼓励对海水资源的利用,多部法律法规规范了海水资源的利用方式,如何利用好海水资源是海水资源开发利用和保护的重要内容之一。从目前的立法上看,海水资源利用主要方式可以分为海水的直接利用和海水收集利用。

海水的直接利用是指以海水为原水直接替代淡水,用于生活或工业用水。一方面,国家鼓励和支持沿海地区进行海水淡化和海水直接利用,节约淡水资源。[1] 另一方面,沿海地区要综合考虑产业政策、本地淡水资源条件和海水利用能力等,合理规划工业园区建设和高耗水产业集聚,制定海水淡化及海水直接利用年度工作计划,鼓励优先利用海水,[2]鼓励有条件的地区和单位建设集雨工程和海水淡化、海水直接利用设施。[3]

海水收集利用的方式包括海水收集后的淡化处理,海水收集后提取相关化学元素。海水淡化包括在水资源短缺地区,国家鼓励对雨水和微咸水

〔1〕 参见《循环经济促进法》第20条。
〔2〕 参见《海水淡化利用发展行动计划(2021—2025年)》。
〔3〕 参见《大连市节约用水条例》第29条。

的收集、开发、利用和对海水的利用、淡化;[1] 支持有居民海岛淡水储存、海水淡化和岛外淡水引入工程设施的建设,鼓励采用风能、海洋能、太阳能等可再生能源和雨水集蓄、海水淡化、污水再生利用等技术。[2]

(二)海水资源的保护与评价

海水资源的利用和保护之间本身存在的冲突,在开发海水资源的同时必不可少会给海水资源带来一定程度的破坏,例如,海上钻井平台泄漏给海域造成的不可逆的污染,人类频繁的海洋活动对海水盐度、海水温度、海水质量产生的负面影响。如何避免这种现象,使海水资源可以持久地为人类和自然界提供资源是目前法律法规的另一个重要内容。对海水资源的保护方式一方面是在《海洋环境保护法》对直接向海水排污行为的规范,另一方面是在《环境影响评价法》中对人类活动对海水可能产生的影响予以规范。

法律对直接向海洋排放污染物的单位和个人,规定必须按照国家规定缴纳排污费。[3] 向海域排放含热废水,必须采取有效措施,保证邻近渔业水域的水温符合国家海洋环境质量标准,避免热污染对水产资源的危害。[4]

在环境评估方面,海水养殖、海水淡化、其他水处理和利用应准备环境影响报告表。[5] 对可能造成重大环境影响的,应当编制环境影响报告书,对产生的环境影响进行全面评价;对可能造成轻度环境影响的,应当编制环境影响报告表,对产生的环境影响进行分析或者专项评价;对环境影响很小、不需要进行环境影响评价的,应当填报环境影响登记表。[6] 建设项目的环境影响评价文件未依法经审批部门审查或者审查后未予批准的,建设单位不得开工建设。[7]

(三)海水资源开发保护的财税激励措施

海水资源并非不可再生、不可替代资源,很多领域对海水的使用可以用淡水资源代替,但是淡水资源的体量远小于海水资源,所以各国都在鼓励各

---

〔1〕 参见《水法》第24条。
〔2〕 参见《海岛保护法》第17条、第24条。
〔3〕 参见《海洋环境保护法》第11条。
〔4〕 参见《海洋环境保护法》第36条。
〔5〕 参见《建设项目环境影响评价分类管理名录》。
〔6〕 参见《环境影响评价法》第16条。
〔7〕 参见《环境影响评价法》第25条。

行各业使用开发海水资源。我国法律和相关规范性文件中的税收减免和资金支持是海水资源开发和保护的另一个重要内容。

《企业所得税法实施条例》第88条规定："企业所得税法第二十七条第(三)项所称符合条件的环境保护、节能节水项目，包括公共污水处理、公共垃圾处理、沼气综合开发利用、节能减排技术改造、海水淡化等。……企业从事前款规定的符合条件的环境保护、节能节水项目的所得，自项目取得第一笔生产经营收入所属纳税年度起，第一年至第三年免征企业所得税，第四年至第六年减半征收企业所得税。"

鼓励采用政府购买服务或补贴等方式推动海水淡化水用于城市公共市政供水。由用户直接向海水淡化水供水企业采购的，双方按照优质优价的原则自主协商定价。鼓励水电联产"以电补水"，落实免收需量(容量)电费、企业所得税抵免等优惠政策。鼓励银行业金融机构加大信贷支持，鼓励社会资本采用PPP等多元化方式积极参与。中央和地方资金对海水淡化产业发展予以适当支持。[1]

第三节　我国海水资源开发利用和保护法律制度存在的问题

一、我国海水资源开发利用和保护的相关法律体系不健全

从法律位阶的角度，应有专门的法律，相关的行政法规以及规范性文件对某一法律关系的调整进行系统性的规范，海水资源的开发利用和保护也需要体系性的法律规范。从上文可以看出，我国尚未形成调整海水资源开发利用和保护的一套法律体系，目前有关海水资源开发利用和保护的规定分散在《海洋环境保护法》《水法》《渔业法》《海域使用管理法》《环境影响评价法》《海岛保护法》等法律法规中，例如，2017年全国人大常委会通过了《关于修改(中华人民共和国海洋环境保护法)的决定》第三次修正。其中涉及海水资源开发利用和保护的条款包括第27条："沿海地方各级人民政府应当结合当地自然环境的特点，建设海岸防护设施、沿海防护林、沿海城镇园林和绿地，对海岸侵蚀和海水入侵地区进行综合治理。禁止毁坏海岸

[1] 参见《海水淡化利用发展行动计划(2021—2025年)》。

防护设施、沿海防护林、沿海城镇园林和绿地。”第28条规定，国家鼓励发展生态渔业建设，推广多种生态渔业生产方式，改善海洋生态状况。新建、改建、扩建海水养殖场，应当进行环境影响评价。海水养殖应当科学确定养殖密度，并应当合理投饵、施肥，正确使用药物，防止造成海洋环境的污染。第30条规定，入海排污口位置的选择，应当根据海洋功能区划、海水动力条件和有关规定，经科学论证后，报设区的市级以上人民政府环境保护行政主管部门备案。环境保护行政主管部门应当在完成备案后15个工作日内将入海排污口设置情况通报海洋、海事、渔业行政主管部门和军队环境保护部门。在海洋自然保护区、重要渔业水域、海滨风景名胜区和其他需要特别保护的区域，不得新建排污口。在有条件的地区，应当将排污口深海设置，实行离岸排放。设置陆源污染物深海离岸排放排污口，应当根据海洋功能区划、海水动力条件和海底工程设施的有关情况确定，具体办法由国务院规定。《海洋环境保护法》的修法工作中正是将海水资源开发利用、海水利用的行业标准条件写入配套文件中的好契机，但遗憾的是，这次修法并未对海水的直接利用、海水淡化和海水化学利用予以规定，海水利用行业准入条件也未明确。目前，有关海水资源的开发利用和保护没有形成体系化的法律规范，缺乏系统化的设计与考量，各级相关部门在行使相关职权的时候也会缺乏合适的依据。

同时，由于各部法律的侧重点不一，对海水资源的开发利用和保护的规定仅是从各部门法解决的角度出发，虽然《水法》中明确了该法所称水资源包括地表水和地下水，但未包括海水。对海水资源的定义、海水资源的使用方式、海水资源的保护方式等方面的内容并没有形成规范性定义。各部法律对海水资源开发利用保护的零星规定缺乏体系化的考量和设计，例如，《环境保护法》第36条规定，向海域排放含热废水，必须采取有效措施，保证邻近渔业水域的水温符合国家海洋环境质量标准，避免热污染对水产资源的危害。但是《环境保护法》并未规定排放企业应采取什么样的措施或者使用什么样的设备将污染降到最低，法律不仅仅对违法行为应予以惩戒，也应是规则的制定者，未雨绸缪，将污染降到最低。又如，在《企业所得税法》方面，目前的法律只是规定了对从事海水淡化的企业和项目可享受纳税的优惠，但是并未对前期工厂设立中的贷款、补贴等方面的财税法律制度予以支持。

二、海水资源权属制度不明确

自然资源的开发利用是建立在清晰的权属基础之上,权属的定义是一个严谨的法学概念,虽然我国《宪法》第 9 条有明确规定矿藏、水流、森林、山岭、草原、荒地、滩涂等自然资源,都属于国家所有。国家保障自然资源的合理利用。但显而易见《宪法》并没有明确规定海水资源的权属问题,如果从法学解释的角度进行扩大解释,矿藏、水流、森林、山岭、草原、荒地、滩涂均属于内陆资源,并不属于海洋资源的范畴,立法者如果有意将海洋资源纳入宪法的范畴应明示海域资源、海岸带资源的权属问题,在这种条件下进行扩大解释不违背立法者的本意,但从目前的立法而言,将海水资源或海洋资源解释为国家所有或集体所有不恰当。

另外,《水法》《海洋环境保护法》《环境影响评价法》《海岛保护法》等法律中虽然均有提及海水资源的利用、保护问题,但是均没有明确这种利用和保护是建立在何种权属基础之上的。

正是由于法律对海水资源权属不明确,所以,目前市场上对海水使用的定价因地而异,大多数沿海省份并未将海水本身的价格包含在海水利用的成本当中,因为对海水资源的使用没有成本,例如在 2021 年《关于印发山东省海水淡化供水成本调查办法(试行)的通知》中指出海水淡化的供水成本是指海水淡化供水企业采用膜法、热法等工艺脱盐生产淡水并供应城市公共管网所发生的合理费用支出。海水淡化供水成本包括职工薪酬、折旧及摊销费、膜消耗费用、材料费、动力费、修理费、水质检测费、其他相关生产费用、期间费用、税金及附加。通知中强调了对海水利用过程中人类生产活动中的消耗和成本,但是完全忽略了海水资源的本身价值,这极容易造成海水资源滥用,海水资源保护不到位的情况。究其根本是因为我国目前立法对海水资源权属不明确造成的。

三、海水资源利用管理标准体系有待完善

标准是技术性的法律规范,建立完善的标准制度可以为海水资源的开发利用和保护提供明确的指引,确保海水资源的开发利用和保护活动的规范、有序地进行。海水资源利用管理的标准一方面涉及对于海水本身使用的标准(主要包括海水的直接利用),另一方面涉及对海水深加工的科学技术标准(包括海水的化学利用和物理利用),我国对海水资源的利用和管理

的起步较晚,虽然取得了一些成绩,但有待系统性完善。

我国海水淡化与综合利用技术的研究起步于20世纪60年代,经过国家科技攻关的支持,完成了大量科研项目,取得了一批重要科研成果。随着海水利用技术的发展,其标准化工作也取得了一定进展。20世纪中后期,针对微孔滤膜、超滤膜、反渗透膜等水处理装置、组件和相关检测技术开展了企业标准、行业标准的制定工作。[1] 随着近年来对海水资源利用的深入,一些技术性较强的标准有待建立,例如对涉及药剂、防腐等的海水淡化专用化学药剂标准、碳钢制海水淡化蒸发器防腐涂料、海水淡化浓排放环境影响评价的标准还未建立。所以,应促进海水利用产业的规范化、法制化发展。

根据《标准化法》第5条第1款的规定:"国务院标准化行政主管部门统一管理全国标准化工作。国务院有关行政主管部门分工管理本部门、本行业的标准化工作。"因此,应明确相关机关的职责,制定完善有关海水开发利用保护的标准体系。

四、海水资源市场准入制尚未建立

市场准入制度是指市场主体和货物、服务、资本等要素进入某一市场领域的制度规范。海水资源利用的目的是面向人类的生产生活,虽然在使用海水过程中极少发生相关纠纷甚至诉讼,但是"松花江特大污染案"及其引发的公益诉讼警醒了我们应合理使用和保护自然资源,针对海水资源的使用方式应建立相对应的海水市场化准入标准,从源头规范对海水资源的开发利用和保护。

以海水资源利用中的海水淡化为例,海水淡化在海水资源利用中处于主要地位,当前,我国一方面应积极促进海水利用产业的发展,另一方面也应对海水产业的发展予以规范,特别是在门槛设置上,应防患于未然。《行政许可法》第12条规定:"下列事项可以设定行政许可:(一)直接涉及国家安全、公共安全、经济宏观调控、生态环境保护以及直接关系人身健康、生命财产安全等特定活动,需要按照法定条件予以批准的事项;(二)有限自然资源开发利用、公共资源配置以及直接关系公共利益的特定行业的市场准入等,需要赋予特定权利的事项;(三)提供公众服务并且直接关系公共利

---

[1] 参见《海水利用标准发展计划》。

益的职业、行业，需要确定具备特殊信誉、特殊条件或者特殊技能等资格、资质的事项；（四）直接关系公共安全、人身健康、生命财产安全的重要设备、设施、产品、物品，需要按照技术标准、技术规范，通过检验、检测、检疫等方式进行审定的事项；（五）企业或者其他组织的设立等，需要确定主体资格的事项；（六）法律、行政法规规定可以设定行政许可的其他事项。”海水淡化作为海水资源利用的重要方式之一，也构成了人类生活供水的主要组成部分，是直接涉及公共利益、公共安全、人身健康的行业，海水淡化的技术标准、技术规范应按照严格的法定进行审核，通过检验、检测、检疫才能使其产品市场化。

由于海洋资源的多样性，分布空间的交叉性，海洋环境的多变性，加上海洋资源开发利用涉及各个不同的行业、群体，因此对海洋这个人与自然的生态系统，很难将海水资源从整个海洋生态系统中分离，如果将海洋资源里的海水资源、动物资源和植物资源相分离，既不符合生态规律也不利于综合管理，应该实行有别于陆地管理的新模式，才能保证我国海洋产业较好、较快和持续的发展。对海洋进行综合管理应从国家的海洋权益、海洋资源、海洋环境的整体利益出发，通过法律法规、方针政策、规范性文件的制定和实施，以及组织协调有关产业部门和沿海地区在开发利用海洋中的关系，以达到维护海洋权益、合理开发海洋资源、保护海洋环境，促进海洋经济持续稳定、协调发展。

五、海水资源的开发利用和保护的评估制度不健全

目前关于海水资源开发利用和保护的法律法规均侧重对海水资源的利用，对海水资源利用过后的环境评估或是对海水资源的保护立法还不够深入。例如，上文所提及的《水法》《海岛保护法》《循环经济促进法》和相关省份的法规中对海水的利用、淡化，海水淡化工程建设，以及国家鼓励海水淡化和海水的直接利用均有涉及，但是在保护海水资源方面只是浅显地提及对海域排放废水应达到环境质量标准，避免污染扩大。

在对海水资源使用的评估方面目前只能借鉴《环境影响评价法》中的相关内容，因为该法也并未直接规定对海水评估的方式与程序。

第四节 完善我国海水资源开发利用和保护法律制度的建议

海水资源的开发利用和保护应从海水资源的开发利用和保护这两个方面进行探讨。这两个方面均涉及法律体系的建立健全,海水权属资源的确立,海水资源管理标准的完善,海水资源市场准入的确立、海水资源开发利用和保护的评估制度以及临海国的国际合作。

一、完善海水资源开发利用和保护的法律体系

(一)明确法律原则

法律原则体现了立法的宗旨和目的,海水资源的开发利用和保护的立法应从我国海水资源的现状出发,结合海水资源的特点从对海水资源的内部保护出发规范对海水资源外部的开发和利用。关于海水资源开发利用和保护的原则应坚持以下几个方面的内容:第一,明确立法的主体,我国立法的主体是全国人大和各级人大,相关行政部门也具有制定法规的权力,从目前已实施的法律法规的角度,人大的行政部门依旧是海水资源开发利用和保护的主体,同时,根据海水资源开发利用和保护的技术水平要求,行业协会的标准也是海水资源开发利用和保护的重要组成部分,所以海水利用开发和保护的主体应明确为人大、政府组成部门和行业协会。第二,落实执法主体,根据相关法律,对于海水资源的开发利用和保护的主体主要依靠海洋行政主管部门,但是对于海水在陆地上利用后的形态管理目前还未确定执法的主体,根据其价值标准的确定、对环境产生影响的、对陆地资源产生的影响,可以明确除海洋行政主管执法主体外,物价部门、环境监督部门、市场监管部门等相关部门是海水资源开发利用和保护的执法主体。第三,明确国际合作的可持续发展,海水资源作为全人类的共同资源,应被临海国所重视,对于海水资源的开发和利用,不能仅从本国使用的角度出发,应考虑到海水的可持续性使用,保持海水资源的平衡生态,建立全球性海水资源的使用标准,坚持跨国水权的习惯性国际惯例,在公平有序、合理分配的基础上共建海洋命运共同体。

(二)海水资源开发利用和保护的"母法"构建

关于海水资源开发利用和保护的配套法律已经相对健全,我国已经出台和实施了《海洋环境保护法》《海岛保护法》《渔业法》《领海及毗连区法》《专属经济区和大陆架法》《海域使用管理法》《环境影响评价法》等法律,法规层面也有相关部委和立法政府的立法,唯独缺少一部有关海水资源开发利用和保护的"母法"。"母法"也可以称为专门立法,是针对某一项法律关系的专门立法,海水资源的开发利用和保护已渐成体系,需要有专门的立法进行规范。

关于海水资源开发利用保护的母法构建可以参考其他较为健全的有关海洋资源利用开发和保护的法律体系,例如,对渔业资源开发利用和保护的上位法有2013年全国人大常委会颁布的《渔业法》、2020年国务院颁布的《渔业法实施细则》。又如,《水法》从法律和法规的角度构成了我国水资源法律制度体系,在法律层面有《水污染防治法》《水土保持法》等相关专门法律的配套,法规层面有《取水许可管理办法》以及地方层面法规的配套,我国对水资源(包括地表水和地下水)的法律规范已相对健全。

对于海水资源的开发利用和保护的内容构架,可以从海水资源的总体规划,海水资源开发利用,海水资源、水域和海水工程的保护,海水资源配置和节约使用、海水纠纷处理与执法监督检查、法律责任这几个方面进行框架设计。具体内容可以包括海水资源的定义、海水资源的权属划分、海水资源开发、利用、节约、保护的主体认定。在海水资源规划方面,应由国家制定全国海水资源规划,按照相关省份所在海域统一制定海水开发、利用、节约、保护和防治的规划。制定规划必须进行水资源综合科学考察和调查评估。开发利用水资源应当坚持兴利与除害相结合,兼顾相关海域与地区的利益,充分发挥海水资源的综合效益。开发利用海水资源应当兼顾生活用水、农业用水、工业用水、生态环境用水以及航运等行业的需要,兼顾海水在冲资源充沛地区、干旱、半干旱地区的调配问题。对于跨区域调水,应当进行全面规划和科学论证,统筹兼顾调出和调入区域的用水需要。海水资源的开发利用无法避免对于海水淡化、海水提纯等相关海水工程的建设。在从事海水资源开发、利用等活动时,应当严格遵守批准的规划,因违反规划造成相关海水的污染,海水使用功能降低的,应当由相关使用主体承担治理责任,因污染给他人生活和生产造成损失的,应当依法给予补偿。相关部门应当按照水功能区对水质的要求和水体的净化能力,核定水域的纳污能力。海水淡化、海水提纯等海水在加工程序应当采取先进技术、工艺和设备，增加循环利用次数，并逐步淘汰落后的，能耗高的工艺、设备和产品，由相关部门定期公布具体名单，生产者、销售者或者生产经营中的使用者应当在规定的时间内停止生产、销售或者使用列入淘汰名单的工艺、设备和产品。对于海水养殖、海水冷却水等直接利用海水的活动，应当制定符合海洋功能区划和海水使用的规划，渔业行政主管机关、环境保护部门应当合理确定渔业养殖、海水冷却水的使用海域，控制海水使用的规模，科学确定使用密度，推广海水直接使用的模式。

从事海水直接使用的单位和个人，应当在批准区域合理使用海水，对于在海水中投放的药品、饲料、添加物应当符合国家和省市使用的规定和标准，防止对海洋环境造成污染。海洋行政主管部门和环境保护部门应当加强海水水质监测，定期公布海水直接使用的水质信息。

综上所述，海水的直接利用与间接利用都有可能对海洋资源造成污染，海水的开放利用保护直接涉及海洋的环境污染问题，特别是海水淡化后排出的高于海水温度的大量浓盐水，会导致局部海域的水温迅速升高，盐度异常变化，对其区域的海洋微生物的生存环境产生翻天覆地的变化，造成海洋生物的死亡。〔1〕同时向海水排放的重金属废液也对区域性海域产生了不可逆转的污染。所以应在法律法规上对于排污的标准和对海水造成污染的行为予以量化；〔2〕尽快完善海水利用的各种标准体系，尽快确立海水淡化市场的准入制度。〔3〕

同时，在法律体系上欠缺鼓励海水利用的法律，海水利用作为新兴产业，在发展之初尤其需要鼓励性法律制度予以扶持，不仅是对从事相关产业的企业和个人予以税收的优惠，在相关产品上也应该给与一定的补贴的优惠。例如，目前我国市场上公开销售的海水淡化瓶装水只有“海露”一个品牌，而淡水品牌有“农夫山泉”“康师傅”“怡宝”“椰树”等，虽然其价格相差无几，但是由于海水淡化的品牌还未能完全被市场认可，市场占有率还非常低。

---

〔1〕 参见刘家沂：《论推进我国海水利用产业发展的立法思路和法制保障措施》，中国可持续发展研究会2011年学术年会论文。

〔2〕 参见徐占国：《日本环境直罚主义制度及借鉴研究》，载《长沙大学学报》2012年第1期。

〔3〕 参见詹红丽、李宗璟、郭风等：《我国海水利用发展现状与国外经验借鉴》，载《水利科技与经济》2013年第1期。

二、明确海水资源权属制度

海水资源权属确立的目的在于运用海水资源权属管理实现海水资源的优化配置,使海水资源的开发和利用合法化。海水资源的权属按照自然循环阶段和人类使用阶段可以大致分为海水资源的初始权利和海水资源的二次使用权属。

海水资源的初始权利是指海水资源未被人类生产活动进行深加工前的权属。一方面依赖于自然界的循环,另一方面需要明确国家对相邻海域海水资源的权利归属。海水资源是大自然循环中的一个重要环节,属于液态水的一种,与气态水、固态水共同构成了地球的水循环。由于海水在自然界的循环产生了不同形态的水资源,本章不对不同形态的海水资源进行区分对待,仅对海水资源的液态性初始权利进行探讨。海水具有自然性、流动性、跨区域性的特点,海水本身是源于自然的一种资源,其自然形态不受人类意志的转移,在确定海水资源的初始权利时,各沿岸国不能将所有海水资源均定义为本国的资源,应根据领海、毗连区、大陆架、专属经济区的区域划分确定海水资源的初始权利。笔者认为,一种较为合理的划定方式是不区分海水资源的区域,将海水资源的初始权利赋予全人类共同所有,将海水资源定义为全球性资源,各国应秉承共同开发的理念进行利用和保护。但这种方式容易产生沿海国滥用海水资源的现象,可能忽视对海水资源的保护。另一种划定方式是根据"近海"的范围确定海水资源的初始权利,各沿海国虽然对相关海域的争端并未停止,但是各沿海国对于本国"近海"范围内的海水资源的使用具有绝对的管辖权。"近海"的范围在法律和学理上并没有一个明确的标准,笔者认为这里的"近海"应是相关海水二次使用工程项目的临近海域,包括陆地海水工程的临近海域和在海水中的临近海域,不应超过本国的领海范围。沿海国同时应制定使用海水的价格,根据上文所述,目前我国沿海省份并未明确对海水使用的价格、成本计算,在只强调使用的同时极容易造成污染,对于海水资源本身的价值应由法律予以确定。

海水的二次使用权属主要是指对海水使用的自然人和法人对海水资源的所有权。一方面需要法律对这种权属的确认,另一方面可以根据不同海水使用方式确定权属的定价,对于海水使用后对环境污染少、循环率高的使用方式可以降低对海水的收费,对于在使用海水后会造成环境污染,降低海水的循环使用率的利用方式可以提高其海水使用的费用成本。通过在源头确定海水资源的初始权属和在使用流通环节的二次使用权属,可以较好地完善海水资源的配置,明确海水资源使用的合法化。

三、健全海水资源利用管理标准体系

海水资源的使用与其他海洋资源的使用同等重要,对海水资源使用的管理是为了维护国家对海水的所有权和海水所有权人的合法利益,我国目前审议通过了《海域使用管理法》,但是关于海水使用管理的法律法规迟迟未出台,笔者认为可以参照《海域使用管理法》在海水资源使用管理方面设置以下有关法律法规。

首先,明确海水资源使用管理的主管部门,由国务院主管部门牵头,各地方政府配合的管理体系。其次,划分相关海水功能区,可以按照海水的区位、自然资源和自然环境等自然属性,科学确定海水功能,根据经济和社会发展的需要,统筹安排各有关行业用海,还要考虑到保护和改善生态环境的需要,保障海水可持续利用,促进海水经济的发展。同时根据海水利用方式,按海水直接利用、海水淡化、海水化学利用对近海海水和远海海水的使用进行功能区分。[1] 再次,明确申请与审批,虽然海水从目前来看是取之不尽用之不竭的,但是海水的使用并不能任意而为之,应由单位和个人可以向县级以上人民政府海洋行政主管部门提出申请,申请人应当提交相关书面材料,可以包括,海水使用申请书,海水使用论证材料,相关的资信证明材料,法律、法规规定的其他书面材料等。最后,明确海水使用权权属制度,海水使用应经依法批准,登记造册后,才能向申请人开放使用权。海水使用申请人自领取海域使用权证书之日起,取得海水使用权。海水使用权也可以通过招标或者拍卖的方式取得。招标或者拍卖方案由海洋行政主管部门制订,报有审批权的人民政府批准后组织实施。海洋行政主管部门制订招标或者拍卖方案,应当征求同级有关部门的意见。颁发海水使用权证书,应当向社会公告。根据海水使用方式的不同收取海水使用金和使用权的年限,对于海水淡化、海水提溴等高科技行业免收减收海水使用金,放宽使用权的年限。

在监督检查与法律责任方面,同样应明确监督与执法的主体,相关人民

---

〔1〕 参见《海域使用管理法释义》第2部分第2章,载中国人大网,http://www.npc.gov.cn/zgrdw/npc/flsyywd/xingzheng/2003-09/11/content_321049.htm。

政府海洋行政主管部门应当加强对海域使用的监督检查。海洋行政主管部门应当加强队伍建设，提高海域使用管理监督检查人员的政治、业务素质。海域使用管理监督检查人员必须秉公执法，忠于职守，清正廉洁，文明服务，并依法接受监督。海洋行政主管部门及其工作人员不得参与和从事与海域使用有关的生产经营活动。对海水资源开发利用的保护需要严格的法律责任予以保障，对于未经批准或者骗取批准进行围海、填海活动等相关活动的行为应予以严惩。

四、完善海水资源开发利用和保护的市场准入制度

学界对完善海水开发利用和保护的立法方式提出了不同的意见，一种意见是制定部门规范性文件，在规范性文件中规定与海水资源开发、利用和保护有关的规定。该方案的优点是针对性强，对市场准入、海水淡化与饮用水的衔接、海水开发利用的相关程序问题以及海水资源开发利用的规划和选址等进行了全面规划。然而，由于该法规的标准化程度较低，其法律约束力不如专门法律，因此一些学者提出了反对意见。另一种意见是将对海水资源开发利用和保护的相关规定写入《海洋环境保护法》，将涉及海水资源开发利用的相关规定在该法修订时予以完善，《海洋环境保护法》是我国第一部保护海洋环境的综合性专门法律，其主要内容是关于海洋环境监督管理，海洋生态保护，防治陆源污染、海岸海洋工程建设项目、倾倒废弃物、船舶及有关作业活动对海洋环境的污染损害等方面的规定。但遗憾的是2017年《海洋环境保护法》未能对海水开发利用、海水开发利用市场准入、海水淡化后的饮用等问题予以规定，所以还是有可能将海水资源开发利用和保护的内容写入《海洋环境保护法》。第三种意见是修改《水法》，将海水开发利用和保护的内容作为水资源的一部分加以规定，但是《水法》与《海洋环境保护法》在一些条文上本身有冲突，而且，海水资源是海洋资源的重要组成部分，所以将海水资源开发利用和保护的内容写入《水法》或者《海洋环境保护法》还有待商榷。

综合以上观点，以直接立法的行为对海水市场准入予以规范的可行性不高，针对目前我国海水经济发展需要解决的市场准入问题、开发利用和保护中的生态环境影响问题，通过部门性规章进行规范可以有针对性地解决当前海水鼓励政策、市场准入和限制外资及生态保护的问题，所以将海水资源开发利用和保护的内容写入相关的规范性文件中是最为切实有效的。由

于海水资源的开发利用和保护涉及相关部门的协同合作,因此笔者建议由其主管部门制定“海水利用行业准入条件”。立法的一种方式可以由国家海洋行政主管部门牵头组建一个常设性的联合机制,在这个联合机制内会同水利部、自然环境与资源部等部门对海水淡化的市场准入规则进行规定,并对申报企业进行审核。在这个常设联合机制中,共同制定“海水利用行业准入条件”,报请国务院批准。另一种方式可以完全由国家海洋行政主管部门主导,涉及需要各个部委职权的时候单独协调合作的具体措施,也可以在这一常设机构的框架内予以协调解决。由国家海洋行政主管部门发文制定部门规章,对我国今后海水的利用活动进行规范化,使之有法可依、有章可循。

我国目前已有的40多个行业准入条件,这些行业准入条件的执行,对防治低水平重复建设和无序竞争,防范和化解产业布局、原料供应及安全环保等方面可能出现的风险产生了重要作用。行业准入条件的实施,表明宏观调控将逐步走向制度化和规范化,有利于更好地贯彻各项宏观调控措施和产业政策,增加导向性和规范化管理,较好地体现发展循环经济、节能减排和贯彻落实相关中央规定,是对产业政策和各类经济社会发展规划内容的补充和完善。

参考各行业准入及发展所需内容,结合海水利用行业的特点,可以制定“海水利用行业准入条件”,其重要内容应包括:第一,明确各有关部门的职能,在对海水直接利用、海水淡化、海水化学资源综合利用建设项目进行投资核准、备案管理、海域使用申请、工商注册登记、环境影响评价、安全许可等工作中要以行业准入条件为依据。第二,明确企业准入条件,从沿海地区城市建设、水资源利用及城市供水总体规划、海域使用及水资源利用总体规划出发,因地制宜地制定适合各地方的海水利用和保护的产业布局,明确海水市场的准入条件,明确在具有特殊保护价值的海域,海洋自然保护区等特殊地区的禁止海水开发利用的条件。引导地区产业结构和布局的调整,严格限制在缺水地区新建以淡水为水源的高用水项目,鼓励高用水行业(火电、化工、钢铁等产业)建立以包括海水在内的非传统水源作为工业用水水源。有关主管部门可以通过用水许可证发放,项目规划、设计、审批,项目水资源论证等阶段的控制,有效引导企业用海水替代淡水资源,明确在有条件的地区直接利用海水作为工业冷却水。同时,要通过提高规划、设计和施工水平,合理选择输水管路的铺设线路、铺设方式及淡化水进入市政管网的接入方式,采用科学的运营组织模式等措施,降低工程造价和运行费用。第三,设定宽严适中的海水资源开发利用和保护规模、具体的工艺和装备要求,在符合我国国情的基础上,通过法律作出原则性规定,对海水利用技术和装备的研发给予支持。对申请进入海水淡化产业的企业,设定生产技术、生产工艺、总资产额度等方面的要求。技术要素是海水淡化生产过程中的核心要素,技术的先进与否直接涉及环境影响、能耗、产品品质等一系列因素,淘汰老旧工艺、设备,采用新型节能、环保、高效、优质的新技术,新工艺,新设备,是落实国内大循环和提高综合效益的必由之路。第四,环境保护,在海水利用建设的过程中,海水资源利用开发的不合理会给海洋生态和人体健康带来的污染和损害,使海水资源利用健康、快速可持续的发展。对进入海水淡化产业的企业,应当要求其清洁生产,引入环境影响评价制度,将工业生产对环境的负面影响降至最低。除此之外,对目前还未明确的关于浓海水排放的具体标准,海水淡化的海水排放浓盐度,海水温度的标准规定予以明确。建设海水淡化项目时,应向当地环境保护部门和海洋管理部门提供排放浓海水的各项指标备案,申请排污许可证。同时,海水淡化是高耗能产业,而且相当程度上依赖不可再生能源,因此,在分析海水淡化问题时,应充分考虑其大量的温室气体的排放对气候和环境的影响。另一方面,淡化的海水的饮用水安全问题也不容易忽视,根据我国生活用水卫生标准,城市供水水质的相关管理,对作为生活水的淡化水水质进行检验评价,检验评价合格后方可进入城市生活饮用水管网。同时,还应考虑到淡化设备出现问题时对水质安全的影响,为此应会同有关部门,加快水价改革,形成合理的、有利于海水淡化水进入市政管网的水价机制,研究制定必要的税收优惠政策和用地、用能等价格优惠政策。根据当地公共供水管理办法的规定,建设输水管网前,应先查明地下水公共供水管线情况。管网系统必须具备快速应急处理机制及相关措施,切实保障城市供水系统的水质安全。

制定“海水行业准入条件”需要海水利用的相关标准完善作为补充。从上述我国目前已有的40多个行业准入标准中对相关技术的使用标准可以分析出,一般会规定以下几个方面的主要内容,第一,企业布局及规模和外部条件要求;第二,工艺和装备;第三,能源消耗;第四,资源消耗及综合利用;第五,环境保护;第六,安全生产、产品质量;第七,监督管理。针对海水开发利用的三种主要形式,海水直接利用,海水淡化和海水的化学资源综合利用,每种方式都需要设置不同的程序,每种方式适用的地区、条件,每种方式需要相配套的基础设施等规定。对海水资源开发利用和保护涉及的市场准入、海水淡化与饮用水的衔接,海水开发利用的程序性问题、开发利用海水资源前的规划选址及开发利用中及后期的排污和对生态系统影响等问题进行全面的规定。综合上文所述以及结合我国的实际情况,笔者建议由国家海洋行政主管部门推动制定部门规范性文件——“海水利用行业准入条件”及技术使用标准规范,以解决目前最急需的海水产业准入问题。同时,确立和完善海水利用激励性财税法律制度和海水利用标准体系,一方面鼓励市场主体积极进入海水开发利用行业,支持海水利用技术的研发、推广和利用;另一方面规范市场主体的行为,使市场主体的行为在各项标准的规则下得以规范。

推进海水利用产业化发展,标准也要现行,要在示范工程基础上研究和建立海水利用标准体系,制定和实施相关标准,建立和完善海水利用技术标准、管理标准的产品标准,将海水利用产品(装备)认证纳入节水产品认证范围,完善海水淡化综合利用标准应以海水冷却技术、大生活用海水技术、海水淡化工程、海水综合利用等方面的基础标准、方法标准、产品标准的研制为主。加强海水利用产品装备的质量监督检验,促进海水利用产业的规范化,法制化发展。另外,应从法律法规和规章制度层面完善对海水开发利用和保护的激励措施,这些激励措施涵盖了税收、信贷、补贴等诸多方面,如对淡化海水进入市政管网予以价格补贴,对符合要求的海水利用项目建设贷款予以财政补贴。对符合条件的海水利用项目企业予以税收减免,通过完善激励性的法律制度,真正调动海水利用主体的积极性,引导资本进入海水利用产业,促进海水利用技术的研发与推广。

五、海水资源开发利用和保护中环境评估的法律建议

如前文所述我国法律目前更多强调对海水资源的开发利用,对海水资源的保护规范不够完善。对海水资源的利用不可避免地将对海水使用的废弃物向大海中排放,例如海水淡化后的海盐,如直接向近海海域排放会直接造成近海海域盐度异常,进而影响近海海域海洋生物的生存环境,如果向远海深埋海水淡化后的海盐则成本太高,目前国内海水淡化企业选择在近海深埋海盐,其对海洋产生的效果需要通过环境评估才能得出准确的结果。又如对海水直接利用的海水养殖,引入池塘的海水是没有任何添加的纯海水,但是排回海洋的海水是富有营养物和药物的海水,这种海水资源的利用

方式对排放海域及其物种会产生怎样的影响,同样也需要环境评估才能得出一个较为准确的结论。针对目前我国在环境评估方面的立法,笔者认为可以从海水资源开发利用和保护的法律法规,海水资源使用的技术规范这两个方面进行完善。

1. 明确海水资源开发利用和保护中环境评估的法律法规。目前我国有关环境评估的法律有《环境影响评价法》《海洋环境保护法》,其中对规划的环境影响评价、建设项目的环境影响评价和法律责任予以规定,明确了在中华人民共和国领域和中华人民共和国管辖的其他海域内建设对环境有影响的项目,应当依照本法进行环境影响评价。所谓环境影响评价,是指对规划和建设项目实施后可能造成的环境影响进行分析、预测和评估,提出预防或者减轻不良环境影响的对策和措施,进行跟踪监测的方法与制度。对建设项目的环境影响评价实行分类,具体包括:(1)可能造成重大环境影响的,应当编制环境影响报告书,对产生的环境影响进行全面评价;(2)可能造成轻度环境影响的,应当编制环境影响报告表,对产生的环境影响进行分析或者专项评价;(3)对环境影响很小、不需要进行环境影响评价的,应当填报环境影响登记表。建设项目的环境影响报告书应当包括建设项目概况,建设项目周围环境现状,建设项目对环境可能造成影响的分析、预测和评估,建设项目环境保护措施及其技术、经济论证,建设项目对环境影响的经济损益分析,对建设项目实施环境监测的建议,环境影响评价的结论。《环境影响评价法》第22条规定,海洋工程建设项目的海洋环境影响报告书的审批,依照《海洋环境保护法》的规定办理。《海洋环境保护法》第79条规定,海岸工程建设项目未依法进行环境影响评价的,依照《环境影响评价法》的规定处理。虽然在环境影响评价法中明确了相关的评价范围和方式,但是由于海洋环境的特殊性,《环境影响评价法》将有关海洋工程建设的项目指向了《海洋环境保护法》,但是《海洋环境保护法》又将相关的海洋工程建设项目的环境影响评价反指向《环境影响评价法》,法律并没有明确有关海岸工程建设项目,所以应在《海洋环境保护法》或《环境影响评价法》中明确关于海水资源开发利用和保护的环境影响评估,不应在不同法律之间互相推诿。从上文可以分析出,目前只是对涉及海洋工程和可能造成环境影响的建设项目进行评估,还没有针对性地对海水资源的开发利用和保护进行评估,所以在环境评估方面应加强对海水资源开发利用和保护的过程管理,对各种海水使用的方式,包括海水的直接使用、间接使用所产生的环境后果进行有效评估,以及时改善相关海水资源的使用方式。

2. 完善技术规范,加强科学技术的支撑。之前已有相关海洋类环境影响评估的法律和规范性文件,例如,原国家海洋局颁布的《海洋生态损害评估技术指南(试行)》和上文提到的《环境影响评价法》,但是针对海水开发利用和保护的技术标准尚未达到明确的统一的阶段,统一完善的技术规范有利于实现鉴定评估的实体正义和程序正义。应建立健全评估的管理制度,明确海水资源开发利用过程中对生态环境的评估和鉴定条件和流程,明确对海水资源开发利用的评估主体及其权利范围,厘清评估主体的管理职责,加强鉴定评估人的培训和管理,提高专业能力。加强科学技术的支撑是指要重视评估过程中的科学技术的影响,充分发挥科技在评估领域的作用。我国目前虽然没有科技证据的明文规定,但在《民事诉讼法》第 79 条中规定,可以对专业性问题申请鉴定,而鉴定的科技性较强,其鉴定意见也是运用科学方法和专业知识作出的。在海水资源开发利用的评估中对相关责任的确定、追责时,需要运用的相关的科学技术,例如对海水淡化对海洋的影响需要对海盐排放区域进行技术鉴定;从海水中提取化学元素后对海域产生的影响也需要专业的科学评估,所以对海水资源开发利用的评估需要科学技术的支撑。

六、加强与国际社会的海水资源开发利用和保护的协同合作

我国海岸线绵长,海域与六国相邻,妥善地处理海水资源的开发利用和保护离不开与邻国的协同合作和国际社会的共同努力。加强与国际社会在海水资源开发利用和保护方面的合作是国际社会的共识和要求。我国是《联合国国际海洋法公约》缔约国,与我国相邻海域的国家大多也是公约的缔约国,公约第十二部分第二节对区域性合作、损害通知、污染的应急计划、研究方面情报和资料的交换、规章的科学标准进行了规定,我们应按照公约的内容,加强与相邻海域国家在海水资源的开发利用和保护方面的工作。

1. 完善海水保护的通知制度和信息共享制度。在国际公约的框架体制下,当发现海域面积遭受污染或存在即将遭受污染的迫切危险时应立即通知相邻海域的国家,并将已知的污染的事实和危险通知相邻国家。建立专门的信息数据共享中心,实现与相邻国家在海洋环境信息方面的交流与共享,在信息预警中做好联防联控。

2. 建立海水保护应急处理合作机制与规范海域环境监测体系。我国应

与相邻国家制定实施突发污染事故应对行动的相关规则,当一国收到突发污染事故信息后应及时采取处置措施并将污染事故的评估和采取的措施及时通告可能受到此次污染事故的国家,并在相关规则中明确各相邻国家在事故发生后对技术、资金、人员的协同配合。

3. 开展海水利用技术成果的国际交流和产学研合作,加强海水开发利用的国际科学与技术合作。我国应与相邻国在海水开发技术、培训、监测方面建立全方位的合作。通过制定相关的区域、国际方案,共同培训海水开发利用和保护的科学技术人员,共享相关装备和资源来构建全方位的区域、国际科学技术合作。同时,要促进引进消化吸收与再创新,鼓励国内机构与国外先进研发团队、跨国公司、国际组织等开展多方位合作研发。鼓励国内企业跨境并购,加大海水利用海外人才引进力度。加强海水利用国际交流与合作,在已有的国际合作机制基础上,推动签署和落实政府、非政府组织间合作协议,推动双边资质、标准、认证认可结果互认。推进与国际先进的科研机构、一流企业之间的人员交流、科技合作和信息分享,推进合作基地、联盟、中心、联合实验室等建设,促进海水利用产业合作与技术联合创新。充分利用相关海洋基金政策,促进自主海水利用技术装备转移输出。推进中国国内与在海外投资的海水项目。开展海水利用自主技术、产品、装备、工程"走出去"对策研究,针对重点国别地区研究确定不同推进方式和实施路径,提升应用服务能力。加强海洋产业投资合作和海洋领域国际合作,建立健全海洋经济对外投资服务保障体系,拓展海洋经济合作发展新空间。促进海洋经济创新发展是指强化海洋重大关键技术创新,促进科技成果转化,提升海洋科技创新支撑能力和国际竞争力,深化海洋经济创新发展试点,推动海洋人才体制机制创新。

第八章　无居民海岛资源开发利用和保护法律制度

第一节　无居民海岛资源概述

无居民海岛虽是陆地，但其四面环海的特性，使其成为一种兼具陆地和海洋属性的海陆复合型自然资源。正因如此，无居民海岛除拥有生物资源、空间资源、旅游资源以及可再生能源资源等种类繁多的可利用资源外，其本身也具有重要的生态和战略价值，对于海域划分、海洋生态以及国土安全等有着极为重要的意义。作为国家领土的重要组成部分，以及当下各国拓展海洋权利的重要来源，无居民海岛正受到越来越多沿海国家的重视。

我国是海洋大国，拥有的海岛数量也相当可观，目前我国共有1.1万余个海岛，其中大部分为无居民海岛。〔1〕党的二十大报告中提出，我国要发展海洋经济，保护海洋生态环境，加快建设海洋强国。无居民海岛的开发利用作为海洋经济的重要组成部分，也是当前发展海洋经济和海洋战略亟待规范的领域之一。2019年中共中央办公厅、国务院办公厅印发的《关于统筹推进自然资源资产产权制度改革的指导意见》中，将"构建无居民海岛产权体系，试点探索无居民海岛使用权转让、出租等权能"列入主要任务，《国民经济和社会发展第十四个五年规划和2035年远景目标纲要》当中也提到要"完善海岸线保护、海域和无居民海岛有偿使用制度"〔2〕。因此，需要对无居民海岛相关法律制度加以完善，切实保证无居民海岛有序开发利用，最终实现无居民海岛可持续发展。这不仅是发展海洋经济，建设海洋强国的要求，也是保护生态环境，保障国土安全的要求。

---

〔1〕参见《2017年海岛统计调查公报》。

〔2〕《国民经济和社会发展第十四个五年规划和2035年远景目标纲要》第三十三章第二节。

一、无居民海岛的概念和特征

（一）无居民海岛的概念

如今，在无居民海岛的概念界定上，我国学界以及立法界的争议主要有两点：一是如何定义海岛；二是如何区分有居民海岛和无居民海岛。

在对无居民海岛进行界定之前，首先需要明确"海岛"这一概念。在海洋地质学领域，根据《海洋学术语　海洋地质学》[1]中的定义，海岛指的是"散布于海洋中面积不小于500平方米的小块陆地"，而岩礁指的是"海洋中隐现水面、面积小于500平方米的岩石"。可以看到，两者的区分以面积为主要标准，将500平方米作为"海岛"与"岩礁"之间的界线。也就是说，不足500平方米的海中陆地不能被称为"海岛"，只能被界定为"岩礁"。

最早对海岛的法律概念进行界定的正式国际法律文本是1958年联合国第一次海洋法会议通过的《1958年日内瓦领海和毗连区公约》，其中指出"岛屿是指周围环水并在高潮时高出水面的自然形成的陆地。"[2]此后，1982年《联合国海洋法公约》第121条对于岛屿的定义作出了明确规定：（1）岛屿是四面环水并在高潮时高于水面的自然形成的陆地区域；（2）除第3款另有约定外，岛屿的领海、毗连区、专属经济区和大陆架应按照本公约适用于其他陆地领土的规定加以确定；（3）不能维持人类居住或其本身的经济生活的岩礁，不应有专属经济区或大陆架。按照该定义，海岛必须同时满足以下五个条件：由陆地构成；是自然形成，而非由人力所构筑；在高潮时仍然突出于水面；在低潮时仍四面环水；能够维持人类居住或其本身的经济生活。

我国《海岛保护法》第2条第2款中对海岛给出了定义："本法所称海岛，是指四面环海水并在高潮时高于水面的自然形成的陆地区域，包括有居民海岛和无居民海岛。"可以看到，上述定义中并未将面积大小作为认定海岛的标准。这是出于两方面的考虑：一是由于存在诸多自然因素（如海水高低潮变化）和人为因素（如填海造陆）的影响，海岛的实际面积时刻都在发生变化，难以像内陆土地那样可以被精确测量，如果强行以500平方米作

---

[1] 参见《海洋学术语　海洋地质学》（GB/T 18190—2000），2015年国家质量技术监督局发布的国家标准。

[2] 《1958年日内瓦领海和毗连区公约》第10条。

为海岛和岩礁的区分标准，反而给海岛管理增加了障碍，也不利于海岛的开发利用和保护；二是由于《联合国海洋法公约》已经对海岛作出较为详细的定义，其中并没有纳入500平方米这一标准，如果我国把面积不足500平方米的海岛一概认定为岩礁，不仅有违公约精神，也无法主张其专属经济区和大陆架，这将使我国在维护国家领土主权以及本国海洋权益等方面处于不利地位。综上所述，海岛的概念可概括为“存在于海洋之中，四面被海水包围并在高潮时高于海水面的自然形成的陆地区域”。

根据《海岛保护法》第57条第2项的规定，无居民海岛是指不属于居民户籍管理的住址登记地的海岛。也就是说，我国将是否属于居民户籍管理的住址登记地作为划分有居民海岛和无居民海岛的唯一标准，说明“无居民海岛”是一个动态的概念，随户籍登记的变化而改变。也就是说，有居民海岛和无居民海岛实际上是可以互相转化的，一个海岛一旦有户籍登记，那么就成为有居民海岛，相反，即使某个海岛上长期有人生活、驻扎，只要无户籍登记，其仍然是无居民海岛。例如，根据浙江省2008年的无居民海岛甄别调查，从1990年到2007年，由于填海造陆工程、临港产业建设以及城镇化发展等原因，浙江有294个无居民海岛的属性发生改变。其中，219个无居民海岛被注销，75个转化为有居民海岛。[1]

（二）无居民海岛的特征

1. 无居民海岛拥有独特的自然资源和生态价值

无居民海岛与其他陆地不同，其远离大陆且四面环海，如此特殊的地理位置，导致无居民海岛形成了相对独立、具有明显地域特征的生态系统，而受海洋的阻隔，无居民海岛上的动植物种类与大陆或相邻海岛之间也很可能存在差异。一般来说，无居民海岛受人类活动影响较小，处于封闭或半封闭的状态，形成了以无居民海岛为单元的、相对独立的生态体系，而这正是人类在日常生活的环境中难以构造的。例如，部分无居民海岛有着典型的生态系统，如红树林以及珊瑚礁生态系统，其生态体系中蕴藏着丰富的自然资源和物种多样性；同时，一些无居民海岛则仍然保有珍稀濒危的物种，如位于杭州湾内的金山三岛[2]仍然保留着上海其他地区早已绝迹的珍稀动物和原始植被。

---

〔1〕 参见《浙江省重要海岛开发利用与保护规划》（已失效）。

〔2〕 杭州湾内上海市所辖三座海岛的统称，由大金山岛、小金山岛、浮山岛三岛组成。

2. 无居民海岛具有整体性

无居民海岛与其周边的海域作为生态系统的载体,共同融为一个整体。具体来说,即海岛的岛体、海岸线、沙滩、淡水、植被以及周边海域等生物群落和非生物环境,有机地结合在一起,共同构成了一个自给自足的无居民海岛及其周边海域的生态系统。

3. 无居民海岛生态脆弱

无居民海岛与内陆不同,其面积小、四周环海的地理特征导致了其生态系统内的物种相对单一,土壤相对贫瘠。这也进一步导致该生态系统内食物链层次少,复杂程度低,各类生物之间,以及生物和非生物之间关系比较简单,稳定性较差,生态平衡脆弱。这意味着任何物种的消失,抑或气候条件的改变,都可能对整个无居民海岛及其周边海域的生态系统造成难以估量的影响。并且,由于无居民海岛被海洋所环绕,其封闭性极高,自然条件下其他物种很难进入,因此其自身调节能力差,难以抵御自然灾害的缺点十分突出。台风、海啸、地震、火山等自然灾害,采挖泥砂、农业生产等人类活动,或者受全球变暖、海平面上升等全球气候变化,都可能对无居民海岛及其周边海域的生态系统造成毁灭性的打击,而且受到此类打击后很难自行恢复。因此,无居民海岛的生态系统十分脆弱,在开展人类活动时应当注重对其的保护。

4. 无居民海岛具备重要战略地位

无居民海岛除了拥有特殊的生态和地理环境,以及丰富的自然资源,对于一国在海洋上的疆界划分、权利主张以及国防安全等也具有极其重要的意义。领海是国家领土的重要组成部分,在汪洋大海当中,为划定本国管辖的海域范围,保卫本国领海,主张海洋权利,必然要依托无居民海岛作为重要的地理标志。目前,我国赖以划定领海的领海基点中,大部分是无居民海岛。[1] 在《联合国海洋法公约》中,海岛是划定内水、领海和200海里专属经济区等受国家管辖的水域的关键性标志。这就意味着,任何无居民海岛,只要是位于一国的领海基线范围内,在进行海域划分时,就有着重要的参考价值,无论这一海岛面积几何,也无论这一海岛本身拥有多少资源,都应在划定主权时予以考虑。根据《联合国海洋法公约》中的以陆定海规则,并按照公约中规定的12海里领海以及200海里专属经济区的标准进行测算,一

---

〔1〕 参见李彩霞、白福臣:《无居民海岛使用制度创新》,载《河北渔业》2018年第7期。

个孤悬海外的无居民海岛在理论上最大能够为其所属国带来约1550平方千米的领海，以及约43万平方千米的专属经济区，法国的海外领土，位于东太平洋的克利珀顿岛就是如此。在《联合国海洋法公约》公布之后，各国对海洋资源的争夺日益激烈，无居民海岛的认定和归属，不仅影响一国的海洋疆界和主权范围，也关乎海岛及其周边海域丰富的自然资源的享有。此外，一些无居民海岛由于其特殊的地理位置，有较高的军事价值，对国家的国防安全至关重要。因此，无居民海岛的战略地位不容小觑。

二、我国无居民海岛资源概况

无居民海岛是海洋之中的陆地，因而同时具有海洋资源以及陆地资源的属性。无居民海岛资源的开发利用对我国的政治、军事、经济、科研等方面意义重大，价值无法估量。我国是一个海岛资源大国，无居民海岛资源丰富，种类繁多，主要包括生物资源、空间资源、旅游资源以及可再生能源资源等。

（一）海岛生物资源

我国的无居民海岛地跨热带、亚热带、温带三个气候带，遍布我国的渤海、黄海、东海以及南海四大海域，环境复杂，自然资源极为丰富。海岛生物资源主要包括在海岛生长的植被资源，以海岛作为栖息地的特有动物资源，海岛四周的潮间带的底栖生物，以及海岛周边海域的生物资源等。海岛四周的潮间带底栖生物主要包括海洋藻类资源、海洋脊椎动物资源、海洋无脊椎动物资源。

无居民海岛的近海海域中蕴含着大量的生物资源。我国海岛周边海域水产资源丰富，包括鱼类、贝类、虾类和藻类等1500余种水生动植物。其中，海洋藻类资源种类繁多，主要包括紫菜、裙带菜以及海带等，常见用途包括食品、药品、肥料及化工原料等。在动物资源方面，包括鱼类、海兽及海龟等脊椎动物，以及甲壳类、贝类、海蜇和海参等无脊椎动物。这些海洋动物资源是人类重要的食物来源，而其中部分动物还具有特殊的经济、科研和旅游价值。

无居民海岛的海滩和陆上也有相当多的动植物资源。由于我国无居民海岛分布范围广泛，涵盖热带、亚热带和温带，因此植物资源也十分丰富，包括乔木、灌木和草本植物等，有食用、药用、造纸、建材、产油、杀虫以及观赏等一系列用途。以红树林为例，其主要分布在热带和亚热带的滩涂上，根系发达且耐盐碱,一方面可以有效防止海岸线被海浪与风暴破坏侵蚀,另一方面又能够固定土壤,改善生态环境,另外,红树林还有木材、造纸、医药等多种用途,具有很高的经济价值。海岛动物资源则包括珊瑚类、两栖类、爬行类、鸟类等。〔1〕

(二)海岛空间资源

无居民海岛空间资源主要包括海岛和海岸土地资源、海岛临近海面空间资源和海底空间资源。海岛和海岸土地资源主要由沙滩、港口、湿地等岛陆构成,可以被广泛用于运输、工业、农业、旅游等方面;海岛临近海面空间既可以用作海上运输通道,也可以建设海上人工设施如机场等,为海上旅游、体育运动、交通运输和国防军事活动提供广阔的空间。海底空间资源则有人工渔场、海底隧道、海底居住与观光、海底通信电缆等用途。

(三)海岛旅游资源

无居民海岛处在独特的自然环境之中,山、海、崖、滩、岛、礁等多种自然景观交相辉映,构造出优美的海岛景观资源。无居民海岛旅游资源则由海岸、港口、沙滩、滩涂、海洋生物、海岛植被等组成,可满足不同类型游客的海上观光、娱乐放松、健康疗养以及科学研究等需求。无居民海岛旅游资源的开发,对于海岛区域的经济、社会文化和资源环境会产生巨大影响。值得注意的是,旅游娱乐用岛也是目前我国已开发无居民海岛中最主要的开发利用方式。

(四)海岛可再生能源资源

无居民海岛区域拥有相当可观的可再生资源,包括依附于海岛海岸或海域的潮汐能、波浪能、海流能、海水温差能和海水盐度差能等,以及可利用的风能、太阳能、地热能等。具体来说,部分海岛由于存在比较大的潮差以及充足的纳潮库容,因而有较为丰富的潮汐能。另外,由于有着夏季日照时间长,太阳光照充足的特点,因此许多无居民海岛都蕴藏着丰富的太阳能资源。同时,海岛周边海域还存在波浪能、温差能和盐差能等能源资源,例如东海沿岸海岛,潮差一般在3~5米,利用潜力很大。我国无居民海岛及其近海海域的风能资源同样非常丰富,开发利用条件好,发展前景广阔,有些无居民海岛已经建立了较大规模的风电场,如广东的三角岛、白母沙岛和雷

〔1〕 参见全永波:《海岛资源开发利用法律问题研究》,海洋出版社2016年版,第9页。

打沙岛等岛屿。

三、我国无居民海岛资源开发利用和保护审视

(一)我国无居民海岛资源开发利用和保护的发展历史

由于长期受到“重陆轻海”思想的影响,历史上中国对于四面环海的无居民海岛的开发利用相对较少。新中国成立后,囿于当时严峻的国际政治局势,我国对海岛的利用主要局限于国防军事用途,直到改革开放以后,我国海岛的开发、利用和保护工作才被提到议事日程上来。随着我国对海洋经济建设的重视,无居民海岛凭借特有的区位、资源和环境优势,其开发、利用和保护工作取得了长足的发展,特别是自海洋发展战略实施以来,海岛经济已然成为海洋经济发展新的增长点。新中国成立后,我国对无居民海岛资源的开发利用和保护大致可分为下文所述的三个时期。

1. 海防建设为主的时期

无居民海岛由于其独特的地理位置,一直有着至关重要的国防价值。出于保卫国土安全的需要,我国将海岛尤其是无居民海岛开发利用的重点放在了国防建设上。自新中国成立至实行改革开放前,近30年时间里,我国在海岛区域大量建设国防工程,巩固和增强我国的海上防御力量。这一时期,我国对无居民海岛的利用主要限于军事目的,而在经济上仍然停留在简单的渔业经济阶段。

2. 改革开放时期

实施改革开放政策后,中国对外开放的大门得以打开。在经济改革开放大环境下,新时期的海岛经济建设开始启动。1986年,全国海岛工作座谈会在北京召开,海岛资源的开发和利用开始引起国家和社会各界的关注,无居民海岛的资源利用从生物资源逐渐向非生物资源和空间资源扩展。此后,许多海岛区域大力开展基础设施建设,改善了当地的交通运输和水电供应,国内外企业也不断增强对海岛区域的投资力度,海岛经济也随之快速发展。随着各国海上权利争端的激烈化,在我国海洋事业全面推进的背景下,无居民海岛的重要性也逐渐上升。1988年至1996年,我国进行了第一次大规模的全国海岛资源综合调查,为此后海岛管理体系以及无居民海岛开发利用和保护法律制度的建立奠定了坚实基础。2003年发布的《无居民海岛保护与利用管理规定》,是我国首个对无居民海岛资源开发利用和保护作出规定的部门规章,明确了无居民海岛的国家所有权,允许个人及单位经

过申请审批手续后对无居民海岛进行开发利用。

3. 海岛开发利用和保护新时期

2010年,《海岛保护法》正式实行,这是我国第一部海岛领域的专门立法,也标志着我国的海岛经济建设进入了新时期。2011年4月12日,国家海洋局公布了我国首批开发利用无居民海岛名录,立刻引发了舆论关注,"岛主热"风靡一时。在这一时期,我国的无居民海岛资源开发利用和保护逐渐走上正轨,现代无居民海岛开发正逐渐兴起,无居民海岛确权工作稳步推进。在无居民海岛的监管工作方面,初步实现了对无居民海岛的有效监管,卫星遥感和无人机等技术的引入,为监管提供了有力的技术支撑,监管水平和工作能力得到不断提升,有效保障无居民海岛监管工作顺利开展。[1]

(二)我国无居民海岛资源开发利用和保护取得的成效

我国首批开发利用无居民海岛名录共列入176个海岛,遍布八个沿海省区,从分布情况来看,广东省入选该名录的无居民海岛最多,为60个,往后依次是福建省(50个)、浙江省(30个)、辽宁省(11个)、广西壮族自治区(11个)、海南省(6个)、山东省(5个)、江苏省(2个)。无居民海岛开发主导功能用途包括城乡建设、旅游娱乐、农林牧业、工业生产以及仓储等诸多类型。根据自然资源部在2018年发布的海岛统计调查公报,2011年至2017年,我国批准开发利用的无居民海岛总计26个,用岛总面积约1924公顷,主要分布在福建省、浙江省和广西壮族自治区,应征收海岛使用金6亿元。我国部分已开发无居民海岛也在渔业养殖捕捞、海上客货运输、海岛旅游业等领域形成了鲜明的特色。其中,最引人注目的便是海岛旅游资源的开发。在海洋产业和海洋经济蓬勃发展的背景下,海岛旅游业作为海洋经济的重要组成部分,其近年来的发展更是令人瞩目。不少沿海地区一方面继续推进无居民海岛基础设施建设,改善海岛的交通运输及水电供应等条件;另一方面大力招商引资,吸引企业入驻,鼓励其对当地的无居民海岛旅游资源进行开发利用,建设特色旅游海岛,以吸引各地游客前来游玩,提升当地的知名度和经济发展水平。发展比较成熟的旅游海岛包括海南的蜈支洲岛、分界洲岛以及广东的放鸡岛、三角岛等。这些无居民海岛的开发不仅

---

〔1〕参见《自然资源部第一场例行新闻发布会》,载自然资源部官网2020年8月26日,https://www.mnr.gov.cn/dt/zb/2020/lixingfbh/jiabin/。

促进了当地旅游业的发展,同时也带动了当地其他产业的发展,对提升居民整体收入起到了积极作用。截至2017年,我国已建成6个5A级涉岛旅游区、43个4A级涉岛旅游区和25个3A级涉岛旅游区。可以看到,经过数十年的探索,我国的海岛经济已经形成了一定的规模,在海洋经济中有着不可或缺的地位。

在海岛保护和监管方面,我国高度重视保护海岛及其周边海域的生态环境,防治污染。我国在开发利用无居民海岛的同时,运用法律法规,通过审批、技术监管等手段来对无居民海岛使用过程中保护生态环境的情况进行严格监督。截至2017年年底,我国不同类别的海岛保护区已达194个,其中国家级保护区70个。各地积极推进领海基点保护范围选划工作,共划定68个领海基点保护范围,同比增加37个。中央财政累计投入资金约52亿元,地方投入配套资金约36亿元,企业出资约3亿元,用于支持海岛生态整治修复项目198个,共修复海岛岛体面积约336公顷。同时,我国对全国1万多个无居民海岛进行卫星和遥感监测,对无居民海岛数量、植被覆盖率、自然岸线和开发利用等情况开展实时监视,并对其自然生态状况和开发利用强度情况进行评价。海上督察也全面展开,全年开展海岛保护执法检查11,840次,检查海岛7047个,发现违法行为63起,作出行政处罚决定28件,收缴罚款额18,135万元。[1] 从上述情况来看,我国无居民海岛开发利用正在稳步推进,海岛保护与生态整治修复力度不断加强,开发和监管水平不断提高,无居民海岛产业未来仍然有可观的发展潜力。

(三)我国无居民海岛资源开发利用和保护中凸显的问题

1. 开发率低,开发程度不足

一方面,无居民海岛开发利用率低。2010年《海岛保护法》颁布之后,无居民海岛的开发一度成为社会各界关注的热点,"岛主热"风靡一时,但是从实际申请数量上看,无居民海岛开发出现了"叫好不叫座"的情况。尽管各级政府不断出台各种法律法规和政策性文件以推动经营性无居民海岛使用权的出让,但各类市场主体对申请开发无居民海岛的热情却并不高。从沿海的省、自治区、直辖市对无居民海岛的开发利用情况来看,海岛有序开发进程迟缓。原国家海洋局海域海岛室主任徐伟在"2018年国际海岛旅游投资论坛"上的演讲中指出,2011年至2017年,共有26个无居民海岛办

---

[1] 参见《2017年海岛统计调查公报》。

理了无居民海岛使用权证书，其中25个是以审批方式出让的。而我国在2011年公布首批总计为176个的开发利用无居民海岛名录后，绝大多数被列入开发利用名录的海岛至今尚未得到合法有序的开发利用，第二批名录的公布更是遥遥无期。

另一方面，无居民海岛的开发也存在类型单一趋同，开发程度不足的问题。从利用方式来看，首批开发利用无居民海岛名录中，绝大多数海岛的主导用途归属于旅游娱乐、交通运输、工业三类，从实际开发来看也是如此。而在开发程度方面，首先，大多数无居民海岛尚未进入开发利用日程，往往只能被沿海渔民所自发利用，呈现简单的渔业利用方式，其资源未得到充分开发利用。其次，大部分的旅游娱乐用途无居民海岛的开发利用程度不高，对海岛的开发利用和保护水平尚不到位。一方面，在缺乏配套设施的情况下，仅仅依靠海岛和海滩的天然风光吸引游客，不仅难以形成特色，从众多旅游海岛中脱颖而出，也难以给游客带来富有深度的体验；另一方面，在生态保护措施不完善的情况下，大量游客的到来，会对无居民海岛的承载力构成威胁，甚至可能会对海岛的生态环境造成难以逆转的破坏。再次，由于大部分无居民海岛的基础设施相对不足，使交通运输以及生活供电供水等方面存在欠缺。目前全国的无居民海岛中，岛上实现电力供应的只有3.2%。这一状况给无居民海岛相关产业带来了阻碍。物流与通信的不畅，使无居民海岛的水产资源难以被充分有效地利用，而对于旅游娱乐类型的无居民海岛而言，必要的基础设施和水电供应更是构建海岛旅游经济不可或缺的资源。最后，上文提到《海岛保护法》颁布后7年时间里已批准开发利用的无居民海岛仅有26个，且均离岸较近，而大部分无居民海岛处于未经批准、无人管理的状态。综上可以看出，我国无居民海岛有效利用率低，资源遭到闲置，这不仅导致无居民海岛资源的浪费，同时也不利于海洋经济的多元化发展。

2. 监管力度不足，违法行为广泛

《海岛保护法》第5条第2款〔1〕规定，由海洋主管部门统一负责无居民海岛保护和开发利用的有关工作，而在实践中，海洋主管部门对无居民海岛的开发利用往往存在监管不到位的情况。这是因为无居民海岛使用权人

---

〔1〕《海岛保护法》第5条第2款规定："国务院海洋主管部门负责全国无居民海岛保护和开发利用的管理工作。沿海县级以上地方人民政府海洋主管部门负责本行政区域内无居民海岛保护和开发利用管理的有关工作。"

在依法获得使用权后，对无居民海岛的开发利用拥有很强的自主操作性，由于缺乏法律法规的约束，实际上只要符合一般环保标准即可进行开发。因此在无居民海岛的实际开发利用中，违法违规用岛以及滥用无居民海岛使用权的行为时常出现。

另外，在海警部门的实地巡逻检查中，也存在着监督力度不足的情况。当前，海警队伍对无居民海岛的巡逻检查方式主要为船艇抵近观察和航空执法飞行，在条件许可的时候，也会登上海岛开展实地巡视，也就是说基本上是依靠船艇、直升机以及人力亲临现场的方式对辖区进行巡逻检查。这种巡查方式有较大的局限性，首先，海警巡查活动受到天气、海况和潮汐等自然条件的限制，当遇上恶劣天气或者海况不佳等情况时，执法艇和直升机便无法出航，也就没有办法开展检查。其次，远距离观察时无法掌握无居民海岛开发的详细情况，部分违法用岛行为因观察高度和视角问题难以发现。最后，由于受无居民海岛地理环境限制，执法人员在岛上巡视时只能徒步，不仅费时费力，而且效率较低。正因如此，受执法力量不足、无居民海岛数量众多等因素影响，海警队伍对于无居民海岛的巡查频率相对较低，保护力度也较弱，难以及时发现违法用岛行为。所以，一些单位或个人抱着法不责众或者侥幸的心理，违法开发无居民海岛，导致海岛环境和资源遭到严重破坏。

3. 存在历史遗留问题

历史遗留问题突出，是无居民海岛资源开发利用和保护规范化的一大阻碍。在2010年《海岛保护法》实施以前，我国对于海岛开发并无统一的法律予以约束，无居民海岛的概念也较为模糊。很多无居民海岛在《海岛保护法》实施以前实际上已经被当地居民所开发使用，但由于当时无居民海岛相关的法规和管理体系尚未建立，海岛的开发活动难以规范，监管工作也缺乏指引。这就直接导致对无居民海岛的无序利用和无审批开发在当时的情况下屡见不鲜。据不完全统计，在《海岛保护法》颁布以前，我国就已经有3000个左右的无居民海岛被开发利用，用途包括城乡建设、填海连岛、农林牧渔、旅游娱乐、交通运输、工业生产、砂土开采等类型。这些无居民海岛开发利用活动整体来看层次偏低，并且由于长期缺乏行政监管和统一规划，其开发利用过程中的“无序、无度、无偿”情况严重，更不要说去关注无居民海岛的生态保护问题。同时，无居民海岛本身生态平衡较为脆弱，难以进行自我修复，再加上其四面环海，不与大陆相连，更是增加了当地相关部门的监管难度和监管成本。种种历史遗留问题叠加在一起，导致无居民海岛资源没能得到有效利用，许多海岛及其周边海域的生态环境状况不容乐观，一些无居民海岛甚至已遭到毁灭性破坏。2011年，原国家海洋局印发了《关于推进〈海岛保护法〉生效前已用岛活动确权登记工作的意见》（已失效），旨在推进《海岛保护法》生效前的无居民海岛开发利用活动的确权登记和统一管理，然而此项工作进展缓慢，未能有效解决历史遗留问题。

另外，《海岛保护法》以是否属于住址登记地为标准，将海岛划分为有居民海岛和无居民海岛，这种划分方式显然是出于行政管理的考量。然而实际上，有的无居民海岛虽然并不属于住址登记地，但当地居民根据自身的生产生活需要，已经对其进行了不同程度的利用，包括开展渔业、养殖业、种植业等。这类做法在沿海地区相当普遍，当地政府一般也默许这些用岛行为，而在《海岛保护法》实施以后，当地居民对无居民海岛的无证使用显然就可能成为违法行为。

值得注意的是，2003年原国家海洋局颁布的《无居民海岛保护与利用管理规定》（已失效）中，首次明确规定无居民海岛属于国家所有，此后出台的《海岛保护法》和《民法典》都沿用了这一规定。而在此之前，许多无居民海岛被当作集体土地由村集体管理，且通过当地政府部门颁发的土地证、林权证、渔业养殖证、海域使用权证等进行了确权，这就与后来确立的无居民海岛国家所有权发生了冲突。这也意味着，解决无居民海岛权属问题涉及《民法典》物权编、《土地管理法》、《森林法》、《民法典》合同编、《海域使用管理法》等多部曾经或现行有效的法律及相关的法规、规章。[1] 在实践中，有的海岛已由村集体出租给单位或个人进行使用，且租期较长，如浙江象山旦门山岛、广东惠东县三角洲等；有的海岛在开发后遭到破坏或污染，相关责任人难以找到等，诸如此类的情况相当普遍。如何妥善解决这些复杂的历史遗留问题，是无居民海岛资源开发利用和保护法律制度实施过程中必须解决的关键问题。

---

〔1〕 参见傅世锋、吴海燕等：《中国无居民海岛开发利用管理现状、问题和对策》，载《应用海洋学学报》2021年第4期。

第二节　我国无居民海岛资源开发利用和保护法律制度现状

我国无居民海岛资源开发利用和保护法律制度建设起步较晚。2003年原国家海洋局、民政部和原总参谋部联合发布了《无居民海岛保护与利用管理规定》(已失效),这是我国规范无居民海岛资源开发利用和保护的第一个部门规章,首次以法律法规明文规定的形式明确了无居民海岛的国家所有权,并允许个人或单位申请开发利用无居民海岛。2010年3月1日,《海岛保护法》正式生效,作为规范海岛的保护、开发利用和管理活动的专门性法律,《海岛保护法》是我国无居民海岛资源开发利用和保护法律制度的核心。近年来,中央和各沿海省份持续推进无居民海岛相关立法工作,颁布了一系列关于无居民海岛资源开发利用和保护的法规及规范性文件,并初步建立起了无居民海岛资源开发利用和保护法律制度体系,其中包括无居民海岛国家所有权制度、无居民海岛有偿使用制度、无居民海岛开发利用申请审批制度以及无居民海岛开发利用和保护制度等主要内容。

一、我国无居民海岛资源开发利用和保护法律制度梳理

(一)宪法

我国《宪法》第9条第1款规定:"矿藏、水流、森林、山岭、草原、荒地、滩涂等自然资源,都属于国家所有,即全民所有;由法律规定属于集体所有的森林和山岭、草原、荒地、滩涂除外。"虽然没有明确出现在《宪法》第9条的内容当中,但是无居民海岛显然属于第9条规定的"自然资源",因为其本身就包含了矿藏、水流、森林、滩涂等自然资源,即《宪法》第9条所规定的内容已经涵盖了无居民海岛资源。这就意味着我国无居民海岛资源与矿藏、水流、森林、滩涂等资源具有同等的法律地位,其在权属性质上一般属于国家所有。

(二)法律

在《海岛保护法》通过之前,我国对无居民海岛资源开发利用和保护的法律法规较为分散,对无居民海岛资源开发利用和保护的规定并不十分清晰,原《物权法》《民法典》《土地管理法》《海洋环境保护法》等有限的几部

法律中对海岛资源相关的开发利用和保护规范进行了规定。

2007年颁布的《物权法》第46条规定:“矿藏、水流、海域属于国家所有。”第48条规定:“森林、山岭、草原、荒地、滩涂等自然资源,属于国家所有,但法律规定属于集体所有的除外。”原《物权法》以扩大解释的形式概括式地对包括我国无居民海岛在内的自然资源进行了物权定义,即为国家所有。

2010年《海岛保护法》颁布之后,我国在国家层面对无居民海岛资源的开发利用和保护有了统一的标准,进一步遏制了过度开发海岛资源的现象。这部法律包括六章58条,对海岛保护规划、海岛保护一般规定、有居民海岛生态系统的保护、无居民海岛的保护、特殊用途海岛的保护、监督检查和法律责任等方面进行了规定。《海岛保护法》第4条明确规定:“无居民海岛属于国家所有,国务院代表国家行使无居民海岛所有权。”正式将无居民海岛的国家所有权以法律明文规定的形式确定下来。2021年正式施行的《民法典》第248条也沿用了这一规定,再度确认无居民海岛的国家所有权。

(三)国务院部门规章和规范性文件

2003年,原国家海洋局联合民政部与原总参谋部颁布了《无居民海岛保护与利用管理规定》,这是规范无居民海岛资源开发利用和保护的第一个部门规章,首次从国家层面明确了无居民海岛的国家所有权,并允许个人或单位申请开发利用无居民海岛。这一管理规定涉及无居民海岛的功能区划和规划、使用申请与审批、环境保护、生态修复、名称管理工作以及违反相关法律法规的责任等方面,是在国家立法条件尚不充足的情况下以部门规章的形式对无居民海岛资源开发利用和保护进行规范的一次积极举措。同年,原国家海洋局又发布了《无居民海岛利用申请审批暂行办法》(已失效),对无居民海岛使用权申请审批作出了具体规定。2010年《海岛保护法》正式生效之后,为配合该法施行,同时也为解决无居民海岛管理配套制度问题,与无居民海岛资源开发利用与保护相关的规范性文件陆续出台。

在无居民海岛利用规划方面,2011年,原国家海洋局印发《省级海岛保护规划编制管理办法》(已失效),规范省级海岛保护规划编制工作,制定了海岛分类保护体系,明确了省级海洋主管部门编制海岛保护规划的责任。为了进一步科学合理开发利用无居民海岛,原国家海洋局在同年又出台了《无居民海岛保护和利用指导意见》和《无居民海岛用岛区块划分意见》。《无居民海岛保护和利用指导意见》从地形地貌的保护与利用、海岸线的保护与利用、动植物资源的保护与利用、淡水的保护与利用、人文遗迹及公益设施的保护、污染物和废弃物的处理、建筑物和设施的设计与建设、新能源新材料新技术应用八大方面对无居民海岛资源开发利用和保护提出了具体要求。《无居民海岛用岛区块划分意见》则按照用岛类型将无居民海岛划分为15种用岛区块，要求参考工程设计标准以及行业规划编制规范，保持区块的相对完整性，避免区块重叠利用。2012年发布的《全国海岛保护规划》中强调无居民海岛应当优先保护、适度利用。这一规划中列出了10种无居民海岛主导用途类型，包括旅游娱乐用岛、交通运输用岛、工业用岛、仓储用岛、渔业用岛、农林牧业用岛、可再生能源用岛、城乡建设用岛、公共服务用岛、保留类海岛，并按照无居民海岛的主导用途，分别提出了海岛保护的总体要求。2017年，原国家海洋局发布《全国海岛保护工作"十三五"规划》，提出到2020年实现"四新"目标——海岛生态保护开创新局面、海岛开发利用跨上新台阶、权益岛礁保护取得新成果、海岛综合管理能力取得新进展。[1] 其中强调，要合理利用海岛自然资源，包括推进无居民海岛开发利用管理、规范无居民海岛开发利用以及推进海岛地区经济社会发展。

在无居民海岛开发申请、审批制度方面，原国家海洋局2010年印发的《无居民海岛开发利用具体方案编制办法》(已失效)中，对《海岛保护法》中要求申请开发利用无居民海岛的单位和个人所必须提交的《无居民海岛开发利用具体方案》作出了细致规定，要求方案中必须包括无居民海岛的基本情况、开发项目的基本情况、开发项目的空间布局、海岛开发的有关问题、开发海岛的保护措施五项内容，并强调单位和个人在海岛开发利用活动中，必须始终贯彻在保护中开发和在开发中保护的法律精神，严格按照该办法编制《无居民海岛开发利用具体方案》。2016年，原国家海洋局发布《无居民海岛开发利用审批办法》，取代了此前的《无居民海岛使用申请审批试行办法》，其中规定了无居民海岛使用的审批权限，除六种特殊情况下由国务院审批外，无居民海岛的开发使用，由省级人民政府批准。[2] 该审批办法同时也规定，无居民海岛使用最高期限，参照海域使用权的有关规定执行。[3]

---

〔1〕 参见《我国海岛逾1.1万个 2020年实现"四新"保护目标》，载中国政府网，https://www.gov.cn/xinwen/2017-02/02/content_5164706.htm。

〔2〕 参见《无居民海岛开发利用审批办法》第5条。

〔3〕 参见《无居民海岛开发利用审批办法》第19条。

在无居民海岛确权制度方面,我国经历了由无居民海岛使用权专门登记,到纳入自然资源统一确权登记的转变。2010年12月,原国家海洋局印发《无居民海岛使用权登记办法》(已失效)和《无居民海岛使用权证书管理办法》(已失效),规定国家海洋主管部门和省、自治区、直辖市人民政府海洋主管部门是无居民海岛使用权登记机关,负责无居民海岛使用权登记,并向使用权人颁发无居民海岛使用权证书或者无居民海岛使用临时证书,作为其享有无居民海岛使用权的证明。2019年,《自然资源统一确权登记暂行办法》颁布,规定国家实行自然资源统一确权登记制度,[1]对水流、森林、山岭、草原、荒地、滩涂、海域、无居民海岛以及探明储量的矿产资源等自然资源统一进行确权登记,[2]自然资源主管部门为承担自然资源统一确权登记工作的机构。[3] 这一办法的出台,标志着我国无居民海岛的确权工作不再由海洋主管部门专门管理,而是被纳入自然资源统一确权登记工作当中,由自然资源主管部门进行管理。

在无居民海岛有偿使用制度方面,2010年,原国家海洋局印发《无居民海岛使用金征收使用管理办法》,明确了国家实行无居民海岛有偿使用制度,首次对无居民海岛使用金的计算、缴纳、使用等方面作出了系统性的规定。该管理办法规定,无居民海岛使用金按照批准的使用年限实行一次性计征,应缴金额超过1亿元的,无居民海岛使用者可以提出申请,经批准用岛的海洋主管部门商同级财政部门同意后,可以在3年时间内分次缴纳,[4]未足额缴纳无居民海岛使用金的,海洋主管部门不得办理无居民海岛使用权证书。[5] 此外,未经批准,无居民海岛使用者不得转让、出租和抵押无居民海岛使用权,不得改变海岛用途和用岛性质。[6] 2018年,财政部、原国家海洋局印发《关于调整海域、无居民海岛使用金征收标准的通知》,其中制定的《无居民海岛使用金征收标准》,首先,根据无居民海岛的经济社会发展条件差异和分布情况,将无居民海岛划分为六等。其次,根据开发利用项目主导功能定位,将用岛类型划分为九类。再次,根据用岛活动

[1] 参见《自然资源统一确权登记暂行办法》第2条。
[2] 参见《自然资源统一确权登记暂行办法》第3条。
[3] 参见《自然资源统一确权登记暂行办法》第6条。
[4] 参见《无居民海岛使用金征收使用管理办法》第10条。
[5] 参见《无居民海岛使用金征收使用管理办法》第2条。
[6] 参见《无居民海岛使用金征收使用管理办法》第3条。

对海岛自然岸线、表面积、岛体和植被等的改变程度，将无居民海岛用岛方式划分为六种。最后，根据以上三种分类，综合计算无居民海岛的使用金最低标准。

（四）地方性法规和规章

1. 浙江省

2019年修订的《浙江省无居民海岛开发利用管理办法》规定了无居民海岛保护和利用规划应当包括：海岛的地形、地貌和需要保护的自然资源及景观；海岛的用途；海岛各区域、岸线和周边海域的使用性质及界线；航道、电力、通信等基础配套设施；开发利用中需要采取的保护措施。[1] 办法对无居民海岛的开发利用申请、主管部门审批流程、无居民海岛使用权招拍挂的方式、无居民海岛的使用期限以及开发利用无居民海岛应当采取的生态保护措施等方面予以规定。

值得注意的是，该办法对生态保护措施进行了详细规定，要求对无居民海岛的开发和利用要符合"按照批准文件或者无居民海岛使用权出让合同规定的海岛用途、使用年限，建筑总量、建筑物高度、容积率、绿地率等指标，以及环境容量、环境保护措施等要求实施开发利用；充分利用原有地形、地貌，保护自然景观、自然资源，不得超出批准文件或者无居民海岛使用权出让合同的规定占用自然岸线；按照批准文件或者无居民海岛使用权出让合同的规定，限制建筑物、构筑物及其附属设施与自然岸线的距离；按照批准文件或者无居民海岛使用权出让合同的规定，对无居民海岛及其周边海域实施生态修复；不得破坏、损毁依法设置的军事设施、界碑、地名标志、助航导航、测量、通信、气象观测、海洋监测和地震监测等公共设施，不得妨碍公共设施的正常使用"[2]。并且明确了由县级以上人民政府海洋主管部门及海洋执法机构负责开展对无居民海岛的开发利用和保护的监督管理工作。[3]

在使用权方面，该办法规定，依法批准使用的无居民海岛3年内未开发利用的，省人民政府可以依法收回无居民海岛使用权；通过招标、拍卖、挂牌取得无居民海岛使用权后3年内未开发利用的，可以按照无居民海岛使用权出让合同约定处理。[4] 同时，无居民海岛使用权人可以将有偿取得的

---

〔1〕 参见《浙江省无居民海岛开发利用管理办法》第7条。

〔2〕 《浙江省无居民海岛开发利用管理办法》第21条。

〔3〕 参见《浙江省无居民海岛开发利用管理办法》第5条、第26条。

〔4〕 参见《浙江省无居民海岛开发利用管理办法》第23条。

无居民海岛使用权依法转让、抵押、出租，而该海岛上的建筑物、构筑物及其附属设施也随之一并转让、抵押、出租；无居民海岛使用权依法转让的，向原登记机关办理变更登记手续；无居民海岛使用权依法抵押的，向县（市、区）不动产登记机构办理抵押登记手续。[1]

2. 福建省厦门市

2004 年 11 月，《厦门市无居民海岛保护与利用管理办法》正式施行，这是我国第一部专门规范无居民海岛开发利用和保护的地方性法规，经历 2016 年和 2018 年两次修订后，该办法仍然有着较为鲜明的特点，其中规定的一些无居民海岛资源开发利用和保护的制度具有一定的参考价值。

首先，是无居民海岛分类规划制度，无居民海岛保护与利用规划由市海洋与渔业行政主管部门会同市规划、土地、环保、林业等有关行政管理部门组织编制。[2] 这一规划应当纳入本市国民经济和社会发展规划、城市总体规划，并符合全国海岛保护规划、省域海岛保护规划和本市海洋功能区划要求。同时，无居民海岛保护与利用规划应当包括无居民海岛的资源与环境特征、资源和环境评价、海岛功能定位、利用现状、利用保护规划及生态景观规划等主要内容。[3] 其中，被规划为暂不利用的无居民海岛上，应当维持现状，禁止采石、挖砂、采伐林木以及进行生产、建设、旅游及其他损害海岛地形、地貌等影响自然生态的活动。[4]

其次，是公众参与制度，该方法规定，无居民海岛保护与利用规划编制过程中，应当征求社会公众的意见，规划批准后，应当向社会公布。[5] 这一制度可以使公众参与到无居民海岛立法与开发利用规划中，使无居民海岛相关决策更具有民主性。

最后，是生态保护制度，除了与无居民海岛保护与利用规划相抵触的情况之外，以下两种情况也被列入禁止开发无居民海岛的情形：一是破坏无居民海岛及周围海域环境、资源、景观和生态平衡的情况，二是导致航道港区淤积及其他不利于港口建设发展的情况。[6] 同时，如果损害具有重要经

---

〔1〕 参见《浙江省无居民海岛开发利用管理办法》第 25 条。
〔2〕 参见《厦门市无居民海岛保护与利用管理办法》第 7 条。
〔3〕 参见《厦门市无居民海岛保护与利用管理办法》第 8 条。
〔4〕 参见《厦门市无居民海岛保护与利用管理办法》第 9 条。
〔5〕 参见《厦门市无居民海岛保护与利用管理办法》第 7 条。
〔6〕 参见《厦门市无居民海岛保护与利用管理办法》第 11 条。

济价值、社会价值的无居民海岛生态环境，利用无居民海岛的单位和个人应当进行整治和恢复；无法确定责任人的，由市海洋与渔业行政主管部门组织进行整治与恢复。[1] 此外，市海洋与渔业行政主管部门应当根据无居民海岛自然环境，采取科学方法，保护和增加无居民海岛的植被，防止水土流失。[2]

3. 广西壮族自治区

2016年通过的《广西壮族自治区无居民海岛保护条例》主要规定了无居民海岛的保护、无居民海岛的使用、无居民海岛的管理和违反条例的法律责任四个方面的内容。值得一提的是，该条例还对无居民海岛使用权到期届满以及使用权流转作出了规定。

条例规定，广西无居民海岛保护与使用管理的主体主要包括沿海县级以上人民政府海洋主管部门和其他有关部门。[3] 沿海县级以上人民政府应当安排无居民海岛保存和修复专项经费，纳入本级预算。[4] 禁止开发无居民海岛的情形包括生态系统极端脆弱的海岛、具有独特生态系统的海岛、位于迁徙性野生动物迁徙路线，开发可能阻断野生动物迁徙的海岛、可能影响周边海洋生态安全的海岛以及法律法规规定禁止开发的其他情形。[5] 条例规定在使用无居民海岛时应采取一定的生态保护措施以符合相应要求，包括：按照批准文件或者无居民海岛使用权出让合同规定的海岛用途、使用年限、建筑总面积、建筑物高度、容积率、绿地率等指标，以及环境容量、环境保护措施等要求使用；充分利用原有地形、地貌，保护自然景观、自然资源，不得超出批准文件或者无居民海岛使用权出让合同的规定占用自然岸线；按照批准文件或者无居民海岛使用权出让合同的规定，限制建筑物、构筑物及其附属设施与自然岸线的距离；按照批准文件或者无居民海岛使用权出让合同的规定，对无居民海岛及其周边海域实施生态修复；不得破坏、损毁依法设置的军事设施、界碑、地名标志、助航导航、测量、通信、气象观测、海洋监测和地震监测等公共设施，不得妨碍公共设施的正常

[1] 参见《厦门市无居民海岛保护与利用管理办法》第13条。
[2] 参见《厦门市无居民海岛保护与利用管理办法》第14条。
[3] 参见《广西壮族自治区无居民海岛保护条例》第4条。
[4] 参见《广西壮族自治区无居民海岛保护条例》第7条。
[5] 参见《广西壮族自治区无居民海岛保护条例》第10条。

使用。[1]

该条例对无居民海岛的使用方面的规范包括使用权的取得方式、申请批准使用的流程、使用具体方案等内容。该条例明确,无居民海岛使用权可以通过申请批准或者招标、拍卖、挂牌方式取得,而工业、旅游娱乐和其他经营性项目使用无居民海岛或者同一无居民海岛有两个以上相同使用类型的意向用岛单位和个人的,应当通过招标、拍卖、挂牌等方式取得。[2] 该条例规定申请取得无居民海岛使用权的,应当提交无居民海岛使用申请书、无居民海岛使用位置坐标图、无居民海岛使用具体方案、无居民海岛使用项目论证报告、相关资信证明材料和法律法规规定的其他材料。[3] 条例还对受理无居民海岛使用权申请后的公示、复核、听证程序以及无居民海岛使用权出让方案予以了规定。[4]

在无居民海岛的管理上,条例对涉及建筑工程、港口码头、矿产资源、废弃物处理、安全生产、消防安全等管理的用岛,为《海岛保护法》实施前已经使用的无居民海岛进行补办申请、整改等,以及因公务、公益服务、教学、科学调查、救灾、避险等需要临时性使用无居民海岛等情况均进行了规定。[5]

在使用权期限方面,该条例规定,无居民海岛使用权期限最长不得超过50年,国家另有规定的,从其规定。经批准使用的无居民海岛使用权期限届满,使用权人需要继续使用无居民海岛的,应当在期限届满两个月前向原批准用岛的人民政府申请续期。除因公共利益或者国家安全需要收回无居民海岛使用权外,原批准用岛的人民政府应当批准续期。准予续期的,无居民海岛使用权人应当按照新的无居民海岛使用金征收标准缴纳无居民海岛使用金。经批准使用的无居民海岛使用权期限届满,使用权人未申请续期或者申请续期未获批准的,无居民海岛使用权终止。而通过招标、拍卖、挂牌方式取得无居民海岛使用权期限届满,无居民海岛使用权出让合同有约定的,按照合同约定处理。[6]

在使用权流转制度方面,该条例明确规定无居民海岛使用权可以通过

---

[1] 参见《广西壮族自治区无居民海岛保护条例》第12条。
[2] 参见《广西壮族自治区无居民海岛保护条例》第14条。
[3] 参见《广西壮族自治区无居民海岛保护条例》第16条。
[4] 参见《广西壮族自治区无居民海岛保护条例》第18条、第22条。
[5] 参见《广西壮族自治区无居民海岛保护条例》第28条、第29条、第30条。
[6] 参见《广西壮族自治区无居民海岛保护条例》第24条。

转让、抵押、出租、继承、赠与等方式流转,并向原不动产登记机构办理变更、抵押等相关登记手续,但不得擅自改变无居民海岛使用用途和法律、法规规定的使用条件。无居民海岛使用权依法转让、抵押、出租的,该海岛上的建筑物、构筑物及其附属设施一并转让、抵押、出租。[1]

二、我国无居民海岛资源开发利用和保护法律制度的主要内容

(一)无居民海岛国家所有权制度

我国《宪法》第 9 条第 1 款规定:"矿藏、水流、森林、山岭、草原、荒地、滩涂等自然资源,都属于国家所有,即全民所有;由法律规定属于集体所有的森林和山岭、草原、荒地、滩涂除外。"《海岛保护法》第 4 条和《民法典》第 248 条均明确规定:"无居民海岛属于国家所有,国务院代表国家行使无居民海岛所有权。"这说明,无居民海岛不适用集体土地所有权制度,国家是无居民海岛所有权的唯一权利主体。这是因为,首先,无居民海岛资源的开发利用具有前期投入大、回报周期长的特点,将无居民海岛的所有权交给农村集体经济组织,由集体组织成员进行开发利用,既不符合资源配置的要求,也缺乏足够的利益驱动,因而不具备现实意义。[2] 即便能够开展开发利用活动,也很可能因为资金缺乏而半途而废,或者只能进行低层次的利用,导致无居民海岛资源的浪费。其次,大多数无居民海岛与大陆距离较远,具有特殊的战略价值,部分无居民海岛本身就被作为领海基点。因此,无居民海岛的开发利用可能会对国家的主权利益造成重大影响,必须受到国家的严格监管,因而对我国无居民海岛资源的开发利用也必然受到许多义务性规范和禁止性规范的限制,在这种情况下,由国家对无居民海岛资源的开发、利用和保护进行管理是必要的,也是必然的。

(二)无居民海岛有偿使用制度

与无居民海岛国家所有权制度相对应的,是无居民海岛有偿使用制度。我国的无居民海岛有偿使用制度指的是在保证无居民海岛国家所有的基础上,根据无居民海岛所有权和使用权分离的原则,国家将一定年限内无居民海岛的使用权出让给一定的单位或个人,无居民海岛使用权人需按规定一次性或者分期缴纳无居民海岛使用金的一种无居民海岛管理制度。

---

[1] 参见《广西壮族自治区无居民海岛保护条例》第 27 条。

[2] 参见周学锋:《中国海岛法律制度》,海洋出版社 2018 年版,第 153 页。

《海岛保护法》实施以前，我国并未明确建立起无居民海岛有偿使用制度，2003年的《无居民海岛保护与利用管理规定》（已失效）对此也并未作出规定。这就使得绝大部分无居民海岛被无偿或者低价使用，一方面造成了国有资源性资产的流失，另一方面也给无居民海岛资源的可持续利用造成了负面影响。因此，《海岛保护法》第31条中明确规定："经批准开发利用无居民海岛的，应当依法缴纳使用金。但是，因国防、公务、教学、防灾减灾、非经营性公用基础设施建设和基础测绘、气象观测等公益事业使用无居民海岛的除外。"这一规定为我国的无居民海岛有偿使用制度奠定了基础，对于规范无居民海岛资源的开发利用，更好地实现国有资源性资产的合理配置具有重要意义。

2010年6月，财政部联合原国家海洋局出台了《无居民海岛使用金征收使用管理办法》，对无居民海岛使用金的定义、计算方式、征收、免缴、使用、监督检查以及法律责任等内容作出了详细规定。该管理办法规定，无居民海岛使用权可以通过申请审批方式出让，也可以通过招标、拍卖、挂牌的方式出让。其中，旅游、娱乐、工业等经营性用岛有两个及两个以上意向者的，一律实行招标、拍卖、挂牌方式出让。〔1〕无居民海岛使用金按照批准的使用年限实行一次性计征，应缴金额超过1亿元的，无居民海岛使用者可以提出申请，经批准用岛的海洋主管部门商同级财政部门同意后，可以在3年时间内分次缴纳，〔2〕未足额缴纳无居民海岛使用金的，海洋主管部门不得办理无居民海岛使用权证书。〔3〕无居民海岛使用权出让实行最低价限制制度，无居民海岛使用权出让最低价标准由国务院财政部门会同国务院海洋主管部门根据无居民海岛的等别、用岛类型和方式、离岸距离等因素，适当考虑生态补偿因素确定，并适时进行调整。〔4〕根据2018年财政部、国家海洋局印发的《关于调整海域、无居民海岛使用金征收标准的通知》，修订后的《无居民海岛使用金征收标准》，首先，根据无居民海岛的经济社会发展条件差异和分布情况，将无居民海岛划分为六等。其次，根据开发利用项目主导功能定位，将用岛类型划分为九类。再次，根据用岛活动对海岛自然岸线、表面积、岛体和植被等的改变程度，将无居民海岛用岛方式划分

〔1〕参见《无居民海岛使用金征收使用管理办法》第3条。
〔2〕参见《无居民海岛使用金征收使用管理办法》第10条。
〔3〕参见《无居民海岛使用金征收使用管理办法》第2条。
〔4〕参见《无居民海岛使用金征收使用管理办法》第4条。

为六种。最后,根据以上三种分类,综合计算无居民海岛的使用金最低标准。征收的无居民海岛使用金则遵循“取之于岛,用之于岛”的原则,主要用于海岛保护、海岛管理和海岛生态修复。

自无居民海岛有偿使用制度建立以来,沿海各地对无居民海岛使用金的征收和管理也越来越重视,辽宁、山东、浙江、福建、广西、海南等沿海省份都根据《海岛保护法》和《无居民海岛使用金征收使用管理办法》,结合自身实际,制定了无居民海岛有偿使用制度相关的地方规范性文件,山东、广东等地还针对无居民海岛使用权招标拍卖挂牌出让出台了管理办法,各地无居民海岛有偿使用管理工作取得积极成效。

可以看到,实行无居民海岛有偿使用制度是国家建立健全自然资源有偿使用制度的重要一环,有助于我国无居民海岛资源利用和管理走向规范化,对推动我国无居民海岛资源的有序开发和可持续利用有着重要意义。

(三)无居民海岛开发利用申请审批制度

无居民海岛的重要价值及其国家所有权,意味着有意开发者在开发利用无居民海岛之前应当先行向相关部门提出使用申请,获得国家批准方可进行开发利用。未经许可,禁止开发利用无居民海岛。随着无居民海岛开发利用的需求不断增加,无居民海岛使用权的申请和审批也需要国家的法律法规予以规范。

2016年12月,原国家海洋局发布《无居民海岛开发利用审批办法》,规范无居民海岛开发利用审批工作。该审批办法要求无居民海岛开发利用遵循科学规划、保护优先、合理开发、永续利用的原则,全面落实海洋生态文明建设要求,鼓励绿色环保、低碳节能、集约节约的生态海岛开发利用模式。[1] 该办法规定,涉及利用领海基点所在海岛、国防用途海岛、国家级海洋自然保护区内海岛,填海连岛或造成海岛自然属性消失的,导致海岛自然地形、地貌严重改变或造成海岛岛体消失的,以及国务院规定的其他用岛,由国务院审批,其他类型的无居民海岛开发利用由省级人民政府批准。[2] 单位和个人申请开发利用无居民海岛,须提交无居民海岛开发利用申请书、无居民海岛开发利用具体方案以及无居民海岛开发利用项目论

〔1〕 参见《无居民海岛开发利用审批办法》第3条。
〔2〕 参见《无居民海岛开发利用审批办法》第5条。

证报告。[1] 报国务院审批的无居民海岛开发利用申请，由国家海洋主管部门受理，其他无居民海岛开发利用申请，由省级海洋主管部门受理。[2] 无居民海岛开发利用申请经批准后，用岛单位和个人应当按照财政部和国家海洋局有关规定缴纳无居民海岛使用金，并按照不动产统一登记的有关规定，依法办理不动产登记手续，领取不动产权属证书。[3]

(四) 无居民海岛开发利用和保护制度

考虑到无居民海岛的特殊价值，以及在进行无居民海岛开发利用过程中存在的生态环境破坏问题，我国也初步建立起了无居民海岛开发利用和保护制度。在对无居民海岛进行开发利用时，一定要平衡好开发利用和生态保护之间的关系，以保护性开发为主。此外，开发时不能只顾眼前利益，而应当立足长远，放眼全局，遵循自然规律，以实现可持续发展。确切地来说，就是要坚持开发与保护并重，坚持在开发中保护，在保护中开发，实现无居民海岛开发利用和生态环境保护的有机统一。

《海岛保护法》第 28 条至第 35 条对无居民海岛的保护作出了具体规定。其中包括：未经批准利用的无居民海岛，应当维持现状，禁止采石、挖海砂、采伐林木以及进行生产、建设、旅游等活动；[4] 严格限制在无居民海岛采集生物和非生物样本，因教学、科学研究确需采集的，应当报经海岛所在县级以上地方人民政府海洋主管部门批准；[5] 无居民海岛利用过程中产生的废水，应当按照规定进行处理和排放；无居民海岛利用过程中产生的固体废物，应当按照规定进行无害化处理、处置，禁止在无居民海岛弃置或者向其周边海域倾倒；[6] 临时性利用无居民海岛的，不得在所利用的海岛建造永久性建筑物或者设施；[7] 在依法确定为开展旅游活动的可利用无居民海岛及其周边海域，不得建造居民定居场所，不得从事生产性养殖活动；已经存在生产性养殖活动的，应当在编制可利用无居民海岛保护和利用规划中确定相应的污染防治措施。[8]

---

[1] 参见《无居民海岛开发利用审批办法》第 6 条。
[2] 参见《无居民海岛开发利用审批办法》第 9 条。
[3] 参见《无居民海岛开发利用审批办法》第 17 条。
[4] 参见《海岛保护法》第 28 条。
[5] 参见《海岛保护法》第 29 条。
[6] 参见《海岛保护法》第 33 条。
[7] 参见《海岛保护法》第 34 条。
[8] 参见《海岛保护法》第 35 条。

此外,《海岛保护法》第36条至第39条还对特殊用途海岛的保护作出了特别规定,明确了国家对领海基点所在海岛、国防用途海岛、海洋自然保护区内的海岛等具有特殊用途或者特殊保护价值的海岛实行特别保护,[1]这些规定对符合要求的无居民海岛同样适用。首先,禁止在领海基点保护范围内进行工程建设以及其他可能改变该区域地形、地貌的活动;确需进行以保护领海基点为目的的工程建设的,应当经过科学论证,报国务院海洋主管部门同意后依法办理审批手续;禁止损毁或者擅自移动领海基点标志。[2] 其次,禁止破坏国防用途无居民海岛的自然地形、地貌;禁止将国防用途无居民海岛用于与国防无关的目的;国防用途终止时,经军事机关批准后,应当将海岛及其有关生态保护的资料等一并移交该海岛所在省、自治区、直辖市人民政府。[3] 最后,对具有特殊保护价值的海岛及其周边海域,根据海岛自然资源、自然景观以及历史、人文遗迹保护的需要,有关部门可以依法批准设立海洋自然保护区或者海洋特别保护区。[4]

三、我国无居民海岛资源开发利用和保护法律制度的特点

(一)专门立法与一般立法相结合

《海岛保护法》是目前规范我国无居民海岛资源开发利用和保护的唯一一部专门性法律。它就海岛的规划、利用、保护、监察以及法律责任等方面作出了规定,改变了此前我国海岛管理无法可依的尴尬局面,同时为下位法制定海岛开发利用和保护规范提供了立法指引。除《海岛保护法》这部专门立法以外,我国其他法律中,也包含了许多与无居民海岛资源的开发、利用、保护以及行政管理相关的规范,这些法律以环境资源立法为主,立法内容以特定的生态环境或者自然资源为调整对象,包括《环境保护法》《海洋环境保护法》《土地管理法》《海域使用管理法》等。[5] 因此,无居民海岛资源开发利用和保护既要遵守《海岛保护法》的规定,也受到与无居民海岛相关的其他立法的规制。

---

[1] 参见《海岛保护法》第36条。

[2] 参见《海岛保护法》第37条。

[3] 参见《海岛保护法》第38条。

[4] 参见《海岛保护法》第39条。

[5] 参见马金星:《海岛利用及保护管理法律问题研究》,中国社会科学出版社2019年版,第306页。

(二)中央立法与地方立法相结合

由于现阶段我国无居民海岛相关立法仍然较少,法律制度仍存在一定的漏洞,因此在《海岛保护法》的基础上,允许各地根据自身的条件和实践经验,制定相应的地方性立法,是我国无居民海岛资源开发利用和保护法律制度的一大特点。

中央立法方面,除《海岛保护法》以外,现行的无居民海岛相关立法主要是由自然资源部以及原国家海洋局制定的部门规章,包括《无居民海岛使用金征收使用管理办法》《无居民海岛开发利用审批办法》《自然资源统一确权登记暂行办法》等,涉及无居民海岛使用金的征收、无居民海岛使用权的审批、无居民海岛的确权登记等。

地方立法方面,在《海岛保护法》颁布以前,已有部分沿海省市制定了无居民海岛管理的地方性法规和规章,例如,2004 年公布的《厦门市无居民海岛保护与利用管理办法》和《宁波市无居民海岛管理条例》,以及 2008 年公布的《青岛市无居民海岛管理条例》。2010 年以后,越来越多的沿海省市陆续根据《海岛保护法》以及其他中央法律法规制定或修订了地方性无居民海岛管理立法,如 2013 年《浙江省无居民海岛开发利用管理办法》、2016 年《广西壮族自治区无居民海岛保护条例》、2019 年《珠海经济特区无居民海岛开发利用管理规定》等。

中央立法与地方立法相辅相成。在无居民海岛相关法律法规不足的背景下,各地在总结本地区开展无居民海岛资源开发利用和保护的实践经验基础上进行的立法探索,既有利于服务地方无居民海岛管理以及海洋经济的发展,也为日后中央立法的出台积累了宝贵经验。同时,由于中央立法原则性强,需要地方立法予以细化,以更好地运用到无居民海岛管理实践中,因此地方立法不仅是中央立法的有益补充,也是我国无居民海岛资源开发利用和保护法律制度体系的重要组成部分。

(三)义务性规范和禁止性规范较多

无居民海岛相关立法与其他立法的一个重要差异,就是其包含了较多的义务性规范和禁止性规范,这是由无居民海岛的特殊地位和战略价值所决定的。如前所述,许多无居民海岛都拥有着独特的生态、经济或者军事价值,部分无居民海岛本身就被作为国家的领海基点,因此无居民海岛的使用事关我国重大的政治、经济和国防利益,必须受到国家的严格监管,这也正是我国无居民海岛立法中含有较多义务性规范和禁止性规范的原因。

国家对于无居民海岛资源开发利用和保护的严格规制是全方位、全过程的。根据《无居民海岛开发利用审批办法》,在对无居民海岛资源进行开发利用之前,相关单位和个人必须向海洋主管部门提出用岛申请,并提交无居民海岛开发利用申请书、无居民海岛开发利用具体方案和无居民海岛开发利用项目论证报告,[1]分情况由国务院海洋主管部门或省级海洋主管部门组织有关部门和专家进行审查,[2]并报国务院或省级人民政府批准。[3] 获得批准之后用岛单位和个人应当按照财政部和国家海洋局有关规定缴纳无居民海岛使用金,并按照不动产统一登记的有关规定,依法办理不动产登记手续,领取不动产权属证书。[4] 在这之后才可以凭用岛批复文件、不动产权属证书等材料到相关部门办理开工建设手续。[5]

《海岛保护法》中对无居民海岛资源开发利用和保护的义务性规范和禁止性规范包括:未经批准利用的无居民海岛,应当维持现状;禁止采石、挖海砂、采伐林木以及进行生产、建设、旅游等活动;[6]严格限制在无居民海岛采集生物和非生物样本;因教学、科学研究确需采集的,应当报经海岛所在县级以上地方人民政府海洋主管部门批准;[7]从事全国海岛保护规划确定的可利用无居民海岛的开发利用活动,应当遵守可利用无居民海岛保护和利用规划,采取严格的生态保护措施,避免造成海岛及其周边海域生态系统破坏;[8]经批准在可利用无居民海岛建造建筑物或者设施,应当按照可利用无居民海岛保护和利用规划限制建筑物、设施的建设总量、高度以及与海岸线的距离,使其与周围植被和景观相协调;[9]无居民海岛利用过程中产生的废水,应当按照规定进行处理和排放;无居民海岛利用过程中产生的固体废物,应当按照规定进行无害化处理、处置,禁止在无居民海岛弃置或者向其周边海域倾倒;[10]临时性利用无居民海岛的,不得在所利用的海

---

[1] 参见《无居民海岛开发利用审批办法》第6条。
[2] 参见《无居民海岛开发利用审批办法》第10条。
[3] 参见《无居民海岛开发利用审批办法》第16条。
[4] 参见《无居民海岛开发利用审批办法》第17条。
[5] 参见《无居民海岛开发利用审批办法》第20条。
[6] 参见《海岛保护法》第28条。
[7] 参见《海岛保护法》第29条。
[8] 参见《海岛保护法》第30条。
[9] 参见《海岛保护法》第32条。
[10] 参见《海岛保护法》第33条。

岛建造永久性建筑物或者设施;[1]在依法确定为开展旅游活动的可利用无居民海岛及其周边海域,不得建造居民定居场所,不得从事生产性养殖活动;已经存在生产性养殖活动的,应当在编制可利用无居民海岛保护和利用规划中确定相应的污染防治措施;[2]禁止在领海基点保护范围内进行工程建设以及其他可能改变该区域地形、地貌的活动;[3]禁止破坏国防用途无居民海岛的自然地形、地貌;禁止将国防用途无居民海岛用于与国防无关的目的。[4] 这些义务性规范和禁止性规范大都从保护无居民海岛生态环境的角度出发,对无居民海岛资源开发利用的范围、程度、类型以及污染物排放等方面进行了具体规定,以促进无居民海岛资源的可持续利用。

第三节　我国无居民海岛资源开发利用和保护法律制度存在的问题

尽管我国的无居民海岛开发利用和保护法律制度建设已经取得积极成效,但由于现行的无居民海岛相关法律法规仍然较少,相关规范也不够具体,因此法律制度仍存在一定的漏洞,如无居民海岛使用权等关键概念的性质和内涵不明、使用权的出让和流转制度存在缺陷等。这些问题在实践中严重制约着我国的无居民海岛资源开发利用和保护工作,亟须在未来通过立法手段加以解决。

一、无居民海岛使用权性质及内涵不明

《海岛保护法》中并未出现“无居民海岛使用权”这一字样,《无居民海岛使用金征收使用管理办法》等部门规章中虽然使用“无居民海岛使用权”的概念,但对其性质和具体含义没有作出任何实质性界定,而《民法典》仅在第248条规定无居民海岛属于国家所有,并未提及无居民海岛的使用权。有观点认为无居民海岛是一种特殊的不动产,因此无居民海岛使用权应当定位为一种物权,若无居民海岛使用权通过债权保护,国家与使用权人是债

[1] 参见《海岛保护法》第34条。
[2] 参见《海岛保护法》第35条。
[3] 参见《海岛保护法》第37条。
[4] 参见《海岛保护法》第38条。

权债务关系,则无须进行登记。而《无居民海岛开发利用审批办法》中要求无居民海岛使用权人需按照不动产统一登记的有关规定,依法办理不动产登记手续,领取不动产权属证书,[1]这一要求实际上已经潜在地将无居民海岛使用权划为物权。不过由于我国遵循物权法定原则,将无居民海岛使用权认定为物权应当由《民法典》物权编作出明文规定,因此现阶段认为无居民海岛使用权是一项物权仍然缺乏法律依据。[2] 法律规定的缺失,使无居民海岛使用权游走在《民法典》物权编规则之外。这不仅不利于《民法典》一般规定对无居民海岛资源开发利用和保护发挥规范作用,也不利于无居民海岛使用权人运用《民法典》寻求保护和救济。此外,在实践中,由于其使用权性质未确定加上存在历史遗留问题,部分无居民海岛的开发和利用以土地使用权的方式存在,如海南省的蜈支洲岛和分界洲岛。[3] 无居民海岛使用权性质不明确,导致当使用权受到侵害时,权利人也无法主张返还请求权以保护自身合法权益。我国存在诸多征收征用现象,美其名曰保护国家和社会公共利益,但其实质是对公民权利的侵害,如全国首张无居民海岛使用权证书的持有人、宁波旦门山岛的开发者黄益民就曾说,开发利用无居民海岛,在面临较大自然灾害风险的同时还要关注国家政策可能产生的影响。因此,确定无居民海岛使用权的性质非常重要。

同时,无居民海岛使用权的内涵不明,也给无居民海岛资源的开发利用和保护带来了障碍。尤其是对于无居民海岛使用权人有哪些权利,以及无居民海岛使用权的客体范围有多大,现行的法律法规均没有作出明确规定。例如,《海岛保护法》中多次使用保护"海岛及其周边海域"的提法,但对这一概念的空间范围究竟有多大没有作出界定。这就使海岛使用过程中存在不少问题,如无居民海岛使用权人是否有权利用岛基和环岛浅海;利用的对象是仅包括岛上土地,还是包括环绕整个海岛形成的立体区域及这一区域中的所有资源,等等。无居民海岛使用权的权利性质、空间范围、权利客体的模糊,导致了权利内容的模糊,从而使得无居民海岛使用权人所取得的权利处于不明确、不稳定的状态,也不利于使用权人对无居民海岛资源的开发、利用和保护。

---

[1] 参见《无居民海岛开发利用审批办法》第17条。

[2] 参见唐俐:《南海无居民海岛开发利用的困境与出路》,载《海南大学学报(人文社会科学版)》2015年第4期。

[3] 蜈支洲岛和分界洲岛以前均为军事性质的用岛,随着军事目的的实现,无居民海岛使用权人逐渐把海岛转向经营性开发与利用,因此以土地使用权的方式而存在。

二、无居民海岛使用权出让模式存在瑕疵

1. 无居民海岛使用权出让行为的性质尚未明晰。政府以发展海岛经济为目的,主动介入海岛开发利用活动,不仅具有行政者的身份,同时也具备民事主体的特征,但在这种情况下,行政主体是否能够以平等的民事主体的身份承担民事责任,则有待商榷。判断无居民海岛使用权出让行为属于民事行为还是行政行为的关键,就在于对无居民海岛使用权出让合同的界定。事实上,对于无居民海岛使用权出让合同到底是属于民事合同,还是行政合同,一直存在争议。一种观点认为,该类合同属于民事合同,理由是根据最高人民法院2005年公布的《关于审理涉及国有土地使用权合同纠纷案件适用法律问题的解释》规定,“审理涉及国有土地使用权合同纠纷案件”属于民事审判,将国有土地使用权出让合同视为民事合同进行审理;而在最高人民法院2011年发布的《民事案件案由规定》中,也将建设用地使用权合同纠纷作为民事合同纠纷进行处理。另一种观点认为,该类合同属于行政合同,因为2010年《最高人民法院行政审判庭关于拍卖出让国有建设用地使用权的土地行政主管部门与竞得人签署成交确认书行为的性质问题请示的答复》中明确,土地行政主管部门通过拍卖出让国有建设用地使用权,与竞得人签署成交确认书的行为,属于具体行政行为,当事人不服提起行政诉讼的,人民法院应当依法受理。根据《行政诉讼法》第12条第1款第11项[1]的规定,从不履行行为后果来看,国有土地出让合同应该属于行政合同,产生的责任为行政责任,因而可提起行政诉讼。无居民海岛使用权出让行为性质的判定,直接影响法律的适用,更重要的是,影响无居民海岛使用权人寻求法律救济的途径。目前这种界定不清的局面,使无居民海岛使用权人在对无居民海岛资源进行开发利用的过程中,难以运用法律手段维护自身的合法权益。

2. 无居民海岛使用金的征收模式也存在不足。根据《无居民海岛使用金征收使用管理办法》,一般情况下,无居民海岛使用金按照批准的使用年限实行一次性计征。[2] 无居民海岛使用权出让最低价的计算公式为:无居民海岛使用权出让最低价=无居民海岛使用权出让面积×使用年限×无

---

〔1〕《行政诉讼法》第12条第1款第11项规定:“认为行政机关不依法履行、未按照约定履行或者违法变更、解除政府特许经营协议、土地房屋征收补偿协议等协议的。”

〔2〕参见《无居民海岛使用金征收使用管理办法》第10条。

居民海岛使用权出让最低价标准。[1] 也就是说,用岛申请审批通过后,申请人即需一次性缴清使用期限内所有年度的无居民海岛使用金,这样的征收模式值得商榷。一方面,无居民海岛使用金与土地出让金不同,对于无居民海岛这类具有特殊价值的自然资源,其出让金必然极其高昂,要求使用权人一次性支付数十年的出让金难免会抬高门槛,给无居民海岛资源流入市场造成困难。另一方面,无居民海岛的开发利用本就具有前期投入大、收益周期长的特点。这是由于无居民海岛普遍交通不便,缺乏基础设施,自然环境复杂,无居民海岛使用权人往往需要在前期开展一定的建设。除此以外,设施维护、污染物处理、生态环境保护以及自然灾害防控等成本也贯穿无居民海岛资源开发利用和保护的全过程,这些都是无居民海岛使用权人需要考虑到的成本。因此,要求用岛单位和个人在开发利用前一次性缴纳无居民海岛使用金,无疑是给其增添了较为沉重的负担。除此之外,无居民海岛使用金实行一次性征收,也存在一定的僵硬性。在正式用岛前就根据事前评估确定固定数额的无居民海岛使用金,并要求一次性缴纳,这种"买断费"般的征收模式完全不考虑后续开发利用情况,也使国家很难在未来分享到无居民海岛资源开发利用所带来的增值,从长远来看是不利的。

3. 对于使用期限,《无居民海岛开发利用审批办法》仅规定无居民海岛使用最高期限参照海域使用权的有关规定执行,[2] 对期限届满是否可以申请续期和届满后岛上动产和不动产的产权问题,则完全没有涉及。这一法律漏洞恐怕也会使得一些打算对无居民海岛进行长期开发利用的单位或个人产生疑虑,因为这意味着在无居民海岛使用权到期之后,其开发利用的无居民海岛上的动产和不动产可能会陷入产权不明的情形,甚至可能会直接被收归国有。这就要求我国在之后的无居民海岛立法进程中对这些问题作出解答。

三、尚未建立无居民海岛分类利用制度

目前,我国有 1.1 万多个海岛,大部分为无居民海岛。漫长的海岸线和数量繁多的无居民海岛给海洋主管部门的监管和海警队伍的巡逻检查带来了较大的工作负担。而除了国家首批开发利用无居民海岛名录中的 176

---

[1] 参见《无居民海岛使用金征收使用管理办法》第 5 条。

[2] 参见《无居民海岛开发利用审批办法》第 19 条。

座海岛外，我国对绝大多数无居民海岛是否可开发利用没有作出定位。通过前文对中央和地方立法的梳理，不难发现，对于什么是可开发类型的无居民海岛，什么是不可开发类型的无居民海岛，目前并没有统一明确的标准，一般只是对禁止开发的情形作出了规定。如《厦门市无居民海岛保护与利用管理办法》规定的禁止利用无居民海岛的情形有：与本市海洋功能区划、无居民海岛保护与利用规划相抵触；破坏无居民海岛及周围海域环境、资源、景观和生态平衡；导致航道港区淤积及其他不利于港口建设发展；法律、法规规定禁止开发利用的其他情形。〔1〕《广西壮族自治区无居民海岛保护条例》中对禁止开发的无居民海岛类型则规定得更细致，包括生态系统极端脆弱的海岛、具有独特生态系统的海岛、位于迁徙性野生动物迁徙路线，开发可能阻断野生动物迁徙的海岛、可能影响周边海洋生态安全的海岛以及法律法规规定禁止开发的其他情形。〔2〕

对于没有被列入开发利用名录的无居民海岛，《海岛保护法》第 28 条仅笼统地规定："未经批准利用的无居民海岛，应当维持现状；禁止采石、挖海砂、采伐林木以及进行生产、建设、旅游等活动。"这一规定在抑制市场热情的同时，也让大部分无居民海岛的管理和未来的开发利用陷入了僵局，使得大量的无居民海岛资源无法得到有效利用。然而，受历史遗留问题影响，不少未列入开发利用名录的无居民海岛却正在被开发使用，其开发行为的合法性也值得探讨。

四、违法用岛行为惩罚力度不足

《海岛保护法》第 45 条至第 55 条对违法用岛行为应负的法律责任作出了规定，从责任形式上来看，主要有责令停止违法行为、责令改正、没收违法所得以及处以罚款四种。可以看到，该法并未规定惩罚性的赔偿或罚款，也未纳入收回无居民海岛使用权的惩罚措施，惩罚力度明显不足。同时，《海岛保护法》第 55 条规定："违反本法规定，构成犯罪的，依法追究刑事责任。造成海岛及其周边海域生态系统破坏的，依法承担民事责任。"看起来在法律责任的种类上也已经囊括了刑事责任和民事责任。而实际上，这里所说的刑事责任具体指的是什么罪名，在刑法当中找不到对应的规定。对

〔1〕 参见《厦门市无居民海岛保护与利用管理办法》第 11 条。
〔2〕 参见《广西壮族自治区无居民海岛保护条例》第 10 条。

于民事责任而言,因为无居民海岛上没有户籍人口,海岛开发过程中对环境产生的污染和破坏并不直接涉及利害关系人,因此也不符合一般民事诉讼的起诉条件。在这种情况下,为了保护生态环境,维护社会公共利益,理应允许公民、环保团体、检察机关等单位和个人向有管辖权的法院提起公益诉讼。然而,尽管我国已经设立了环境民事公益诉讼制度,但在《民事诉讼法》第58条[1]中,仅明确将检察机关作为对破坏生态环境和资源保护的行为提起环境民事公益诉讼的起诉主体,没有纳入其他单位和个人。而且,对于何种情况属于"造成海岛及其周边海域生态系统破坏",尚没有明确的解释。而对于损害无居民海岛资源的行为,如对海岛动植物物种的掠夺、对岛上植被的损害、对海岛岛体的损害等行为,如果没有达到"造成海岛及其周边海域生态系统破坏"的程度,除进行行政处罚以外,要求责任人承担民事责任缺乏法律依据。在刑事和民事责任缺位的情况下,只依靠行政处罚显然是不足以遏制无居民海岛资源开发利用过程中的违法行为的。

五、无居民海岛使用权流转制度不健全

《海岛保护法》中并未提及无居民海岛使用权的流转,而《无居民海岛使用金征收使用管理办法》第3条第2款规定:"未经批准,无居民海岛使用者不得转让、出租和抵押无居民海岛使用权,不得改变海岛用途和用岛性质。"也就是说,我国并不禁止无居民海岛使用权的转让、出租和抵押。然而,这一规定相当笼统,没有对批准流转的流程以及哪些部门有权批准做出规定,现行法律法规中也缺乏关于无居民海岛使用权流转制度的具体规定。目前,我国仅有部分省份出台的规范性文件,如《福建省海域使用权和无居民海岛使用权抵押登记办法》,对无居民海岛使用权的流转进行了说明,但由于缺乏国家法律法规的支持,其效力十分有限。[2] 而且,从《无居民海

---

[1] 《民事诉讼法》第58条规定:"对污染环境、侵害众多消费者合法权益等损害社会公共利益的行为,法律规定的机关和有关组织可以向人民法院提起诉讼。人民检察院在履行职责中发现破坏生态环境和资源保护、食品药品安全领域侵害众多消费者合法权益等损害社会公共利益的行为,在没有前款规定的机关和组织或者前款规定的机关和组织不提起诉讼的情况下,可以向人民法院提起诉讼。前款规定的机关或者组织提起诉讼的,人民检察院可以支持起诉。"

[2] 参见李巧玲:《我国无居民海岛开发不足的法律原因及因应——兼论〈中华人民共和国海岛保护法〉之完善》,载《福建江夏学院学报》2020年第4期。

岛使用金征收使用管理办法》第3条第2款的规定来看,无居民海岛使用权流转采用必备审批的程序,这本身也增加了使用权流转的障碍,降低了其他单位和个人通过流转制度获得无居民海岛使用权的意愿。

不可否认的是,海岛在海洋法上的地位以及其独特的战略价值决定了我国无居民海岛使用权必然受到较多的公法上的约束,因而其流转也不可避免地受到较为严格的限制。但是,无居民海岛使用权流转制度的缺失,不仅不利于无居民海岛有偿使用制度的有序发展,也是有违社会主义市场经济发展要求的。这是因为申请无居民海岛进行开发利用本身需要相当大的前期投入,包括一次性缴纳高额使用金和开展基础设施建设等,而后期一旦陷入资金短缺,又无法得到外部支持,往往只能放弃开发,将海岛闲置。也就是说,有意于开发利用无居民海岛的民间资本在取得无居民海岛使用权后,可能会陷入"只能进不能出",或者理论上可以出,但却没有可行路径的尴尬境地,这打击了民间资本申请无居民海岛使用权的热情。同时,无居民海岛使用权流转制度的不健全,也阻碍了使用权人利用融资手段扩大投资。在这种情况下,无居民海岛开发的高风险,使不少市场主体望而却步。

第四节 完善我国无居民海岛资源开发利用和保护法律制度的建议

对于我国新时代的海洋强国战略来说,确保无居民海岛的有序开发与利用具有重要的现实意义以及长远的战略价值。因此,本节将结合我国无居民海岛的管理实践,对上一节当中所提到的无居民海岛资源开发利用和保护法律制度中存在的问题提出针对性的完善建议。希望立法和行政机关能够根据社会发展的需要,尽快完善相应法律法规,为我国无居民海岛资源开发利用和保护提供更加坚实的法律保障。

一、界定无居民海岛使用权性质及内涵

1. 需要确定无居民海岛使用权的性质和定义。实际上,现行的法律法规已经确立了无居民海岛的有偿使用和限制使用期限的制度,并要求用岛单位和个人办理不动产统一登记手续,这样的要求符合用益物权的特征。

因此,根据物权法定原则的要求,应当在《民法典》中将无居民海岛使用权界定为一种特殊的用益物权,以便于《民法典》一般规定对无居民海岛使用权的法律规制。另外,也需要在中央立法的层面对“无居民海岛使用权”这一关键概念作出定义。

2. 需要确定无居民海岛使用权的客体。无居民海岛本身就拥有一个完整的生态系统,一般来说包括岛上的土地、礁石、生物、矿产资源以及环岛浅海等多种可利用的标的物。也就是说,无居民海岛是上述各种资源的集合体。这就使得同一无居民海岛之上,可以设定多个使用权,如土地使用权、自然资源开采权、海域使用权等。但是,如果将这些权利分予不同的使用权人,那么一方面,在用岛过程中容易产生各种纠纷;另一方面,权利的割裂与海岛的整体性之间的冲突也可能会导致整座海岛的使用价值大打折扣。出于对海岛开发利用的整体性要求,应当将这一系列权利包含在无居民海岛的使用权当中,并以法律法规的形式对其进行特殊限制。从目前的自然资源相关立法来看,也隐含着这样的倾向,《自然资源统一确权登记暂行办法》第 17 条第 1 款第 2 句中就规定:“无居民海岛按照‘一岛一登’的原则,单独划定自然资源登记单元,进行整岛登记。”

3. 需要确定无居民海岛使用权人的权利和义务。无居民海岛使用权确定为用益物权之后,使用权人理应享有占有、使用、收益和部分处分的权利,并承担相应的义务。因此,对于无居民海岛使用权人的权利和义务应当作出一系列详细规定。在权利方面,无居民海岛使用权人可以在法律规定和开发方案允许的范围内对海岛进行开发利用,并获取经济利益。同时,在使用权受到第三人侵害时,使用权人可依法寻求救济。在国家出于国家安全或公共利益的需要,须收回无居民海岛的使用权时,使用权人有权获得补偿,而使用权人义务则应包括:按时足额缴纳无居民海岛使用金;用岛过程中不得违反法律法规、海岛保护规划和海岛开发利用具体方案;办理自然资源统一确权登记;主动配合主管部门的监督和检查等。

二、完善无居民海岛使用权出让模式

对于我国无居民海岛使用权出让模式的完善,可以从其他现行法律法规当中寻找可借鉴的规定。如 2001 年颁布的《海域使用管理法》,对海域使用权使用金缴纳以及期满续期等相关问题已经有了较为明确的规定。根据《海域使用管理法》,海域使用金可以按照规定一次缴纳或者按年度逐年缴纳。[1] 海域使用权期限届满,海域使用权人需要继续使用海域的,可以向原批准用海的人民政府申请续期。除根据公共利益或者国家安全需要收回海域使用权的外,应当批准续期。准予续期的,海域使用权人应当依法缴纳续期的海域使用金。[2] 因公共利益或者国家安全的需要,原批准用海的人民政府可以在使用权期限届满前提前收回海域使用权,但需要对海域使用权人给予相应补偿。[3] 海域使用权终止后,原海域使用权人应当拆除可能造成海洋环境污染或者影响其他用海项目的用海设施和构筑物。[4] 在地方立法方面,《广西壮族自治区无居民海岛保护条例》也有类似的规定。该条例第 24 条规定,无居民海岛使用权期限最长不得超过 50 年,国家另有规定的,从其规定。经批准使用的无居民海岛使用权期限届满,使用权人需要继续使用无居民海岛的,应当在期限届满两个月前向原批准用岛的人民政府申请续期。除因公共利益或者国家安全需要收回无居民海岛使用权外,原批准用岛的人民政府应当批准续期。准予续期的,无居民海岛使用权人应当按照新的无居民海岛使用金征收标准缴纳无居民海岛使用金。经批准使用的无居民海岛使用权期限届满,使用权人未申请续期或者申请续期未获批准的,无居民海岛使用权终止。而通过招标、拍卖、挂牌方式取得无居民海岛使用权期限届满,无居民海岛使用权出让合同有约定的,按照合同约定处理。这些规定对于我国无居民海岛使用权出让模式的完善有一定的参考价值。

因此,完善我国无居民海岛使用权出让模式可以从以下三方面来做:首先,由于无居民海岛开发利用的方式和范围都受到法律法规的严格限制,无居民海岛使用权人也需要承担一定的公共义务,如保护海岛及其周边海域生态环境,遵守海岛利用规划和开发利用方案等,具有较强的公法色彩,因此适宜将无居民海岛使用权出让合同认定为行政合同,以方便行政管理,确定法律适用。同时让无居民海岛使用权人能够通过提起行政诉讼的方式解决用岛过程中产生的行政纠纷,更好地维护自身的合法权益。另外,在使用权出让合同当中也可以加入一些额外条款,以填补法律法规空白,如提前解约、续约、海岛增值补偿、期满后岛上动产与不动产权属等相关条款。其次,

---

〔1〕 参见《海域使用管理法》第 34 条。
〔2〕 参见《海域使用管理法》第 26 条。
〔3〕 参见《海域使用管理法》第 30 条。
〔4〕 参见《海域使用管理法》第 29 条。

要求一次性缴纳"买断费"的做法固然可以在短期内增加政府的财政收入，但从长期来看，这种缴纳方式不仅加重了用岛申请人的经济负担，削弱市场主体的申请意愿，而且缺乏灵活性，可能使国家在未来损失无居民海岛资源增值所带来的收益。因此，应当允许无居民海岛使用金采用定期缴纳的方式。最后，应当允许无居民海岛使用权人在使用权期限届满前申请续期，且由于在申请用岛时已经通过海洋主管部门的审查，因此在不改变无居民海岛规划定位和具体使用方案，且不存在违法用岛行为的情况下，审批机关不应再对该续期申请进行实质性审查。只要不属于因公共利益或者国家安全需要收回无居民海岛使用权的情况，原批准用岛的人民政府应当批准续期，无居民海岛使用权人应按规定缴纳无居民海岛使用金。

三、建立无居民海岛分类利用制度

陆地管理需要因地制宜，而海岛管理也是如此。受地理条件和自然环境等因素的影响，不同的无居民海岛在政治、经济、国防以及生态等方面发挥的价值存在差异，其是否适宜开发利用以及适宜的主导用途也各不相同。因此，我国应当根据无居民海岛的实际情况，按照一定的标准，针对不同海岛的性质、特点和定位实施不同类型的管理制度，从而建立起无居民海岛分类利用制度，推进无居民海岛管理的专业化、精细化。

韩国对无居民海岛进行分类管理。《韩国无人岛保护及管理法》根据保护价值将无人岛分为完全保护型、部分保护型、可利用型、可开发型四类。前两类无人岛需要限制某些行为以及限制出入；对于可利用无人岛，在不破坏无人岛形态的前提下，允许出入，并可以在岛上活动；前三类以外的岛屿则属于可开发无人岛，允许进行一定程度的开发。〔1〕 而对于部分特殊岛屿，经环境部长官指定并告示，可成为"特定岛屿"，单独适用《韩国关于独岛等岛屿生态保护特别法》，对其开发利用加以额外的限制。〔2〕

我国可以将无居民海岛分为禁止使用、限制使用和允许开发三种类型，并将领海基点所在海岛、国防用途海岛、海洋自然保护区内的海岛等单独界定为特别海岛，实施特殊管理。这样的分类，便于厘清无居民海岛的开发定

---

〔1〕 参见《韩国无人岛保护及管理法(一)》，载中韩海洋科学共同研究中心官网 2011 年 7 月 22 日，http://www.ckjorc.org/cn/cnindex_newshow.do?id=1183。

〔2〕 参见孙运道、常志强、邢建芬主编：《韩国海洋法律法规文件汇编》，海洋出版社 2012 年版，第 173 页。

位，方便海洋主管部门的行政管理，也能激发市场活力，实现无居民海岛资源开发利用和保护的大发展。对于禁止使用类无居民海岛，应当实施隔离制度，在其周边设置一定范围的隔离区，禁止进行任何类型的开发利用活动，限制或禁止无关人员登岛，并对隔离区加强巡航执法检查和动态监管。对于限制开发类无居民海岛，应当以保护为主，以开发为辅，积极开展生态保护和修复工作，注意保护海岛的地形地貌、海岸线以及周边海域生态环境等不受破坏。另外，也应当注重对此类无居民海岛的巡查和监管工作，避免因出现非法利用行为给无居民海岛及其周边海域造成生态破坏。确需在限制开发类无居民海岛上进行开发利用活动的，用岛申请人除需按《无居民海岛开发利用审批办法》的要求提交申请材料外，还需对申请使用的无居民海岛开展海岛环境影响评价、水土保持评估等论证工作，经相关程序审批之后方可实施。对于允许开发类无居民海岛，应当参照《无居民海岛使用金征收标准》中的规定，根据无居民海岛开发利用项目主导功能定位，将用岛类型划分为旅游娱乐用岛、交通运输用岛、工业仓储用岛、渔业用岛、农林牧业用岛、可再生能源用岛、城乡建设用岛、公共服务用岛、国防用岛九类，要求用岛单位和个人在进行开发利用时不得偏离该岛的主导功能定位和用岛类型，否则需报海洋主管部门重新审批。

四、加大对违法用岛行为的惩罚力度

面对目前无居民海岛开发利用中频频出现的违法行为，需要在立法层面针对违法用岛行为制定更加严厉的惩罚措施。如前所述，根据《海岛保护法》，违法用岛行为的处罚措施主要包括责令停止违法行为、责令改正、没收违法所得、处以罚款等，并没有具有较强惩罚性的处罚，而刑事和民事责任的规定也并未真正落实，难以发挥法律的威慑作用。因此，应当借鉴我国其他环境资源领域法律的做法，加入收回无居民海岛使用权、惩罚性赔偿或罚款、责令采取补救措施等处罚措施，以更有效地对违法用岛行为进行打击。而在民事和刑事立法当中，也应当积极考虑加入与违法用岛行为相关的条款，弥补法律漏洞。例如，在民事公益诉讼制度中扩大起诉主体以及起诉事项的范围，允许环保团体等组织对用岛过程中出现的破坏生态环境、破坏海岛资源的行为提起环境公益诉讼；以及在刑法当中加入破坏无居民海岛及其周边海域生态环境相关的罪名。另外，也需要重视社会监督的作用，确立相应的信息公开和公众监督制度，鼓励社会公众对违法用岛行为进行举报,以规范无居民海岛资源的开发利用和保护。

五、建立无居民海岛使用权流转制度

无居民海岛使用权具有财产利益属性。尽管无居民海岛的所有权属于国家,但用岛单位或个人在通过合法方式取得无居民海岛使用权后,当然享有一定程度的处分权。如前所述,无居民海岛使用权流转制度目前并未在全国范围内建立起来,仅有部分省份出台的规范性文件中有相关的规定。而近年来,国家也出台了一些政策性文件,要求建立无居民海岛使用权的流转制度。例如,2017 年中央全面深化改革领导小组通过的《国家海洋局关于海域、无居民海岛有偿使用的意见》中,提出要“探索赋予无居民海岛使用权依法转让、抵押、出租、作价出资(入股)等权能”;2019 年中共中央办公厅、国务院办公厅印发的《关于统筹推进自然资源资产产权制度改革的指导意见》中,也将“构建无居民海岛产权体系,试点探索无居民海岛使用权转让、出租等权能”列入主要任务。建立无居民海岛使用权流转制度,使得无居民海岛使用权人可以依法将使用权进行转让、抵押、出租和作价出资,这既是无居民海岛使用权纳入物权领域的必然要求,也有助于降低无居民海岛使用权人的投资风险,减少海岛开发中途废弃的现象。

建立无居民海岛使用权流转制度,最重要的是对进行流转的资格和条件加以规范,以保证无居民海岛资源开发利用的顺利进行,保护海岛生态环境。首先,使用权人必须已经正式取得了无居民海岛使用权,即要求其已缴清无居民海岛使用金,并完成了自然资源统一确权登记手续。未完成上述要求,即未正式取得无居民海岛使用权,也就不能对其进行转让、抵押、出租和作价出资。其次,可以要求出让无居民海岛使用权时的开发规模、开发进度或已投入资金已经达到开发方案要求,否则需按出让所得或者无居民海岛使用金为标准向国家上交一定比例的费用。这样做可以限制无居民海岛使用权人急功近利的短期开发行为,避免倒卖现象的发生,从而保障无居民海岛资源开发利用和保护的有序进行。最后,我国也可以将目前《无居民海岛使用金征收使用管理办法》中对无居民海岛使用权流转规定的必备审批转变为有条件审批。因为在用岛单位和个人提交用岛申请时,审批机关已经对用岛申请人的无居民海岛开发利用具体方案是否满足海岛保护规划、遵循生态保护红线、符合有关法律法规要求等方面进行了审查,审查合格之后用岛申请人才最终得到无居民海岛的使用权。因此,流转过程中主管部门的审批应当主要针对使用权流转之后无居民海岛开发利用方案发生改变的情况。而对于无居民海岛使用权流转之后,新的使用权人继续遵循原有的海岛开发利用方案进行开发利用的情形,再次进行审批实际意义不大,反而会增加无居民海岛使用权流转过程中的程序障碍,不利于使用权的顺利流转。因此,在无居民海岛使用权流转制度中,可以对流转过程中的审批程序进行简化,规定除非改变原有的无居民海岛开发利用具体方案,或者使用权期限届满,否则无须主管部门的再次审批,仅进行使用权流转备案及变更登记即可。

第九章　海岸带资源开发利用和保护法律制度

第一节　海岸带资源概述

一、海岸带概念和特征

海岸带是陆地系统与海洋系统相连接、交叉和复合的地理单元。海岸带由于受海洋和陆地两个生态系统的交互作用,使其成为地球上地质地貌最为多样和生物资源最丰富的地区之一。但也由于地形与地貌及物质组成的不同,海洋与陆地的相互作用所影响的范围也有所不同,因而难以对海岸带的宽度、范围进行统一的界定。故而不同国家以及不同的学科领域对海岸带的定义均有所不同。

(一)域外立法关于海岸带的概念和特征

美国早在1972年就颁布了《美国海岸带管理法》进行专门调整,该法第304条将海岸带定义为"是指沿海州的海岸线和彼此间交互影响的临海水域(包括其中和其下的陆地)和邻近的滨海陆地(包括其中和其下的水域)这一地带包括岛屿、过渡区与潮间带、湿地和海滩"。[1]

巴西则把海岸带界定为包括沿海陆地和临接陆地的海域两个部分,并明确巴西海岸带沿海陆地是指海平面平均高潮线以上2千米的一带区域,而临接陆地的海域则是指海平面平均高潮线以下12千米的一带水域。[2]

斯里兰卡是热带岛屿国家,有着丰富的海岸带资源,该国将其海岸带也定义成陆地和海域组成两个部分,并明确海岸带中的陆地区域是指海平面

---

〔1〕 参见赵锐、赵鹏:《海岸带概念与范围的国际比较及界定研究》,载《海洋经济》2014年第1期。

〔2〕 参见卢惠泉:《海岸带综合管理原则的若干探讨》,载《海洋开发与管理》2007年第4期。

平均高潮线以上 300 米的一带区域,海域区域则是指海平面平均高潮线以下 2000 米的一带海域。[1]

英国将海岸带界定为受海洋和陆地地理和物理的协同叠加影响而产生的陆海集合区,并把海岸带的向陆一侧的陆地范围边界定为 300 米,而向海一侧的海洋区域则从登陆艇登陆水深算起。[2]

危地马拉在对海岸带界定时,更关注海岸带中所包含的陆地区域,将该国的海岸带包含的陆地区域明确规定为,以海水向陆地产生平均高潮线为起点,向陆地一侧扩展 3000 米的一带区域。[3]

菲律宾则将该国海岸带定义为大陆陆地及其临接海洋空间带,并通过立法明确菲律宾海岸带中包括的陆地区域为海水伸向陆地平均高潮线为起点延伸 1000 米的带状区域,而海岸带中包括的海洋区域则是 200 米海水等深线以内的近海区域。

印度尼西亚在其制定的海岸带管理法律当中明确规定海岸带是以该国海岸线为起算基线,以此向外推衍 12 海里的海洋区域为该国的海岸带,其中,海岸带临接陆地的大陆海岸、岛屿以及各类水域也都属于海岸带所辖之范围。

澳大利亚把海岸带定义为陆域从平均海潮线算起 100 米以内的陆地,海域从海岸线算起至 3 海里以内的区域。

墨西哥海岸带被视作三个区域的综合:一是陆地区域,这个区域被沿海自治市和靠近沿海自治市的内陆自治市覆盖;二是海洋区域,淹没在水下的区域向上至 200 米等深线处;三是所有墨西哥岛屿的组合。[4]

《韩国水面及海岸管理法纲要》规定,海岸带是指以海岸线为基准的海部分和背后陆地的一部分为对象划的区域。韩国的海岸实质上包括两个部分,第一个部分是海域部分,即以海岸线为起算标准,以此衍生出的相关海域;第二个部分是陆地部分,该部分还是以海岸线为起算标准,只是在除去

---

[1] 参见恽才兴、蒋兴伟:《海岸带可持续发展与综合管理》,海洋出版社 2002 年版,第 35 页。

[2] 参见 PEMSEA 秘书处编著:《海岸带综合管理读本》,张明晖、傅明珠、王守强等译,海洋出版社 2013 年版,第 13 页。

[3] 参见杨金森等:《海岸带管理指南》,海洋出版社 1999 年版,第 55 页。

[4] 参见赵锐、赵鹏:《海岸带概念与范围的国际比较及界定研究》,载《海洋经济》2014 年第 1 期。

此部分中海域部分之后产生的相关陆地区域。[1]

《南非海岸带综合管理法》(2008年),将海岸带定义为:"包括海岸公共财产,沿海保护区,海岸进入陆地和海岸保护区域,海岸,沿海水域和专属经济区,并包括这些区域中或其上、其下的环境的各方面。"[2]

(二)不同学科对于海岸带的概念和特征

在经济学上,世界银行在其制定的《海岸带综合管理指南》中将"海岸带"界定为是陆地和海洋的共同构成的界面,其包括海岸陆地的海警和临接海岸的相关毗邻海域。同时,在海岸带所涵盖的临接海岸的海域中所包括的沙滩、珊瑚礁、湿地等海岸地貌和地理形态都属于海岸带的组成部分。

在管理学上,联合国经社理事会在《海岸带管理与开发》著作中将海岸带界定为陆地与海洋相互作用之区域,并以陆地为产生海岸带基础的这一标准,将海岸带划分为海洋向陆的陆地区域,大陆伸入海洋的大陆架及其底土和大陆架上覆海域部分。我国学者从管理学角度,则将海岸带定义为一个辐射性的概念。海岸带是以海洋与陆地交汇的海岸作为辐射基准,从行政区划管理而言,靠近海岸最近的行政区域是海岸带最基本的单元,以此最基本的单元为起点,可进一步扩衍到相关的区、县、市、省甚至可达相邻沿海国家;而从具体地理管理而言,海岸线的起算标准主要是海港,进而辐射到海岸线外的海岛,海岛之外还可以辐射至一国的领海区域,甚至还可以扩衍到一国的专属经济区。[3]

在地质学上,国际科学联合会在"国际地圈生物计划"中将海岸带界定为从沿海平原、河口、近海大陆架向陆伸展至大陆海岸边缘的区域,大致相当于4世纪晚期,因海平面地质交互运动而形成海水淹没和陆地凸起的水陆交互区域。

在地理学上,《地理学词典》将海岸带定义为海洋和陆地相互作用的地带。海岸带由三个基本单元组成:(1)海岸——平均高潮线以上的沿岸陆地部分;(2)潮间带——介于平均高潮线与平均低潮线之间;(3)水下岸

---

[1] 参见赵锐、赵鹏:《海岸带概念与范围的国际比较及界定研究》,载《海洋经济》2014年第1期。

[2] 赵锐、赵鹏:《海岸带概念与范围的国际比较及界定研究》,载《海洋经济》2014年第1期。

[3] 参见赵怡本:《三都澳海岸带区域经济发展研究》,浙江大学出版社2009年版,第32页。

坡——平均低潮线以下的浅水部分。[1]

在海洋科学上，海岸带通常是指陆地与海洋的交互地带，在实际当中，海岸带主要是指陆地与海洋交界线向海洋和陆地两侧扩展而形成的一定距离的带状区域。[2]

在文学上，《辞海》将海岸带定义为是指陆地与海洋的交接地带。其范围主要包括：海岸，现代海岸线以上狭窄地带，包括上升的古海岸带；潮上带，平均高潮线以上至波浪作用所能达到的最上界限的地带；潮间带，平均低潮线与平均高潮线之间的地带；潮下带，平均低潮线以外的滨海地带，包括下沉的古海岸带。[3]

在工学上，通常将海岸带定义为海洋与陆地的交替过渡区域。海岸带在工学上包括三个方面：一是海岸带中沿着海岸所包含的陆地区域；二是海岸带中海洋向陆地一侧所出没的滩地；三是海岸带中所包括的海岸陆地伸向海洋由海上覆盖的区域。海岸带外在所表现的上界区域和下界区域由不同的标准予以确定。上界区域主要是以海浪作用能够达到的最大区域作为界定标准；下界区域则是以海水深度（H）比对其所在海洋区域所产生经常性作用波浪长度（L）的 1/3 处与 1/2 处的区域值，即 $H=1/3L-1/2L$ 区域值，作为下界区域判定标准。[4]

在资源科学上，海岸带主要是指海洋与陆地交互作用的地带，其以海岸线为标准进而向陆海两侧同时扩衍的一定区域的狭长带状区域。海岸带按照所处区域地理性质的不同，包括潮上带（上升的古海岸带），潮间带，潮下带（下沉的古海岸带）等不同区域。[5]

在海洋科学上，海岸带一般是指海洋与陆地相互作用的区域。海岸带的范围主要是以统计年份中年均高潮位所处的分界线为起算线，起算线向海延伸至最大波浪能够触及的海陆临界深处，这种海陆临界深处通常以激浪的最大波长的一半予以计算。[6]

在地球科学上，海岸带一般是指包括海岸地区和近岸带所及的区域。

---

〔1〕 参见《地理学词典》，上海辞书出版社 1983 年版，第 213 页。

〔2〕 参见房成义：《划分海岸带管理范围的探讨》，载《海洋开发与管理》1996 年第 3 期。

〔3〕 参见《辞海》，上海辞书出版社 1999 年版，第 2642 页。

〔4〕 参见徐质斌、牛增福主编：《海洋经济学教程》，经济科学出版社 2003 年版，第 66 页。

〔5〕 参见孙鸿烈主编：《中国资源科学百科全书》，中国大百科全书出版社、石油大学出版社 2000 年版，第 786 页。

〔6〕 参见《海洋科技名词》（第 2 版），科学出版社 2007 年版，第 58 页。

海岸地区主要是从大陆海岸向陆地所延伸的陆地区域,其起算点主要是以海岸中所包含的陡崖为起点,延伸所及的陆地区域主要是水陆交汇而形成的水陆地物,如海湾、河口、三角洲等。按照地球科学所界定的海岸带的形成标准,我国仅东海临海海域所蕴含的海岸带就长达1.8万余千米。[1]

(三)海岸带的立法概念和特征

"海岸带"立法虽然在我国起步较晚,但是,随着我国海洋强国战略的稳步推进,法治进程的不断深入,生态文明建设的全面实施,我国关于"海岸带"的立法体系已初步建立,形成了以国家立法为基础,地方立法为补充的立法体系。我国现有的国家立法当中,虽然并未对"海岸带"作出一个明确的定义。但是,我国许多国家立法规定的一些基本制定和规则,间接地对海岸带作出了基础性和铺垫性的立法规定。在我国地方立法当中,对"海岸带"作出了更为明确和具体的规定,许多地方立法直接对"海岸带"概念作出了明确的规定。

在地方立法当中,我国相关沿海省份和城市在我国海岸带现有立法所确定的基本规则和制度的基础上,结合地方实际,相继制定了关于海岸带专门性具有地方特色的地方立法,这些地方立法为明确"海岸带"的概念提供了极为有益的立法探索。

《海南经济特区海岸带保护与利用管理规定》将"海岸带"定义为海陆之间相互作用的地带,也就是海洋与陆地交汇地带,包括海岸线向陆地侧延伸的滨海陆地与向海洋侧延伸的近岸海域。[2]

《江苏省海岸带管理条例》(已失效)将海岸带定义为本省海陆相互作用的过渡地带及沿海岛屿和辐射沙洲,海岸带资源是指海岸带内的滩涂(包括荒地、草地)、水体、山岭、矿藏、砂砾、动物、植物、名胜古迹、风景旅游疗养地等资源。[3]

《福建省海岸带保护与利用管理条例》将海岸带定义为海洋与陆地交汇地带,包括海岸线向陆域侧延伸至临海乡镇、街道行政区划范围内的滨海陆地和向海一侧延伸至领海基线的近岸海域。同时,还规定了海岸线和自然岸线的概念。海岸线是指平均大潮高潮时水陆分界的痕迹线。自然岸线

---

[1] 参见《地球科学大辞典》,地质出版社2005年版,第167页。

[2] 参见《海南经济特区海岸带保护与利用管理规定》第3条。

[3] 参见《江苏省海岸带管理条例》第2条。

是指由海陆相互作用形成的海岸线,包括砂质岸线、淤泥质岸线、基岩岸线、生物岸线等原生岸线。〔1〕

青岛市人大常委会制定的《青岛市海岸带规划管理条例(草案)》将海岸带定义为胶州湾海域和本市其他近岸海域以及与前列海域毗连的相关陆域、岛屿。其范围自海岸线量起:海域至城市总体规划确定的规划区海域边界;陆域至临海第一条公路或者城市道路。海岸线,是指平均大潮高潮时海陆分界的痕迹线,海岸线线型以省人民政府公布的规划成果为准。〔2〕

《威海市海岸带保护条例》将海岸带界定为海洋与陆地的交汇地带,包括海岸线向海洋一侧延伸的近岸海域和向陆地一侧延伸的滨海陆地。向海洋一侧延伸的近岸海域的范围为自海岸线向海一侧延伸至一千米等距线。向陆地一侧延伸的滨海陆地的范围根据保护区域的实际情况,按照生态优先、应保尽保、优化结构、强化管控的原则,由市人民政府划定并向社会公开,同时设立保护界标。〔3〕

《惠州市海岸带保护与利用管理规定》将海岸带界定为,经省政府批准公布的平均大潮高潮时水陆分界的痕迹线。〔4〕

《日照市海岸带保护与利用管理条例》将海岸带界定为,海洋与陆地交汇地带,包括海岸线向陆域延伸至临海乡镇、街道行政区域内的滨海陆地和向海延伸至水深10米等深线以内的近岸海域。〔5〕

(四)海岸带概念的应然表达

通过以上不同域外立法、不同学科以及国内不同立法对于“海岸带”资源概念的不同界定不难看出,“海岸带”不论是国外立法上,还是国内立法上,无论是社会科学上,还是自然科学上,都将海岸带定义为陆海交汇地带,其包括两个部分,一部分是海岸带所包括的海洋区域,另一部分是海岸带所包括的陆地区域。

但是,不论是在不同学科之间,抑或在不同国家和地区立法当中,对于

---

〔1〕参见《福建省海岸带保护与利用管理条例》第2条。

〔2〕参见《〈青岛市海岸带规划管理条例(草案)〉及说明》,载青岛人大网2018年11月2日,http://rdcwh.qingdao.gov.cn/n8146584/n8393575/n8395741/181102145954520225.html。

〔3〕参见《威海市海岸带保护条例》第3条。

〔4〕参见《惠州市海岸带保护与利用管理规定》第3条。

〔5〕参见《日照市海岸带保护与利用管理条例》第3条。

海岸带所囊括的陆地区域范围和海洋区域范围之界定,都存在明显的差异,这种差异的产生与“海岸带”自身的地理特性和自然状态密切相关。不同国家、不同地区、不同海域所延伸的海岸带千差万别,有些地区海岸带地貌平坦开阔,毗邻其海岸线的不论是陆地区域十分平坦,与海岸线融合度较高,因此,这些地区将海岸带陆地区域,界定在一个相对宽阔的范围;但有些地区海岸带陆地区域地貌陡峭或地形复杂多变,导致其与海岸带融合度与相合度不是很高,因此,这些地区根据本地实际情况,把本地区的海岸带所涵盖的陆地范围相对予以缩减,这些地区的海岸带宽度相对其他地区就会狭窄一些。此外,有些地区为便于行政管理以及基于当地的一些风俗习惯,也会对本地海岸带进行有针对性的规定。

需要说明的是,海岸带所涵盖的区域,尤其是海洋区域,并非可由各国家和地区任意界定,海岸带所涵盖的海洋区域应受一国领海范围之限制。1982 年通过《联合国海洋法公约》规定了现代国际海洋规则。我国是《联合国海洋法公约》的缔约国,1996 年我国全国人大常委会批准《联合国海洋法公约》之后,《联合国海洋法公约》正式对我国产生拘束力。《联合国海洋法公约》将海洋划分为:内水、领海及毗连区、专属经济区、大陆架及外大陆架、闭海或半闭海、国际海底区域、群岛水域、公海、用于国际航行的海峡等十类海洋区域,而在这十大类海域当中,沿海国以领海基线为起算标准,向海一侧所衍生的海域中,仅有领海才具有主权性质的主权权利,〔1〕而作为海岸带所衍生的海洋区域的法律地位和法律属性须根据其所属的海岸带的法律地位和属性予以判定,海岸带法律地位属于一国之领土,其法律属性具有完全的主权性质,作为海岸带所衍生的海洋区域亦应为具有主权性质的区域,因此,海岸带中所衍生的海洋区域应界定在“领海”范围以内,其他不具有主权性质的海洋区域,如毗连区、专属经济区以及群岛水域等不应将其纳入海岸带所涵盖的海洋区域之中。按照《联合国海洋法公约》第 3 条规定的沿海国可以主张的领海宽度以该国领海基线起算可以最大享有 12

〔1〕《联合国海洋法公约》第 2 条规定:“领海及其上空、海床和底土的法律地位:1. 沿海国的主权及于其陆地领土及其内水以外邻接的一带海域,在群岛国的情形下则及于群岛水域以外邻接的一带海域,称为领海。2. 此项主权及于领海的上空及其海床和底土。3. 对于领海的主权的行使受本公约和其他国际法规则的限制。”

海里的领海。〔1〕 我国《领海及毗连区法》第3条规定我国领海宽度为12海里。〔2〕 按照以上规定,我国海岸带中所衍生的海域区域最大可以主张以领海基线起算向海一侧主张12海里的区域范围。

综上所述,本书认为“海岸带”是指海洋与陆地交汇地带,其资源包括海岸线向陆域延伸的滨海陆地和向海延伸领海以内的近岸海域内各种资源。海岸带的具体范围由各沿海地区根据海岸区域保护治理与开发利用的实际,结合地形地貌具体划定〔3〕,各地区在划定海岸带近岸海域时,还需遵守《联合国海洋法公约》和我国《领海及毗连区法》确立的“领海”制度和规则的相关规定。

二、我国海岸带资源概况及其功能

(一)我国海岸带资源概况

我国大陆海岸线长达约1.8万千米,涵盖渤海、黄海、东海和南海四大海岸线,面积超过五百平方米的沿海岛屿有6536个,我国各类岛屿总面积约为72,850平方千米,岛屿的海岸线达1.4万千米,因此,加上岛屿岸线,我国海岸线的总长度超过3.2万千米,是世界上海岸线最长的国家之一。

我国拥有海岸的省区市主要包括辽宁省、河北省、天津市、山东省、江苏省、上海市、浙江省、福建省、广东省、广西壮族自治区、海南省等11个,以上省区市海岸带面积占全国总面积不到15%,却承载着41%左右的全国总人口。以海南省为例,海南省拥有1823千米的海岸带长度位居全国第4位,其中,近800千米的沙滩海岸,68个大小海湾,海南省19个市县当中,有13个是沿海市县,全省近90%的人口居住在离海岸线50千米的区域内。《2018年中国海洋经济统计公报》显示,2018年全国海洋生产总值83,415亿元,2018年全国涉海就业人员3684万人,海岸带作为海洋经济产业中的核心区域,区位优势和发展优势将会进一步显现。海岸带已经成为海南乃

〔1〕《联合国海洋法公约》第3条规定:“领海的宽度:每一国家有权确定其领海的宽度,直至从按照本公约确定的基线量起不超过十二海里的界限为止。”

〔2〕《领海及毗连区法》第3条规定:“中华人民共和国领海的宽度从领海基线量起为十二海里。中华人民共和国领海基线采用直线基线法划定,由各相邻基点之间的直线连线组成。中华人民共和国领海的外部界限为一条其每一点与领海基线的最近点距离等于十二海里的线。”

〔3〕参见朱坚真、王锋主编:《海岸带经济与管理》,经济科学出版社2013年版,第2页。

至我国重要的人口聚集区、经济引擎区、资源储备区和海运战略区。

正是由于海岸带突出的“陆海兼备”区位优势，海岸带蕴含了极其丰富的自然资源。不仅包括海岸带滩涂资源、动物资源、港口资源、化学资源、旅游资源、矿产资源等海岸带特有资源，还包括土地资源、森林资源、地热资源、风力资源等其他类资源。其中，就目前开发利用而言，海岸带中最为重要的主要包括滩涂资源、油气资源、能源资源、水产资源、港湾资源、化学资源、旅游资源、滨海砂矿资源等。

在滩涂资源方面，我国海岸带滩涂资源约有 2 万平方千米，但开发面积仅有 20%左右，海岸带当中的滩涂资源可用于开发的资源仍有较大开发潜力，此外，我国的黄河、长江、珠江等入海河流每年裹挟多达近 30 亿吨泥沙入海，大量泥沙在海岸带处汇聚堆积形成新的大面积的三角洲、冲积新地，这些海岸带冲积陆域新区为海岸带城市土地扩建提供重要的滩涂土地资源。[1]

在油气资源方面，我国仅近海就蕴含十分丰富的油气资源，据不完全统计，我国海岸带及其附属大陆架上已探明存有仅 20 处大型的沉积盆地，在渤海区域(渤海湾盆地)、黄海区域(黄海盆地)、南海区域(琼东南盆地)均有发现，以上海洋盆地当中根据初步统计其油气资源含量超数百亿吨，其盆地带是环太平洋大油气资源带的主要富集区。

在水产资源方面，海洋水产一直是我国重要的传统产业之一，在我国海岸带附近的专属经济区渔场，发现鱼类多达 1500 余种，其中，具有重要经济价值的鱼类有 70 余种，我国在海岸带每年渔获总量超过 1500 万吨。此外，随着我国近海水产养殖技术的不断进步和成熟，近年来，我国海岸带水产养殖规模持续扩大，海岸带水产养殖已经成为重要的产业资源。

在港湾资源方面，海湾是一个国家的海上咽喉，海岸带中的海湾资源是海岸带资源璀璨的明珠。我国海岸带中共有 105 处海湾，绝大多数海湾，处于温带和亚热带之中，常年不冻，并且大部分港口较少淤积，是十分理想的自然港口，可供中级泊位船舶停靠的港口有 160 余个，可建万吨级以上船舶停靠的港口有 40 余个，这些港口资源是我国海上交通、国际贸易、经济发展的核心资源。

在旅游资源方面，随着海洋开发利用技术的不断发展，海洋旅游成为旅

---

〔1〕 参见黄小林：《中国的海岸带资源》，载《中学地理教学参考》2004 年第 11 期。

游业的新宠，其中，海岸带当中的海滩旅游、日光浴场、海滨垂钓、近海潜水、海岛观光等海洋旅游业已经成为当下重要的旅游资源，我国海岸带沿海旅游资源丰富多样，从北到南横跨温带、亚热带、热带三个维度，海洋旅游资源既有多样的名胜古迹的人文旅游资源，还包括不同维度、不同季节、不同气候滨海旅游的自然景观资源，滨海旅游资源已成为海岸带重要的可持续发展的绿色资源。

（二）海岸带资源功能

由于海岸带是海洋与陆地交汇地带，其既包括海岸线向陆域延伸的滨海陆地，同时，还包括了向海延伸领海以内的近岸海域。因此，海岸带具有陆地和海洋的双重特质。海岸带具有陆海兼备的双重特质决定其不仅具有较大的经济属性，而且还具有重要的特殊生态功能。

1. 经济功能

海岸带土地资源是海岸带资源中的最重要资源。海岸带土地资源蕴含巨大的经济功能。海岸带土地资源的经济功能在海南得天独厚的海岸带资源下发挥得淋漓尽致。以海南省为例，海南省沿海的12个市县在丰富的海岸带土地资源的助推下旅游业、工业、房地产业以及酒店业都取得了蓬勃发展。随着海南旅游业的飞速发展，海岸带作为海南省旅游业最重要的旅游景点之一，碧海蓝天、美丽的沙滩、一片片的红树林等各类海岸带土地资源，吸引来自全国和全世界各地的游客纷至沓来，其中，最为吸引旅客的著名景点，以海南省沿海城市为例，海口的假日海滩、白沙门海滩、万绿园滨海公园、西海岸黄金海岸等，文昌月亮湾海岸带，琼海博鳌玉带滩、万宁石梅湾海岸带，陵水香水湾、清水湾海岸带，三亚亚龙湾海岸带、三亚湾、大东海海岸带等，都已经成为海南各地区旅游业的中流砥柱，海岸带对海南沿海市县旅游业起到重大的推动作用。

海岸带土地资源除对旅游业具有重要的经济功能之外，还对海南的房地产业提供了强大的经济助推功能。在我国沿海省份和地区，海岸带具有优美的环境以及适宜的气候条件，尤其是海岸带附近美丽幽静的环境，成为我国诸多省份和地区发展房地产业的核心地区和高端区域。海景房已经成为沿海地区房地产业发展的核心。随着我国居民生活水平的提高，国内产生大批量的购房需求，尤其是对处于海岸带中“海景房”需求极大，以至带动了我国整个海岸带中房地产行业的迅猛发展。在出让海岸带土地资源的过程中，一方面，大量房地产开发企业如雨后春笋般纷纷设立，为沿海省份和地区提供本地区就业、创税以及吸引房地产衍生行业的经济发展提供强大经济功能;另一方面,我国各沿海省份和地区政府在通过海岸带中土地买卖、开发、转让以及建设等过程中也获得了价值巨大的土地出让金和其他税费,海岸带房地产业的经济功能为我国沿海省份和地区快速发展提供了基础性支撑。

旅游业的蓬勃发展也带动了沿海省份和地区酒店业的发展,从渤海湾到南海,我国滨临海岸带的沿海省份和地区,在其所辖海岸带中几乎都分布着各种各样高档的度假酒店,在海岸带土地上坐落的酒店同样为本地区经济的发展做出了很大的贡献。另外,利用优越的地理条件发展盐业、邮轮游艇业以及石油化工业也取得了较大的社会经济价值。总而言之,海岸带资源随着开发利用程度的加大其经济功能将更为显著。

2. 生态功能

海岸带土地除了具有显著的经济功能之外,其特殊的生态功能也不容忽视。

(1)由于海岸带土地处于海洋与陆地的交互地带,海岸带中的生物种类既有陆地型生物,还有海洋型生物,还包括生活介于陆海之间海岸带独有的两栖物种,因而海岸带孕育生物多样性极其地丰富,其肥沃的土地资源还孕育着各种各样的大量植物物种,为生态平衡创造了条件。海岸带独有的特殊地理环境,为海洋生物以及两栖类生物提供了天然生存场所,对这些生物的繁衍生息起到不可替代的作用。

其中,海岸带土地孕育的漫长沙滩海岸线,为海龟提供了天然的筑巢场所,海岸线已成为决定其生存繁衍的最重要环节;海岸带中近海海域是海藻、珊瑚等生物生存场所,海藻、珊瑚等生物是地球生态系统中极其重要的组成部分,它们首先本身就是全球生物圈中的一环,海藻为其他素食类海洋生物提供了生存养分和食物,珊瑚也是其他许多海洋生物的生存和生长的食物基础,海藻、珊瑚除为其他生物提供养分和食物的同时,它们还对其他海洋生物生存繁衍提供强大的育儿场所功能,许多海洋鱼类为避开天敌和大型掠食动物的掠食,一般都会在盘根错节的海藻森林和错综复杂的珊瑚礁群落里繁育幼仔,海藻森林和珊瑚群落为其海洋生物繁衍提供了强大的天然庇护环境。海岸带对海洋生物的生存发展具有重大的生态意义。

(2)海岸带还具有保护海岸环境和调解全球气候的重要生态功能。海岸带中生长的红树林、马尾松、椰树林等植物,具有强大的抵御台风和防止海浪侵蚀海岸陆地的保护功能。以海南省为例,海南岛四面环海处于热带地区,一到夏秋季节台风肆虐常常对海南的生产生活造成巨大的影响。然而,海岸带土地上生长的成片的红树林以及种植的防护林具有防风消浪、促淤保滩、固岸护堤、净化海水和空气的功能。盘根错节的发达根系能有效地滞留陆地来沙,减少近岸海域的含沙量;茂密高大的枝体能有效抵御风浪袭击。

(3)红树林以凋落物的方式,通过食物链转换,为海洋动物提供良好的生长发育环境,由于红树林区内潮沟发达,吸引海洋深水区的动物来到红树林区内觅食栖息,生殖繁衍,为海洋生物多样性创造了条件。此外,海岸带近岸海域当中所孕育的大面积海藻、海带等海洋植物所形成的大面积"海洋绿色森林"还具有强大的调解全球气候的功能。海岸带中大型海藻还具有吸收二氧化碳和释放氧气的空气净化功能,大规模海藻森林所吸收二氧化碳比之陆地大面积的森林毫不逊色,其已经成为净化全球空气和防止气候变暖的重要调节器。

因此,海岸带土地基于特殊的地理条件和独特的地理位置,使海岸带土地在土地利用、房地产开发、旅游业发展、酒店服务业发展等方面,具有十分重要的经济功能;此外,海岸带土地中孕育了大量陆地型生物、海洋型生物以及介于陆海之间海岸带独有的两栖物种,为生物多样性提供不可或缺的生存环境,同时,海岸带土地所孕育的红树林、防护林、海藻森林等绿色屏障,在防风消浪、促淤保滩、固岸护堤等保护海岸环境和吸收二氧化碳和释放氧气调解全球气候方面发挥巨大的生态功能。

三、我国海岸带资源开发利用保护管理机制审视

随着海岸带开发程度的不断提高,海岸带区位优势的不断释放,海岸带已成为全球最具吸引力的地区之一。据有关统计显示,全世界人口在250万以上的城市有2/3位于潮汐河口附近,在发达的工业化国家,约有50%的人口居住在距海岸线1000米的范围内。21世纪发展中国家约有37亿人口居住在海岸带地区,占其人口的2/3。[1] 但是,随着海岸带人口的急剧增加,随之产生了一系列的问题,海岸带管理制度已成为当今国际社会讨论

[1] 参见郭振仁主编:《海岸带空间规划与综合管理——面向潜在问题的创新方法》,科学出版社2013年版,第1页。

的热点话题之一。正如澳大利亚学者罗伯特·凯所说的那样,从全球范围来看,海岸带受到多重威胁,面临巨大的潜在的社会与经济压力,产生了大量错综复杂的问题,例如,人口增长与城市化,海岸带上的渔业、森林、矿产、天然气和石油的开发,海岸带中的运输、码头、港口等基础性建设,旅游业与休闲产业对海岸带的冲击等问题。[1] 在此大背景下,如何协调海岸带综合承载能力与社会经济发展的关系,加强海岸带综合管理,促使海岸带地区的可持续发展,已经成为当今社会关注的热点话题和重要的研究领域。

20 世纪 60 年代以后,全球先后有近百个国家以各种形式开展了海岸带综合管理的实践和探索。美国是世界上最早提出海岸带综合管理的国家。1972 年,美国国会就通过了《海岸带管理法》,并于 1974 年开始执行第一个海岸带管理规划,从而使海岸带管理作为一种正式的行政活动首次得到实施。随后欧洲发达国家也开始采取措施,对海岸带地区实施综合管理。20 世纪 70 年代,英国颁布了《北海石油与天然气:海岸规划指导方针》,1973 年法国颁布了《法国海岸带整治展望》,明确要求设立海岸带保护机构,制定利用和保护规划来进行管理。1978 年美国加利福尼亚州和佛罗里达州也分别制定了《海岸带管理条例》《海岸带管理规划》。以上时期海岸带管理还主要以资源开发利用和单一管理为主,并没有综合解决海岸带综合性和全局性的实质性问题。

20 世纪 80 年代开始,海岸带综合管理的管理模式逐渐被大多数国家所采纳。1982 年《联合国海洋法公约》意识到需要把海洋环境作为一个整体予以考虑,以生态系统整体分析的方式进行管理。在此期间,联合国经济和社会理事会形成的专题报告《海岸带管理与开发》,斯里兰卡也制定了《海岸带综合管理计划》。世界环境与发展委员会在此期间还专门出具了海洋综合管理的报告。[2] 20 世纪末,全球已经有 90 多个国家先后参与或制定了海岸带综合管理会议和法律。[3] 对海岸带进行综合管理已经逐步为各国所接受。

---

〔1〕 参见[澳]罗伯特·凯、杰奎琳·奥德:《海岸带规划与管理》,高健、张效莉等译,上海财经大学出版社 2010 年版,第 20 页。

〔2〕 See Ducrotoy J. P. & Pullen S. , *Integrated Coastal Zone Management*: *Commitments and Development from an International*, European, and United Kingdom Perspective, Coastal Management, 1999, 42(1): 1.

〔3〕 参见李加林等:《浙江省海岸带土地资源开发与综合管理研究》,浙江大学出版社 2014 年版,第 265 页。

21世纪,美国海洋与大气管理局在全球首次发布由“亨兹中心”(Heinz Cemer)完成的国家海岸带管理效果测度指标体系,并于21世纪初发布《海岸带管理法案:开发一种效果评估指标体系框架》的报告,提出了一种“基于产出模式”的效果评价框架,标志着海岸带管理逐渐走向成熟。从20世纪90年代,海岸带管理注重强调可持续发展,强调综合管理,重视环境修复,强调公众参与,聚焦持续发展原则的贯彻和实施,逐步向21世纪海岸带管理更加强调共同管理,强调开发管理方法,全球化概念的强化和互联网技术的应用发展转变。当今,国际海岸带综合管理积累了许多宝贵经验。美国海岸带管理主要体现为建立完善的法律体系,健全海岸带管理体系,建立正式的海岸带管理评估体系,建立统一的海上执法队伍,鼓励公众的广泛参与;法国海岸带管理经验则主要体现制定综合型海岸带管理法律,建立健全海岸带管理体系,建立海岸公物使用制度,建立多部门的执法队伍以及建立实用的海洋科研体制等管方法和策略。

我国海岸带管理立法起步相对较晚。真正意义上的起步还是在我国十一届三中全会以后,但是也只是制定了一些具有针对性的法律法规如关于海洋环境管理、海上交通安全管理、海洋资源开发管理、海域使用等方面。至今,我国尚未颁布一部专门的“海岸带管理法”来调整海岸带的开发、利用和管理。可以说,从1983年起草至今尽管已数易其稿,但我国的《海岸带管理法》始终未见颁行。就海岸带立法而言,国家层面关于海岸带的专门法律还处于空白状态。

但是,对于海岸带资源的管理,当前并不是无法可依。海岸带资源是包括各种资源在内的综合资源,与这些资源相对应的有众多的管理部门,国家也制定了许多这方面的资源法,如水法、土地法、森林法、矿产资源法、环境保护法、海洋环境保护法、城市建设规划法、渔业法、盐业法、海岸工程保护法等,这些法律目前均适用于海岸带的管理。

第二节　我国海岸带资源开发利用和保护法律制度现状

一、宪法

我国《宪法》第9条规定,矿藏、水流、森林、山岭、草原、荒地、滩涂等自然资源,都属于国家所有,即全民所有;由法律规定属于集体所有的森林和山岭、草原、荒地、滩涂除外。[1] 该条款为我国海岸带土地权属制度奠定宪法性保障。虽然该条款并没有具体、明确规定海岸带土地权属,但从该条款规定以及使用的适用的用语中,不难发现,该条款中"滩涂"其实已涵盖了海岸带中的相关土地。按照《现代汉语词典》释义,"滩涂"即"海滩"。[2] 而海滩主要是指海边的沙滩。[3] 而作为主要以海滩为基准形成的海岸带,《宪法》第9条所规定和提及的滩涂当然就涵盖了海岸带中土地的相关内容。这就意味着,我国海岸带中的土地与矿藏、水流、山岭等自然资源一样,具有同样的法律地位,其在权属性质上一般情况下都是国家所有,即全民所有。

但是,海岸带中的"滩涂"土地也并非在所有的情况下都为国家所有。按照《宪法》第9条"由法律规定属于集体所有的森林和山岭、草原、荒地、滩涂除外"但书的规定,可以看出,海岸带中的"滩涂"土地在特殊情况下,可以与森林和山岭、草原、荒地一样由集体所有,可见,海岸带中的"滩涂"土地除在通常情况下由全民所有之外,还可以集体所有的形式存在。[4] 但海岸带中的"滩涂"土地权属不论如何转变,其仅有两种形态,要么是国家所有即全民所有,要么是集体所有。《宪法》对"滩涂"土地的法律属性定位以及对其所有制的规定,为海岸带中土地权属制度提供根本法上的宪法规定。

二、法律

由于我国立法当中,对于海岸带没有一个统一的定义,进而使得我国相关立法对于海岸带资源的规定也并不十分清晰,仅仅在我国《宪法》《民法典》《海域使用管理法》《土地管理法》等有限的几部法律中对海岸带资源相

---

〔1〕《宪法》第9条规定:"矿藏、水流、森林、山岭、草原、荒地、滩涂等自然资源,都属于国家所有,即全民所有;由法律规定属于集体所有的森林和山岭、草原、荒地、滩涂除外。国家保障自然资源的合理利用,保护珍贵的动物和植物。禁止任何组织或者个人用任何手段侵占或者破坏自然资源。"

〔2〕参见中国社会科学院语言研究所词典编辑室:《现代汉语词典》,商务印书馆2002年版,第1222页。

〔3〕参见中国社会科学院语言研究所词典编辑室:《现代汉语词典》,商务印书馆2002年版,第491页。

〔4〕按照我国《宪法》第9条规定,我国自然资源中"矿藏"和"水流"只能为国家所有。

关的所有权或使用权进行了规定。

我国《民法典》第247条规定:“矿藏、水流、海域属于国家所有。”第250条规定:“森林、山岭、草原、荒地、滩涂等自然资源,属于国家所有,但法律规定属于集体所有的除外。”在《宪法》对于海岸带土地作出基础性规定之外,《民法典》以上相关规定,为海岸带土地权属制度作出了进一步的规定。《民法典》第247条规定了海域权属的相关规则,第250条则规定了海岸带中土地权属的相关规则。以上两个条款共同规定了海岸带土地有关的权属属性。一方面,《民法典》第247条规定了海岸带中所包括海洋区域的土地权属制度,该条规定“海域属于国家所有”。“海域”按照《联合国海洋法公约》以及我国法律的有关规定,其通常可以包括领海、毗连区、专属经济区、大陆架以及外大陆架等国家管辖海域,但是,在以上各类国家管辖海域当中,仅有“领海”这一国家管辖海域,是沿海国可以享有行使主权的完全排他性的海域。“领海”这一海域可以包括海平面之上的空间、海域水体、海床以及底土四个部分。按照《民法典》第247条的规定,“领海”海域中海床以及底土构成的“土地”权属性质完全属于国家所有。另一方面,《民法典》第250条规定了海岸带中滩涂的权利属性,即完全按照《宪法》第9条的规定,明确滩涂权属性质属于国家所有。

我国《海域使用管理法》第3条规定海域属于国家所有,同时,还专门规定国务院代表国家行使海域所有权。该法在《宪法》《民法典》的基础上第一次明确了行使海域权属管理职权的主体,为有效管理海域土地做出了基础性规定。此外,为进一步明确海域的范围和内涵,该法第2条还专门规定了海域的具体范围,明确规定其包括我国内水、领海水面以上空间区域以及水体和下覆土地。

以上《海域使用管理法》的相关规定,首先,明确了海域的范围,即包括内水和领海。其次,明确了内水和领海的空间构成,即包括水面之上的空间,水体以及海床和底土四个空间构成要素。最后,首次明确了国务院是行使海域管理的法律主体。从以上规定不难发现,其对海岸带中土地,尤其是海岸带包括的海洋区域中的土地的权属制度,作出了基础性规定,为海岸带包括的海洋区域中的土地开发和利用奠定了国家立法的法源基础。

我国《土地管理法》第2条规定,我国实行土地全民所有制和集体所有制相结合的基本土地权属制度。其中,土地权属以全面所有制为主,以集体所有制作为补充。土地权属的全民所有是指“国家所有土地的所有权由国务院代表国家行使"[1]。该法第4条规定了我国土地用途管理制度,并将我国现有的各类土地划分为"农用地、建设用地和未利用地"。并将"农用地"界定为直接用于农业生产的土地,包括耕地、林地、草地、农田水利用地、养殖水面等;"建设用地"界定为建造建筑物、构筑物的土地,包括城乡住宅和公共设施用地、工矿用地、交通水利设施用地、旅游用地、军事设施用地等;"未利用地"则是农用地和建设用地以外的土地。[2] 第11条还规定了涉及滩涂的养殖使用权,依照《中华人民共和国渔业法》的有关规定办理的规定。

以上《土地管理法》的相关规定为海岸带中陆地区域的土地权属制度提供了基础性保障。海岸带中陆地区域无论土地类型如何特殊,但土地法律属性仅能包括三类,即农用地、建设用地以及未利用地。现实中,海岸带中陆地区域的土地有时可能仅包括一类,但更多的时候可能包括以上三类。例如,海岸带中陆地区域存在着房地产开发、旅游业等建设用地,还包括海产养殖等农业用地[3],以及未开发或作为土地资源储备的"未利用地",但是,不论海岸带陆地区域中的区域包括几个类别,其土地权利属性都须按照《土地管理法》以上规定予以确定和使用。

另外,我国《领海及毗连区法》第1条规定了我国在"领海"范围内享有的"主权"权利,以及在我国毗连区范围内享有的非领土主权性质的"管制权"。[4] 该法第2条还从国家主权层面,对我国陆地领土的具体内容和海岸带中可以涵盖的领海和内水海域的具体范围,作出了有关规定。[5]《领海及毗连区法》以上规定,一方面,为海岸带中的领海海洋区域享有领土主权上的法律地位,提供了国内法上的保障。海岸带中的领海海洋区域的领

---

[1] 参见《土地管理法》第2条第2款。

[2] 参见《土地管理法》第4条第3款。

[3] 《渔业法》第2条规定:"在中华人民共和国的内水、滩涂、领海、专属经济区以及中华人民共和国管辖的一切其他海域从事养殖和捕捞水生动物、水生植物等渔业生产活动,都必须遵守本法。"

[4] 《领海及毗连区法》第1条规定:"为行使中华人民共和国对领海的主权和对毗连区的管制权,维护国家安全和海洋权益,制定本法。"

[5] 《领海及毗连区法》第2条规定:"中华人民共和国领海为邻接中华人民共和国陆地领土和内水的一带海域。中华人民共和国的陆地领土包括中华人民共和国大陆及其沿海岛屿、台湾及其包括钓鱼岛在内的附属各岛、澎湖列岛、东沙群岛、西沙群岛、中沙群岛、南沙群岛以及其他一切属于中华人民共和国的岛屿。中华人民共和国领海基线向陆地一侧的水域为中华人民共和国的内水。"

土属性,决定了我国对其享有完全的国家主权。海岸带中的领海海洋区域所涵盖的土地权属性质,与我国大陆陆地土地性质一样,是我国的领土范围,我国享有绝对的排他性主权权利。另一方面,海岸带中的领海海洋区域内所涵盖的岛屿、各类群岛等海洋高潮高地,也属于领土的一部分,其权属性质同一般领土一样,可以分为农用地、建设用地以及未利用地,不同类别的岛屿土地分别按照不同的权属性质予以调整。

通过以上我国《宪法》《民法典》《海域使用管理法》《土地管理法》等法律的规定不难发现,现有我国土地权属规定相关的法律虽然十分有限,但是,在以我国《宪法》为核心的基础上,以《民法典》、《土地管理法》以及《海域使用管理法》等法律为基础,已初步确立了我国土地的权属法律体系。在这一体系当中,海岸带中的土地性质与一般土地性质一样,可以分为农用地、建设用地以及未利用地三大类,其权属性质主要以国家所有即全民所有,但是,在特殊情况下,还可以集体所有制的形式存在,以上法律确立的土地权属制度,为我国海岸带中的土地权属判定提供基础性立法保障。

三、地方立法

(一)福建省立法

福建位于我国的东南沿海地区,海岸线长度位居我国第二位,陆地海岸线长达 3752 千米,拥有着众多优良的海洋渔场与深水港湾,海岸带资源丰富。为有效管控海岸带资源,2017 年,福建省又制定并通过了《福建省海岸带保护与利用管理条例》,对海岸带综合管理作出了较为具体的规定。该条例共分七章,分别为第一章总则、第二章规划、第三章保护、第四章利用、第五章监督管理、第六章法律责任以及第七章附则,全文共有 50 个条款。

其中,该条例第 2 条第 2 款对于海岸带概念作出了明确规定。在海岸带保护执法部门的职权分配方面,该条例第 5 条第 2 款、第 3 款规定,省人民政府及沿海设区的市、县(市、区)人民政府有关部门按照下列规定履行有关海岸带保护与利用管理职责:发展和改革行政主管部门负责海岸带范围内基本建设项目的审查及立项工作;海洋与渔业行政主管部门负责海岸带保护与利用的综合协调工作以及海岸线向海一侧的海岸带保护与利用的监督管理,并会同军事部门协调做好军事设施利用海岸线的保护工作;住房和城乡建设(规划)行政主管部门负责城乡规划建设用地范围内海岸带的建设规划和监督管理;国土资源行政主管部门负责海岸线向陆一侧海岸带涉及国土资源保护与利用的监督管理;环境保护行政主管部门负责海岸工程建设项目的环境保护工作,规范入海排污口设置,防治陆源污染物对海洋污染的损害;林业行政主管部门负责沿海防护林体系的建设、保护和管理,对海岸带范围内湿地保护进行组织、指导和监督,对涉及林地保护利用规划和使用林地的项目进行审查;财政、科技、交通运输、水利、旅游、海事、文物管理以及其他有关部门应当按照各自职责,密切配合,做好海岸带保护与利用的管理工作。[1]

在海岸带资源保护执法部门的协调机制方面,该条例第 4 条、第 37 条规定,省人民政府及沿海设区的市、县(市、区)人民政府应当加强对海岸带保护与利用管理工作的统一领导,将海岸带保护与利用纳入本行政区域国民经济和社会发展规划,建立海岸带综合管理联席会议制度,协调和解决海岸带保护与利用工作中的重大问题,联席会议的日常工作由同级人民政府海洋与渔业行政主管部门承担;省人民政府及沿海设区的市、县(市、区)人民政府应当组织有关部门制定本辖区海岸带监督管理年度计划,并按照计划组织开展工作,建立执法联合联动机制。[2]

在海岸带资源保护的评估与监测制度方面,建立了海岸带环境监测和生态评估制度。对于海岸带环境监测制度,该条例第 40 条规定,省人民政府海洋与渔业行政主管部门应当会同环境保护行政主管部门以及其他相关部门建立全省统一的海岸带环境及海洋灾害监测监视系统,加强海岸带环境、海水上溯、土壤盐渍化及海洋灾害监测预报;省人民政府及沿海设区的市、县(市、区)人民政府海洋与渔业行政主管部门应当依据国家有关标准和规范,定期组织对海岸带范围内的海洋环境、海洋生态进行监测、调查与评价,并按照规定发布相关公报或者专项通报;省人民政府及沿海设区的市、县(市、区)人民政府国土资源、环境保护、住房和城乡建设(规划)、交通运输、林业、水利、海事等行政主管部门应当加强监视监测网络建设,提高在线自动监测能力,对海岸带范围内的规划建设、污染物排放、沙滩使用、土地利用、湿地、船舶等进行动态监视监测。[3] 对于海岸带生态评估制度,该条例第 35 条规定,海岸工程建设项目实行环境影响评价制度,海洋工程建设项目实行海洋环境影响评价制度,严格控制建设项目占用海岸线长度;开

---

〔1〕 参见《福建省海岸带保护与利用管理条例》第 2 条、第 5 条。

〔2〕 参见《福建省海岸带保护与利用管理条例》第 4 条、第 37 条。

〔3〕 参见《福建省海岸带保护与利用管理条例》第 40 条。

发利用海岸带资源可能对海岸带生态环境产生影响的项目，应当将海岸带生态修复方案纳入项目环境影响报告书或者海洋环境影响报告书内容，并落实预算，按期完成生态修复工程。〔1〕

在海岸带资源保护的公众参与方面，确定了海岸带保护的宣传教育制度、举报制度与听证制度。对于海岸带保护的宣传教育制度，该条例第7条第1款、第3款规定，广播、电视、报刊、网络等媒体应当开展海岸带保护宣传教育，提高全社会海岸带保护意识；鼓励公民、法人和其他组织以志愿服务、捐赠、投资等形式参与海岸带保护。对在保护与利用海岸带工作中作出突出贡献的单位和个人，省人民政府及沿海设区的市、县（市、区）人民政府按规定予以表彰和奖励。〔2〕

对于海岸带资源保护的举报制度，该条例第7条第2款、第41条规定，任何单位和个人都有保护海岸带资源的义务，有权对海岸带保护与利用管理活动中的违法行为进行举报；省人民政府及沿海设区的市、县（市、区）人民政府有关部门接到咨询、投诉、举报时，对属于本部门职责的，应当受理，并及时进行答复、核实、处理；对不属于本部门职责的，应当及时通知并移交有关部门处理。有关部门应当及时处理，不得推诿。〔3〕对于海岸带保护的听证制度，该条例第42条规定，省人民政府及沿海设区的市、县（市、区）人民政府应当建立公民、社会团体及新闻媒体共同参与的海岸带管理公众监督机制。涉及民生及生态敏感区的重大项目，应当实行听证制度。〔4〕

在海岸带法律责任体系的建设方面，既确定了各种违反该条例行为的法律责任，也规定了相关执法人员的法律责任。对于相关执法人员的法律责任，该条例第44条规定，违反本条例规定，省人民政府有关部门和沿海设区的市、县（市、区）人民政府及其有关部门有下列行为之一的，由上级主管机关或者监察机关责令改正，并对直接负责的主管人员和其他直接责任人员依法给予处分；构成犯罪的，依法追究刑事责任：擅自修改海岸带保护与利用规划；在严格保护区域内，擅自批准有关禁止从事的活动，或者在限制开发区域内设立开发区、工业园区；在限制开发区域与优化利用区域建筑后退线范围内，擅自批准新建、改建、扩建其他建筑物、构筑物；未落实自然岸

〔1〕参见《福建省海岸带保护与利用管理条例》第35条。
〔2〕参见《福建省海岸带保护与利用管理条例》第7条。
〔3〕参见《福建省海岸带保护与利用管理条例》第7条、第41条。
〔4〕参见《福建省海岸带保护与利用管理条例》第42条。

线保有率目标责任;未按照法定程序和权限审批项目用海;接到咨询、投诉、举报,不及时答复、核实、处理;其他滥用职权、玩忽职守、徇私舞弊的行为。[1]

对于各种违反该条例行为的法律责任,多采取了责令停止、责令恢复等行政命令行为,并未对行政处罚的具体数额与方式作出规定。如该条例第45条规定,违反本条例第15条、第17条第2项至第4项、第19条、第32条第2款规定,由省人民政府及沿海设区的市、县(市、区)人民政府海洋与渔业行政主管部门或者其他有关部门按照各自职责责令停止违法行为,并依照有关法律、法规予以处罚;对海岸带生态造成破坏的,应当责令开展生态修复。[2]

(二)江苏省立法

江苏是我国的沿海大省之一,拥有着约为3.5万平方米的海岸带面积与957千米的海岸带长度,海岸带资源丰富。第一,江苏省海岸带滩涂资源丰富。江苏省拥有着超过5000千米滩涂资源,约占全国总面积的1/4。自1949年起,江苏省对沿海滩涂进行了多次开发与围垦,为江苏省农业经济的发展带来了巨大的贡献。第二,江苏省海岸带动植物资源丰富。江苏省拥有浩繁的动植物资源种类,拥有诸如药用、纤维以及香料植物等多种具有经济价值的植物种类;拥有多达130种的浮游植物与多达83种的浮游动物;拥有种类众多且资源密度较大的鱼类。这些浩繁丰富的动植物资源,无论从生态角度还是从经济角度而言,都具有极大的价值。第三,江苏省海岸带旅游资源丰富。其沿岸具有众多独具特色的旅游景观,如江苏省南通市的小洋口国家级海洋公园、通州湾海洋旅游度假区,连云港市的连岛海滨旅游度假区、海州湾国家级海洋公园以及盐城市的盐城湿地珍禽国家级自然保护区等旅游景观。第四,江苏省港口经济的发展潜力巨大。江苏省拥有约为100千米的深水岸线,目前,苏州港、南京港、镇江港、连云港港等众多港口已初具规模,2018年苏州港货物吞吐量位居中国港口货物吞吐量第6名。

然而,丰富的海岸带资源虽然对江苏省经济的发展起到了巨大的推动作用,但由于对海岸带资源的过度开发利用、对海岸带环境污染不够重视等

---

[1] 参见《福建省海岸带保护与利用管理条例》第44条。

[2] 参见《福建省海岸带保护与利用管理条例》第45条。

问题，使江苏省海岸带资源环境问题日益严峻。为有效管控海岸带资源面临的突出问题，早在20世纪90年代，江苏省就制定并实施了《江苏省滩涂开发利用管理办法》（已失效）、《江苏省海岸带管理条例》（已失效）[1]，对海岸带的开发利用、管理规划与治理保护等方面都作出了较为具体的规定。

《江苏省海岸带管理条例》是1991年3月3日经江苏省第七届人民代表大会常务委员会通过，并于1997年7月31日经江苏省第八届人民代表大会常务委员会修正，于2010年9月29日被江苏省第十一届人民代表大会常务委员会废止的关于江苏省海岸带管理的地方性法规。该法共分八章分别为第一章总则、第二章行政管理、第三章规划和科研、第四章开发利用、第五章治理保护、第六章开发基金和鼓励措施、第七章惩罚与奖励以及第八章附则，全文共有46个条款。

其中，该条例第2条第1款对于海岸带的界定为海陆相互作用的过渡地带及沿海岛屿和辐射沙洲。对海岸带资源的界定为海岸带内的滩涂（包括荒地、草地）、水体、山岭、矿藏、砂砾、动物、植物、名胜古迹、风景旅游疗养地等资源。[2] 该条例认为，江苏省海岸带资源的开发应实行统一规划、综合利用、配套建设、分步实施的方针，坚持开发利用与治理保护相结合的原则。[3] 关于海岸带保护的财政制度方面，该条例规定对于海岸带的开发保护应从多种渠道筹集海岸带的开发基金，并由海岸带行政主管部门编

[1] 《江苏省滩涂开发利用管理办法》于1998年11月11日被江苏省人民政府第16次常务会议讨论通过并发布施行，于2011年1月7日被《江苏省人民政府关于废止〈江苏省要害保卫工作规定〉等14件政府规章的决定》废止。《江苏省海岸带管理条例》于1991年3月3日被江苏省第七届人民代表大会常务委员会第十九次会议通过并发布施行，于1997年7月31日被《关于修改〈江苏省海岸带管理条例〉的决定》修正，于2010年9月29日被《江苏省人民代表大会常务委员会关于废止〈江苏省海岸带管理条例〉的决定》废止。

《江苏省海岸带管理条例》虽然已经于2010年被废止，但由于该条例在有效期内关于规定海岸带的定义具有一定借鉴意义。因此，该条例的废止不影响其原有规定的学术研究。本层级对该条例已失效不再做特殊说明。——编者注

[2] 参见《江苏省海岸带管理条例》第2条。

[3] 参见《江苏省海岸带管理条例》第6条。

制使用计划经同级人民政府批准后加以使用。〔1〕

该条例未对海岸带的保护执法部门做出具体的职权分配，仅在条例第8条、第9条规定各级人民政府的海岸带管理部门是管理海岸带的行政主管部门，下级主管部门应接受上级主管部门的指导与监检查督；海岸带行政主管部门对本行政区域内的海岸带实行综合管理和协调监督并履行相应的法定职责。同时，实行统一管理与分级管理和综合管理与专业管理相结合的管理体制。〔2〕

在海岸带保护的评估与监测制度方面，建立了海岸带环境监测和规划评估制度。对于海岸带环境监测制度，该条例第36条第1款规定，海岸带行政主管部门应当协同环境保护行政主管部门定期对内陆水入海口水质、海水水质、底质、大气、土壤、生物资源进行监测，对污染源进行调查、统计、分析，及时提出治理措施并责成污染单位限期治理。对于海岸带生态评估制度，该条例第20条、第21条规定，海岸带基本建设项目，在报计划部门或者其他主管部门审批前，必须经海岸带行政主管部门审查并签署意见。海岸带行政主管部门与计划部门或者其他主管部门意见不一致时，由海岸带

---

〔1〕《江苏省海岸带管理条例》第9条规定："海岸带行政主管部门对本行政区域内的海岸带实行综合管理和协调监督，其主要职责：……（三）编制海岸带开发基金使用计划……"第37条规定："为有计划地持续地进行海岸带开发利用和治理保护基础设施建设，省及沿海市、县人民政府应当多渠道筹集海岸带开发基金，其主要来源：（一）国家安排的专项资金；（二）省及沿海市、县各级财政安排的资金；（三）耕地占用税留成中提取一定比例的资金；（四）城镇土地使用税留成中提取一定比例的资金；（五）国家、集体非农业建设新占用土地每亩加收一定数额的开发基金；（六）海岸带内国有土地有偿使用费中提取的资金；（七）其他渠道筹集的资金。因治理保护和重要基础设施建设而受益的单位和个人应当承担相应的资金和劳务。海岸带开发基金的提取和加收的具体比例或者数额，由省人民政府确定。开发基金由财政专户储存，专款专用。其使用计划须报经本级人民政府批准。"

〔2〕《江苏省海岸带管理条例》第8条规定："省及沿海市、县人民政府的海岸带管理部门，是同级人民政府管理海岸带的行政主管部门。下级海岸带行政主管部门接受上级海岸带行政主管部门的业务指导和检查监督。"第9条规定："海岸带行政主管部门对本行政区域内的海岸带实行综合管理和协调监督，其主要职责：（一）监督有关海岸带法律、法规、规章的实施；（二）组织拟定海岸带总体规划，参与制定有关海岸带的专业规划，负责专业规划与总体规划之间的协调工作；（三）编制海岸带开发基金使用计划；（四）依据海岸带总体规划，审查海岸带内开发利用和治理保护项目，并监督实施；（五）组织拟定海岸带科学研究规划，监测海岸带的自然变化，搜集、传递、交流有关海岸带的信息；（六）依法检查监督开发活动，查处违法行为，协同有关地区、部门解决边界和资源等各种纠纷；（七）承担本级人民政府和上级海岸带行政主管部门委托的其他管理事项。"

行政主管部门报请本级人民政府审定；海岸带基本建设项目之外的开发利用项目，项目单位应当提交项目建议书、项目用地计划申报书、环境影响报告书、与海岸带总体规划的协调和治理保护措施等文件。[1]

在海岸带保护的公众参与方面，鼓励公民参与到江苏省的开发、利用与保护中来。一方面，该条例规定了公民对于海岸带的权利与义务；[2]另一方面，鼓励公民参与海岸带的开发建设，并对专业人员予以优待。[3]

在海岸带法律责任体系的建设方面，该条例的规定较为片面和模糊。对于违反条例规定破坏海岸带资源环境、违规进行开发利用的行为，仅在第40条、第41条作出了模糊的规定，并且对处罚的具体数额等法律责任未作出规定。[4]

（三）山东省立法

山东省是我国的海洋资源大省，山东濒临渤海和黄海，拥有漫长的海岸线占我国海岸线总长的1/6，也因此山东拥有着丰富的海岸带资源，成为其

---

[1] 参见《江苏省海岸带管理条例》第20条、第21条。

[2] 《江苏省海岸带管理条例》第7条规定："任何组织和个人都有保护海岸带的义务和责任，有监督和检举违反本条例行为的权利。"

[3] 《江苏省海岸带管理条例》第38条规定："鼓励在海岸带内进行开发利用和治理保护方面的建设，其主要办法：（一）支持海岸带以外地区和部门与沿海市、县合作，开发建设粮食、棉花、副食品、造纸原料等基地。对投资单位实行谁投资、谁得益的原则。（二）在海岸带内开垦土地发展粮食、棉花、油料等种植业生产，从受益年起五年内免缴或者减缴农业税，农林特产税，免缴国家粮棉油定购任务；从事能源、交通、电信、海堤、水利等基础设施建设的，免缴固定资产投资方向调节税。（三）在海岸带内进行开发利用所需的能源、原材料和生产资料，应当专项安排，优先供应。（四）海岸带内重要的治理保护和基础设施项目以及重大的开发利用项目，银行应当优先贷款，贷款利率按法定最低限执行。（五）外国以及香港、澳门、台湾的公司、企业和其他经济组织或者个人在海岸带内从事开发建设，享受国家有关法律、法规和本条例规定的优惠待遇。（六）鼓励农民移居开发，对移居到海岸带内开发的农民在生产和生活上给予必要的物质支持和经济补助。（七）对在海岸带内从事开发利用治理保护工作的国家干部、技术人员和其他专业人员，在工资待遇、工作安排、生活设施等方面给予必要的照顾。"

[4] 《江苏省海岸带管理条例》第40条规定："对破坏海岸带资源、环境、海岸防护和其他各项设施的违法行为，按国家有关法律、法规的规定予以处罚；构成犯罪的，由司法机关依法追究刑事责任。"第41条规定："对违反海岸带总体规划或者未经审批擅自进行开发利用以及违反本条例第二十四条第一款、第三十二条之规定进行开发利用的单位和个人，由海岸带行政主管部门会同有关部门给予罚款、责令限期调整或者报经本级人民政府批准勒令关闭。法律、法规另有规定的，从其规定。前款所列违反本条例的行为，由法人或其他组织作出的，对法定代表人或组织负责人给予罚款或行政处分。"

发展海洋经济、产业升级的物质基础。第一,山东渔业资源丰富。由于多条河流的入海口在山东半岛上,其携带的大量养分使海上浮游生物大量繁殖,为海洋生物提供了丰富的食物。与此同时,山东半岛近海海水水温适宜,为海洋鱼类提供了良好的生存环境,从而山东半岛成为全国重要的渔场。第二,海洋盐业资源丰富。海岸带的重要组成部分之一便是滩涂,而滩涂是盐业生产的主要产所。山东半岛适宜的大陆性气候以及丰富的海水资源和地下卤水为盐业的生产创造了极好的条件,因此成为全国最大的盐业生产基地。第三,滨海旅游资源丰富。山东半岛的海岸带上遍布着大大小小的著名岛屿共计301处,且漫长的海岸带上分布着美丽的海湾,各种自然保护区也维持着海岸带上良好的生态环境。依托得天独厚的地理优势山东半岛还拥有着港口资源和近海砂矿资源。

固然山东半岛海岸带资源丰富,为山东经济的飞速发展奠定了坚实的物质基础,但是由于早期对海岸带资源的开发无序、过度,经济利益至上等一系列错误政策的指导,使得山东半岛海岸带的生态环境在一定程度上遭受破坏,其可持续发展受到威胁。

面对海岸带开发、利用管理过程中存在的种种问题,山东省在20世纪80年代就曾经提出了海岸带综合管理方案。随着绿色发展、可持续发展理念深入人心,对海岸带的开发、利用和管理成为山东省沿海城市的重点工作。沿海各市县根据本地海岸带的区域特征,制定了个性化的海岸带开发规划,进行海岸带的综合管理取得了突出的成效。2018年5月,山东省人大常委会批准通过了《威海市海岸带保护条例》;2019年9月,批准通过了《日照市海岸带保护与利用管理条例》;2019年11月,批准通过了《青岛市海岸带保护与利用管理条例》《东营市海岸带保护条例》《烟台市海岸带保护条例》《潍坊市海岸带保护条例》《滨州市海岸带生态保护与利用条例》,实现了海岸带保护立法全覆盖。

《威海市海岸带保护条例》是2018年4月24日经威海市第十七届人民代表大会常务委员会通过,并于2018年6月1日经山东省第十三届人民代表大会常务委员会批准,自2018年7月起实施的关于威海市海岸带保护的地方性法规,该条例并于2020年1月15日进行了修正。该条例共分五章,分别为第一章总则、第二章保护规划、第三章保护措施、第四章法律责任以及第五章附则,全文共有48个条款。

《日照市海岸带保护与利用管理条例》是2019年4月29日经日照市第

十八届人民代表大会常务委员会通过,并于 2019 年 9 月 27 日经山东省第十三届人民代表大会常务委员会批准,自 2020 年 1 月起实施的关于日照市海岸带保护与利用管理的地方性法规。该条例共分七章,分别为第一章总则、第二章规划、第三章保护、第四章利用、第五章监督管理、第六章法律责任、第七章附则,全文共有 60 个条款。

《青岛市海岸带保护与利用管理条例》是 2019 年 5 月 23 日经青岛市第十六届人民代表大会常务委员会通过,并于 2019 年 11 月 29 日经山东省第十三届人民代表大会常务委员会批准,自 2020 年 1 月起实施的关于青岛市海岸带保护与利用管理的地方性法规。该条例共分八章,分别为第一章总则、第二章规划、第三章保护、第四章整治修复、第五章利用、第六章监督管理、第七章法律责任、第八章附则,全文共有 60 个条款。

《东营市海岸带保护条例》是 2019 年 10 月 24 日经东营市第八届人民代表大会常务委员会通过,并于 2019 年 11 月 29 日经山东省第十三届人民代表大会常务委员会批准,自 2020 年 3 月起实施的关于东营市海岸带保护与利用管理的地方性法规。该条例共分五章,分别为第一章总则、第二章规划、第三章保护、第四章法律责任、第五章附则,全文共有 43 个条款。

《烟台市海岸带保护条例》是 2019 年 10 月 29 日经烟台市第十七届人民代表大会常务委员会通过,并于 2019 年 11 月 29 日经山东省第十三届人民代表大会常务委员会批准,自 2020 年 3 月起实施的关于烟台市海岸带保护与利用管理的地方性法规。该条例共分四章,分别为第一章总则、第二章规划、第三章保护、第四章附则,全文共有 34 个条款。

《潍坊市海岸带保护条例》是 2019 年 10 月 25 日经潍坊市第十七届人民代表大会常务委员会通过,并于 2019 年 11 月 29 日经山东省第十三届人民代表大会常务委员会批准,自 2020 年 5 月起实施的关于潍坊市海岸带保护与利用管理的地方性法规。该条例共分六章,分别为第一章总则、第二章保护规划、第三章资源保护与利用、第四章污染防治、第五章法律责任、第六章附则,全文共有 55 个条款。

《滨州市海岸带生态保护与利用条例》是 2019 年 11 月 1 日经滨州市第十一届人民代表大会常务委员会通过,并于 2019 年 11 月 29 日经山东省第十三届人民代表大会常务委员会批准,自 2020 年 3 月起实施的关于滨州市海岸带保护与利用管理的地方性法规。该条例共分七章,分别为第一章总则、第二章规划、第三章保护、第四章利用、第五章监督管理、第六章法律责任、第七章附则,全文共有 42 个条款。

四、我国台湾地区有关规定

我国台湾地区四面环海具有丰富的海岸带资源,其环岛海岸线长约 1139 千米,含澎湖列岛总长约 1520 千米。其海岸西侧为大陆架地貌,平均深度达 60 米,沿岸多为海滩、沙丘、泄湖、河口湾、湿地和大片潮间带。东部海岸面临太平洋,其中的海床和海沟深不可测,离海岸 6 海里远处,深度可达 3000 米,沿岸则布满砾滩、岩石、海湾与峭壁。一方面,独特的地理位置与气候因素使其成为鱼类与海洋生物生存的绝佳场所,拥有着超过 2000 种的鱼种与丰富的海产,为海岸带资源的开发带来了良好的先决条件。另一方面,曲折蜿蜒的山脉占据了台湾岛 2/3 的面积,可以利用和开发的土地资源极为有限,因而海岸地区成为台湾地区发展与生存的宝贵场所。

丰富的海岸带资源为台湾地区经济的发展作出了巨大的贡献,但由于管理的无序与制度的不足等使其海岸带环境问题与资源问题凸显。一方面,海岸带污染问题日益严重,工业废弃物的排放、停靠海湾船只带来的污染以及海岸工程与漏油事件给海岸带带来了严重的环境污染。另一方面,海岸带资源受损严重,对海岸带的过度开发导致台湾地区西部天然海岸线与湿地大幅度削减,生物多样性也日益减少。为了解决海岸带日益严重的环境问题,台湾地区采取了多种对策与手段。2015 年和 2016 年还陆续出台了“海岸管理法”与“海岸管理法施行细则”。

台湾地区“海岸管理法”于 2015 年 2 月 4 日公布,自 2015 年 2 月 4 日起实施,共分五章,分别为第一章总则、第二章海岸地区之规划、第三章海岸地区之利用管理、第四章罚则以及第五章附则,全文共有 46 个条款。

其中,“海岸管理法”第 2 条将海岸地区的范围划分为三部分,即滨海陆地、近岸海域与离岛滨海陆地及近岸海域;在第 7 条中对海岸地区规划管理的自然保护、土地使用、公共利益保护以及人文资产保护与民众参与等原则进行了详细规定;第 29 条规定了海岸带管理的财政制度,即通过政府的拨款、基金的孳息收入、受赠收入与其他收入来源设立海岸管理基金;第 30 条规定了基金的详细用途。

在海岸带资源管理的管理机关与协调机制方面,“海岸管理法”规定海岸管理的主管机关为各级政府,[1]对于近岸海域违法行为的处理由海岸巡防机关执行,主管机关与海岸巡防机关对于规定的事项进行管理时,可以要求海关、港务、水利、环境保护、生态保育、渔业养护或其他目的事业主管机关协助办理。[2]

在海岸带资源许可评估制度方面,"海岸管理法"第25条规定在一定海岸带区域内进行建设项目的申请人应提交海岸利用管理说明书,经主管机关评估许可后得以开发。对于海岸带监测制度方面,"海岸管理法"第6条规定由相关机关设立测站与其必要的设施,并以此建设和完善海岸状况的基本资料库。

在海岸带资源管理的公众参与方面,我国台湾地区强调制度的公开化并重视公众的参与。一方面,在"海岸管理法"实施、变更或废止时,以多种方式对其进行广泛的公告和展览并规定其展览应达到的期间,[3]使利益相关者对该规定的实施与废改享有知情的权利。另一方面,在拟定整体海岸管理计划时,广泛邀请学者、专家、相关部门、民间团体等以座谈会等形式咨询其意见,并以其聘任的人数不少于1/2的学者、专家及民间团体代表进行合议。整体海岸管理计划拟定后,还采取公听会等方式广泛告知民众并听取利益相关者的意见。[4]

在海岸带资源责任体系的建设方面,视违反规定程度的不同以相应的罚则处罚违法行为人。第一,以有期徒刑和罚金并处的方式处罚对海岸带负面影响较大的行为人。如"海岸管理法"第32条规定,在一级海岸保护区内,违反第12条第2项改变其资源条件使用或违反第13条第1项第3款海岸保护计划所定禁止之使用者,处新台币6万元以上30万元以下罚款。第二,以按次处罚金及强制检查的方式处罚阻碍执法的行为人。如第35条规定,规避、妨碍或拒绝第21条第1项第1款之调查、勘测者,处新台币1万元以上5万元以下之罚锾,并得按次处罚及强制检查。第三,以限期恢复原状的方式处理对海岸带负面影响较轻的行为人。如第37条规定,违反第31条第1项之规定,在近岸海域及公有自然沙滩为独占性使用或设置人为设施者,经主管机关制止并令其限期恢复原状,届期未遵从者,处新台

[1] 参见我国台湾地区"海岸管理法"第3条。
[2] 参见我国台湾地区"海岸管理法"第4条。
[3] 参见我国台湾地区"海岸管理法"第5条。
[4] 参见我国台湾地区"海岸管理法"第9条。

币1万元以上5万元以下罚款,并得按次处罚。第四,第39条还对法人、法人代表以及代理人等相关单位与相关人员的法律责任进行了规定。

第三节 我国海岸带资源开发利用和保护法律制度存在的问题

一、法源之间衔接不畅

法律和政策的产生都打着深刻的时代印记,反映着时代的思想和需求,不可能凭空产生。[1] 自新中国成立以来,海洋管理的问题就已经得到了重视,相关的政策和法律也应运而生。我国关于海岸带的管理大致可分为孕育产生时期、发展时期、可持续发展时期和生态系统管理萌发时期。新中国成立初期至20世纪60年代均处于海岸带管理法律法规的孕育产生时期,在此阶段我国立法的总体目的是恢复和发展经济,保障和改善人民群众的生活水平,因此与环境和资源的开发利用相关的法律法规规定较多,但这一时期并没有对海岸带进行专门的立法。这一阶段对海岸带管理的重点在于海洋权利、航运管理以及生物资源的分配利用上,其主旨在于利用海洋资源发展我国经济,关于海岸带生态保护等方面的问题并未引起足够的重视。

1964年国家海洋局的成立才正式宣告我国的海洋事业进入了专业化的管理阶段。20世纪70年代至80年代系我国海岸带管理法律法规的发展时期,1973年在国务院的领导下全国环境保护工作会议第一次召开,随后在1979年颁布实施了《环境保护法(试行)》并于1989年进行了修改。在这一阶段我国开始对外开放,正是经济蓬勃发展的时期,大量适用于环境和资源保护领域的单行法规颁布,但其主要目的在于对资源的开发和利用而非保护和可持续发展。直到20世纪70年代后期海岸带污染越来越严重,针对海洋污染问题,1982年颁布的《海洋环境保护法》针对海洋各类污染源的防治方式作出了具体规定,但对于海洋生态保护方面的问题仅作了原则性的规定,直到1984年关于《中国海洋开发战略研究报告》提出了海

[1] 参见陈金钊:《被社会效果所异化的法律效果及其克服——对两个效果统一论的反思》,载《东方法学》2012年第6期。

洋开发的12条基本政策，才开始大量涉及海洋环境保护问题。[1]

自20世纪90年代以来，我国海岸带资源管理法律法规逐渐进入可持续发展时期。随着改革开放后我国经济的飞速发展，对于资源的过度开发利用导致环境问题日益突出，如何可持续开发利用资源成为这期间环境保护立法的重点。这一时期颁布的法律法规大都带着可持续发展的印记，如1998年修订了《土地管理法》、1999年修订了《海洋环境保护法》、2001年颁布了《防沙治沙法》、2002年颁布了《清洁生产促进法》、2002年颁布了《环境影响评价法》等法律中均在立法目的中明确提出要实现经济与社会的可持续发展。《海洋环境保护法》在1999年修订后，在第三章专章规定了海洋生态保护的内容。这一阶段有关海洋保护的政策亦大量出现，坚持海洋可持续发展战略。如1991年制定的《九十年代中国海洋工作的基本策略和工作纲要》、1996年制定的《中国海洋21世纪议程》、1998年发表的《中国海洋事业的发展》其基本战略及思路都是要坚持海洋可持续发展，保护海洋生态环境。近年来，我国海岸带管理法律法规迈入生态系统管理萌芽时期。人们开始逐步认识到单纯地追求生态系统最大产量难以保证真正意义上保护好生态系统，必须从整体出发，寻求生态系统的可持续发展。虽然目前学术界对于生态系统管理存在争议，有不同的理解和定义，但是我国目前海洋管理方面的立法及政策已经开始引入这一理念。

2017年全国人大常务委员会再次对《海洋环境保护法》进行了修正，在第三章用专章规定了海洋生态的保护。一方面，强调了国务院及地方各级人民政府的对海洋生态保护的责任，比如第20条规定国务院和沿海地方各级人民政府应当采取有效措施保护红树林、珊瑚礁等具有典型性、代表性的海洋生态系统，第21条规定可根据海洋生态的需要建立海洋自然保护区等；[2]另一方面，规定了一些有效保护海洋生态的制度和措施，如海洋自

---

[1] 参见郭院：《论中国海洋环境保护法的理论与实践》，载《中国海洋大学学报》2008年第1期。

[2] 《海洋环境保护法》第20条规定："国务院和沿海地方各级人民政府应当采取有效措施，保护红树林、珊瑚礁、滨海湿地、海岛、海湾、入海河口、重要渔业水域等具有典型性、代表性的海洋生态系统，珍稀、濒危海洋生物的天然集中分布区，具有重要经济价值的海洋生物生存区域及有重大科学文化价值的海洋自然历史遗迹和自然景观。对具有重要经济、社会价值的已遭到破坏的海洋生态，应当进行整治和恢复。"第21条规定："国务院有关部门和沿海省级人民政府应当根据保护海洋生态的需要，选划、建立海洋自然保护区。国家级海洋自然保护区的建立，须经国务院批准。"

然保护区制度、海洋特别保护区制度等。这些规定都从整体上将海洋作为特殊的生态系统来进行保护，体现了生态系统管理理念。

制定综合性的法律法规来对海岸带的开发、利用和管理进行规制是世界上沿海国家和地区的发展趋势，然而对我国海岸带管理的法律法规进行梳理后发现迄今为止没有一部关于海岸带的统一立法，相关定义也是散见于《宪法》《民法典》等法律法规中，但争议一直是存在的。例如，滩涂用地根据《民法典》规定可以归农村集体所有，而根据《海域使用管理法》，滩涂属于海域，归国家所有。课题组在海南进行调研时，也发现在有的地方滩涂仍是归集体所有。

与此同时，虽有诸如《渔业法》《港口法》《矿产资源法》等部门法在其专门的领域进行调整时对涉及海岸带利用的问题作出了相关规定，但这种从各自部门领域进行的管理是专业化的，因缺乏综合性的协调，通常也会造成管理的破碎化。从整体上来看，虽然我国具有丰富的海岸带资源，对海岸带的开发也有了相当长的时间，但是关于海岸带的立法却极其落后。

海岸带管理立法相比于发达国家来说起步较晚直到中共十一届三中全会后才开始颁布一些与海岸带相关的法律法规，但是已经颁布的法律法规也仅仅是一些针对海洋环境管理、海上交通安全管理以及海洋资源管理等专门性法规，在各部门职责有所交叉的情况下难以对海岸带的开发、利用及管理进行有效的规制，这样往往容易造成“有利可图时一哄而上，无利可图时无人问津”的情况出现，直到现在海岸带管理综合性立法仍然处于缺失的状态。

尽管在1983年以原国家海洋局牵头的，有关部委参加的海岸带管理法起草小组就已经开始了“海岸带管理法”的起草，但由于各部门间意见难以调和虽经过十几稿的修改仍然未能成型。[1] 在此之后的30多年间我国沿海各地区也颁布了一些综合性的海岸带管理条例，比如，1991年江苏出台的《江苏省海岸带管理条例》(已失效)，1999年青岛市颁布的《青岛市海岸带规划管理规定》(已失效)，2013年海南省颁布的《海南经济特区海岸带保护与开发管理规定》，2013年辽宁省政府印发了《辽宁海岸带保护和利用规划》，2018年惠州市人民政府印发了《惠州市海岸带保护与利用管理规

〔1〕 参见唐欣瑜、陈昕：《“多规合一”体系下海岸带综合管理立法完善——以海南省海岸带立法为例》，载《浙江海洋学院学报(人文科学版)》2017年第2期。

定的通知》,2018年威海市人大常委会通过了《威海市海岸带保护条例》,2019年日照市颁布了《日照市海岸带保护与利用管理条例》等。

虽然这些地方性法规、地方政府规章在海岸带的综合管理方面发挥了巨大的作用,但是在没有全国性的海岸带综合性管理立法的情况下难免存在局限性。我国海岸带的区域性特征显著,制定地方性法规、地方政府规章虽然能够在最大限度上因地制宜地对海岸带的开发利用和管理进行规制,但也急需要制定综合性的海岸带管理法从宏观上整体规划海岸带的开发利用和管理,贯彻生态环保等理念,实现全国海岸带资源的绿色、循环、可持续发展。

因此,尽管目前我国有关单项海洋管理的法规为数不少,但法源之间彼此衔接不畅,海岸带开发利用中存在的问题并没有通过这些法律规范的实施而得到解决或有明显的改善,部门行业之间的矛盾和冲突依然存在,新的矛盾和问题还又在不断出现。从法的实施和结果进行系统分析,其原因主要在于现有的法律法规都是以特定对象,如滩涂、渔业、风景点等为调整目标的,或者以特定区域为调整对象,缺少能够全面协调、管理海岸带资源、环境、空间开发利用的综合性的专门法律,因此无法完成综合、协调、平衡方面的任务。在全国范围内,应制定综合管理的法律、法规,以满足海岸带自然资源和生态环境可持续发展的要求。

二、陆海分离规划阻滞

我国既是一个陆地大国,也是名副其实的海洋大国,根据《联合国海洋法公约》等相关国际法的规定以及我国《领海及毗连区法》《专属经济区和大陆架法》等国内法律的规定,我国所管辖的海域面积约达300万平方千米。改革开放以来,我国经济取得了飞速的发展,在陆域经济腾飞的同时也开始注重海域经济的发展,对海岸带的开发利用如火如荼地展开。但受传统观念的影响,陆海发展仍然采取二分法,在法规政策层面由不同的法律及政策来调整,在宏观规划层面也有不同的发展方向。走向蓝色大海迈向海洋强国在近年来已逐渐成为国家战略。在此背景下陆海分离规划阻滞了海洋经济的发展,为海岸带的开发利用增添了障碍。

海岸带利用规划是海岸带开发利用的法律基础,发达国家的海岸带立法的核心内容就是如何保障海岸带利用规划的贯彻实施,但我国目前城市发展所面临的一个共同问题便是各种领域的规划相对独立,没有成为一个完整的体系,对于海岸带土地的开发亦如此。从国家到地方,之前有关海岸带利用的规划分为陆地和海洋两部分,相互之间尚未形成有机统一的整体,没有统一的海岸带利用规划。

海岸带规划长期陆海分离,导致各领域规划自成体系、内容冲突、缺乏衔接协调,通常表现为各种规划有时会有较多的交叉与矛盾之处,有时又会形成彼此之间的真空区,最后导致总体规划不协调。陆海分离的规划管理模式长期以来在我国盛行,导致海岸带面临诸多问题,如陆海使用功能规划冲突、污染防治规划分离等。陆海使用功能规划冲突的现象在近些年海岸带的开发利用中屡见不鲜,此处以本书在调研时沿海的一块空地为例。

在经济社会规划领域,政府的规划是要建立一个旅游度假村吸引国内外游客来此观光旅游,在推动本地区旅游产业发展的同时还能带动相关配套产业的发展,为本地区经济的发展提供强有力的动力,为政府提供大量的财政收入;而在土地利用规划领域,这片地早已被规划为一处房地产开发用地,准备利用卖地的收入来发展本地区的基础设施;在生态环境保护领域,环境保护部门出于对本地生态环境的保护早已将此地区规划为禁止开发区,准备设立一个自然保护区,保护当地的自然生态。由于没有从多领域整体规划,使得一块地上出现了各种不同的规划,最后的结果便是发展的停滞,因此必须经过多方面的协调之后才能最终决定这块地的用途。

在上述规划过程中不仅造成了发展的停滞,也对海岸带生态造成了一定程度的破坏。在污染的防治规划方面,陆地与海洋也有着不同的防控模式。众所周知,海岸带是陆地系统与海洋系统相连接、交叉和复合的地理单元。海岸带作为第一海洋经济区,其生态系统具有复合性、边缘性和活跃性的特征。[1] 海岸带是一个特殊的生态系统,涉及陆地与海洋两个不同的生态。无论是单从陆地着手对环境污染进行防治还是从海洋着手对环境污染进行防治,都会因其特殊的属性而无法全面地对污染进行防治。在难以统筹陆地和海洋环境防治规划的前提下,又何谈对海岸带环境污染进行防治。

因陆海规划长期分离,海南在海岸带土地开发利用及生态保护中存在诸多问题。《海南经济特区海岸带保护与开发管理规定》2013 年实施后,在

---

〔1〕 参见刘森、高茂生等:《泥质海岸带咸淡水界面的运动机理》,载《海洋地质前沿》2012 年第 11 期。

2015年的专项检查中共发现805宗违法违规问题，12个沿海市县均存在违法批准建设问题，[1]其中，较为明显的有海岸线使用不合理，岸线分配使用没有统一的规划，导致乱占现象严重，需要海岸、依赖海水的单位没有海岸，不需要海岸的单位却占据着大量的海岸；其他如深水浅用、有远景规划的海岸线却被任意的移作他用，还有单纯强调生产单位对海岸带土地的使用，而忽视公众公共生活的文体娱乐对海岸带土地的需要，造成港口资源和岸线的浪费。

这正是由于市县的海岸线规划并未实现国土、海域、林地、旅游等多种规划的整合统一，而相关法律法规也没有明确规定所造成的。虽然海南作为全国进行"多规合一"唯一的省级行政单位，目前正在积极试点，但各个市县的"多规合一"还在推进，建立全省统一的空间规划体系、实现各项规划的有机衔接还需要一个融合的过程，长期陆海分离的弊端仍然影响较大。因为我国《民法典》《环境保护法》《渔业法》《中华人民共和国矿产资源法》等法律以及地方性法规虽能指导海岸带的保护和开发，但在处理各行业、部门之间的协调关系甚至产生的矛盾上却力有不逮。各行业部门分散管理，在海岸带的开发利用上缺乏一个对海岸实施综合管理的平衡机构，因此对于"多规合一"效力，也还需要破除法律法规障碍、确立总体规划的法律地位。[2]

2017年，党的十九大报告关于"贯彻新发展理念，建设现代化经济体系"中提出要实施区域协调发展战略。在实施区域协调发展战略中，要坚持陆海统筹，加快建设海洋强国。陆海统筹简言之就是从全局观出发将全国当作"一盘棋"统筹陆地国土和海洋国土的规划与开发，优化国土开发利用的空间。[3] 陆海统筹已成为国家区域协调发展的战略，无论是在经济层面还是在生态环保层面都对海岸带的开发利用与生态保护有着重大的意义。在此背景下，海岸带开发利用与生态保护仍然实行陆海规划分离显得不合时宜。

---

[1] 参见李拉、尹建军：《海南查处805宗海岸带开发违法问题》，载《中国国土资源报》2016年3月2日，第1版。

[2] 参见操小娟：《法治视野下市县"多规合一"问题探讨》，载《华中科技大学学报（社会科学版）》2016年第5期。

[3] 参见韩增林、狄乾斌、周乐萍：《陆海统筹的内涵与目标解析》，载《海洋经济》2012年第1期。

三、执法部门权责不清

目前,执法部门权责不清是我国海岸带资源行政管理中的一个突出问题,主要表现为执法法律依据分散、执法机构层级众多权责不清、执法手段以行政为主导、执法监督以上级监督下级为主。在执法依据上,我国关于海岸带环境保护的立法较为有限,没有形成综合性的海岸带管理法律法规,而是散见于其他法律法规中。如我国《海域使用管理法》《防治海岸工程建设项目污染损害海洋环境管理条例》《近岸海域环境功能区管理办法》等法律法规分别从海域使用、海岸工程建设污染海洋环境、近岸海域环境功能区建设等方面涉及对海岸带土地开发利用和生态保护的调整,但因其并非专门性的调整海岸带综合管理的法规,其条文以原则性和总括性的规定为主,在具体实施层面存在诸多障碍。

在执法手段上,以行政控制为主导。目前的执法手段主要包括行政控制、经济调解和刑事制裁等三种方式,行政控制是海岸带土地利用和生态保护执法中最基本的手段,经济调解是行政控制的补充,刑事制裁则是对涉及环境犯罪问题的打击,是其中最严厉也是最行之有效的手段。行政控制手段主要包括"生态补偿制度""三同时制度""排污许可证制度""环境影响评价制度""重点污染物排放总量控制制度""海洋功能区划制度""近海海域环境功能区划制度"分别用来管控对破坏生态环境的行为予以经济补偿、海岸工程建设对环境造成的破坏、向海洋排放污染物、规划和建设的项目对海岸带环境可能造成的影响、重点污染物排放指标、海洋功能分区以及近海海域环境功能区划。违反这些制度须承担罚款、吊销许可证等行政处罚,违反刑事法律的还需承担刑事责任。

在执法监督上,以上级监督下级为主,缺乏畅通途径与公众参与。目前我国对海岸带土地利用及生态保护的监督途径以行政监督、司法监督和公众监督三种方式为主。行政监督包括行政部门上级对下级的监督、行政机关内部的监督和行政督察;司法监督主要是法检部门依职权进行监督或者根据行政相对人的诉讼进行监督;公众监督则是公众在执法部门制定相关法规政策时提出建设性意见或者在执法机关执法过程中的监督。

行政监督中,上级环境保护部门可对下级进行监督并对直接责任人处以行政处分或作出相应的处罚;生态环境部在对全国环保工作实行统一监督的原则下对各级政府环境保护部门对海岸带的执法进行监督,并可派出环保督察组巡查地方环境保护执法工作;海洋部门对污染海岸带的单位和个人进行检查并作出相应的行政处罚。

司法监督中,法院和检察院在其职权范围内对环保执法活动进行监督。检察院通过对环境违法犯罪活动提起公诉、对环境执法部门提出执法或起诉的建议、直接提起环境公益诉讼制度以及对案件提起审判监督等方式进行监督;法院主要是通过对各类环境侵权与环境犯罪活动的审判来实现监督。公众监督虽然是一种有效的监督方式,但是在现有机制下公众监督缺乏畅通的途径,公众参与监督发挥的效用有限。

我国法律在总体上是鼓励社会公众参与环境保护的监督的,例如,我国《环境保护法》第五章以专章规定了信息公开和公众参与,第53条规定了公众有环境保护信息知情权和环境保护参与监督权;第56条规定了公众对于可能影响环境的建设项目具有建议权;第57条规定了公众对于污染环境和破坏生态的行为享有举报监督权;第58条规定了公众对于污染环境和破坏生态的行为享有提起公益诉讼的权利。[1] 但存在的问题却是上述各种公众监督的方式规定的过于原则,不具有可操作性,其参与环境保护的方式、途径和相应的保障机制都不甚健全。

在执法机构上,层级众多权责不清。目前海岸带土地利用及生态保护执法最行之有效的手段仍然是行政管控,但存在的显著问题却是执法机构层级数目众多,执法部门权责不清,缺乏有效的协调。我国目前对于海岸带的执法机构包括中央执法机构、地方执法机构以及执法协调机构,中央执法机构起着统筹全局的作用对全国海岸带的执法进行部署和监督,地方执法机构则主要起具体实施的作用,在中央执法机构的领导下发挥地方的自主性对海岸带具体违法行为进行执法,执法协调机构则起着沟通协调的作用,既协调执法重大、棘手问题的解决同时也负责协调执法部门之间的冲突。

大多数国家都设有15个至20个涉及海洋管理的部门,我国有涉海部门20余个,各部门根据其自身的不同职能,分别制定了与其相对应的用海计划和工作方案,因为职能之间需要协调可能存在重叠且在某些方面可能存在冲突,各部门由此构成了多方关系。海岸带涉及渔业、矿产、港口、海域使用权等部分的管理,这种基于传统分工分类形成的管理模式并没有深入考虑海岸带管理的复杂程度,也没有充分考虑整体地带性和海岸特殊性,往

---

〔1〕 参见《环境保护法》第53条、第56条、第57条、第58条。

往导致管理上的空白、重复和冲突。因我国尚未制定综合性的海岸带管理规划,海岸带向陆的一侧由环保和土地等部门管理规划和实施执法监督,而海岸带向海的一侧则由海洋相关部门来进行管理规划和进行执法监督。海岸带向海的一侧海洋管理涉及的部门主要有生态环境部、自然资源部、交通运输部海事局、农业农村部渔业渔政管理局、总后勤部基建营房部等部门。

其中,生态环境部的职权系对全国的海洋环境保护工作进行指导、协调和监督;自然资源部的职权系负责国家海洋行政管理工作和环境监督工作;交通运输部海事局的职权系负责非军用船舶污染和港区水域外非渔业、非军用船只对海洋造成的污染;农业农村部渔业渔政管理局的职权系负责海洋渔业养殖中涉及的海洋环境污染问题并对渔港海域非军用船只对海洋环境造成的污染进行监管;总后勤部基建营房部的职权系负责军用船舶对海洋环境造成的污染问题。这些部门下属的地方机构则负责当地具体的环境保护执法工作。

从这些机构彼此的职权分工可以发现,职权交叉与执法空白的问题较突出。对于有些问题,各部门在管理上存在交叉,可能造成监管的重合,也就可能引起部门间的冲突;对于有些问题又存在监管空白,不可避免地造成各部门间相互推诿。海岸带向陆的一侧环保和土地等部门在对海岸带土地利用和生态保护执法过程中亦存在同样的问题。例如,对于陆上污染物排放到海洋中的控制与监管问题,由于存在执法交叉与执法空白,部分地区各部门间彼此推诿,使得对其监管与执法长期处于"环保部门不下海,海洋部门不上陆"的窘境。〔1〕在执法部门权责不清的管理模式下,权力交叉与权力真空的现象难以避免,协调沟通机制的缺失使得部门间争权推诿难以遏制,分散了有限的行政执法资源,降低了行政执法的效率,难以有效管理海岸带资源的开发利用与保护。

实践证明,不同行业之间的矛盾随着海岸带开发利用程度的提高变得越来越突出,分工管理已经不适用海岸管理的要求,必须加以协调。〔2〕而一些专门的部门法多是以特定利益为出发点、以满足特定管理为目的制定的,并未着眼于相关海域的海岸带整体利益,在治理中,必然会出现执法重

---

〔1〕参见张继平、许小祥、郑建明:《中美海岸带环境保护执法机制比较》,载《上海行政学院学报》2016年第5期。

〔2〕参见关涛:《海岸带利用中的法律问题研究》,科学出版社2007年版,第23页。

叠和执法空白的情况。[1] 故统筹规定执法部门权责，促进海岸带的统一综合管理，十分必要。

第四节　完善我国海岸带资源开发利用和保护法律制度的建议

一、优化立法衔接机制

总体而言，我国现有涉海保护相关法律对海岸带资源开发利用等各单项要素指标是符合标准的，但对整个生态系统的保护却依旧不足。究其原因，一方面，海岸带相关法律都是从传统的保护法的角度出发，仅对海岸带资源作出了原则性的规定。另一方面，无论是部门还是行业法律法规都在一定范围内对海岸带的组成因素和适用范围进行了调整。例如，《渔业法》将"滩涂"列为适用范围，《水法》《水污染防治法》都将江河、湖泊、水库、运河、渠道等列为调整对象，《自然保护区条例》规定的"珍稀野生动植物物种的天然集中分布区、有特殊意义的自然遗迹等保护对象所在的陆地、陆地水体或海域"，《海洋自然保护区管理办法》第 2 条规定的"一定面积的海岸、河口、岛屿、湿地或海域"为需要进行特殊保护和管理的区域。

以上关于海岸带资源利用和生态保护的法律法规都说明，根据自然要素分类来立法是我国的传统，但这样也使得本来有相互联系的要素之间发生了纵向分离，海岸带以及海洋生态系统的各组成要素都难以通过法律制度的有机统一进行调整。海岸带区域范围广泛且涉及利益主体多，无论是微观与个体之间的矛盾，还是整体利益与个体利益之间的矛盾均存在，在海岸带土地利用与生态保护中法律法规必须发挥协调和平衡利益的功能，这种协调和平衡功能对其自身的要求也必不可少。需要从综合和整体的角度来健全海岸带土地利用和生态保护立法，而不是仅依赖于传统的单项部门或行业性法律法规来解决。在国家层面和省一级层面立法，建立健全海岸带综合管理的法律体系，明晰涉海岸带的政府、部门之间的权责，为海岸带土地利用及生态保护提供法律依据和法理支撑。

---

[1] 参见黄康宁、黄硕琳：《我国海岸带综合管理法律问题探讨》，载《广东农业科学》2010 年第 4 期。

(一)促进相关法律法规之间的衔接与协调

就整体范围而言,随着人类社会的不断发展,其对海岸带的影响不断累积,分散的海岸带管理方法难以满足现实的需要,因此必须采用综合性的、协调性的方法对海岸带进行管理,法律法规的调整亦是如此。相较而言,海岸带这一区域中形成了更多的复杂社会关系,填海造地、港口工程、水利电力工程、水产养殖、渔业捕捞、盐田建设等各种各样的开发利用活动中在此集中。

我国海岸带立法工作虽然本身起步较晚,但也已分别制定颁布了一系列用于调整海岸带渔业资源与养殖、交通运输、矿产开发、生态环境保护、海洋石油开采等方面的单行法规。[1] 这些单行法规虽然能够使每项经济活动和管理工作有法可依,但许多法律法规大都是从涉海行业管理的角度进行延伸,而不是从综合性、整体性的角度出发,从而难以对海岸带区域各种关系起到综合性、系统性的调整作用。在国家层面的海岸带立法尚未出台之前,相关法律法规上的衔接与协调需要与多规合一战略同时推进,重点是处理好各部门法之间的冲突问题。

1. 国家作为海岸带自然资源资产所有者,为了履行"统一行使全民所有自然资源资产所有者职责,统一行使所有国土空间用途管制和生态保护修复职责"应立足空间规划改革要求,[2]通过全面的审查现行有效的法律法规及其他规范性的文件,将其中存在冲突或重叠的条款以及仍然存在空白的领域查找和梳理出来,尤其是那些能够被机构改革成果消化和解决的条款。基于审查和梳理出来的结果,再进行立法规划,尽力协调好各涉海部门之间的分歧,达成基本一致的原则性认识,努力协调好与现行法律制度的关系,归纳总结出各部门、行业法律法规之间可能存在的适用范围重叠问题,进而对其分析和论证,提出相应的解决方案。

需要明确的是,各省市出台的地方性法规、规章虽然与海岸带内各单项资源法的规定调整的范围有重叠的部分,但并不是简单重复各单项资源法的具体内容,而是以协调各单项资源法之间的关系为立法的出发点,对各种开发利用活动的统一规划、统筹安排、协调管理等重大问题作出适当的规

---

〔1〕 参见金彭年、陈小龙:《海岸带可持续发展立法刍议——以填海造地为视角》,载《法治研究》2012 年第 2 期。

〔2〕 参见严金明、王晓莉、夏方舟:《重塑自然资源管理新格局:目标定位、价值导向与战略选择》,载《中国土地科学》2018 年第 4 期。

定。同时,从发挥我国地方立法的灵活性角度出发,亦应当大力推进海岸带土地开发利用和生态保护的地方立法,以我国部门沿海省市的立法经验作为契机。但同时也要从实际出发,结合本地的实际情况做好海岸带生态环境调查,针对调查结果制定具有针对性、可操作性的海岸带管理法规,岛屿及其海岸带的保护与管理尤其要加强。在此基础之上,通过对各地的立法情况进行冲突、融合、精练和归纳等几个过程的归纳与总结,从中获取经验吸取教训之后,再进入国家级的立法计划中去。〔1〕

就我国目前的现实状况而言,海岸带综合管理立法应该遵循从地方到中央,再从中央到地方的路径。立法从地方开始难度相对较低、灵活性也较高,还能对当地一些个别问题做特殊性的规定,能最大限度地保护相关人的利益。例如,国家环保部门很早便对每个保护区提出要制定管理规章的要求,这需要在省级层面出台地方性法规才能有效实施保护、协调开发。根据较为成熟的自然保护区制定管理制度的实践,对于有特殊情况的地域,也可以开展特殊管理区域的立法。〔2〕 以海南省为例,部分海岸带保护区的生态环境反而比一般的海岸带区域更加的脆弱,那么针对这一特殊情况可以在海岸带保护区采取比一般海岸带区域更加严格的特殊管理。因此,可适时推动省人大及其常委会开展系列立法,逐步出台生态敏感、脆弱区的管理规定,统一协调区内及周边管理的各种关系,协调省级与市级不同部门的关系,明确各方责任。

2. 在海岸带的开发利用上,实践中陆地一侧区域适用陆地的法律制度《土地管理法》,海洋一侧区域适用海洋的法律制度《海域使用管理法》等,两部法律存在一定的重叠和冲突,《土地管理法》的管辖范围至平均低潮线,《海域使用法》的管辖范围至平均高潮线,陆地与海洋各自的法律制度之间缺乏充足有效的统筹协调机制,无法以最佳方式利用和保护海岸带,尤其是陆海相互作用最强烈的共管地带——潮间带就陷于权责不清,协调比较困难的处境。〔3〕 鉴于我国对于海岸带的管理仍然是分部门、分行业分

〔1〕 参见田冬冬:《我国海岸带管理的立法路径问题研究》,载《经营管理者》2011年第10期。

〔2〕 参见杨解君、李俊宏:《公益诉讼试点的若干重大实践问题探讨》,载《行政法学研究》2016年第4期。

〔3〕 参见刘大海、管松、邢文秀:《基于陆海统筹的海岸带综合管理:从规划到立法》,载《中国土地》2019年第2期。

散管理的实际情况，如今将海岸带的管理纳入多规合一战略，凸显海岸带开发保护在建设一张蓝图中的重要地位，有利于平衡各个行政部门在海岸带地区的利益。

因此，需要加强地方性法规、规章的实施与各行业、各部门法之间的协调，按照上位法优于下位法的原则，减少冲突，避免依靠各部门法对海岸带管理的破碎化。也要注意对现有涉及海岸带保护法律的完善，加强专家意见稿的修订，统一界定相同概念的性质，填补立法空白，注重对于有重叠规定的部分重新界定，避免执法政出多门的情况。如此从上到下，从省级到地方，形成统一的海岸带保护法律体系。在省级的地方性法规、规章之下，协调好与地方各市县的关系，就海南而言，还可以充分发挥其地方立法权的作用，宣传立法经验，以省级立法带动地方立法，从整体上首先形成海岸带综合管理统一立法的大环境和大氛围，为海岸带的保护奠定制度基础。

（二）统一海岸带管理立法

尽管海岸带管理立法从地方性法规开始试验，且地方在很多特殊问题的处理上较之国家层面相对容易衔接和协调，但问题同样存在。一方面，个别省市的试点性质的示范项目是在国际资金支持下开展，无论是在资金来源、动力机制，还是在适用范围、持续时间等方面均有其特殊性，难以复制；另一方面，个别省份在省一级层面探索的制度建设，若无国家法的支持，其力度也是有限的，存在向全国推广的困难。[1]

上述情况产生的原因，在于我国本身分散型的海岸带管理体制，在立法体系上虽然貌似完备，但也体现出零散、没有统一的规划的特征，无论数量如何众多，在体系结构上都是残缺的，落后于可持续发展海岸带的需要、落后于经济社会发展的需要。当年国家层面的“海岸带管理法”最终未出台的有力理由是认为，现行的单行法规已经覆盖了“海岸带”的各个组成要素，制定综合性的海岸带管理法规会导致重复和交叉，笔者认为这是一种误解。海岸带本身是一个特殊的陆海交融区域，因其涉及的主体众多，内容繁杂，且多与公权力行使有关，要想使这些主体普遍遵守规章制度，各种内容得到高效的实施，必须要通过立法来保障。通过稳定的、制度化的方式明确国家海洋管理的政策战略后，法律可以确定具体的目标，设计相应的制度框

---

〔1〕 See X. Q. Wu & M. GAO, *Framework and Practice of Integrated Coastal Zone Management in Shandong Province*, China, Ocean & Coastal Management, 2012(69):58.

架,建立各种管理体制,分配权力与责任,划拨公共资金,协调统一行动,解决争议与冲突,并通过国家强制力以保障实施。对于上述内容,只有国家层面的统一立法才能担此重任,无论是政策、计划,还是命令、决定等都难当此任。

尽管在目前的法律体系中一些相关的法律法规可对其进行调整,但通过对出现的问题进行分析可知,其并不能替代专门性的法律制度,我国也尚未有一部全面规范的海岸带综合性法律来解决现实中的问题。针对海岸带管理与使用若一直缺乏专门的法律制度,那么各项管理工作仍然难以落到实处,反而会造成我国海岸带法治建设缓慢,制度保障供给不足,多个主体交错管理的局面,制约了土地利用与生态保护活动的开展。因此,从长远看,我国应以先行进行海岸带管理立法的沿海省、市的经验为契机,结合“多规合一”体系与海岸带的区域性特色,遵循从地方到国家的立法路径,形成统一的海岸带管理立法,推动建立国家层面的海岸带综合管理体制。

纵观世界各国海岸带管理法的历史进程,立法路径形式各异而没有直接的完全的经验可供复制,但最终立法比较成功的国家都有其共性:均是在现有体制的基础上,结合本国国情,从实际情况出发,并针对特殊情况进行适当的调整与变动,以适应海岸带地区的不断变化。针对我国目前尚未出台国家层面的“海岸带管理法”,而部分沿海省市陆续针对当地的实际情况出台了一些地方性法规、地方政府规章的现状,应当以构建统筹协调机制为核心内容,将陆海统筹、部门协调和区域协调设为目标,遵循从地方到中央,再从中央到地方的立法路径,充分吸收借鉴沿海省市的立法经验[1],各省市之间亦可以相互学习、宣传、借鉴,不断推进地方立法的成熟,在适当的时候启动国家层面的海岸带管理法立法工作,在结合我国的现实情况和国外成功经验的基础上,借鉴其在立法进程和立法内容等方面的经验,最终形成一部综合性的海岸带管理法。开展海岸带管理专项立法的目的在于在整合现有法律法规的前提下,填补法律的空白点,形成其他法律的上位法。

其中需要明确的是,厘清“海岸带管理法”与《海域使用管理法》《海洋环境保护法》等已有法律法规的关系是确定专项海岸带管理法的主要适用对象和具体内容的前提。对此,有学者认为,“海岸带管理法”的直接调整对象是规范政府行为,微观的资源利用、污染防治、生态养护行为以及直接

---

〔1〕 参见王芳:《对实施陆海统筹的认识和思考》,载《中国发展》2012 年第 3 期。

给予法律主体海岸带保护义务，甚至赋予法律主体海岸带资源利用权利，都不是“海岸带管理法”的规范对象而应该由其他法律调整。而国内很多研究成果尚未洞见“海岸带管理法”在调整对象上的特殊性，混淆了海岸带管理法与其他行业性管理法律法规的界限，将已经成熟的由其他行业法律法规调的行为也纳入了“海岸带管理法”的规制范围展开讨论，这反而会在实践层面对海岸带管理立法产生不利影响。〔1〕

“海岸带管理法”相比于《海域使用管理法》《海洋环境保护法》等法律法规有着显著的区别，它是规范政府部门管理行为的法律，其重点是在解决海岸带范围内管理部门的冲突与协调、强化行业性管理活动的公众参与。〔2〕 所以，海岸带管理的统一立法需要综合考量和一体化管理所实施的海岸带区域各要素的基础上制定。第一，应对“海岸带管理法”进行科学的定位，“海岸带管理法”是一项专门法律的上位法建设，重在建立部门之间长效合作机制，加强法律权威性和稳定性，并不是取代行业管理、忽视地方的特殊性。在“海岸带管理法”立法过程中针对现有的法律优势，尤其是沿海县市的立法经验以及有着成功经验的专门性法律措施要充分运用，梳理现有的制度。规范和加强行之有效的制度，改善或废止实施效果欠佳的法律措施。第二，针对海岸带的界定、管理机构的重叠、部门冲突协调不当等海岸带管理中的难点问题应予以明确，对每个问题一一进行规定，适当下放管理权力，给予积极的引导，激发参与海岸带土地利用与生态保护实践主体的创造性，具体管理实践的灵活性也需要提高。第三，鉴于陆海经济的多个领域、多个部门以及多个学科在海岸带管理中都会被涉及，要注意吸纳自然科学知识，加强法律建设的科学性，强化海岸带的统筹协调，保障海岸带资源可持续利用及综合效益水平之间的平衡，最终实现对海岸带这一特殊地带的综合有效管理，适应不断变化的海岸带管理实践，从而实现海岸带立法的稳定性。

从更长远的利益考虑，海岸带的管理除与经济、社会与环境的协调发展息息相关外，也有其独特的关系需要调整。例如，维护我国国家层面的海洋

---

〔1〕 参见王小军：《制定我国海岸带管理法的思考》，载《中国海洋大学学报(社会科学版)》2017 年第 1 期。

〔2〕 See Sanjiv de Silva & Sonali Senaratna Sellamuttu, *Governance Performance in Integrated Coastal Management: Sri Lanka Country Report*, IUCN (International Union for Conservation of Nature) Sri Lanka Country Office, 2011: 30-35.

权益,诸如北部湾沿岸、南海诸岛等区域,国与国之间双边管理的综合,通过加强彼此之间海洋环境生态保护的合作与沟通,推动区域周边各国达成共识,采取同一的行动保护该区域的海洋生态环境也是该区域海岸带综合管理的内容。

但这些区域内有诸多问题是无法通过省级管理部门来协调的,比如在区域内建立统一的禁渔期等渔业生产、养殖管理制度;制定共同的应对气候变化和海洋灾害的行动计划;建立交通运输管理和海上搜救协作机制从而保障区域内海上航行和安全。这些都需要在统筹区域关系的基础上进行国家层面的海岸带综合管理相关立法,以此避免因海洋的流动性而使本国、本区域内对海洋进行开发利用的行为给区域内其他国家的生态环境与经济利益带来负面影响,使海岸带综合管理中的涉外行为得以规范,从而最终完善我国海岸带管理的法律体系。

二、理顺陆海规划体系

从国际经验上看,海洋规划是各国在进行海洋管理时的关键因素,规划可以针对不同的地理情况,采取不同的措施,更能有效地达到管理海岸带的目的。对于我国而言,海岸带规划乃至海岸带综合管理制度的核心内容是多部门、多领域的规划和管制政策以及综合性的统筹协调机制。这种跨领域、跨部门、跨区域,且自上而下建立的管制政策和统筹协调机制必须通过法律这一位阶的规范性文件来保障,可以说,规划制度在"海岸带管理法"的制度体系中处于统领的地位。因此,要发挥海岸带综合法律制度的预期效果,需要法律从顶层搭建一个宏观统筹的政策体系和协调机制,理顺海岸带整体规划体系中的权利与义务,确立海岸带综合规划的总体目标和遵循的基本原则。

(一)实现陆海统筹的统一规划

海岸带资源的关键要素包括土地(围填海区域、滨海湿地、自然岸线、河口和海岛)、水(淡水、咸水及其交互区域)和生物多样性等,[1]各生态要素之间是相互影响的,各要素相关的陆海生态损害在空间上也相互关联。例如,由地下水过度开采引发的海水倒灌,填海造地、堤坝建设引发的鱼类

〔1〕 参见李杨帆、向枝远、李艺:《海岸带韧性:陆海统筹生态管理的核心机制》,载《海洋开发与管理》2019年第10期。

洄游阻断,河流污染引发的海洋藻华灾害,滨海红树林等湿地资源被破坏引发的沿岸地质灾害等,都是区域流域海域环境整治与灾害防治协同不足的状态。本书前章已述,海岸带开发利用初期陆海分割的制度设计和管理体制,在陆海空间功能布局、基础设施建设、资源配置等方面都暴露出陆海统筹发展水平整体较低的弊端,可以说,海岸带土地利用调控和环境管理目前尚未真正实现流域—近海和陆域—海域的统筹。我国的海岸带经济正进入高速发展时期,为了海岸带经济能有更大的发展前景,海岸带的空间规划、利用规划等工作不能再实施陆海分治的分割式管理,要从海岸带陆地和海洋的交互作用特征出发,对陆域与海域、发展与保护关系将进行协调,衔接毗邻区域海域与陆域功能发展和关键空间要素配置,实现海岸带地区各类空间利用需求的统筹规划,再进一步实现土地利用和海域使用陆海统筹管理的转型和能力的提升。

陆地与海洋之间存在的复杂交互作用使陆海统筹成为解决海岸带土地利用和生态环境问题的重要途径。海岸带的规划也应以海岸带为载体,海陆统筹为途径,进行海岸带开发的经济活动,把海岸带的开发利用与陆地导航经济发展有机结合起来,形成海陆一体化的发展模式。海陆一体化是指根据海、陆两个地理单元的内在联系,把原本各自独立、自成体系的海陆地区视为一个有机统一整体,进行综合管理。通过联合协调规划、整合资源优势、对接链接产业等方式,最大限度地发挥地区优势,实现海陆经济、文化、社会联动融合与协同发展。[1] 海陆一体化是全方位的一体化,其涵盖资源开发、产业对接、环境治理的等多个方面。在资源开发方面,推动海域优质资源的合理开发,对接陆地资源进行有效配置,充分发挥海陆各地区资源优势;在产业发展方面,以海洋产业为领头,带动陆地传统产业的发展,推动临海综合产业链的形成;[2] 在环境保护方面,推动环境的综合治理与监管,从源头上预防陆域污染进入海域,协调海陆生态系统,预防海洋环境污染。

从法律角度而言,海岸带资源利用和保护涉及的各产业以及管理各产业的部门相互间存在多种关系,甚至有的彼此还存有矛盾,故海岸带的立法必然会与有关地矿、环保、国土、农业、林业、水资源、港务、石油、城建、旅游

---

[1] 参见朱坚真、王锋主编:《海岸带经济与管理》,经济科学出版社2013年版,第111页。
[2] 参见叶向东:《海洋产业经济发展研究》,载《海洋开发与管理》2009年第4期。

等多个部门的行业性法规相交叉，需要调整的社会关系会越来越复杂。因此，从立法上强化对海岸带资源保护的任务也从客观上要求涉及岸线的各项规划实现在省一级层面上的多规合一，从而建立全省统一协调的海岸带资源保护和开发利用规划，改变之前粗放式开发的模式并以总体规划统筹推进开发与保护。

因此，在海岸带资源开发利用的过程中，海岸带利用规划的制定必须将陆域规划与海域规划有机结合起来，将整个海岸带土地的开发作为一个整体来规划，应突破行政区划、海区的局限制定海岸带土地利用综合规划和海洋生态环境保护规划。但也要注意土地利用规划与海岸带利用规划之间的协调，由于海岸带中陆域的使用对海域有较大影响，所以对海岸陆域的使用与内陆土地的利用有不同的要求。首先，从宏观层面合理规划每一个地区的发展方向，避免各种规划相互矛盾与冲突，其次，从微观层面在遵循总体发展方向的前提下，利用每个地区的特性创新发展，充分发展各个地区的优势，从而使沿海各市县海岸带开发利用的规划成为一个体系，各区域相互衔接与协调。

具体而言，立法中，要完善对环境改造较大、影响时间长的围海造地项目规划的审批程序，重点审核规模范围、开发方式、环境影响评估等因素；防止陆域污染进入海洋领域，尤其是对污染严重区域开展海洋环境综合治理，必要时甚至可实行陆源排污入海域总量控制制度；加强对珍稀濒危海洋生物物种保护区、近海滩涂湿地、特殊海洋环境等生态核心区、脆弱区或敏感区的保护；加强对海水养殖生产的监督检查，进一步规范海水养殖功能区的管理等。在规划中结合自然科学因素，根据自然生态功能内在联系、兼容关系及空间影响范围，确保立法能有效支撑管理决策，寻求系统性的陆海统筹解决方案，实现海岸带土地利用和海域使用之间的统筹管理。

（二）促进与“多规合一”的深度配合

海岸带规划是针对海岸带各类问题的综合协调规划，可以说，海岸带的规划是“战略规划”与“业务规划”的统一，是“空间规划”与“发展规划”的统一。[1] 在陆海统筹统一规划的大前提下，规划内容也应涵盖海岸带生态保护、产业发展、城镇建设、环境治理要素，并注意与其他各类规划的协调

---

〔1〕 参见刘大海、管松、邢文秀：《基于陆海统筹的海岸带综合管理：从规划到立法》，载《中国土地》2019年第2期。

（如土地利用规划、城市空间规划、海洋功能区划、水资源开发与利用规划、自然环境保护规划等）。因此，完善海岸带土地的规划制度必须与“多规合一”互相配合，“多规合一”解决了现有这些海岸带规划自成体系、内容冲突、缺乏衔接协调等问题，同时在很大程度上也协调了各职能部门对海岸带土地开发、利用以及管理的冲突。在“多规合一”的背景下进一步完善海岸带土地的规划制度，更有利于海岸带土地的开发、利用与管理。具体而言：

第一，在海岸带规划流程上，注重前期的调查、分析和研究以及后期的实施、监管和反馈，规划制定时应确立听证制度，加强公众的参与程度，坚持局部利益与整体利益，短期利益与长期利益相统一的原则，坚持可持续发展、绿色发展、科学发展等发展理念。

第二，规划部门或是整合成立省级的空间规划管委会，〔1〕主导协调各项规划的制定、施行与评价，根据法规要求和实际管理需要，会同涉海有关部门组织编制海岸带空间总体规划，合理布局生态空间、农业生产空间和城镇建设空间，根据该规划，将属于不同规划体系的海域和土地、林地和基本农田、建设用地和农用地统一设计在同一蓝图上。通过叠加比较，纠正矛盾冲突的区块，统一规划海岸带的各个组成部分，对海岸带的土地利用及海域开发进行统筹、协调管理。

第三，在海岸带总体开发保护的架构下，拟定相关区域和行业的专项规划，应当遵循城乡发展的规划、海洋功能区的规划、海岸带总体的规划等要求，同时要与旅游资源开发规划、自然环境保护规划等专项规划相协调，相互之间也做好衔接，确保海岸带各种空间和资源的利用之间的和谐。根据资源环境承载力、海岸带现有发展强度和发展潜力，将海岸带范围内的人口分布、产业结构及布局作为一个整体来考虑，可将海岸带土地划分为多个功能区。在沿海防护林及红树林众多的海岸带划定自然保护区，禁止在该处

〔1〕《海南经济特区海岸带保护与利用管理规定》第7条规定：“海岸带保护与利用综合规划是国土空间规划的专项规划。省人民政府自然资源和规划主管部门应当依据省国土空间规划，会同有关部门编制省海岸带保护与利用综合规划，报省人民政府批准实施。沿海市、县、自治县人民政府自然资源和规划主管部门依据省海岸带保护与利用综合规划和市、县、自治县国土空间总体规划，可以编制本行政区域的海岸带保护与利用综合规划，经市、县、自治县人民政府批准后，报省自然资源和规划主管部门备案。海岸带保护与利用综合规划应当与沿海防护林规划、水域滩涂养殖规划等相关专项规划相衔接。经批准的海岸带保护与利用综合规划未经法定程序不得修改；确需修改的，应当按照原审批权限和程序执行。”

土地上开发以维护海岸带脆弱的生态环境。在人口聚居区规划专门的居住用地以防止建设用地随意占用海岸带土地资源。在风景秀丽的海湾地区可以划定为专门的旅游风景区,但是在开发利用过程中要严防破坏海岸带生态环境。在深水海湾地区可以规划为港口以发展航运业及港口产业等。

第四,对于问题突出的地区还应该制定专门的规划,例如加强海岸带土地资源有效保护和合理开发利用,充分发挥规划的指导和控制作用,严格按照规划来确定建设用地指标、时间顺序、土地开发用途进行开发;加强基本农田保护,除国家和我省重大基础设施等外,任何项目建设不得占用基本农田;强化海岸带土地资源开发与使用的监督管理,认真贯彻土地用途管理控制制度,严格进行用地等方面的审核。

例如,严控负面清单产业的海岸带空间准入,重在解决陆源入海污染导致海洋环境影响的问题[1],根据《防治陆源污染物污染损害海洋环境管理条例》第4条第2款的规定,“沿海县级以上地方人民政府环境保护行政主管部门,主管本行政区域内防治陆源污染物污染损害海洋环境工作”。在“多规合一”中,环境保护行政主管部门应当加强对海洋环境保护的陆海统筹管理,沿海市县要依法加强对陆源污染物排海的管理,进行科学论证,建立陆源污染物排海总量控制制度,减少陆源污染物排海对海岸带海洋生态环境和自然景观的影响,海洋行政主管部门应当强化对近海领域的环境监测与评估,及时公布海洋环境的情况等信息。在规划中协调海岸带生态环境保护与海岸带资源开发的关系,形成整体上的科学规划分区、用途分类以及用途管理控制手段。

第五,对于海岸带管理规划的制定和实施,必须给予充分的资金保障,以及将海岸带管理规划的执行效果作为有关地方政府政绩考核的关键性指标[2],重在解决海岸线利用效率不高、海岸带海域和土地开发利用对社会经济的支持作用不大等问题。应当将财政、税收和金融的激励措施给予规划和实施良好的区域,惩处不履行规划以及执行规划不力的区域及主要负责人,以各种制度鼓励海岸带范围内经济的高质发展,建立海岸带陆海一体化的空间利用和保护新模式。

---

〔1〕参见曹宇峰、孙霞等:《浅谈渤海海洋环境污染治理与保护对策》,载《海洋开发与管理》2014年第1期。

〔2〕参见范学忠、袁琳等:《海岸带综合管理及其研究进展》,载《生态学报》2010年第10期。

三、明晰执法部门权责

海岸带的管理涉及海域、国土、环保等方面的多个部门，各部门依据自身职责分别对陆域或海域进行管理。海岸带经济发展较为活跃，涉海违法案件频繁发生，涉及非法用海、非法排污、非法开采海洋资源等诸多方面。此前农业部的中国渔政、交通部的港务监督、原国家海洋局的中国海监、海关总署的海上缉私警察队伍、公安部的边防派出所、各沿海省、自治区、直辖市渔业（地方）部门的禁渔线以内巡逻的渔政渔港监督管理队伍，根据有关法律法规，分别各自进行巡航监视、现场调查取证、现场查处等执法任务。

在成立之初，这些海岸带相关执法部门都是基于实际发展的需要，在执法的长期过程中发挥着重要的作用。然而，由于所涉部门存在职权交叉和条块分割等问题，海岸带范围内向海洋和向陆地地区的划分又增加了海岸带环境保护的矛盾性和复杂性。行政区域的不同分属以及众多的涉海部门与环保部门使海岸带环境保护执法的各个环节被“割裂分段”，而协调机制缺失等问题又使各种临时问题难以得到及时解决，各机构很难有效地协调合作和联合行动。[1]

2018 年 3 月，从国务院到地方的机构改革涉及多个海岸带管理部门的职能、编制变动，国土资源部和国家海洋局被新组建的自然资源部替代，自然资源部统一行使所有权国土空间用途管制和生态修复职责，对自然资源开发利用和保护进行监管等职责；在环境保护部的基础上组建生态环境部，负责制定和组织实施生态环境的相关政策、规划和标准，统一管理生态环境监测、污染防治监督管理等工作。

其中，环境保护部的职责、国家发改委在应对气候变化和减排方面的职责、国土资源部在监督和防止地下水污染方面的职责、水利部在制定水功能区划、管理排污口设置和保护流域水环境方面的职责、农业部在指导和监督农业面源污染治理方面的职责以及国家海洋局在海洋环境保护方面的职责被整合在一起；将农业部中渔船检验与监督管理的职责归于交通运输部，并将农业部更名为农业农村部等[2]，对海岸带相关部门的执法工作产生了大范围、深层面的影响。

---

〔1〕 参见马得懿：《美国无居民海岛集中管理机制及中国的选择》，载《财经问题研究》2013 年第 9 期。

〔2〕 参见《国务院关于提请审议国务院机构改革方案的议案》。

但是,海岸带综合执法的法律依据缺位,分头规定的法律文件有几十余部,执法主体多元化和执法依据分散化致使部分执法部门的主体资格、职权范围和执法程序都未等到立法明确,机构改革后综合管理方面法律法规和政策规划的缺失依然会导致相关利益的冲突和职权交叉,实践中容易积累冲突和问题,不利于在空间布局、产业发展、基础设施建设、资源开发、环境保护等方面形成海岸带全面协调发展的新模式。[1] 国务院从上而下的机构改革是为了结合新时期的条件和实际要求,优化调整重点领域和关键环节机构的职权,建立职权明确、依法行政的政府治理体系,而"多规合一"战略则意味着地方的建设围绕一张蓝图,一同规划,行政执法力量也需要重新整合,要求在立法中进行合理规定,用正式法律制度打破行政壁垒,统筹各部门的开发利用和保护活动,建立形成协调一致并彼此配合的科学管理制度,促进海岸带的有效保护与合理利用。

(一)组建海岸带联合执法协调机构

协调是海岸带管理的重要机制之一,它还包括部门间协调与政府间协调等方面,其核心是各种协调手段。从对各国海岸带管理的成功经验来看,一个权威的管理机构进行统一的规划和管理是至关重要的。为此,许多国家都强调统一的海洋管理部门在海岸带地区管理中的地位,并使用法律法规来确定管理部门的权力、责任、义务和部门体系。由于监管和执法职责分散,陆海统筹、河海联动和海岸带区域协调发展问题长期困扰着我国海岸带管理工作,在陆源污染防治、海洋经济调控和围填海集约利用等方面表现得尤为突出。

例如,基层陆源污染物入海的控制和监督长期面对环保部门不入海、海洋部门不上岸的困境。海岸带自身的复杂自然属性决定了其管理需要涉及自然资源、生态保护等部门的共同管理,需要在立法中建立各地区和部门的磋商和协调机制,建立一套能够跨部门、跨系统的执法系统,进行合理科学归类,在省级机构的指挥下统一有效行动,将区别性、专业性的执法落到实处。因此,协调统一的海岸带法律保护体系建立后,为协调管理机构之间相互重叠的职责与利益冲突,应随之制定海岸带综合管理的联合执法制度,并

[1] 参见刘大海、管松、邢文秀:《基于陆海统筹的海岸带综合管理:从规划到立法》,载《中国土地》2019年第2期。

综合协调海岸带可持续发展政策与措施。[1]

法律可以通过对国家公权力的调配和支配来达到海岸带土地资源利用和生态环境保护的目的。当然,海岸带的管理涉及多个部门和层级,差异性和矛盾性等问题是不可避免的。为了追求本行业利益,众多的涉海部门对海洋管理与涉海行业的管理各自为政,多头执法。就地方层面而言,各级人民政府设置的多个同级管理分支行政机构,导致了块状管理,提升了协调的难度,如果让现有行业部门放弃自己的涉及海岸带的权限并不现实,把海洋中的海岸带事务单独抽离出来更是不可能。

海岸带统一立法的内容与宗旨不在于重定实体规则,执法系统的完善在现阶段并不必然要另起炉灶,实际上,当前海岸带执法混乱的根源不是涉海执法部门众多,而是约束和协调的框架与机制太少。大多数海岸带地区分散立法和地方立法的原则和规定往往较为笼统,通常只是概括性的授权。权力行使的具体细节和操作程序存在很大的不确定性,在实践当中,不同执法部门根据各自工作需要,建立各自内部工作规范。但有时候,内部工作规范在授权边界和授权程序具有一定程度的自主性,进而导致有的执法部门在现实中的权责不清。

统一的海岸带立法需要理顺执法部门之间的责、权、利关系,为规范执法权力行使提供平台和机制,也是其区别于海岸带分散立法的本质特征所在。因此,法律必须合理分配管理权,规范和控制管理权,限制和控制权力的滥用,立法时明确规定成立一个联合执法统一协调的机构,对不同的管理机构进行法律上的、实际行动上的指导,对现有执法力量进行重新整合、统一规划,明确职权的范围和职责,协调各执法队伍的职权和分工,并在各自管辖范围内履行各自的职责,解决各行政部门在海洋综合管理中的管辖权得不到平衡的问题。[2] 遇到综合问题时由联合执法统一协调的机构处理,可以以重点的项目或优先政策的施行为主要任务,并将这部分事务有关的权力统一到一个单独的部门加以协调,克服目前多支执法队伍分工的真空地带和交叉重叠的缺陷,避免执法管理的盲区。

---

〔1〕 参见陈林生:《海岸带区域经济可持续发展:政策基础与政策框架》,载《天府新论》2016年第1期。

〔2〕 参见欧玉妹、黄远水、陈金华:《海洋旅游时代下中国海岸带法律规制完善探析》,载《旅游研究》2015年第1期。

(二)组建统一的海岸带执法队伍

从长远上来看,虽然组建海岸带联合执法协调机构,但就执法力量的有效整合来讲,还是缺少长效的海岸带执法机制。据有关统计,以海南省为例,海南省各沿海市县执法部门经费缺、人员少的问题比较突出,尽管各执法部门都分别投入资金进行相应的组织机构、人员队伍、工作和生活场所、设施、执法工具的建设和管理,重复建设造成了资金的分散及人力、财力和物力浪费,海岸带执法人员编制不足,海岸带管理机构的人员编制大多只有几人到几十人,参与执法的人员更少,素质也是参差不齐,难以负担起愈加繁重的海岸带保护执法任务,在执法的整体效果上体现出巡查执法设备数量较少,现存执法装备较为落后,造成客观上的执法困难。纵然有相应的法律制度作为支撑,单薄的执法力量在现实面前依然无力,海岸带执法工作有待进一步升级。

世界上海洋强国的成功经验表明,建设一支多职能一元化的海岸带执法队伍在海岸带的管理中是十分必要的。[1] 以美国为例,美国海洋综合执法队是海岸警卫队。该机构负责统一海上执法工作,它在不同地区进行执法管理,并配备远程巡航飞机和武装快艇等先进设备。[2] 这种做法在一定程度上消除了部门分散执法造成的矛盾,提高了执法的成效。即便是存在较多海岸带管理机构,职权相对分散的日本,也设立了统一的海上执法队伍,所有的海洋法律、法规都由海上保安厅具体执行,保证海岸带事件的及时与尽快解决。

因此,为适应我国海岸带综合管理的要求,改变海岸带多头执法的状况,在跨部门联合执法机制的基础上,海岸带执法队伍可以逐步统一和整合,从中央到地方建设一支专业化、职业化、多能化的海岸带执法队伍。参考各地区综合执法和中国海警局进行海上涉外综合执法的实际经验,在各地行政执法职权范围内进行海岸带综合执法。海监、渔政、海洋保护区管理、海洋旅游管理和海洋矿产资源管理的行政执法权可以整合到一个部门,由一个执法队伍负责海岸带行政执法,加强海岸带执法工作。

同时,执法人员的专业技能、执法装备和技术水平是海岸带执法赖以实

---

〔1〕 参见倪国江、鲍洪彤:《美、中海岸带开发与综合管理比较研究》,载《中国海洋大学学报(社会科学版)》2009 年第 2 期。

〔2〕 参见姜秀敏、刘光远:《美日俄海上维权机构设置及对我国的启示》,载《东北亚论坛》2013 年第 6 期。

现的基础,海岸带的执法以购买船只和飞机为先决条件,[1]其性能的优越性直接影响对违法行为的监督和打击力度,海陆之间的通信、指挥和后勤保障系统也需要大量的基础建设和日常维护,执法人员的专业水平直接影响执法的过程和效果。这都需要组建统一的执法队伍,集中人力、财力、物力进行建设。此外,还应加大对海岸带保护执法的财政支持,提升海岸带执法设备和海岸带执法基地的建设,[2]参考国外的成熟经验,配备先进的巡航监视船舶、飞机、装备和器材,建立海陆之间及时的信息传递系统、技术、物资保证系统,确保能及时发现各种违法、违章事件,并迅速处置。对现有的海岸带执法人员进行定期不定期的业务培训,扩充海岸带执法编制,招聘高素质的执法人员,提高执法人员的执法能力和执法水平,从财力投入、物力建设、人力配备整体上提升海岸带执法队伍的整体实力,实现海岸带执法的专业化和现代化。

---

〔1〕 参见刘修德:《建设福建海洋强省的战略思考》,载《海洋开发与管理》2003年第5期。

〔2〕 参见张继平、许小祥、郑建明:《中美海岸带环境保护执法机制比较》,载《上海行政学院学报》2016年第5期。

参考文献

一、著作类

[1]陈新军主编:《现代渔业发展概论》,科学出版社 2020 年版。

[2]张成等编著:《海洋矿产资源》,中国地质大学出版社 2019 年版。

[3]马金星:《海岛利用及保护管理法律问题研究》,中国社会科学出版社 2019 年版。

[4]朱坚真主编:《海洋经济学》,中国农业出版社 2019 年版。

[5]王平、徐功娣:《海洋环境保护与资源开发》,九州出版社 2019 年版。

[6]陈燕、黄海、马军:《海洋资源与生态环境理论及其问题研究》,中国海洋大学出版社 2019 年版。

[7]周学锋:《中国海岛法律制度》,海洋出版社 2018 年版。

[8][挪]斯汀格 · S. 耶塞柳斯、[丹]加斯帕 · 拉凯尔主编:《有效的渔业管理:可持续渔业政策的实施》,唐议、沈卉卉译,中国民主法制出版社 2018 年版。

[9]朱晓燕:《国内外海岸带管理对海洋生物多样性保护立法研究》,中国法制出版社 2018 年版。

[10]全永波、陈莉莉等编著:《海洋管理通论》,海洋出版社 2018 年版。

[11]韩宗珠、艾丽娜编著:《海洋矿产产业发展现状与前景研究》,广东经济出版社 2018 年版。

[12]华敬炘:《渔业法学通论》,中国海洋大学出版社 2017 年版。

[13]戴瑛、裴兆斌编著:《渔业法新论》,东南大学出版社 2017 年版。

[14]徐仲建、陈海波主编:《政策性渔业互保法律问题研究》,浙江大学出版社 2017 年版。

[15]夏登文:《"十三五"海洋能开发利用战略研究》,海洋出版社 2017

年版。

[16]崔凤、赵缇、沈彬:《治理与养护:实现海洋资源的可持续利用》,社会科学文献出版社 2017 年版。

[17]吴兴南:《走向海洋——海洋资源的开发利用与保护》,社会科学文献出版社 2017 年版。

[18]罗续业、朱永强、杨名舟等编著:《中国海洋能政策研究》,中国水利水电出版社 2016 年版。

[19]杨翠柏、何苗、陈嘉、张倩雯:《南沙群岛油气资源共同开发法律研究》,南京大学出版社 2016 年版。

[20]全永波:《海岛资源开发利用法律问题研究》,海洋出版社 2016 年版。

[21]朱建庚:《中国海洋环境保护法律制度》,中国政法大学出版社 2016 年版。

[22]汪丹、蔡先凤:《浙江海洋经济发展与海洋环境法治》,浙江工商大学出版社 2016 年版。

[23]农业部渔业渔政管理局主编:《中国渔业年鉴(2016)》,中国农业出版社 2016 年版。

[24]牟海津主编:《海洋微生物工程》,中国海洋大学出版社 2016 年版。

[25]王文革主编:《自然资源法——理论、实务、案例》,法律出版社 2016 年版。

[26]崔建远:《物权法》(第 3 版),中国人民大学出版社 2014 年版。

[27]武云飞主编:《话说中国海洋渔业》,广东经济出版社 2014 年版。

[28]郑新业、陈占明编著:《中国能源经济展望 2014——资源税体制研究》,中国人民大学出版社 2014 年版。

[29]李加林等:《浙江省海岸带土地资源开发与综合管理研究》,浙江大学出版社 2014 年版。

[30]崔凤、唐国建:《海洋与社会协调发展战略》,海洋出版社 2014 年版。

[31]郭振仁主编:《海岸带空间规划与综合管理——面向潜在问题的创新方法》,科学出版社 2013 年版。

[32]朱坚真、王锋主编:《海岸带经济与管理》,经济科学出版社 2013

年版。

[33]侯国祥、王志鹏编:《海洋资源与环境》,华中科技大学出版社 2013 年版。

[34]辛仁臣、刘豪、关翔宇等编著:《海洋资源》,化学工业出版社 2013 年版。

[35]夏登文、岳奇、徐伟主编:《海洋矿产与能源功能区研究》,海洋出版社 2013 年版。

[36]刘丹:《海洋生物资源保护的国际法》,上海人民出版社 2012 年版。

[37]孙运道、常志强、邢建芬主编:《韩国海洋法律法规文件汇编》,海洋出版社 2012 年版。

[38][澳]罗伯特·凯、杰奎琳·奥德:《海岸带规划与管理》,高健、张效莉等译,上海财经大学出版社 2010 年版。

[39]黄硕琳、唐议主编:《渔业法规与渔政管理》,中国农业出版社 2010 年版。

[40]赵怡本:《三都澳海岸带区域经济发展研究》,浙江大学出版社 2009 年版。

[41]关涛:《海岸带利用中的法律问题研究》,科学出版社 2007 年版。

[42]孙宪忠主编:《中国渔业权研究》,法律出版社 2006 年版。

[43]曹明德、黄锡生主编:《环境资源法》,中信出版社 2004 年版。

[44]徐质斌、牛福增主编:《海洋经济学教程》,经济科学出版社 2003 年版。

[45]刘文、王炎庠、张敦富编著:《资源价格》,商务印书馆 1996 年版。

[46][美]阿兰·兰德尔:《资源经济学:从经济角度对自然资源和环境政策的探讨》,施以正译,商务印书馆 1989 年版。

二、期刊论文

[1]郭云峰:《我国〈渔业法〉修订进程与关键性问题评析》,载《广西社会科学》2023 年第 2 期。

[2]孙康、冯志鹏:《渔民对伏季休渔政策的满意度研究——基于黄、渤海渔村问卷调查的分析》,载《海洋开发与管理》2023 年第 1 期。

[3]王涛、辛冰、殷悦:《全民所有自然资源资产管理体制研究》,载《海

洋经济》2023年第1期。

[4]姜玉环、张继伟、赖敏等:《我国海洋生态补偿机制的现实进展与发展进路》,载《海洋开发与管理》2022年第11期。

[5]陈青:《我国渔业资源管理政策研究》,载《海洋开发与管理》2022年第9期。

[6]李泽善、刘依阳:《新时代海洋渔业资源治理的理论探讨与实践》,载《海洋经济》2020年第2期。

[7]吴好婷、白佳玉:《基于可持续发展目标的海洋资源综合立法》,载《资源科学》2022年第2期。

[8]洪洁、裴兆斌:《论渔业法之违反捕捞许可规定到共同管理渔区作业行为的法律责任》,载《海洋开发与管理》2022年第1期。

[9]蔡诗巍、裴兆斌、郭昕黎:《我国渔业治理体系和治理能力现代化研究》,载《海洋开发与管理》2021年第11期。

[10]陆峰:《海南地区的海砂开采与技术应用》,载《建筑施工》2021年第10期。

[11]岳冬冬、刘勤、王茜、沈映君:《我国近海捕捞渔船管理组织化与实施限额捕捞制度探析》,载《渔业研究》2021年第5期。

[12]唐议、赵丽华:《我国海洋渔业捕捞限额制度实施试点评析与完善建议》,载《水产学报》2021年第4期。

[13]傅世锋、吴海燕、蔡晓琼等:《中国无居民海岛开发利用管理现状、问题和对策》,载《应用海洋学学报》2021年第4期。

[14]盛方富、李志萌:《我国休禁渔政策演进历程、特征与未来政策设想研究》,载《农业考古》2021年第4期。

[15]李挚萍、程晓娅:《"陆海统筹"的法律内涵及法律实现路径》,载《华南师范大学学报(社会科学版)》2021年第4期。

[16]陈玲娜:《海上风电的发展现状和前景分析》,载《中国高新科技》2020年第13期。

[17]王芳:《2020年,美国海上风电迈开步伐》,载《风能》2020年第12期。

[18]任超、赖芸池:《税收显著性视域下我国碳税制度构建的路径分析》,载《财会月刊》2020年第11期。

[19]林竹明、滕闪、谢忱:《福建省海洋非法采砂行为管控初探》,载《海

洋开发与管理》2020 年第 11 期。

[20]赵新泉、王闪闪、李庆:《市场交易补偿可再生能源的正外部性研究》,载《中国人口·资源与环境》2020 年第 8 期。

[21]蒋轶澄、曹红霞、杨莉等:《可再生能源配额制的机制设计与影响分析》,载《电力系统自动化》2020 年第 7 期。

[22]李巧玲:《我国无居民海岛开发不足的法律原因及因应——兼论〈中华人民共和国海岛保护法〉之完善》,载《福建江夏学院学报》2020 年第 4 期。

[23]刘妤:《美国海洋渔业管理及处罚制度对中国渔业立法的启示》,载《渔业信息与战略》2020 年第 4 期。

[24]郑志华:《修法落点:促进公正、合理的国际渔业秩序》,载《检察风云》2020 年第 3 期。

[25]黄荣华、裴兆斌:《完善渔业行政许可法律体系与督查机制研究》,载《沈阳农业大学学报(社会科学版)》2020 年第 3 期。

[26]张效莉等:《我国沿岸近海海洋渔业资源产权制度改革的方向、路径与措施研究》,载《海洋经济》2020 年第 3 期。

[27]马彩云、唐议:《乡村振兴战略背景下沿岸小型海洋渔业渔民自治组织发展研究》,载《上海海洋大学学报》2020 年第 2 期。

[28]丛林、郭昕黎、裴兆斌:《完善渔业法规:明确破坏生态平衡捕捞行为的法律责任》,载《沈阳农业大学学报(社会科学版)》2020 年第 2 期。

[29]阎二鹏、王霖:《我国海洋渔业资源法律保护机制研究》,载《新东方》2020 年第 2 期。

[30]李田田、裴兆斌:《我国渔业法与刑法的法条衔接问题研究》,载《沈阳农业大学学报(社会科学版)》2020 年第 1 期。

[31]孙一琳:《2019 年欧洲海上风电发展概况》,载《风能》2020 年第 2 期。

[32]李一丁:《全球微生物遗传资源获取规则动态、中国问题与完善建议》,载《中国科技论坛》2019 年第 11 期。

[33]李杨帆、向枝远、李艺:《海岸带韧性:陆海统筹生态管理的核心机制》,载《海洋开发与管理》2019 年第 10 期。

[34]徐东、崔宝琛、唐建军:《国内油气资源对外合作面临的新变化及对策建议》,载《国际石油经济》2019 年第 10 期。

[35]郭琳琳、袁博、王凌云:《〈物权法〉视域下,矿业权流转的概念辨析与制度设计》,载《中国矿业》2019 年第 10 期。

[36]田其云:《绿色能源革命背景下可再生能源发展的制度路径》,载《中州学刊》2019 年第 7 期。

[37]周国辉、马珣:《过境内河砂石料船舶海事监管——以洋山港海事局为例》,载《世界海运》2019 年第 5 期。

[38]徐敬俊:《海域空间自然资源的立体分布特征与其资产化管理路径探索》,载《太平洋学报》2019 年第 4 期。

[39]王一帆:《促进我国可再生能源发展的税收政策》,载《节能》2019 年第 4 期。

[40]刘大海、管松、邢文秀:《基于陆海统筹的海岸带综合管理:从规划到立法》,载《中国土地》2019 年第 2 期。

[41]李光玉等:《我国海洋微生物菌种资源保藏与共享服务现状》,载《生物资源》2019 年第 2 期。

[42]梁钰等:《可再生能源固定电价政策和可再生能源配额制比较分析及启示》,载《中外能源》2018 年第 5 期。

[43]杨金鹏、张翼飞、吕美东:《海洋微生物的研究与应用》,载《南方农机》2018 年第 13 期。

[44]史瑾瑾:《我国海砂资源开发管理问题探析及建议》,载《中国国土资源经济》2018 年第 12 期。

[45]刘子飞等:《中国新时代近海捕捞渔业资源养护政策研究》,载《中国农业科技导报》2018 年第 12 期。

[46]李菲:《海水淡化产业发展的省市比较》,载《浙江经济》2018 年第 11 期。

[47]张兰婷等:《国外海洋开发利用的体制机制经验及对中国的启示》,载《世界农业》2018 年第 8 期。

[48]李彩霞、白福臣:《无居民海岛使用制度创新》,载《河北渔业》2018 年第 7 期。

[49]郑坚铭:《南海油气资源税费制度改革问题研究》,载《海南大学学报(人文社会科学版)》2018 年第 4 期。

[50]严金明、王晓莉、夏方舟:《重塑自然资源管理新格局:目标定位、价值导向与战略选择》,载《中国土地科学》2018 年第 4 期。

[51]薛桂芳、房旭:《我国〈渔业法〉域外效力的强化——兼论负责任远洋渔业国家形象的维护》,载《太平洋学报》2018 年第 2 期。

[52]卢锟、王小军:《我国海洋渔业法律制度的困境与破解》,载《中国海洋大学学报(社会科学版)》2018 年第 2 期。

[53]董文静、王昌森、韩立民:《中国海洋渔业资源养护政策体系优化研究》,载《经济研究参考》2017 年第 70 期。

[54]李亚红:《海水冷却技术在中国的应用分析研究》,载《环境科学与管理》2017 年第 10 期。

[55]唐学军、陈晓霞:《我国可再生能源法律法规与政策研究》,载《西南石油大学学报(社会科学版)》2017 年第 5 期。

[56]凌云、王婕、孟凡达:《能源转型中的财税政策创新》,载《开放导报》2017 年第 5 期。

[57]王小军:《论我国〈海域使用管理法〉的修订》,载《中国环境管理》2017 年第 4 期。

[58]刘双江、施文元、赵国屏:《中国微生物组计划:机遇与挑战》,载《中国农业文摘——农业工程》2018 年第 6 期。

[59]唐欣瑜、陈昕:《"多规合一"体系下海岸带综合管理立法完善——以海南省海岸带立法为例》,载《浙江海洋学院学报(人文科学版)》2017 年第 2 期。

[60]王小军:《制定我国海岸带管理法的思考》,载《中国海洋大学学报(社会科学版)》2017 年第 1 期。

[61]张继平、许小祥、郑建明:《中美海岸带环境保护执法机制比较》,载《上海行政学院学报》2016 年第 5 期。

[62]操小娟:《法治视野下市县"多规合一"问题探讨》,载《华中科技大学学报(社会科学版)》2016 年第 5 期。

[63]王镥权、赵富伟:《我国生物遗传资源立法模式路径选择》,载《东北农业大学学报(社会科学版)》2016 年第 4 期。

[64]张睿君:《欧盟绿色公共采购制度的法律实施路径研究》,载《中国政府采购》2016 年第 4 期。

[65]杨解君、李俊宏:《公益诉讼试点的若干重大实践问题探讨》,载《行政法学研究》2016 年第 4 期。

[66]陈林生:《海岸带区域经济可持续发展:政策基础与政策框架》,载

《天府新论》2016年第1期。

[67]王慧、葛舒沁:《海水淡化污染风险的法律治理》,载《浙江海洋学院学报(人文科学版)》2016年第1期。

[68]江海通:《促进海洋能开发经济激励法律制度研究》,载《北方经贸》2015年第8期。

[69]蒋伟龙:《论自然资源权属争议解决机制》,载《中国地质大学学报(社会科学版)》2015年第6期。

[70]唐俐:《南海无居民海岛开发利用的困境与出路》,载《海南大学学报(人文社会科学版)》2015年第4期。

[71]闫海、陈祎:《我国可再生能源发展基金法制的发展与建设》,载《华北电力大学学报(社会科学版)》2015年第4期。

[72]王静、贾丹、陈爱慧、徐显:《我国海水淡化发展现状及国际合作》,载《水利经济》2015年第2期。

[73]刘画洁:《国外深海底矿产资源许可制度比较与借鉴》,载《江苏大学学报(社会科学版)》2015年第2期。

[74]欧玉妹、黄远水、陈金华:《海洋旅游时代下中国海岸带法律规制完善探析》,载《旅游研究》2015年第1期。

[75]张亮:《加快推进海水利用　有效缓解水资源短缺》,载《中国发展观察》2014年第12期。

[76]曹宇峰、孙霞、于灏、林春梅:《浅谈渤海海洋环境污染治理与保护对策》,载《海洋开发与管理》2014年第1期。

[77]马得懿:《美国无居民海岛集中管理机制及中国的选择》,载《财经问题研究》2013年第9期。

[78]姜秀敏、刘光远:《美日俄海上维权机构设置及对我国的启示》,载《东北亚论坛》2013年第6期。

[79]李显冬、杨城:《关于〈矿产资源法〉修改的若干问题》,载《中国国土资源经济》2013年第4期。

[80]詹红丽、李宗璟、郭风、甘奕维:《我国海水利用发展现状与国外经验借鉴》,载《水利科技与经济》2013年第1期。

[81]刘森、高茂生、刘红军、张志忠:《泥质海岸带咸淡水界面的运动机理》,载《海洋地质前沿》2012年第11期。

[82]陈金钊:《被社会效果所异化的法律效果及其克服——对两个效

果统一论的反思》,载《东方法学》2012 年第 6 期。

[83]张建华、梁澄、丁建乐:《挪威海洋捕捞及渔船管理概述》,载《渔业现代化》2012 年第 4 期。

[84]王芳:《对实施陆海统筹的认识和思考》,载《中国发展》2012 年第 3 期。

[85]金彭年、陈小龙:《海岸带可持续发展立法刍议——以填海造地为视角》,载《法治研究》2012 年第 2 期。

[86]韩增林、狄乾斌、周乐萍:《陆海统筹的内涵与目标解析》,载《海洋经济》2012 年 S1 期。

[87]王秀卫:《论中国海砂开采管理制度的完善》,载《中国人口·资源与环境》2012 年第 1 期。

[88]彭诚信、钟建华:《海域的民法界定及其权利归属》,载《社会科学战线》2011 年第 9 期。

[89]宋旭明:《论我国海洋环境保护法律责任制度的缺陷及其完善——以渤海湾油田溢油事件为例》,载《云南师范大学学报(哲学社会科学版)》2011 年第 6 期。

[90]田冬冬:《我国海岸带管理的立法路径问题研究》,载《经营管理者》2011 年第 10 期。

[91]范学忠、袁琳、戴晓燕、张利权:《海岸带综合管理及其研究进展》,载《生态学报》2010 年第 10 期。

[92]程功舜:《论海洋资源权属制度创新》,载《广西政法管理干部学院学报》2010 年第 5 期。

[93]黄康宁、黄硕琳:《我国海岸带综合管理法律问题探讨》,载《广东农业科学》2010 年第 4 期。

[94]苏东甫、王桂全:《我国海砂资源开发现状与管理对策探讨》,载《海洋开发与管理》2010 年第 4 期。

[95]唐议、邹伟红:《中国渔业资源养护与管理的法律制度评析》,载《资源科学》2010 年第 1 期。

[96]朱锡平、陈英:《论我国新能源开发建设过程中的投融资体制改革》,载《财经政法资讯》2010 年第 1 期。

[97]叶向东:《海洋产业经济发展研究》,载《海洋开发与管理》2009 年第 4 期。

[98]孙悦民:《中国海洋资源开发现状及对策》,载《海洋信息》2009 年第 3 期。

[99]梅宏:《论我国生态保护立法及其完善》,载《中国海洋大学学报(社会科学版)》2008 年第 5 期。

[100]郭院:《论中国海洋环境保护法的理论和实践》,载《中国海洋大学学报(社会科学版)》2008 年第 1 期。

[101]郑天凌等:《海洋微生物研究的回顾与展望》,载《厦门大学学报(自然科学版)》2006 年 S2 期。

[102]马英娟:《监管的语义辨析》,载《法学杂志》2005 年第 5 期。

[103]黄小林:《中国的海岸带资源》,载《中学地理教学参考》2004 年第 11 期。

[104]崔建远、晓坤:《矿业权基本问题探讨》,载《法学研究》1998 年第 4 期。

[105]房成义:《划分海岸带管理范围的探讨》,载《海洋开发与管理》1996 年第 3 期。

三、外文文献

[1] Xiaohua Song & Jingjing Han et al. , *Efficiency of Tradable Green Certificate Markets in China*, 264 Journal of Cleaner Production(2020).

[2] Carlos Soria-Rodriguez, *The European Environmental Regulation of Marine Renewable Energies*, Original Article, 2019(29).

[3] Chang Lei Ma, *Ocean Energy Management Policy in China*, Procedia Computer Science, 2019.

[4] Mark A. Hemer, Richard Manasseh, Kathleen L. Mclnnes, Irene Penesis & Tracey Pitman, *Perspectives on A Way Forward for Ocean Renewable Energy in Australia*, Renewable Energy, 2018(127).

[5] Anja Morris, *Marine Genetic Resources in Areas Beyond National Jurisdiction: How Should the Exploitation of the Resources Be Regulated*, 22 New Zealand Journal of Environmental Law(2018).

[6] McLaren John & Passant John, *The Mineral Resource Rent Tax Has Been Repealed: Is It Now Time for A Better-Designed Resource Rent Tax on All Extracted Minerals and Gas*, 1 Journal of the Australasian Tax Teachers

Association(2015).

[7]X. Q. Wu, M. GAO, *Framework and Practice of Integrated Coastal Zone Management in Shandong Province*, 69 China, Ocean & Coastal Management(2012).

[8] Sanjiv de Silva, Sonali Senaratna Sellamuttu, *Governance Performance in Integrated Coastal Management: Sri Lanka Country Report*, IUCN(International Union for Conservation of Nature) Sri Lanka Country Office, 2011.